大周说车三部曲

汽车面孔 黄金一代汽车人

Auto Characters The Golden Generation of Autobots

周光军 著

电子工业出版社
Publishing House of Electronics Industry
北京·BEIJING

内容简介

在波澜壮阔的中国汽车工业进程中，本书重点关注了身处其中的 100 人，他们是汽车行业的标志性人物，或是车企掌门、CEO，或是营销老总。他们以汽车为介质，抒写出发、在路上、到达目的地的"轮"上精彩、汽车人生。

100 位汽车人，是汽车人群像，是汽车行业的模样和气象。

在这里，了解汽车圈那些人。

在这里，讲述汽车人那些事儿。

未经许可，不得以任何方式复制或抄袭本书之部分或全部内容。
版权所有，侵权必究。

图书在版编目（CIP）数据

汽车面孔：黄金一代汽车人 / 周光军著 . — 北京：电子工业出版社，2022.6
（大周说车三部曲）
ISBN 978-7-121-41107-6

Ⅰ.①汽⋯ Ⅱ.①周⋯ Ⅲ.①汽车工业－工作人员－生平事迹－中国 Ⅳ.① K826.16

中国版本图书馆 CIP 数据核字（2021）第 082314 号

责任编辑：管晓伟
印　　刷：北京市大天乐投资管理有限公司
装　　订：北京市大天乐投资管理有限公司
出版发行：电子工业出版社
　　　　　北京市海淀区万寿路 173 信箱　邮编：100036
开　　本：787×1 092　1/16　印张：21.5　字数：550 千字
版　　次：2022 年 6 月第 1 版
印　　次：2022 年 6 月第 1 次印刷
定　　价：80.00 元

凡所购买电子工业出版社图书有缺损问题，请向购买书店调换。若书店售缺，请与本社发行部联系，联系及邮购电话：（010）88254888，88258888。

质量投诉请发邮件至 zlts@phei.com.cn，盗版侵权举报请发邮件至 dbqq@phei.com.cn。

本书咨询联系方式：（010）88254460；guanphei@163.com。

自 序

老实交代　满油满墨

有人写书成名，有人成名写书。我非名人，也出不了名书，只是一个职业记者的"记着"。

书"序"多请翘楚、高手来写，我本着老实交代的原则，不烦劳别人，且自己絮絮叨叨。也因此，这个"自序"可谓"自絮"了。

路：我在东长安街起步

从报苑蹒跚学步到现在，我从事新闻工作整整 27 年。可以说，我与新闻为伍，是从报纸上发表"豆腐块"的简讯开始的。我对新闻的热爱有例为证，那时的通信方式，别说手机了，连固定电话都是奢侈品。我和故乡山东的联系，靠"吼"都没机会，主要是靠写信。信的开头不是爸爸妈妈之类的尊称，而是"本报讯"！

我"本报讯"的初"训"，是高起点。我的报业生涯是从在《北京日报》做实习记者开始的。

北京日报的办公地址在东长安街西裱褙胡同。那时我住在天安门广场东侧的东交民巷西头，距离天安门广场一步之遥。我时常骑着自行车自西向东穿过东交民巷、六国饭店、台基厂、北京医院等"高大上"的地方，经东单路口进西裱褙胡同，所经之地都颇具历史厚重感。东交民巷是曾经的使馆区，至今还有荷兰、丹麦使馆遗址，以及著名的六国饭店。如雷贯耳的地方还有柬埔寨国王西哈努克在北京的官邸、同仁医院等。

并不宽阔的东交民巷树木参天，每逢夏季，两旁古树茂盛的枝叶把整个街道罩得严严实实如长长的树隧道，古的树新的叶一起努力生长着，那是终生难忘的风景。

那时的《北京日报》大楼没有被分成新闻大厦和《北京日报》《北京晚报》的两座主体建筑，也远不及今天通透、现代和气派。对我而言，更喜欢那时的《北京日报》大楼，蓝顶白墙的主楼配以单独的院落，院子坐南朝北，大门开向宽阔的长安街，主楼的东西两侧各有配楼，门口有警卫把守。

我和东配楼打交道很多，那里有照排室，我时常将时任《京华周末》主任宗春启签好的发稿单送过去。所谓的照排，是指有专人把写在稿纸上的稿子录入计算机并打印出来，然后编辑拿着打印稿回办公室画版，再回到照排室拼版、出样。在那会儿并非人手一台电脑的日子里，我始终对照排室充满敬意：一是通体白色的照排室一尘不染，二是照排室的人穿的全是白大褂，如外科医生般把全报社风格迥异的字体"妙手回春"地打成铅字。这段"照排"经历很快成了历史。

大楼的五层，是《京华周末》办公室。那时，《京华周末》是《北京日报》的"大块头"，有深度，充满厚重感，类似于北方媒体的《南方周末》。

宗春启是个父亲般的领导，直到他从北京市记协常务副主席任上退休，我们依然保持联系。他和我父亲同龄，要求也如父亲般严格，是我新闻工作的启蒙者。印象最深的一次是他说如果你能抓拍到在天安门广场举行婚礼的图片，我给你发《北京日报》的头版头条。尽管我始终没能抓拍到这一幕，但是捕获了不少"新闻大鱼"。中华人民共和国成立50周年大庆前夕，天安门城楼进行整体装饰粉刷，我克服恐高爬到城楼楼顶拍摄的一组照片被刊发在《京华周末》报眼位置。

宗春启对我的关爱并不局限于《京华周末》。在他的推荐下，我的稿子多次刊登在《北京日报》的报眼位置，以及《北京晚报》头版重要位置。与此同时，我和新华社记者合写的稿子还以新华社通稿的形式"电通"全国，都是打眼的头版黄金位置。与这些相比，我更感激宗春启对我新闻敏锐感的培养和训练。

人：给我把过"方向盘"的恩师商恺

商恺是我的另一位恩师。当然，这与《北京日报》旗下的《新闻与写作》杂志密不可分。《新闻与写作》直到今天，依然是新闻战线的核心期刊。那时，刚刚从中国社会科学院新闻研究所所长任上退下来的商恺，在《新闻与写作》上连载他在胡乔木身边工作的回忆录。《新闻与写作》为商恺开辟的《乔木颐园话新闻》专栏，系统地讲述了他在胡乔木身边有关新闻的诸多观点、论述。

作为秘书，自1958年起，商恺在胡乔木身边工作了10年之久，协助胡乔木联系《人民日报》。商恺是新闻界的旗帜性人物，这不仅缘于他是中国社会科学院新闻研究所所长，带出了《光明日报》总编辑王晨、《经济日报》总编辑艾丰等多位知名的门生，还在于他是胡乔木的秘书，在中南海工作10年，协助胡乔木分管《人民日报》。

作为记者，商恺以写工作通讯、旅行通讯见长，著有《大地笔踪》《春风秋雨马颊河》等脍炙人口的作品；作为教育家，他编有《报纸工作谈话录》，著有《致青年记者的60封信》《报海帆影》等影响了几代新闻工作者的著作。其中，由光明日报出版社出版的《报海帆影》的书稿就是我骑自行车送到时任《光明日报》副总编辑王晨手中的。

艾丰的本名是艾宝元，"艾丰"就是商恺给改的。艾丰的《新闻采访方法论》《新闻写作方法论》等著作成为我从业的良师益友。与王晨、艾丰等简单的交集相比，让我受益良多的是商恺的言传身教，这对我的人生价值观产生了深远影响。

商恺本身是个传奇。作为老革命，他1922年出生于山东省聊城市茌平区，1938年参加冀鲁青年记者团，并开始在《抗战日报》上发表抗战作品；1939年加入中国共产党；1941年任中共清平县委宣传部干事，主编党的刊物《抗联生活》《支部生活》，在此期间遭国民党监禁；1946年任中共博平县委宣传部副部长，并创办县委机关报《博平群众》；1948年调入晋冀鲁豫中央局机关报《人民日报》；1958年调中共中央办公厅担任胡乔木的秘书；1966年5月至1976年10月，被下放到江西"五七干校"劳动；1977年重新回到人民日报社，担任记者部负责人；1984年担任中国社会科学院新闻研究所所长，培养和帮助过许多中青年新闻工作者。经中国社会科学院报请邓小平、李先念等同志批复同意，于1987年成立的中国社会科学院新闻研究所，成为商恺如鱼得水的宝地。

自1984年1月被任命为中国社会科学院新闻研究所所长起，至1995年从中国社会科学院新闻研究所第二届专业职务评委会任上退休止，商恺11年担任新闻研究所重要职务，或者新闻法研究室主任，或者所长或党组书记，度过了他人生的第三个整10年。前两个整10年，分别是担任胡乔木秘书10年，江西"五七干校"劳动10年。

商恺被称为"三不记者"。在任职中国社会科学院新闻研究所所长期间，他60岁高龄赴西北调查研究时，一不坐飞机，二不住宾馆，三不出席宴会。有次去新疆采访，拜访新疆《伊犁日报》，当他拿出名片时，报社高层大吃一惊！这样一位新闻界名人，竟是坐了一天半长途汽车，翻越700多km的天山，从乌鲁木齐一路颠簸来到伊犁的。坐汽车走这条路，就是年轻人下车后浑身都像散了架似的，何况是年已六旬的老人。到伊犁后，他执意不住高级宾馆，而是住在兵团招待所。2020年，我跟随一汽-大众奥迪组织的奥迪Q5L车队，驾车走过这条路，开车都把人累得够呛。

商恺的名字之于我及家乡，如雷贯耳。家乡人都知道他在中南海工作，虽然不知道是中央办公厅研究员及胡乔木秘书的头衔，但是都知道他是个了不起的人物。我从《新闻与写作》主编那里拿到联系方式后，在人民日报社东北角的一栋普通筒子楼轻轻敲门，为我开门的是一位和蔼的老人，戴着一副茶色花镜，用略带山东方言的普通话说："欢迎你。"商恺平易近人的三言两语，让我此前的种种紧张和顾虑烟消云散。在看了我发表过的一些作品后，商恺决定收我为徒，并称我为他的"关门弟子"。

他说，首先看我的作品不错，其次又是老乡，他还邀请我搬到他身边来。比他教过的一批又一批在职研究生更幸运的是，我有机会在其身边居住4年，其间读完了研究生的整个学期。

商恺的夫人李群老师，也是一位老报人，是《光明日报》的著名记者。他们一辈子攒下来的书，我可谓"近水楼台先得月"，随意翻看、阅读。

在商恺身边4年，我得到的不仅是一对一的授课，而且是胡乔木关于新闻价值观的教程，含金量是国家级的。很多时候，我是商恺专栏《乔木颐园话新闻》的第一读者。胡乔木时常把《人民日报》的记者邀请到中南海的颐园进行座谈。作为中央"一支笔"的胡乔木有关新闻理论和新闻实践的谈话，广泛而大量，有抽象也有具体，从新闻采访到新闻写作和新闻编辑，从文章的遣词造句到标点符号的使用方法，无所不包。大力发展通讯员队伍就是胡乔木最早提出的报纸密切联系群众的方法。胡乔木还非常注重报纸编排得是否生动，他把同一版面上的长文章、长新闻称为挤在一张床上的胖子，姿势再美也不会好看。报纸的版式中既需要有吸引人的标题，也需要有适当的图片搭配。尤其是文章标题的重要性，文章好比"画龙"，标题才是"点睛"，龙身画得好，龙眼点得好，整条龙就活了起来。有人说，画龙容易点睛难；而胡乔木认为，写文章不易，做标题更难。有时候想个好标题，等于写一篇文章所用精力的三分之一……

当胡乔木这些关于新闻价值观的观点从商恺口中拉家常般口述给我时，我无疑是幸运的：我享受的是一对一的国家顶级的新闻学教育，授课老师是中国新闻界的翘楚，授课内容是胡乔木的新闻学。在今天，这种待遇也是花多少钱都买不到的。

退休后，有相当一段时间，商恺担任《中国地市报人》总顾问。作为新闻界的翘楚和社会名流，拜访者在其退休后门可罗雀，这是商恺所乐见的。从江西"五七干校"返京之前，他还遵从"从哪里来回哪里去"的原则在山东鲁南化肥厂当过一段时间的党委副书记。他教诲我要干实实在在的事。

《中国地市报人》每年都有新闻评选，出任总顾问的商恺，面对各地总编辑的拜访、托请，始终坚持自己"咬定青山不放松，任尔东西南北风"的原则。对此，我也体会深刻。记得首次拜访他，我买了一棵滴水观音绿植，受到严厉批评并约法三章：来之前务必给他打电话；不带礼物是原则；如果一定送所谓的礼，需征得同意。他所要的礼物无非是两斤鸡蛋、一块面包这样的日用品，哪怕是一管牙膏，在他眼里都胜过其他珍贵物品。在他身上，不少人，像我这样都吃过闭门羹。对于拜访者，商恺不设宴，也不赴宴。当时，不少登门拜访的地市报的总编辑，都在商恺家吃过我做的粗茶淡饭，我的厨艺就是在那个时候练就的。

退休后期，商恺患有糖尿病。作为学生也作为助手，我时常按需到北京各大医院为其买药。有一段时间，他吃的是松果体素，我就从城东的朝阳区东三环的金台路人民日报社到海淀区西三环外的空军总医院，骑车穿越半个北京城，往返两三个小时买药。

商恺对我职业选择的影响也不小。他那会儿就要我做一个专业记者，做一个令人尊敬的行当，从事一个生涯相对长的职业。他当时就提出，足球、证券、汽车等专业性强的记者才是真正的记者。甚至举例说，哪里着火了的社会新闻，是个记者就能写，而类似于股票、金融、医疗等行业，则需要有较高的进入门槛和职业修养。

说到和商恺是同乡，也说说我的故乡。我的故乡山东聊城，确实人杰地灵。季羡林、李苦禅、傅斯年等名人的老家与我家相距不足百里。武训、孔繁森、张自忠等响当当的古今人物也生于斯。

聊城在古时候闻名遐迩，是京杭大运河上的四大商埠，康熙九下江南都在此留下千古诗句，其下辖的临清也是季羡林的故里。临清不仅是历史文化名城，还以生产故宫的城砖和西藏的哈达著称。我一直在思索，一望无际的鲁西平原是怎样造就人杰地灵的？我想，除了黄河冲击形成的华北平原的一方水土，恐怕还和这里的人们格外善良、格外勤奋、格外淳朴有关。当然，在黄河数次水患形成包括河北大部分在内的华北平原之前，山东在8000万年前是蓝色海洋，从地理演变上，五岳之首的泰山那时还是海上的一座孤岛。

车：开车上路热血未凉 27 载

从喊别人老师到别人也称呼我为老师，2021 年是我从事新闻职业的第 27 个年头。从娃娃记者做到四十不惑，其间"码字"近千万，文章上万篇。

似乎也是命中注定，从《北京日报》《北京晚报》做实习记者起，除了在《中国汽车报》有过两年的专业经历，更多的时间都在"京报集团"转圈儿，《信报》《竞报》《北京晨报》。2018 年和《新京报》整合的《北京晨报》是我的老东家，从《北京晨报》1998 年创刊到 2018 年和《新京报》整合，我把 13 年的青春都贡献给了《北京晨报》。

按工种分，我跑过时政新闻、社会新闻，写过经济新闻，也从事过工会、共青团、妇联的报道，北京市妇联还给我发过大大的"妇女之友"聘书。

先做杂家再做专家，也是恩师商恺给我的指导思想。我从事最多的，一直是汽车产业的报道。如果从1997年《北京晚报》每两周一块汽车版的黑白版算起，至今整整24年了。北京纸媒有关汽车版块和汽车报道的起源,属《北京青年报》和《北京晚报》最早。

那时，《北京青年报》的产经版面还是大报，每周只有一块版。所谓的一块版，其实是半块，上半版是计算机的内容，下半版才是汽车。《北京晚报》的汽车版，是从经济部分离出来专门组建的专刊部。

那时,出版汽车类别的版面并不像今天这样容易,需要向北京市委宣传部打书面报告。我清晰地记得，在是否有必要创办汽车版上，宣传部相关负责人并没想好，甚至是充满争议的，创办申请拖延了一段时间才获批准。

那时,《北京晚报》的汽车版，相当于旬刊或半月刊，与"花鸟鱼虫"版，隔周轮流出版。所谓的版，也就是今天看来可怜的一块版，且是黑白的。那时的版主是屈俊峰，我为其打杂。可惜，屈俊峰因心梗英年早逝。

那时，通用、宝马、奔驰等跨国汽车巨头并没有设立中国公司，机构多是商务代表处。全国跑汽车口的记者屈指可数。有段时间，北京的出租车在"黄面的"之后，用过一批车身整体用玻璃钢一次冲压成型的"中华子弹头"，是一种大两厢的旅行车，一次冲压成型的玻璃钢车身以对人的安全保护为卖点。工厂设在今天北京市丰台区西南三环丰益桥附近，采访后工厂请记者吃饭，全国跑汽车的记者一个圆桌都坐不满，远没有现在车企搞活动动辄三五百人的壮观场面。有统计说，如今全国跑汽车的记者达5000人，也有说8000人的，足见汽车产业的兴盛。

在我长达27年的记者生涯中，除了做过时政和社会新闻的"短线"，绝大多数时候是在做汽车报道的"长线"。那些做"短线"的杂家经历，为我做汽车行当的专家进行了"长线"能量储备。当然，我的"短线"也做得不错。例如，在"知青上山下乡30周年"的1998年，我奔波在北大荒采访一个多月，也是刚刚创刊的《北京晨报》开辟的第一个个人专栏。我也不曾忘记，我采写的《鸟类起源在中国》系列文章，不仅属国内首发，还引起了业界轰动，时任中国地质博物馆馆长的季强博士在辽宁北票发现的"中华龙鸟"被认为比鸟类的鼻祖——德国始祖鸟更早，我的系列文章直接或间接地推动了辽北化石保护区的成立。

我的"不务正业"还体现在汽车之外。熟悉我的人知道,我钟情摄影,也爱写一些"散文"。《新民晚报》的"夜光杯"和《北京晚报》的"五色土"是中国一南一北很好的副刊，我那时的拙作时常见诸"五色土"副刊之上，摄影作品也发表过不少。当时，《北京晚报》分管"五色土"的副总编辑是李凤翔，和蔼可亲的李凤翔一手了得的书法至今令我印象深刻，我的不少作品就是通过这样的"大家"发表的。巧合的是，李凤翔的儿子李增勇是我《北京晨报》的同事。

人生没有几个27年，无论在我效力的单位还是汽车行业，很庆幸结交和认识了许多良师益友。刘顺发，先后担任《信报》《竞报》《北京晨报》的总编辑和社长，是我的长期领导。会用人、善用人、懂用人、团结人，和他打交道，不会因他是领导而紧张，他格外平易近人。《北京晨报》最后一任社长李凌云，出身报业世家，他有着操持大报的阅历，尤其是有着新旧媒体转换时代媒体的责任感。还有崔恩卿、陈炼一、宋汐、朱敏等领导和同事，我和他们有的长期共事过，有的也仅仅一面之交，但是他们都是我新闻生涯的良师益友。

新闻以外的汽车行业，或者媒体同行或车企同人，李安定、吴迎秋、程远、李铁铮、李苗苗、何仑、李三、张兴业、徐留平、陈虹、竺延风、李书福、尹同跃、潘庆、陈志鑫、王晓秋、俞经民、刘亦功、董修惠、荆青春、胡绍航、张海亮、贾鸣镝、张亮、刘智丰、孙玮、王燕、蔡建军、金弋波、孙晓东、庄宇、曾家麟、孙广阔等，都不同程度地对我产生过影响。例如，李安定和我是忘年交，吴迎秋对行业有着无人能及的前瞻性思考，何仑的严谨，李三的外语，尹同跃的坦诚，王晓秋的幽默等。和程远老师的交集远谈不上密切，但我从别处得知，他时常推荐"汽车预言家"的王鑫等看我的"大周说车"。宝马大中华区企业事务副总裁孙玮，我和其在沃尔沃时就有交集，她是把我拉进马拉松圈的领路人。现任捷豹路虎中国企业与公共事务执行副总裁王燕，2000年前后任戴姆勒·克莱斯勒公关经理，那时奔驰第一次组织国内媒体去奔驰总部斯图加特访问，也是我的第一次出国……

一路走来，北京多家报纸皆留下了我的名字。《北京晚报》《信报》《竞报》《北京晨报》4家报纸，要么是我亲自创办了汽车周刊，要么是由我长期担任汽车周刊的主编。哪怕是北京日报报业集团之外的报纸，也有许多在创办汽车周刊之初，征求过我的意见。例如，《新京报》在创刊汽车周刊时，车云网创始人程李时任《新京报》汽车周刊的负责人，他和团队的吕惠敏等，在前门饭店召开创刊前的调研座谈会，专门叫上我，征求我对办刊的意见。

在《北京晨报》1998年7月20日的创刊号上，我采写的《大使座驾在京拍卖》的消息，登上了报社头版。三五百字的消息，大意是一些驻华使馆的淘汰车辆，在潘家园古玩市场面向百姓进行拍卖。尽管是多国驻华使馆退下来的二手车,也尽管价格相比新车便宜很多,但是原本并不多的车辆还出现了流拍的现象。毕竟,那时有钱买得起汽车的百姓凤毛麟角。

"大周说车"就是从那时起开设的专栏。除了逢年过节报社整体必要的停刊,我的"大周说车"每周一篇千字文从未间断。

迄今,"大周说车"在行业保持了两个纪录:一是汽车界第一个以个人名字命名的专栏;二是20多年来每周一篇,持续不间断。记得有一次,腾讯汽车的编辑打电话邀请我的"大周说车"专栏入驻。让我感动的是,那位编辑说是"大周说车"陪伴了她整个大学时光,她甚至恭维地说,是看着我的"大周说车"长大的。

之于编委、主编、编辑、记者、顾问和智囊等头衔,我最看重的还是记者。除了出席必要的社会活动,我一直坚持在新闻采访第一线,这才是获得鲜活新闻的源头。只有跑得多、看得多、听得多、问得多,才能近得多、实得多、真得多、鲜得多,才符合新闻本源。坐在办公室是写不出别人爱看的新闻的,更别提给人以启迪、给行业以思考了。

直到今天,我依然尽可能冲在汽车采访第一线,比我"跑口"或早或晚的同行,在新媒体的冲击下,要么离开了汽车行当,要么自己创业。我始终还在一线奔跑,也有同行竖大拇指称赞我的坚守。有时候,对于我的亲力亲为,反倒是有些企业过意不去,他们认为有些活动完全可以派记者,无须事必躬亲。我非刻意,是多年养成的习惯所致。

这么多年,我对汽车行业充满敬畏之心,并用百年老字号同仁堂的"炮制虽繁必不敢省人工,品味虽贵必不敢减物力"的理念,作为写作的原则,更把"不胡写、不乱写、不瞎写"的"三不"原则作为信条。我把印在报纸上的名字看得比命还珍贵。过去的27年,并不是说我采写了多少令行业轰动的文章,多少名篇佳作,我引以为傲的是,忠实记录了汽车行业在中国的进程。

感谢机遇。我赶上和亲历见证了汽车在中国快速发展的"小30年"。也正是这30年,变革中的百姓经历了从买不起车到买车摇号的巨变,我们常说的中国30年时间走过了西方汽车百年的道路进程,老百姓的买车经历就是缩影。

感谢汽车。汽车行业是诸多行业中相对稳定的,无论是汽车企业的工作人员还是媒体同行,可能出现过跳槽现象,但大多还在这个行业。而有的其他行业,则并不稳定。伴随着新能源汽车及智能交通的发展,汽车是"四个轮子两个沙发"的造型可能不会出现太大变化,但是汽车在中国还大有前景,至少不是夕阳产业。

为此,我把中国的汽车划分为两个时代。

1990—2020 年，为进入汽车社会的时代，也是中国人接触汽车和汽车企业在中国野蛮生长的时代。

2020—2050 年，为建立文明汽车社会的时代，也是中国人探索汽车和汽车企业优胜劣汰的时代，并将是中国自主汽车品牌立足世界的时代。

两个时代长达 60 年。我有幸完整地见证了第一个时代。如果够幸运，还会见证第二个时代。

感谢热爱。热爱是发动机。很荣幸，我生在这样一个伟大的汽车时代，成为中国汽车的见证者、记录者、参与者、思考者。往小处讲，从中国汽车可看经济转型、行业布局、百姓生活；往大处讲，从中国汽车可看中国道路、中国动力、中国速度。

中国发展、中国汽车，不挂"倒挡"。

我也会勇往直前，"油墨"此生。

前　言

中国汽车人应该特别庆幸和感谢这个伟大的时代，发生在这一代汽车人身上的故事，前无古人，后无来者，不可复制。因此，我把他们称为"黄金一代汽车人"。

如果没有改革开放，没有大多数人的钱包鼓起来，就不具备汽车消费的天然土壤，汽车消费就是痴人说梦。中国汽车最近这30年基本上浓缩了西方国家近百年的进程；未来30年，汽车行业还能否如此精彩，还真说不准。

所有的事情都是人做的，每个人都以汽车为介质，抒写了激情燃烧的汽车人生。或悲或喜，或彻或悟，都成为中国汽车人的一部分。

把简陋的上海汽车拖拉机厂打造成世界500强中排名超过宝马的上海汽车集团股份有限公司（简称"上汽集团"），也就是陆吉安、陈祥麟、胡茂元、陈虹、陈志鑫、王晓秋等人的事，他们一代传承一代，一棒接力一棒。有些人退休了，但是他们值得被中国汽车铭记。王浩良也是个有大格局的人，正是其在南京汽车集团有限公司（简称"南汽集团"）董事长任上，和胡茂元一拍即合，成就了迄今为止兼并重组样板的"上南合作"。在出任南汽集团董事长之前，王浩良是南京市市委副书记、纪委书记。

过去的近30年，到处都是激荡的汽车人热火朝天的身影。徐和谊率众在京郊顺义以500把镰刀开启了北京现代从无到有、从小到大的征程，索纳塔看似是现代的车型，那也圆了北汽从未染指的轿车梦，从作为中国加入世界贸易组织后首个获批的合资车企，到2018年的17年时间内累计保有量达到1000万辆，每一辆都是一个里程碑。

距离北京七八百千米远的长春，一个被称为"中国底特律"的地方，有过沉寂的中国第一汽车集团有限公司（简称"一汽"）再度启航复兴，成立30年的一汽–大众在秦焕明、安铁成、张丕杰、刘亦功的轮番接力下，成就了累计保有量2000万辆的神奇，一汽–大众奥迪也在2021年累计保有量达到700万辆。比奥迪在时间上晚到中国不少的宝马、奔驰，正在夕发朝至，都达到了超过500万辆的保有量。最近几年，一汽在徐留平的带领下，几番沉寂之后再入佳境，从年销量突破20万辆，初步形成规模效应来看，红旗的势头起来了，那个国人期待的红旗又回来了。

有些人成就了汽车行业，汽车行业也成就了一些人。与阎秉哲、王浩良的"仕而优则商"不同，"商而优则仕"的也有典型代表：苗圩由于管理东风汽车集团有限公司（简称"东风"）

有方，先是做过湖北省会武汉市的市委书记，继而成为执掌工业和信息化部10年的部长。

　　汽车是商业，但商业之外，也总有一种感动让人泪流满面。"请给我一次失败的机会"的李书福，为了进军汽车行业，四处奔走"化缘"，从"中国汽车走向全世界，而不是全世界汽车跑遍全中国"，到合纵连横收购沃尔沃、宝腾、路特斯，再到创立领克品牌、极氪品牌入股戴姆勒，以及吉利与沃尔沃的"二合一"，不到30年的时间，恍如隔世。我看到过李书福拿不到生产目录时的愤怒，也看到过他圆梦时的喜悦。还有尹同跃，我们不能简单地以销量多寡看奇瑞，奇瑞是什么样的，中国本土汽车就是什么样的，奇瑞的历史就是中国本土汽车工业的缩影。如果不是梦想支撑，尹同跃压根用不着被詹夏来的苦口婆心说服，也许他早就成为一汽的高管。奇瑞有过大干快上，也有过彷徨、转型，这都是真实的奇瑞。同理，如果不是产业报国梦、实业报国梦，长城汽车股份有限公司（简称"长城汽车"）的魏建军也完全没必要赌上身家性命以保定市的徽标"旗杆"，以及自己的"WEY"的姓名作为赌注。

　　面对方兴未艾的中国汽车市场，谁不动心？谁又敢大意！不管奔驰、宝马、奥迪、大众、福特、通用，自身是否稳定，董事们隔三岔五甚至整个董事会都倾巢而动，造注中国。从德国的庞克、齐普策、蔡澈、康林松、迪斯，到美国的瓦格纳、比尔•福特、穆拉利，再到日韩的丰田章男、郑梦九、郑义宣，哪个不垂涎这个市场。

　　有些汽车人未必在职务上是塔尖的"一把手"，但是他们在行业弄出的动静足够值得尊重。蔡建军是个销售奇才，"生命在于运动，销售在于活动"一语道破天机；付强、柳燕主政沃尔沃大中华区时的"别赶路，去感受路"，虽时过境迁，但依然脍炙人口；贾鸣镝操持一个年销量200万辆的盘子的难度可想而知。

　　这是一代汽车人的黄金岁月，谁曾想过：是什么样的土壤成就了一批人打造属于自己的汽车品牌？打理过奥迪、斯柯达、奔驰、沃尔沃的付强，靠易车、汽车之家起家的李斌、李响，能够创立爱驰、蔚来等自己的品牌。当然，"小30年"的风云际会，也成就了一批职业经理人，如李峰、李晖、潘庆、郑杰、毛京波、葛树文等。

　　段建军是黄金一代汽车人的缩影，在他每天都是第一个到单位的背后，有一种说不出的辛酸。有一次，他的手机坏了，让秘书去修。反倒是修手机的师傅对手机的机主满心好奇，并说这是一个什么样的人。因为，师傅发现，手机主人的闹钟每隔5分钟就设置一次，接连好几个闹钟。

　　本书收录了100位汽车人的面孔，其实并非全部，里面涉及有名有姓的汽车人少说也有二三百个。这些起早贪黑的汽车人，每个人的故事不同，值得尊敬的程度大同。

目录

第一部分 人生如车

第一章

国企掌门

苗圩：工业和信息化部部长之前的东风往事 //002
竺延风一汽舞东风 //006
徐留平重构一汽 //013
陈虹：上汽一哥的汽车人生 //019
胡茂元讲述上南合作1000天 //029
徐和谊：半生钢铁半生车 //038
王晓秋：不可复制的人格魅力 //044

第二章

管理大腕

汽车符号陈志鑫 //049
安铁成汽车三部曲 //054
汽车老兵张丕杰 //062
刘亦功：一汽-大众总经理重任启新程 //065
杨晓东：赋能名爵"三化"新标签 //069
蓝青松：上汽商用车背靠大树好乘凉 //072
沈阳：寒门出贵子 //075
董修惠：多年百万辆先生的"修"行 //077
郑衡：广本筑梦 //082
俞经民："胖头俞"从荣威互联到大众
　前行 //085
赵英如：从捷达少帅到独当一面 //089
张亮：从首席数字官到一辆MG容得下所有
　年轻人 //094

第二部分　轮上风流

第三章

千面李书福

千万不要小瞧李书福 //102
安聪慧：造车是一场没有终点的向上马拉松 //111
听袁小林讲述"沃"这十多年 //116

第四章

奇瑞风云人物

走进尹同跃的汽车理想国 //126
孙勇：18 年前就吆喝半年工资买辆车 //134
李峰：简单降价不是一招鲜 //135
鲍思语的捷途现象 //138

第三部分　中西合璧

第五章

奔驰人物

韩力达：眼馋"北京户口" //144
司卫任上规划 30 万辆产能 //145
和麦尔斯说再见 //146
蔡澈吆喝重回世界第一 //147
"倪李配"唤醒奔驰 //150
引经据典段建军 //152
倪恺深情告别：过去所有时光都是为了在中国相聚 //155
杨铭：400 万辆之上的奔驰先生 //159
唐仕凯：北汽、比亚迪、吉利三个伙伴一个都不能少 //162
听康林松说"2039 愿景" //164

第六章

宝马从贵友大厦种下 480 万辆的种子

宝马大拿雷瑟夫 //168
科鲁格：从 12 岁小男孩到宝马董事长 //169
汉语哥史登科 //172
好人安格 //176
宝马"老干部"康思远 //178
陈政高省长任上喊话 7 系国产 //179
与高乐在京城大厦 50 层的对话 //180

第七章

奥迪人物那些事儿

施泰德：从奥迪 CEO 到"阶下囚" //185
安世豪：曾不担心宝马能卖过奥迪 //191
薄石：德国企业里的好好法国先生 //192
任思明：中国经销商盈利高于欧美 //195
奥迪使者葛树文 //196
荆青春：一汽奥迪三十而立正青春 //198
孙惠斌：不日新者必日退 //201

第八章

丰田人物

服部悦雄：丰田中国通 //205
内山田竹志：从混合动力之父到丰田社长 //208
丰田章男：60 分钟两次鞠躬三次道歉 //209
董长征：懂丰田 //210
胡绍航：少帅一汽丰田量产幸福 //213

第九章

现代起亚人物

留给李峰拯救东风悦达起亚的时间会不会有三年 //215
老朋友刘智丰 //217
刘宇：十年归来，仍是"少年" //220
杜君保：希望北京现代明天就能重回辉煌 //222

第十章

大众人物

雷思能歪批汽车产业新政 //224
不该忘记倪凯铭 //226
"封疆大吏"海兹曼 //227
"大众之夜"再无文德恩 //230
范安德拒任大众北美总裁内幕 //233
穆勒会把大众汽车带向哪里 //235
迪斯：宝马培养出来的大众 CEO //236

第十一章

斯柯达的朋友们

"很中国"的托马斯 //238
3% 先生荣海德 //240
范安德：流淌着绿色斯柯达血液 //241
梅博纳：斯柯达 2025 战略的中国份量 //243

第十二章

法国哥们

PSA 总裁把"非典"置之度外 //247
朗博文：标致 508 在华未达预期 //248

第十三章

英伦掌门

挪威峡湾对话捷豹路虎魔法师潘庆 //250
施韦德：举双手反对英国脱欧 //255
伯明翰市长麦克：以为 MG 英国复兴再无可能 //256

第十四章

我所认识的上汽大众那些官儿

陈志鑫：会说德语的中国总经理 //259
少帅张海亮：实干创未来 //261
贾鸣镝：200 万辆先生专注上汽奥迪 //263

第十五章

福特人物

沈英铨留给长安福特的忠告 //267
听长安福特陈旭吹"牛" //269
毛京波的林肯之旅 //270

第四部分　筚路蓝缕

第十六章

人来人往

朱福寿：未能完成的 300 万辆夙愿 //278
蔡建军是怎么找到"北"的 //280
汽车追梦者付强 //283
对话郭谦问答观致 //288
丁磊：从区长加盟乐视到华人运通志在改变出行 //292
任剑琼始终欠我一个道歉 //296
印象唐腾 //299

第十七章

汽车之子

魏建军：车坛不敢小长城 //301
王传福：比亚迪为什么收购秦川福莱尔 //306
严凯泰：裕隆的未来在大陆 //309
蒋大龙：散落四处的萨博 SAAB //311
鲍文光：知豆十年微行梦昙花一现 //314
龚大兴：最胆小的"龚大胆" //315
姜君：一汽丰田来了个"外派男" //319
尹明善：成于摩托，败于汽车 //321

第一部分

人生如车

人生如车，车如人生。虽不能流芳百世，却是一段难以忘记的汽车人生，尤其是赶上了中国汽车从小到大、从弱到强的黄金30年。

第一章　国企掌门

中国的车企是以国企为主导的。不过，国企的合资伙伴大多是市场化的外国公司。国企与市场化的跨国公司合资，既有中国特色，也是汽车世界里的一片独特花园。国企有市场，跨国公司也有计划。也尽管汽车股比将在2022年放开，宝马公司把华晨宝马股权从50%提升至75%，成为后合资时代的第一个吃螃蟹者，韩国现代汽车集团则把在四川现代公司的股权提升至100%，成为首个外资绝对控股的商用车企业。大众汽车集团在2020年5月，把在江淮大众的股权提升为75%。

苗圩：工业和信息化部部长之前的东风往事

中国汽车行业的合资风一直在吹，稍微有点"姿色"的企业都找了个老外傍着。一汽和丰田、上汽和通用、长安和福特、北汽和戴姆勒、广汽和本田……不过，在中国的汽车企业中，苗圩找的老外在时间上较早、合资数量最多，在模式上也算是最有本事的。

1997年主政东风汽车的苗圩，与一汽集团董事长竺延风、上汽集团董事长胡茂元，并称中国汽车工业的"三大少帅"。其中，一汽和东风是名副其实的央企，苗圩和竺延风都是副部级干部。上汽虽然是上海市的地方国企，级别稍逊副部为正局级，但是上汽集团的规模化、市场化和成长性，丝毫不逊色两位老大哥。从最近几年世界500强的排名看，上汽集团含金量高出一汽和东风不少，2020年在世界500强排第36名。令人高兴的是，随着中国汽车市场稳定在年度2000多万辆的规模，最近几年，多家汽车公司成为世界500强榜单上的常客。

苗圩主政东风时年仅48岁，从副部级的级别看，年龄并不大，但却是汽车战线的老兵。从中汽销售服务公司，到原机械工业部汽车司副司长，再到东风汽车有限公司董事长，摸爬滚打20多年，是汽车企业中为数不多特爱思考的车企高管。

将困难重重的东风汽车打造成名副其实的可以与一汽、上汽抗衡的汽车集团恐怕是苗圩的魅力之一。在我看来,苗圩的胜人之处在于,在企业光景不太好的情况下,先后将日本日产、法国标致雪铁龙(PSA)、韩国起亚、日本本田等诸多世界汽车巨头,全部拉进了东风汽车的朋友圈。以至当时媒体很难鉴定苗圩的身份:是东风汽车的掌门人,还是谈判高手、融资专家?

让东风汽车几万人过上好日子,是苗圩整天思考的问题。没有一个企业家不想赚钱,但是苗圩给人的感觉远不止如此。例如,东风在2005年成立的乘用车研发中心,彻底解决过去重销售、轻研发的顽症。苗圩说,对于刚起步的中国汽车企业来说,要想在短时间内赶上西方发达国家100多年汽车制造历史的水平,确实有些为难。成立研发中心,就是为那些喜欢汽车的中国人提供一个学习平台。苗圩甚至曾经表示,或许在他的有生之年看不到国人设计的过硬车型,但是为国人搭建学习平台的事情还是要做的。汽车行业里的人都能感觉到苗圩在为民族汽车工业崛起的努力,也能明白东风为何找外国公司合资。

苗圩是属于那种虽不动声色,却干一行、爱一行的人。其主政东风时期,尤其是初期,别说市场化了,连几万人的基本工资都紧巴巴的。东风的竞争力差强人意,把东风汽车从一个不具竞争力的企业转变有竞争力的现代化大型企业,并让后续徐平、竺延风等几任继任者受益的汽车公司,苗圩做到了。今天,东风日产、东风本田、东风标致、东风雪铁龙、东风悦达起亚、东风风神、东风柳汽及东风商用车等业务板块,多是苗圩主政时期搭的架子。

因为管理东风有方,苗圩从管理一家汽车央企的掌门人,成为主政地方的大员,也是迄今为止汽车行业里少有的"商而优则仕"的典型代表。其在2005年至2008年出任湖北省委常委,担任武汉市委书记期间,苗圩把企业的部分管理方式运用到社会管理中,收到了良好的效果。2010年,在有过两年副部长和武汉市委书记的履历之后,苗圩出任工业和信息化部部长、党组书记,成为由邮电部升级为工业和信息化部后,继吴基传、王旭东、李毅中之后,第四位工业和信息化部部长,也成为工业和信息化部任职时间最长、唯一一位超过10年的部长。

成为正部级的"一把手"之后,苗圩直接参与汽车管理的工作日渐减少,但视野从未远离汽车行业。熟悉苗圩的寰球汽车董事长吴迎秋说,苗圩部长对汽车行业的走向、趋势了如指掌。虽然不再像担任东风汽车总经理时和记者那么频繁打交道了,不过苗圩还是个念旧、重情的人,最近几年在国家会议中心举行的新能源汽车展览,只要时间上允许，苗圩总会抽时间参加。参观过程中，遇到熟悉的记者，苗圩会走过去和其握手。即便不熟悉，对于跑汽车口的记者，他同样会报以微笑、点头致谢。

这不禁让我想起苗圩主政东风汽车时，和他打交道的许多片段。其中，最为印象深刻的是2003年11月24日"东风有限"在北京发布未来4年事业计划时的专访。"东风有限"是东风和日产的合资公司，东风对其寄予厚望。当天，时任东风汽车有限公司总裁的中村克己，在北京王府井附近的一家五星级酒店发布新公司2004—2007年为期4年的事业计划——Plan Two Cubed计划。计划的核心将公司的销量和销售额翻一倍，使营业利润率达到两位数，并通过发挥合作双方——东风汽车公司和日产汽车公司的技术与经验，在市场上建立起公司独特的竞争优势。

新事业计划由强势增长、优化运营和公司学习三个重要支柱组成。根据规划，东风汽车有限公司的销量由2003年的30万辆提升至2007年的62万辆。强势增长源自投入有竞争力的新产品和更新车型、强化研发能力及改善销售和服务。在卡车方面，东风汽车有限公司将对其产品进行一系列刷新行动，包括小改款和零开发。同时，东风汽车有限公司与日产沃尔沃联盟的雷诺卡车部门签订了技术合作协议，以提高新型卡车驾驶室和大功率发动机商品的开发能力。对于日产品牌的乘用车，包括2003年7月上市的阳光轿车在内，东风汽车有限公司在2006年之前推出6款车型。当年下半年销售收入可达到170亿元，营业利润率达到8%。在2007年即计划的最后一年，销售收入可达到800亿元，相当于2003年业绩的两倍以上。营业利润可达到80亿元，占销售收入的比例为10%。

东风汽车有限公司是东风汽车公司和日产汽车公司建立全面战略合作伙伴关系的结晶，公司注册资本为167亿元，合资双方各持50%的股份。东风汽车公司以子公司、相关企业的股份等资产分阶段出资，日产汽车公司相应以现金出资。新公司继承了东风汽车公司现有的核心汽车业务，包括卡车、客车、轻型商用车和乘用车等。

为了清晰解读计划，身体力行在一天时间内连续接受了三拨记者专访的苗圩没有丝毫不耐烦，甚至一直都是和颜悦色。那些在今天看来时过境迁的旧闻，现在看来依然有趣，问答真实地记录了当时苗圩的状态。

东风与日产从签署合资协议到组建合资公司仅用了不到一年的时间，双方是2002年9月签署长期全面合作协议，而2003年6月就组建了合资公司，前后只有9个月的时间。外界发现东风和日产的合资公司名称是"东风汽车有限公司"，而不是像大家想象的"东风日产有限公司"。这在当时可是大问题，既涉及话语权之争，也是很多合资车企一直想解决却破不了的局，甚至在一定程度上关乎合资公司的商业模式。

苗圩说："叫什么并不重要，有多少股份就有多少话语权。同样，有多少话语权就需要尽多少责任，话语权和责任是对等的。"例如，在"东风有限"中，东风和日产的股份是各50%，在这个层面上说，东风和日产的话语权是平等的。又如，董事会中中方和日方的董事数量是相等的。只要大家认定一个目标，公司叫什么名字无所谓。当然，苗圩还是希望保持东风的牌子。

至于有外界评论，在车型上认为日产只愿意拿6款而不愿意拿更多车型的猜测。苗圩回应称，未来"东风有限"的新车型不是简单6款车的数量问题，如跑车在中国也有市场，但是一年就几十辆，投资建这样一条生产线是值不值的问题。拿什么车型要根据经济判断。作为合资公司"东风有限"里的"东风"，苗圩可谓竭尽全力，苗圩的原话是："把东风的优质资产，优秀的人力资源，营销网络和客户资源，都拿到东风有限公司当中去。"

今天，人们可以用工业和信息化部部长或部级官员的眼光看苗圩，但是东风汽车"一把手"任上的苗圩，从小到市场价格策略，大到产能规模，以及行业走势，各个环节了如指掌。例如，在看到"东风有限"雄心勃勃计划的同时，看到中国的汽车市场有很多不确定的因素，并提前预估和研判了计划和市场发生矛盾的解决之道。采访中苗圩说，从市场的角度来说，很多要素是企业不能把握的，所以在做事业计划的时候，采取一个相对谨慎的原则。更重要的措施是提高自己的运行效率，不断推出新的产品，为用户提供更好的服务。像60%、70%的增速，不会维持太久。在市场因素不可以控制的情况下，降低成本是企业唯一可以控制的，像采购成本、制造成本都可以控制，这个幅度为12%～20%。

虽然在当时确立的62万辆是一个相当有规模的计划目标，但是在生产环节并不冒进。这一点上，苗圩和日产的中村克己心有灵犀。东风有限后来的两个乘用车生产基地并非是投资建的新厂，而是依托"老厂"进行改造的。两个生产基地，一个在广州花都，一个在湖北襄樊。苗圩说企业再有钱也要一分钱掰成两半儿花。在当时的62万辆产能目标中，湖北省占到三分之二，湖北省以外占到三分之一。现有的蓝鸟、阳光两款车还不能满足市场的需求，已经安排了扩产。但是对企业来说，也不能一味地卖车，如果发生了经营数量和质量发生冲突的时候，优先保持经营质量。当时，"东风有限"的销售渠道是借助台湾裕隆和东风已经建立的100家专卖店销售，也是今天东风有限最早终端渠道的雏形。不过，受当时国家产业政策的影响，日产的进口车还需建立自己专门的进口车销售渠道。台湾裕隆后来还与东风共同成立了东风裕隆汽车公司，在杭州生产纳智捷品牌的车型。

好马也吃回头草。在东风与日产合资"东风有限"之后，日系另外一个巨头——本田与东风再续前缘。苗圩说，东风和本田的合作10年一梦刚起步，10年前日本本田的确想跟东风合作，但是在东风领着本田去了一趟广州后，本田把东风给"抛弃了"。因此，在时间段上，本田先是和广汽集团进行合资，而在和东风的合资上，本田在日产之后。不过，成立时间虽晚，东风本田的经营质量却在行业独树一帜。首任中方执行副总经理刘裕和用"C-RV"一款车型撬开了城市SUV的大门，成就东风本田"小市场大份额"的一段佳话。2017年年底离任的中方执行副总经理陈斌波曾是东风日产的得力干将，其执掌东风本田期间，在2017年车市充满不确定性的情况下，东风本田居然供不应求，没有一辆库存车。尽管广汽本田成立的时间比东风本田早不少，但是在销售体量上，两者相差无几，年均销量均超过80万辆。

2020年年初的新冠肺炎疫情，让东风本田深受影响，出现了几个月的停摆，生产和经营遭到严重挑战。疫情得到有效控制后，东风本田借助全新UR-V的上市，把调性定在了美好生活上。我时常想，支持包括东风本田在内的东风汽车，就是支持武汉重启，人们应该多多购买东风汽车。

2020年7月，苗圩卸任工业和信息化部党组书记、部长。

竺延风一汽舞东风

当年的汽车少帅，帅还是帅，只是不再少。1961年出生的竺延风，2021年年届60岁。

担任过吉林省委常委、副省长、常务副省长和专职省委副书记的竺延风，除了2007—2015年9年时间的地方官员仕途，履历多和汽车交集，竺延风曾经创下过唯一一个同时执掌过一汽和东风两家汽车央企"老总"的纪录。徐留平从长安汽车调任一汽董事长，算是追平了竺延风的纪录。尽管执掌东风汽车将近5年，但是竺延风的家一直在长春。2020年年初的新冠肺炎疫情，使得家在长春的竺延风在临放假的最后时刻，选择了舍小家，顾东风这个大家，留在武汉抗疫。

从大学毕业后在一汽热电厂仪表车间技术员做起，到2007年年底一汽集团董事长，竺延风有34年时间在一汽度过。2015年5月，时任吉林省委副书记的竺延风再度和汽车重续前缘。只不过，这一次竺延风重返的汽车行业不再是一汽，而是挥别东北工业重镇的长春，南下千里之外的武汉，接棒徐平出任东风汽车董事长、党委书记。不少媒体把竺延风和徐平的这次职务变动称为"换防"。徐平从东风汽车董事长任上调任一汽集团董事长，接替因腐败而落马的原一汽集团董事长徐建一。在徐建一之前，一汽集团董事长正是竺延风。虽然竺延风和徐平没有职务上的直接交集，但是外界把竺延风和徐平的对调解读为"换防"也有道理。

作为插曲，徐平在出任一汽集团董事长两年之后的2017年，一汽集团董事长职务再度更迭，这次接替徐平的是兼任长安汽车董事长的中国兵器装备集团有限公司（简称"中国兵器装备集团"）董事长徐留平。被调往中国兵器装备集团出任董事长的徐平也算是和汽车缘分未尽，位列国内四大车企的长安汽车就是中国兵器装备集团的企业。至此，央企级别的三大汽车公司高管全部落停，一汽集团董事长徐留平、中国兵器装备集团董事长（长安汽车是中国兵器装备集团所属企业）徐平和东风汽车公司董事长竺延风。

我对竺延风的采访源于一汽集团任上，面对外界对自主品牌是扶不起来的阿斗，甚至恨铁不成钢的现状，由于竺延风说了"自主品牌要耐得住寂寞20年"的实话，招惹不少非议。认为竺延风只会合资的有之，认为竺延风不重视自主品牌的更有之，众说纷纭。现在看来，竺延风的预言倒是实话，上汽荣威和MG名爵、吉利、长城、广汽传祺等自主品牌的集团向上突围，虽然不到20整年，但几乎都用了小20年的时间，而且一路走来何其艰难。

竺延风自己也没想到，实话实说反倒成了他的标签。那是在竺延风"自主品牌要耐得住寂寞20年"实话实说不久，在2006年11月举行的广州车展上，竺延风召集小范围媒体，进一步阐述对自主品牌的看法。当时的舆论环境对自主品牌格外关注，远不及像今天这样包容和客观,尤其是一汽作为共和国汽车长子,又有红旗的招牌。竺延风说,一汽诞生于自主,成长于自主,拥有自主创新的基因。作为中国汽车工业的"长子",发展自主凝结着一汽人的历史责任、现实责任与未来责任。50多年来,一汽在发展自主的事业中,前赴后继,不懈奋斗。目前已拥有解放、红旗、夏利、奔腾等自主品牌。"一汽力争用10年左右的时间,通过科学技术的整体进步,全面形成有竞争优势和完整体系支撑的自主创新能力。"

做好和做不好是两回事,但做与不做是态度问题。在竺延风看来必须得做。竺延风说一汽红旗和天津一汽走的是不同路径的研发模式,但是两条路如果认真做,都能杀出一条血路来。从自主创新模式看,一汽既有立足积累的原始创新,也有集成世界先进技术的集成创新,还有学习引进消化吸收的再创新。天津一汽是坚持原始创新与引进消化吸收再创新相结合,立足自主发展。红旗轿车则是坚持集成创新与原始创新有机结合,推动自主品牌高级乘用车商业化发展。

与一汽集团旗下的一汽-大众、一汽奥迪和一汽丰田,甚至一汽马自达等多个业务板块在市场上的攻城拔寨相比,一汽的自主品牌走过不少弯路,屡战屡败又屡败屡战,饱受诟病,远谈不上成功。红旗本身就像庾澄庆《尽情摇摆》那首歌,一会儿学奥迪,一会儿学丰田,一会儿学马自达,到头来仍然是四不像。印象中,时任一汽轿车销售总经理的王殿明在新疆组织过一次红旗明仕的试车,车队从乌鲁木齐出发,行程分为两段,第一段为乌鲁木齐到吐鲁番,第二段从吐鲁番到喀纳斯湖。试驾感受马马虎虎,作为车,基本的驾驶没问题,而要是用挑剔的眼光,红旗明仕远谈不上出类拔萃,倒是红旗的音响效果令人印象深刻。试驾出发前,车队统一准备了CD,但多是大众化的流行歌曲,我和《北京晚报》的郑小庆在乌鲁木齐大巴扎的家乐福,淘到了刀郎的专辑,当时刀郎并未成名。倒是从新疆回到北京,刀郎已经火得不行,北京大街小巷到处播放着《2002年的第一场雪》。其实,新疆还有个号称女刀郎的歌手哈瓦尔古丽,也有专辑,不少歌曲还算中听,只是哈瓦尔古丽至今未火。《尽情摇摆》是一首欢快的歌曲,而红旗因为摇摆贻误了不少市场机会,以至看不下去的东风陆续推出和红旗定位旗鼓相当的车型,如东风风神A9、上汽荣威950、吉利博越等,就连奇瑞的东方之子也曾有过向上突破的努力。

一汽自主品牌还曾尝试过"多生孩子好打架"的多品牌战略,在红旗之外,还诞生了奔腾、欧朗等品牌。奔腾直到今天给人的感觉都是"说他活着,实际上已经死了;说他死了,却还活着"。而欧朗的命运属于过早夭折的品牌,定位于年轻,还曾请过苏打绿等当红小生为其助威,一向西装革履的时任一汽集团董事长的徐建一还特意换上T恤,不穿西装不打领带的休闲装扮也没能换来欧朗的热销，在市场的激烈竞争中，欧朗就这样悄无声息地退出了舞台。

红旗当属中国汽车的第一品牌毋庸置疑。时任北汽集团董事长的徐和谊，2017年在古北水镇举行的越野世家BJ40、BJ80上市会上曾感慨地说，中国轿车第一品牌还就是红旗，中国越野第一品牌就是北京越野。老徐的话显然也对红旗充满敬意，国外的老爷车爱好者也把红旗当作收藏的孤品级别，足见红旗金字招牌的含金量。国内众多老爷车收藏者中，我认识两位：一位是圈里广为人知的雒文有，把毕生精力和金钱都用在了收藏红旗车上，是红旗收藏数量第一人；另一位是人称"侯爷"的侯晓明，"侯爷"手头儿也有不少红旗孤品，他那辆难得一见的红旗救护车始终令人印象深刻。

红旗复兴的机会在于，中共十八大，尤其是中共十九大后，作为国车的红旗成为外国政要访华时的礼宾座驾。法国总统奥朗德是最早乘坐红旗国宾车访华的外国元首之一，这种其他品牌做梦都享受不到的礼遇只有红旗能够做到。徐留平执掌一汽集团后，迅速从自主品牌入手，聚焦红旗作为突破点，给出了一汽全集团选贤的政策，并举全集团之力组成了23人的红旗梦之队，这其中不乏包括从一汽－大众奥迪销售事业部市场部部长任上踊跃报名的张强等中坚力量，也包括曾任长安马自达和长安铃木执行副总经理的况锦文，以及长安福特执行副总经理的陈旭等，徐留平更对况锦文委以一汽集团总经理助理的重任分管红旗品牌。2018年7月，恰逢红旗品牌诞生60年一甲子，一汽集团在新的红旗总部举行了简朴却不失隆重的庆典。耿昭杰、李刚、吕福源、竺延风、贾延良等老红旗人作为功勋人物受到表彰。福耀玻璃创始人曹德旺及演员靳东，成为红旗旗舰车型——红旗L5的首批车主。个性化定制的红旗L5售价650万元一辆。借助红旗60年庆典，我和很小范围内的媒体同仁看到了未来3～5年内红旗投放市场的HS5、HS7和L7三款车型，令人欣慰的是红旗正在动起来，是在真做，而且是在认真地做。

一汽作为共和国汽车工业的"长子"，在63年历史发展的长河中，经历过饶斌、郭力、刘守华、李刚、黄兆銮、耿昭杰、竺延风、徐平和徐留平等多任"一把手"。耿昭杰的受人尊敬之一，在于其任上和时任德国大众汽车董事长的哈恩促成了一汽－大众的诞生。截至2020年3月，一汽－大众迎来累计第2000万辆下线。国产奥迪在2021年累计700万辆。

竺延风在一汽集团的主要履历，不仅在于他37岁成为一汽集团历史上少有的少帅，还在于其推动了中国汽车产业的合资、合作和兼并重组。一汽与丰田之间的合资合作被看作是竺延风主政一汽的标志，一汽与丰田在人民大会堂合资仪式的签署，被称为"中国一哥"与"日本一哥"间的强强联姻，竺延风与时任丰田社长的张富士夫签字后握手的场景，成为中国汽车工业合资合作的里程碑时刻。

根据国家汽车产业政策的规定，一家外资企业在华不能超过两家合资伙伴，为了实现和丰田的全面合资，在和丰田合资之前，一汽花费巨大的人力、物力、财力和精力，率先实现了和以生产夏利闻名的天津汽车集团的兼并重组，史称"天一重组"。丰田和天津汽车集团的合资、合作关系早于一汽，寓意华夏得利的夏利和大发都是天津汽车集团从丰田引进的车型。时任天津汽车集团董事长的是张世棠、总经理是林引。与张世棠出任董事长之前是天津官员的履历不同，年轻的林引一直是天津汽车集团的"老人儿"。在天津汽车集团先是被一汽兼并重组，后来在业绩跌宕起伏的情况下，才华横溢的林引多次有机会走出天津另谋高就，林引一直未曾离开天津。在相当长的一段时间，逢年过节，我总能收到林引寄来的贺卡。

为了和丰田汽车合资，一汽不得不兼并了天津汽车集团。然而，丰田汽车在一汽合资成立一汽丰田后不久，丰田汽车就和广汽集团迅速"闪婚"成立了广汽丰田。业内始终有这样一种说法，丰田汽车与广汽集团的合资合作谈判在时间表上几乎与一汽的合资同步进行，只不过秘而不宣。在这一点上，有人批评丰田汽车不"局气"。与丰田短时间内合纵连横一汽和广汽不同，美国通用汽车20年来始终与上汽集团心无旁骛地一家亲，尽管通用汽车后来占用了一个合资名额与一汽进行商用车的合资，但那是象征性的，一汽通用的商用车销量始终乏善可陈。当然，丰田汽车与广汽集团的合资并不违反任何法律和法规,符合"一家车企两家合资伙伴"的产业政策和游戏规则。

2015年5月,一纸调令让竺延风再续汽车前缘,出任东风汽车公司董事长兼党委书记。习惯了东北菜的竺延风轻车从简开始适应热干面、武昌鱼的味道,东风也由此进入竺延风时代。

接棒东风13个月之后,带有竺延风烙印的东风"十三五"四大目标的战略规划跃然纸上:到2020年,产销规模高质量跨越560万辆;自主品牌实力显著提高,经营效益进一步提升;产品海外销量在中国品牌海外销量中居领先水平;新能源汽车销量目标30万辆以上,核心技术和资源掌控能力显著提升。并不长的施政纲领清晰透露,竺延风希望其治理下的东风汽车在未来成为为用户提供全方位优质产品和服务的卓越企业。

战略规划出台之前,竺延风利用大半年时间对东风旗下各业务板块进行了密集调研。在千头万绪的工作中,人事布局成为先行。神龙汽车公司、东风本田及东风乘用车、商用车等公司高管纷纷换将,目的就是"十三五"战略规划的达成。其中,引人注目的人事布局包括,担任过一汽-大众总经理多年的安铁成被从一汽轿车总经理任上调至东风汽车,升任党委常委、东风汽车副总经理,并接替刘卫东成为分管东风标致、东风雪铁龙两大品牌母公司神龙汽车的"掌门"。作为与安铁成的对调,东风汽车为一汽集团输送了主管东风财务的邱现东。邱现东从东风汽车公司党委常委,升任一汽集团副总经理,并在2020年接棒一汽集团总经理。当然,志在让神龙重回"赛道"的安铁成并没有让神龙找到"赛道",安铁成后来离开武汉调任位于天津的中汽中心,出任党委书记、董事长、总经理。安铁成的调离和没能带领神龙重回"赛道"关系不大,法方和中方的合作始终问题不断。2020年,东风标致和东风雪铁龙两大品牌组成的神龙汽车的年销量不足6万辆。

安铁成只是竺延风在东风时代的"药引子",密集的一系列调整还包括:苏维彬转任神龙公司总经理,麦柯然(Jean Christophe MARCHAL)接替返回PSA集团另有任用的穆浩然,任神龙公司执行副总经理。与神龙公司几乎同步进行的调整还涉及东风本田、东风风神和东风商用车等业务板块。有些关键岗位的调整竺延风亲自出席,如李京桥接棒蔡玮任东风本田汽车有限公司党委书记时,竺延风强调,这次主要领导班子调整,是东风公司党委经过充分研究,基于东风本田"十三五"规划所做出的慎重决定。竺延风指出,近几年来东风本田取得了良好的经营业绩,领导班子带领中方团队保持了较高的干事创业的激情,2015年产销一举跨越了40万辆,成为东风公司的重要支撑。2017年前5个月,东风本田产销超过20万辆,终端销量同比增长39%。

而在十堰召开的东风商用车有限公司干部大会上，东风汽车公司人事（干部）部长何伟宣读东风商用车有限公司主要领导调整文件：推荐杨青任东风商用车有限公司总经理；张祖同任东风商用车有限公司党委委员、书记，推荐兼任副总经理；推荐孙振义任东风商用车有限公司副总经理；黄刚不再担任东风商用车有限公司总经理，另有任用；李京桥不再担任东风商用车有限公司党委书记、委员、副总经理，另有任用；徐天胜不再担任东风商用车有限公司副总经理，另有任用。在由时任东风汽车公司副总经理童东城主持的会议上，竺延风说："希望东风商用车有限公司新的领导班子不断强化班子建设，坚定信念、充满信心。要有担当、有定力、有创新、有发展；要进一步深化高素质人才队伍建设，进一步凝聚开心工作、快乐生活的员工文化，全力推进东风商用车再上新台阶，实现'东风号'再领航"。2015年1月成立运营的东风汽车集团股份有限公司是与沃尔沃集团建立战略联盟，在中国组建东风商用车有限公司，致力于发展"东风"品牌商用车为全球知名品牌。

风神之于东风，如同红旗之于一汽、荣威之于上汽、传祺之于广汽。竺延风时代的东风风神班子队伍也得到调整、强化。李炜、刘洪、颜宏斌等或来自风神内部的挖掘，或者从合资公司东风悦达起亚、东风本田反哺。对风神的调整一直在继续、在尝试。可惜的是，风神的销量始终差强人意，在2015年销量突破10万辆也犹如昙花一现。

同年更早一些时候，神龙公司任命饶杰为东风雪铁龙品牌部总经理，与东风标致品牌总经理李海港形成了"南饶北李"组合，东风雪铁龙在上海办公，东风标致在北京办公。东风雪铁龙原总经理陈曦出任东风雷诺汽车公司销售部部长、副总经理，全面负责东风雷诺的销售和渠道建设工作。陈曦职业生涯起步于神龙汽车公司，先后出任东风标致销售部部长、东风雪铁龙销售部部长，在神龙公司工作长达19年。只可惜，东风雪铁龙和东风标致的"南饶北李"组合犹如昙花一现，2017年国庆节前夕，东风标致的李海港从东风标致总经理任上辞职，离开了效力多年的体制，转战商海。东风雪铁龙总经理饶杰也因另有任用去职。陈曦也从东风雷诺去职，先是加盟造车新势力博郡汽车，后转战至星途汽车。此后一段时间，东风标致、东风雪铁龙及东风风神的高管更迭不断，似乎只有高管变化的时候人们才能想起这些板块的存在过。看上去业务板块众多的东风汽车，出现了结构性的问题，除了东风本田和东风日产相对稳健，不少业务单元需要补足短板。

竺延风在一汽和东风各留有一段鲜明的标签。

在一汽集团时，是实话实说的标签。在东风汽车，频繁的人事调整成为另一个标签。从2015年接棒东风汽车董事长，至2021年的6年时间里，竺延风针对东风汽车进行了各种大大小小的人事调整。有人戏称，竺延风人事调整的数量比东风推出的新车还多。

2021年辛丑牛年，竺延风又开启"换新模式"。开年不到三个月时间，东风汽车再次发生两次涉及多人的人事调整，调整力度外界瞩目。2021年2月，杨青接棒因年满60退休的李绍烛，出任东风汽车总经理；"3.8"妇女节当天，陈昊再被委以东风有限执行副总裁的重任。

此次与以往的人事调整明显不同，时年55岁的杨青和时年51岁的陈昊此番受到重用，可看作是竺延风为东风汽车未来进行的储备。未来几年时间内，将形成"竺延风杨青陈昊"的东风组合。

从重用杨青、陈昊不难看出竺延风的用人观，从东风整个大盘子来看，日产是东风汽车的最大合资板块，"东风有限"的主要业务都集中在和日产的合资合作，保住包括东风日产在内的"东风有限"，就是保住了东风汽车的基本面。和东风日产同属日系的东风本田，由于发展稳健，属于相对放心的板块。除了商用车之外，东风的合资企业，东风的乘用车，神龙汽车、东风风神、东风悦达起亚、东风裕隆则是"一年不如一年"。东风雷诺还创造了最快关停合资企业的"佳话"。整个东风体系，除了东风日产和东风本田，可谓全线告急。

而履新东风汽车总经理的杨青，2021年刚刚55岁，会有一个相对完整的任期，可以腾出足够的精力，协助竺延风保持东风汽车的日常运营。

竺延风在东风更应该扮演什么角色？羽扇纶巾的诸葛、还是有场上换人权的教练员？他更应该是一个大夫的角色，开出一剂"东风吹、战鼓擂、业绩佳"的药方。2021年，竺延风已经年届60岁，留给他让东风妙手回春的时间不太多了。

徐留平重构一汽

履新一汽集团董事长不足两个月，徐留平就开出了一汽集团历任"一把手"都未曾开出过的"药方"，尽管有人认为"用药"有些过猛了。

徐留平希望把国人有情怀的红旗品牌当作突破口，从而把一汽集团带入名副其实的"第一汽车"的位置，徐留平到任一汽后立即亮出了把中国一汽打造成"国内第一、世界一流"的企业愿景目标，并在三年时间里把其当作头等大事和第一要务。

执掌一汽集团可能是2017年10月才迎来53岁生日的徐留平的最好生日礼物。在

汽车面孔：黄金一代汽车人

8月空降一汽集团党委书记兼董事长之前，徐留平已经有过5年中国兵器装备集团总经理兼长安汽车董事长的经历。2017年8月，徐留平和时任一汽集团董事长的徐平对调，徐平出任中国兵器装备集团董事长。而在徐平之前，一汽集团原董事长徐建一因腐败落马。徐留平比徐平小7岁，这被外界广泛认为是徐留平执掌一汽集团的深层次原因。徐留平也由此成为一汽集团历史上，除竺延风外最年轻的董事长。徐留平和竺延风同为江苏人，虽然一汽地处东北长春，但是一汽的多任领导均来自吉林省外，一汽老厂长耿昭杰是安徽人，曾在一汽有过履历的尹同跃及东风的朱福寿也是安徽人。

履新后参加一汽－大众1500万辆下线时的对外首秀，以及在集团各业务板块之间密集的内部调研，只是徐留平的插曲儿，聚焦红旗、百人轮岗和资源整合，成为徐留平试图带领一汽改革、重构的三部曲。尤其是人员和架构的调整，堪称外科手术刀式精准，先是在集团各业务板块抽调23名骨干充实红旗品牌，继而是对集团100多名关键岗位干部进行全体起立式调整，其中包括不乏一汽－大众总经理张丕杰在内的岗位。

在那次调整中，一汽－大众总经理张丕杰调任一汽集团采购部部长，负责红旗采购业务，一汽－大众总经理由一汽纪委副书记刘亦功接任。一汽轿车总经理胡咏调任一汽集团战略管理部部长，一汽集团规划部部长付炳锋调任一汽驻京办主任，付炳锋后来出任中国汽车工业协会常务副会长。一系列调整既涉及集团多个职能部门，也涉及研发和生产一线。其中，张丕杰和一汽解放总经理胡汉杰、集团组织人事部部长陈辑，被提拔为总经理助理。尽管一汽集团总经理职位在徐宪平调离后，奚国华空降之前，一直处于空缺状态。此前，徐留平旨在强化红旗品牌点将的23人陆续到位，其中不乏一汽集团各业务单元的骨干力量。史无前例的人员变动凸显了徐留平的用人观、价值观。徐留平的"四能"和"四不"成为人员调整的标准。"四能"：干部能上能下、薪酬能高能低、员工能进能出、机构能增能减。在选贤任能时要对"四不"干部说不："不思进取、不接地气、不抓落实、不敢担当"的干部不能用。

同时，徐留平对一汽集团重新进行架构调整。其中，从"一汽轿股"剥离不久的红旗事业部再度地位提升至一汽集团层面运营管理，把红旗品牌上升到一汽集团的头等大事。包括夏利、威志品牌在内的天津一汽和森雅品牌的一汽吉林，纳入奔腾事业部，从而实现一汽自主品牌由分散向集中的管理、研发。一汽自主品牌整合为只聚焦红旗和奔腾两个品牌。

为了实现把一汽集团打造成"国内第一、世界一流"的企业愿景目标，徐留平为每个业务板块制定了清晰的目标，如红旗品牌成为"高端自主第一品牌、第一销量"；解放品牌成为"自主商用车第一品牌、第一销量"。预计2020—2025年，奔腾品牌将成为"一流品牌、行业前五，进入国内自主品牌第一阵营"；合资品牌要做到"数一数二"等。徐留平还为一汽带去了互联网公司才有的996、711的工作时间。

相比一汽-大众、一汽奥迪和一汽丰田等合资企业的稳健，红旗和奔腾品牌才是一汽"最要劲儿"也是最迫切的。

2017年年末，SMW斯威董事长龚大兴在北京的一次饭局上，站在一个"重庆老乡"旁观者的角度谈及徐留平在一汽的做法时称，徐留平的做法是对的。徐留平的改革是一汽去行政化，向市场化转变的必由之路，一系列动作的目的就是让一汽回归企业化、市场化。此前，一汽背负了太多的行政色彩。

到任一汽后参加的2018年全国"两会"上，身为全国人大代表的徐留平再度强调了擦亮红旗金字招牌的必要性。徐留平表示，做好红旗是一汽的责任和使命。红旗既要为党和国家服务，也要为人民服务。"一汽作为共和国'长子'，是中国汽车工业的摇篮，在中国汽车工业发展的过程中起到了重要的作用，做出了不可替代的贡献。红旗是一汽自主品牌中的一颗明珠。"三言两语，清楚地回答了红旗是走上神坛，还是走下神坛的老问题。

那年"两会"上，徐留平设立了谁也不相信的目标。2018年红旗的销量在2017年只有两三千辆的基础上，增长10倍，达到3万辆；2019年，达到10万辆；2020年，达到20万辆；争取通过七八年的努力，到2025年，实现30万辆，增长100倍的目标。为了实现销量目标，一汽做了一系列的工作。一是更加明确了红旗品牌的内在精神，正如习总书记在2011年"盼望更多的中国人坐上红旗轿车"的指示，为市场提供产品和服务。二是一汽加快内部改革，通过内部的挖潜实现领导干部能上能下、员工能进能出、薪酬能高能低、机构能增能减，通过内部改革，激活一汽的动力、活力、干劲。三是紧紧抓住汽车产业大幅度调整、颠覆性变化的机会,一汽对新能源技术、智能网联技术和共享出行技术进行了大规模的投资,成立了新能源技术研究院及智能网联研究院,在北京、上海都设有分部。同时,一汽建立了共享服务公司,一系列新产业、新业态的布局,为红旗走进千家万户奠定了基础。四是进一步提高红旗的装备制造水平,在长春建设世界最先进的、可视化的红旗制造工厂,确保产品质量。

"新红旗,让理想飞扬"是徐留平给红旗的标签。执掌一汽集团三年红旗两度启用人民大会堂。一次是2018年1月8日,新红旗品牌战略发布,另一次是时隔两年之后的2020年1月8日,以新红旗盛典的名义对红旗阶段性成果的回顾,更是未来昂扬再出发的号角。尤其在2019年兑现销量10万辆之后,有必要来到再出发的地方庆功,也只有人民大会堂和国车红旗的地位特别"搭"。10万辆销量,是红旗复兴的标志。两年时间,红旗从口号出发,已经势不可挡,两年时间,在美国拉斯维加斯北美CES及德国法兰克福车展都留下了红旗的身影。

在2019年1月举行的第52届CES(Consumer Electronics Show)上,亲自率队的徐留平说,红旗品牌以虚心学习的态度而来,也凸显了红旗品牌追逐先进技术的决心。首次参加CES大展的红旗品牌携全新红旗"旗境"智能舱亮相拉斯维加斯会展中心。徐留平表示,借此机会,也可以近距离和全球各大车企及IT互联网公司交流互动。中国汽车产业当前以"新四化"——体验化、电动化、智能网联化、共享化为核心发展趋势,中国一汽一直积极拥抱互联网,采用创新合作模式,努力为用户提供极致的汽车产品和服务。

CES展会上红旗品牌带来的"旗境"智能舱,基于红旗技术品牌R.Flag"阩旗计划"开发,是红旗对未来智能生态及人机交互领域规划和构想的集中体现。全新的"旗境"智能舱是一款充满丰富内容的黑科技产品,用户可以在这里沉浸式体验到全

感官交互、人体动态识别、MR 体验等一系列智能互动功能。红旗品牌希望用充满科技感的 HMI 设计及座舱工业设计，为用户打造一次创新、独特的出行体验。同时，整体造型契合"阴旗"概念，智能舱的 21 块屏为悬吊结构，寓意红旗品牌在中国汽车工业技术领域，将升起具有红旗基因和研发实力的旗帜；座舱 5 块屏幕，代表着 Rise 升起、Future 未来、Leading 领先、Autonomous 智能、Genes 基因 5 个方面。从内容上来说，智能舱（外屏）主要为红旗品牌形象内容展示，座舱（内屏）及驾舱主要为用户体验内容，彰显新高尚品牌形象。"旗境"智能舱以人体感官的"五觉"（视觉、听觉、嗅觉、触觉、知觉）为切入点，通过红旗品牌的未来首创技术、极致产品、愉悦服务、美妙出行、良好生态的展示，为体验者带来迭代式的多维出行体验。坐进"旗境"智能舱，人们可以通过 VR 技术，真实地体验和感受到温度和天气变化，在大屏幕上及时获取车辆各种技术参数，感受红旗自动驾驶技术的先进性，感受红旗品牌对未来出行生态的愿景规划，以及对智慧城市的理解和构想。

2019 年 4 月举行的上海车展上，执掌一汽集团 13 个月的徐留平再度给人们带来了红旗的惊艳。徐留平告诉我："过去的一年三个多月时间，是一段紧张、沸腾、奔跑的日子。"新红旗在品牌塑造、造型创意、产品开发、技术创新、品质质量、营销服务、客户关怀、体系建设等诸多方面，以日新月异的步伐，改写和创造着无数个红旗时刻，展现和诠释着"理想、执着、变革、谦敬"的新红旗精神与情怀。

徐留平说，到任中国一汽一年三个月时间，先把包括红旗在内的中国一汽的战略目标确定了。因为战略目标不确定，会产生很多的问题，如没有目标感和方向感。2018 年 12 月份发布的包括红旗在内的 2025 年"831"战略目标，包括利用 8 年时间，实现规模、利润和经济质量与员工收入三大指标翻一番，"收入过万亿元、利润过千亿元，员工收入过 23 万元"。在整个一汽体系当中具有举足轻重作用的红旗，2018 年超额完成三万辆销量，让中国一汽实现 2025 年的"831"战略目标更进一步。

徐留平认为，汽车产业说一千道一万，没有好的产品不行。红旗将有 HS5 和 HS7 两款新产品上市。2020 年的产品包括 H7 换代，续航 600km 的新红旗全新 FME 平台系列电动车等。"对于红旗来说，对于国人来说，有很多对于红旗的期待，如何把这种期待变成他们可以触及的现实，是我们这一代红旗人的一个愿望。"徐留平说，新红旗既要做到为各级领导干部提供用车，也要面向市场、面向大众，两者兼具，并不矛盾。从做产品的理解来说，红旗既是一个"国车"，为国家领导人、为省部级领导干部和各级领导干部提供轿车；同时更为重要的是如何面向市场、面向大众，满足更多中国消费者的需求。

与"国车"相对应的是，红旗把面向市场、面向大众的品牌定位定义为"新高尚情怀人士"。徐留平对此解释称，"新高尚"的内涵无疑是更加丰富。"新"表明一种时代感，这种新的时代、新的时期，同样是新的"人"，就是一种时代感。"高"表明一种理想性的、梦想性的这种真善美的层面，"尚"是说能够引领这个社会的一些潮流、一个正确的方向和一种正确的体验与导向。它不是一种简单的时尚，而是说红旗期望提供给消费者一种真正有内涵的、有意义的，既体现在物质，也体现在精神和内涵层面的风尚。同时，包括人与车、车与车，以及人与人和车与社会之间的这种和谐的关系，一种风尚。

徐留平用"谦敬"形容他对红旗品牌的心得体会。"谦"就是表示谦卑，"敬"就是敬畏。既体现出对于消费者谦卑的心理，也体现着对于汽车本身技术发展的敬畏。任何在这个领域当中的不谦卑、不敬畏，可能对消费者，以及对品牌都会产生不好的影响，所以在研发、技术方面，会持续加大投入。

红旗"五国九地"的研发布局中，长春是红旗品牌的研发总部，组建了红旗造型设计院、新能源研发院和智能网联开发院。在北京，设有前瞻技术创新分院和体验感知测量研究院；在上海，设有新能源研发分院；在德国慕尼黑，设有前瞻设计分院；在美国硅谷，设立人工智能研发分院。这种战略布局为红旗的永续发展注入了强大动力。

还是那个激情的徐留平，每当他公布完一次红旗未来的目标，现场就响起一次掌声。与两年前期许的掌声不同，这次更热烈的掌声是对过去实干闯未来的褒奖。这种发自内心的掌声，来自新红旗提前一年兑现10万辆的承诺。因此，当新红旗把2020年的目标设定为20万辆、2022年40万辆、2025年60万辆、2030年80万~100万辆的时候，在场所有人的掌声除了相信，还有憧憬和期许。这样的桥段发生在2020年1月8日的人民大会堂。

与2018年发布红旗品牌战略时的赶考有着天壤之别，再次回到人民大会堂的新红旗品牌，更像是考了满分的答卷人。从2018年到2019年，从3.3万辆到10万辆。两年时间，在车市受到极大挑战的情况下，新红旗创造了中国汽车行业的"旗"迹。也似乎只有人民大会堂才是褒奖创造"旗迹"的最适合的场所。与大多数活动仅仅在人民大会堂其中的一个厅举办不同，启用人民大会堂的万人大礼堂，红旗是"独一份"。

始于人民大会堂，却不止于人民大会堂，是这几年新红旗给人留下的深刻印象。与故宫打造文化IP，牵手"国社"新华社，累计帮助50万人精准脱贫，网罗王珮瑜等新时代精英打造新红旗客户群体……两年时间，"中国式新高尚精致主义"品牌理念、中国第一、世界著名"的新红旗品牌战略愿景，从跃然纸上，逐渐成为现实。当晚，红旗官宣成为"中国女排"主赞助商、官方合作伙伴、官方用车。两年阶段性的斐然成绩是红旗人"努力到不能再努力,创新到不能再创新"后水到渠成的结果。

新红旗品牌2019年度销量10万辆,这是一个前无古人的纪录。未来,却让人看到了打破更多纪录的可能。销量之外,新红旗在品牌塑造、造型创意、产品研发、技术创新、品质质量、营销服务等诸多方面的成果令人瞩目。2019年,第三方调研数据表明,新红旗品牌已经成为中国汽车行业最受欢迎的高端汽车品牌之一。如果说,红旗是中国汽车的招牌,那么仅用两年时间,这一代红旗人则把红旗打造成了金字招牌。因此,10万辆是新红旗品牌复兴的标志。

人民大会堂的中国一汽红旗品牌盛典,既是对过往两年的褒奖,更是展望未来开启新征程的号角。徐留平表示,新的时代,新红旗将携手不同行业,强势破圈,实现品牌非凡跨越,助推品牌年轻化、活力化和品牌向上,通过打造中国符号,礼赞新时代。在全新品牌战略引领下,新红旗全力以赴用真心创新打造新红旗品牌"中国式新高尚精致主义"的品质和精神内核,把"新红旗"这个曾让国人魂牵梦绕的"民族品牌""国家名片"塑造得更加辉煌,让充满的正能量更加爆发,丰富的内涵更加精彩,鲜明的形象更加夺目。

陈虹:上汽一哥的汽车人生

我对陈虹的采访始于2004年,陈虹时任上海通用总经理。当时上海通用还没有更名为上汽通用,胡茂元兼任董事长,代表美方的通用中国"老大"是墨菲。墨菲还因为推动了上海通用这样的中美大项目合作获得过上海市政府颁发的白玉兰荣誉市民殊荣。

在企业日常运营上,是陈虹和孙晓东的"陈孙配"。此前,陈虹

有过在上海大众长达 10 年的工作经历，并参与了上汽通用的筹备。很多人并不知情，上汽通用最初诞生在上汽拖拉机厂名下的轿车项目组。从上海通用总经理，到上汽集团总裁，再到上汽集团董事长，小 20 年时间，在不同岗位上，我有机会了解、观察、采访和认知陈虹。

这些年，伴随陈虹的不仅是职务上的升迁，更是上汽集团业绩的蒸蒸日上。上海通用更名上汽通用，也包括上海大众更名为上汽大众，是陈虹接任上汽集团董事长之初就着手进行的市值管理，市值管理是一门学问，陈虹在上海西郊宾馆进行过专门阐述。2020 年，上汽通用完成了从当初一年不足 10 万辆到累计 2000 万辆的惊人跨越，尽管此前上汽大众累计完成了 2200 万辆，一汽－大众也比上汽通用提前一个月时间举行了 1500 万辆的下线仪式，但是就 2000 万辆而言，上汽通用历时 22 年时间，用时最短。上汽集团乘用车的荣威和 MG 双品牌，在经过多年的卧薪尝胆之后，尤其与阿里巴巴合作抢占了互联网汽车的全新门类，短时间内就做得风生水起；上汽集团在 2018 年《财富》杂志公布的世界 500 强中，排名第 36 位，在中国所有车企中，排名最高。

打造中国别克

在中国，迄今为止只诞生过一家车企从销售第一辆产品开始，仅用 5 年时间销售就超过 45 万辆的纪录，这就是上汽通用汽车。而构成该销售量的产品共属一个品牌——别克。这篇写于 2004 年对陈虹专访文章的导语，在今天看来依然受用，如此纪录迄今依然没有被突破。

尽管当时上海通用已经成立 5 年，但是如何打造别克品牌，陈虹并没有向外界阐述过。2004 年 2 月 28 日，全国各地的记者在上海大剧院目睹上海通用的领导分别乘坐别克君威、别克凯越、别克赛欧和被称为陆上公务舱的别克 GL8 上场，在展示别克品牌已形成的四大产品矩阵的同时，从别克产品的本地化历程、别克品牌传播的东方文化之路、别克品牌的个性与核心价值 3 个方面，回顾别克品牌业绩，展望别克品牌的愿景。陈虹称，以国际先进水平为参照系，将别克品牌的打造提升到培育体系本地化竞争力的高度，表达了别克志在成为中国消费者更加拥戴的品牌之理念。

5 年达成 45 万辆的活动上，别克作为一个品牌，受到各方高度关注。例如，"10 万元买小别克"的赛欧登上全国媒体的黄金版面、重要时段，别克成为一种社会现象。别克品牌销售超过 45 万辆的深层含义，首先在于它是一个得到中国消费者认可、被用户推向显著市场地位的品牌。唯有如此，才有了别克旗下产品的突出表现：君威推出一年多来在中高档车市场的占有率达到 30.7%；GL8 一直称雄于 MPV 市场；赛欧保持连续 27

个月细分市场第一，凯越以平均每月9000辆的销售量创新车上市奇迹。2003年，别克系列产品销量超过20万辆，同比增长81.6%，远远高于行业平均增长水平，稳居全国轿车年销售前三名，从而使上海通用汽车的市场份额迅速扩大到9.8%。这一切证明：在中国，别克是一个有竞争力的优势品牌。

"心静、思远、志在千里"的别克品牌口号，是中国最成功的汽车品牌理念。

陈虹当时指出："别克之所以成为拥有市场规模和消费者口碑的优势品牌，是因为上海通用以市场为导向，在别克本地化上做了大量工作，使用户得到了别克品牌的体验，同时使别克成为一个扎根于本土的品牌。可以说，离开了上海通用汽车创新整合国际国内优势资源的能力和体系支撑，别克品牌在中国仅仅是一个符号。"

追溯到1999年，第一辆国产别克新世纪下线，宣告这个拥有百年历史的国际品牌植根中国，在消费主导市场和充分竞争的背景下，开始了本地化的"熔金铸鼎"。上海通用汽车悉心解读市场，探索消费者价值取向，全球化与本地化的优势叠加，创造中国的别克品牌。从别克新世纪的本土化适应性开发，到别克GL8、别克赛欧的逆向工程开发，从别克君威的自主设计开发，到别克凯越的全球同步开发，上海通用汽车投入了数亿元，参与和主导的能力不断增强。别克家族的每款产品不但符合中国用车环境，外形、内饰、配置等也越来越满足用户的审美需求，就连名字也极具中国特色，彰显东方意境与中国文化内涵。

在别克品牌市场稳固、声誉卓著的态势下，上海通用汽车为什么要进行一轮接一轮的品牌推广？陈虹认为，全球化背景使中国汽车市场的竞争越来越国际化、品牌化，汽车产品与日俱增和消费者需求的日益提高，使别克品牌必须在产品、质量、服务等方面保持差异化的竞争优势，其品牌个性也需要不断鲜明地突显、呈现，与其他品牌形成差异化区隔。未来的别克品牌，将是上海通用汽车的支柱品牌，其核心价值要成为中国有识之士的趋同价值，其"心静、思远、志在千里"的品牌理念将昭示这一本土化国际品牌对市场和消费者的不懈承诺。

那次采访中陈虹指出，上海通用不是搞贴牌生产，也不是照搬照抄，而是始终辩证统一地看待国际化和本地化，通过快速学习能力培养自己世界级的眼光，创造性地整合国际国内优势资源，全力打造包括营销网络、工程开发、制造、供应链等在内的整体本地化的体系竞争力，依靠完整的本地化体系竞争力来支撑别克品牌，使之成为一个具有强大本地化竞争力的品牌。

仅成立5年，上海通用势如破竹般迅速成为中国主流的车企，快速的发展让GM通用汽车再度做出了向中国市场增资 30 亿美元的决定。对于 30 亿美元巨资的来源和"花法",在半开玩笑地说出 30 亿美元增资"确有其事"后,陈虹说,增资来源于通用与上汽集团股东的钱,也有双方利润。这些投资包括全新车型的导入和现有车型的更新换代。也包括发动机、变速箱,泛亚技术中心的投资。同时,上海通用做了更长远的未来规划。其中包括中高档轿车、SUV 等细分市场的车型。快速发展的上海通用迅速成为上汽集团的主力担当,在 2007 年上汽集团规划的年度 130 万辆销量的占比中,上海通用占比近半。当然,五菱也占了不少。

陈虹说,一个产品在市场上受欢迎的程度,产品质量、营销和服务是并行的"三驾马车"。支撑一个品牌,在市场上看销量、影响力,实际支撑这个品牌的是企业的核心竞争力怎么样,营销、服务能力怎么样,做市场的能力怎么样,制造水准怎么样,质量怎么样,技术开发能力怎么样等。所以,上海通用一直着眼于怎么样建立一个体系,通过竞争力,能够支撑一个品牌,在市场上有一个比较好的形象。

引入凯迪拉克品牌

在别克品牌立足后的 2004 年北京国际车展前夕,陈虹又把目光锁定为凯迪拉克品牌。

上海通用在北京太庙搞了一个盛大的凯迪拉克品牌发布仪式,位于劳动人民文化宫内的太庙与天安门毗邻,这也是满园文物的太庙首次承接商业活动。在汽车企业中,已经停产的大众品牌辉腾曾经把上市活动放在故宫。凯迪拉克对上海通用的意义,陈虹通过两个方面进行阐述。一方面,从外部来讲,豪华车市场有需求,而且需求还在增长;另一方面,用户对品牌、产品的要求更加个性化和多样化。原来豪华车市场上都是老面孔,推出凯迪拉克品牌就是为了满足市场的需求。从上海通用本身来讲,通过打造这样一个豪华车品牌,也可以进一步提升上海通用,无论是在制造标准,还是在技术能力和服务方面的水平。

这是凯迪拉克品牌 100 年来首次把唯一一个海外基地放到上海。陈虹表示,上海通用出第一辆车是 1999 年 5 月,到现在正好是 5 年时间。在这 5 年里,上海通用成长的速度比较快,不仅是销售额的增长,而且整体的竞争方面也是比较强的。工厂建立没多久,就被通用评为全世界的样板厂。上海通用有信心能够满足最高的质量标准,在美国能够做到的事情,在中国不可能做不到。

在上海通用看来,作为企业也需要履行企业社会责任公民的职责。后来上海通用先后重组了位于沈阳的金杯通用,以及烟台的山东大宇发动机公司。让我印象最深刻的是企业管理模式的创新，在上海通用总部给远在千里之外的山东东岳打电话，只需拨4位数的号码，一个在上海，另一个在烟台，两地之间联系程控电话竟然是内线。据说，仅此一年，节省的电话费就有上百万元。在陈虹看来，对沈阳金杯通用和烟台大宇的兼并重组，做法符合产业政策的要求，能够节省国内资源，改变散、乱、差的情况；符合国家总体的宏观经济政策，振兴东北老工业基地，带动其他地区的发展；符合上海市的政策导向，服务全国、融入全国；符合企业战略，在这个过程中，上海通用也得到了更大的发展，能够最有效地集合国内国际的优势资源，快速发展。

这种共赢还体现在与通用汽车的合资合作上，当然合作过程中既打也合，但总体上是中美之间成功合作的典范。尽管国家的汽车产业政策规定，允许一家跨国汽车公司拥有两家合作伙伴，如德国大众的上海大众和一汽－大众，日本丰田在华的一汽丰田和广汽丰田，但是通用汽车始终情定上汽，后来虽然为了用足两个合资名额，通用汽车和一汽集团进行了合资，但业务仅限于商用车层面。如果说从1997年上海通用成立算起，在24年的时间内，上海通用从单一的仅有别克品牌，发展为同时拥有别克、雪佛兰和凯迪拉克三大品牌，成为累计销量超过2000万辆的汽车巨无霸。陈虹在2004年左右所描述的上海通用，到2010年成为国内领先并具国际竞争力的愿景早已成为现实。

细说总裁任上那些事儿

在出任上海通用总经理和上汽集团董事长之间，陈虹还有过5年上汽集团总裁的履历。从一个汽车人履历的完整性上看，陈虹经历了全部关键岗位的历练，也是一步一个脚印走上路的"老干部"。卸任总裁之前的2012年上海车展，陈虹和记者有过一次小范围的座谈，陪同者有时任上汽集团执行总裁的陈志鑫，以及时任上海乘用车副总经理的蒋峻。

陈虹在开场白中说，在座的有很多老朋友，也有一些新朋友，大家多年来对上汽的关心，对上汽发展的支持表示衷心感谢，愿意就上汽过去的发展和未来五年的发展做一次交流。"十一五"期间，中国汽车市场年均复合增长率达到25.6%，并从2009年起成为最大的新车市场。2010年中国新车销量1800万辆，超过美国市场鼎盛时期的销售量，成为名副其实的全球第一大市场。上汽过去五年紧紧抓住国内市场快速增长的机遇，从100万辆起步，在国内率先跨越200万辆、300万辆大关，年均复合增长率超过全国平均水平2%。2010年上汽在全国市场占有率达19.8%，全国每卖出五辆新车就有一辆来自上汽。

尤其上汽在销售规模不断扩大的同时，自主创新实现了从无到有的突破。竖立起了荣威和MG名爵两大品牌，并推出了系列产品，初步建成了上海总部主导，上海、南京和英国三地联动的自主开发体系。集团一些主要的合资企业也开始走向自主创新的道路，上海大众的朗逸、上海通用的新赛欧是典型的代表作。

商用车自主品牌上汽大通也已经启动、推出。尤其在2009年的上海世博会上，上汽集团提供了上千辆新能源汽车进行了长时间大规模集中展示，得到了国内外的广泛肯定。上汽在同年还选择了联合通用汽车开拓印度等海外新兴市场，谋求国际经营的再突破。上汽已成为国内最大的整车公司，开始在全球汽车舞台上占有一席之地。

胸有成竹的陈虹在交流中认为，今后一段时期仍是中国发展的重要战略机遇期，也是汽车行业发展的重要战略机遇期。综合各方面的情况研判，未来中国汽车市场仍将保持两位数的增长，但是也清醒地看到中国汽车行业核心竞争力与国际强手相比还有明显差距。在2011年3月份全国"两会"通过的国家《十二五规划纲要》中明确指出中国要从汽车大国走向汽车强国，要加快改造和提升现有汽车产业，积极培育和发展新能源汽车。新能源汽车被明确列为17个新型战略产业之一。

上汽集团的发展将始终以市场为导向，以创新为驱动力，全力提高核心竞争力，加快推进产业转型发展，重点是针对价值链的两头，就是从品牌到开发，以及后市场服务。在自主创新和品牌建设上见水平，在新能源汽车产业化上出成果，开拓海外市场和做大服务贸易上开辟新路，做到可持续发展。2015年上汽集团全年的销量突破600万辆。

陈虹说，不光追求规模，上汽集团在核心竞争力方面也要有更大的提升，主要表现在深化自主创新，把上汽自主品牌打造成国内领先的品牌。2015年自主品牌和本土化研发汽车要占销量总量的50%左右；推进新能源汽车产业化，全力抢占新一轮汽车工业发展的制高点，2015年上汽新能源汽车在国内新能源车市场占有率达到20%；积极探索开拓海外新兴市场，努力提高国际经营能力和品牌国际影响力，2015年力争海外整车销量达到80万辆，业务规模在国内汽车大集团中领先。另外，要加快资源整合，深化业务创新，积极拓展汽车后市场，到2015年服务贸易的业务规模达到600亿元，比"十一五"末翻一番。

对于当时还存留在概念上的新能源车，陈虹明确给出了纯电动轿车在2012年10月份实现批产，插电式混合动力轿车2012年年底可以批产的时间表。新能源汽车面临的是成本上的压力问题，国家在几个重点城市有扶持政策，中央政府根据电池的容量，补贴最高可以到6万元，地方政府还有补贴。这种新能源车在价格上跟传统车没有明显的差别。因为新能源核心零部件，特别是电池技术突破可能还要几年时间，在这个阶段国家扶持政策还会持续保持下去。作为业内领先的制造厂，这个阶段也是不可逾越的阶段，不可能等技术完全成熟了再来做这个事情，那时候再做又比人家落后了，上汽集团要抢占起跑线。上汽在新能源汽车上，不光做整车，在核心零部件上也已基本完成布局，建立了专做电池系统的捷新公司，电机、电控方面和博世 BOSCH 合作，引进技术到联合电子。上汽集团在电动空调、电动转向及电动制动方面也都完成了整合，大三电、小三顶整个产业链布局已经形成。

合资企业能够为上汽集团带来丰厚的利润，但陈虹和上汽集团就把做大做强自主品牌写进了"十二五"规划。陈虹描述说，上汽自主品牌的布局，乘用车有荣威、MG 名爵，商用车有大通、五菱、宝骏。"十二五"末期规模可以达总销量的 40% 以上。再加上合资企业有一些自主研发的成分，像上海通用的新赛欧是全新的整车开发，新一代帕萨特是和德国大众联合开发的。

时任上汽集团执行副总裁陈志鑫说，上汽自主品牌风风雨雨五年，遇到过困难，但在大的战略方面没有犯过大的错误，如树立起荣威和 MG 名爵的品牌，第一个五年是打基础、建体系的五年，整个工业制造体系、全球采购体系、项目管理体系都建立了起来。全球联动，三地研发。英国分公司有 300 多个工程师，2007 年年底"上南合作"以后南京 250 名工程师和上海 1500 多名研发人员相加，有 2000 多名工程师联合研发。荣威和 MG 名爵品牌"十二五"规划主要是上规模、树优势。荣威就是"品位、科技和实现"，MG 就是"个性、价值和创造力"。上汽集团的自主品牌在中国要树立一个领先、强势的品牌形象。

陈虹说，这两年上汽集团第一个规模有非常大的提升，两年跨越 200 万辆，跨越 300 万辆，规模优势非常明显。自主品牌取得非常明显的进步，虽然总量不大，但品牌已经树立起来了。在自主创新方面，开发体系基本建成。尤其是通过三代车型的自主研发，技术队伍成熟度大大提高。第一步荣威 750 基本上把罗孚 75 拿过来做一些技术修改，荣威 550 就完全不一样了，基本上全新开发了，荣威 350 实现全新开发。

在实现年度 300 万辆左右的规模化之后，上汽集团在海外也开始前瞻性地布局。例如，2010 年 2 月 1 日上汽集团同美国通用签署股权转让协议，美国通用把印度公司 50% 的股权转让给上汽，上汽很快派出了上汽通用五菱副总经理姚佐平为主的管理团队。2010 年印度市场增长 30%，就像 10 年以前的中国市场。而上汽通用印度公司增长了 50%，虽然总量还不大，只有 11 万多辆，但是建成了两个新厂。假以时日，印度市场和中国规模差距会越来越小。上汽集团海外战略另一方面是英国，2011年4月12日，时任上海市委书记的俞正声访英期间参加了MG6英国投产仪式。一直靠老车型维持的MG因为没有开发费用，在英国已经连续十几年没有新车型了，MG6是1993年以来在英国复产的第一款MG新车。MG6在英国投产为上汽集团和MG名爵品牌能够在英国保持影响力提供了可能。

接棒董事长后西郊宾馆的施政演说

美国《财富》杂志，原本的一个媒体，因为每年公布"世界500强"榜单而备受瞩目，人们也似乎因为这个客观的榜单而忘却了杂志本身的报道内容。2019年《财富》杂志公布的"2019年世界500强企业"排名的榜单中，上汽以第36名的排名成为中国上榜车企中，排名最高的车企，远超日产、宝马和现代，这是上汽集团第16次登上500强的榜单，排名一次高过一次似乎成了新常态。这种在今天看来水到渠成的结果，与陈虹出任上汽集团董事长不久就提出的"市值管理"密不可分。

2014年8月13日，上汽集团特别选择5位晋升的副总裁获得任命后和半年报发布当天，履新百天的陈虹在上海西郊宾馆接受小范围媒体专访。此前我数次采访过陈虹，但以上汽集团董事长的身份接受专访，对陈虹和我都是第一次。"上汽要成为一家全球布局、跨国经营、具有核心竞争力和品牌影响力的世界著名汽车公司"。

陈虹开门见山地阐述他治下的上汽集团发展愿景，与集团愿景首次同步发布的还有"爱上汽车、畅行天下"的上汽集团品牌口号，升任上汽集团总裁的陈志鑫把品牌的核心理念解读为"责任、信赖和开拓创新"。

尽管陈虹当时没详细披露上汽自主品牌今后可以量化的销量指标，但是集团确定了自主品牌和新能源汽车在2020年前一定是中国第一阵营的目标。陈虹当年定下的小目标，在2020年成为现实，当年荣威和MG双品牌的销量超过70万辆，市场占有率在中国品牌中名列前茅。陈虹明确表示做好自主品牌是上汽的头等大事，也是衡量"上汽成为一家有品牌影响的世界著名公司"的硬指标，他甚至以"没有自己的自主品牌怎么称得上第一"来反问自己。中国汽车行业真正搞乘用车开发队伍的历史最长不过10年。和动辄七八十年甚至上百年的老牌汽车强国的美国、德国相比，按照传统的方式做几乎是没有机会的。上汽自主品牌的希望在于能不能抓住新技术、新市场变化和消费者需求变化的趋势，如果把这三个趋势结合好，自主品牌一定有机会。应该说，那时上汽自主品牌就种下了车联网、互联网的萌芽。

履新百日，上汽集团的人事变动涉及公司所有的业务条线。陈虹说，董事会调整增加了5位高管，并且获得了上海市政府和国资委的任命公布。当时5位高管晋升为集团副总裁的分别是王晓秋、沈阳、张海亮、蓝青松和程惊雷。王晓秋负责上汽乘用车自主品牌业务；升任副总裁的沈阳继续兼任五菱总经理，负责上汽通用五菱业务；原上海大众总经理张海亮负责服务贸易板块的业务；出任副总裁的蓝青松接替因年龄到期退休的肖国普，负责商用车板块。与此同时，获得晋升的还有原集团副总工程师、上汽规划部执行总监程惊雷，升任集团总工程师后的程惊雷主管前瞻技术研究部、技术管理部、信息战略与系统支持部和战略研究与知识信息中心；此前的副总裁周郎辉获得留任并兼任集团党委副书记；时任纪委书记由陈伟峰担任；钟立欣推荐为工会主席；由于王晓秋和张海亮获得晋升，上汽集团旗下两大合资企业的总经理也为此生变，其中汪永清出任上海通用汽车总经理，陈贤章接替张海亮出任上海大众总经理。

在陈志鑫升任上汽集团总裁，除副总裁周郎辉获得留任之外，伴随着王晓秋、沈阳、张海亮、蓝青松和程惊雷5人晋升为副总裁，上汽集团进入陈虹时代。

在我要求下，陈虹简明扼要地点评了晋升的5位副总裁。陈虹称王晓秋是多面手，主导过自主品牌，也主导过上海通用这样的合资企业，所以被委以重任负责自主品牌。对沈阳绝对是微型车领域的老大，在中国微型车领域找不出一款宏光这样的神车，沈阳对微型车的见解独到。张海亮是集团班子最年轻的成员，"70后"，脑子反应快，集团最为看重的服务贸易归其分管。有些可惜的是，被陈虹任命的"五大金刚"随着时过境迁，出现了不小的变化，先是"70后"张海亮在上汽集团副总裁任上离职，从加盟乐视汽车，到自行创业新能源汽车品牌天际汽车，继而是在2017年11月，上汽集团总工程师程惊雷也选择离开了上汽，尽管可能属于正常的人事变革，但是媒体仍然对此解读不一，有媒体称"陈虹再失大将 程惊雷离职上汽"。2019年，王晓秋从上汽集团执行副总裁任上，接棒年满退休的陈志鑫，出任上汽集团总裁，而王晓秋留下的职位由杨晓东接替。

谈及履新百天的感受陈虹说实际上没有什么特别，因为自己担任上汽总裁也有10年。日常工作是陈志鑫总裁在负责，他自己就考虑出题目，让大家讨论公司发展的愿景是什么，应该怎么样定位，战略定位和战略重点是什么。新班子宣布后，就把工作分布下去进一步细化。

与高管发生有史以来最大变化相对应的是集团组织架构的调整。调整的目的就是把创新放在更加突出的位置，把集团从"制造型"公司转变成为"头脑型"公司。为此，集团旗下的多个部门的职能发生变化，有些甚至是颠覆性的。一分为二的战略规划部更加强化战略研究。陈虹解释说,过去规划部具体实务性的东西较多,每年大量的项目审批,都是规划部的工作。如果太忙于实务,研究就不够了,所以把战略研究从原来的战略规划部拿出来。今后战略研究的日常性工作就是大量的信息分析,所以与咨询信息中心放在一起,组成一个全新的部门。

与战略规划同样受到重视的是前瞻技术研究。长期以来上汽技术中心承担着工程中心的角色,但是汽车上的工程大同小异。如果一个公司的发展要赢得先发优势必须有前瞻技术的研究,工程中心只解决眼前的事,但是长远上怎么样能够走到前面,必须要有前瞻技术研究。履新不到一个月,陈虹就带队到了美国硅谷,拜访了三家风投公司,接触了围绕汽车新能源、新材料、智能化、车联网等各种各样的上百个项目,并在美国设立了一个风投公司,专门研究前瞻技术。同时,技术管理办公室和信息系统部分别升格为技术管理部和信息战略与系统支持部。例如,原来由技术管理办公室管理技术文件、档案扩容为管理知识产权和专利。陈虹说,国外大公司通常的做法是在开发某一项新技术的时候需要在全球范围查找有没有已经申请知识产权和专利的,如果有就有可能侵犯别人的知识产权;你自己创造出知识产权和专利之后怎么样去保护它?这些有的是空白,有的做得不够。

陈虹告诉我,要想实现"成为一家全球布局、跨国经营、具有核心竞争力和品牌影响力的世界著名汽车公司"的企业愿景,汽车行业还面临着增速放缓、交通拥堵、消费者变化和跨界的四大挑战。例如,上汽要适应中国车市从目前10%左右的高增长,转为2020年前5.8%左右中低增长的变化。第一个挑战是在交通拥堵和空气质量方面,尽管很多因素并不是汽车行业造成的,但是汽车行业有责任帮助解决这些问题,从而使这个行业能够更加蓬勃、更加智能、更加安全。第二个挑战是大量的新技术的运用,也带来很多的压力,车联网、智能化、安全保护、零排放,不仅仅是技术上的挑战。第三个挑战是消费者在快速的发生变化,特别是"80后""90后"的年轻人,从原来"拥有一辆车"到现在更加倾向于提供一站式出行服务。对车本身从一个简单的交通工具开始在演变,如何应对颠覆性的变化。第四个挑战就是来自跨界的挑战。苹果、微软都在做大量汽车上应用的App软件,争夺汽车第四屏。互联网、电子商务、大数据的影响会无处不在,正在逐步形成的互联网经济生态圈对传统汽车产业必定是一个冲击。

上汽集团在合资合作层面,希望拓宽和深化同德国大众汽车、美国通用汽车等外资合作伙伴的关系。上海大众和上海通用几十年的合资合作,中外双方都取得了比较好的成果。如果没有改革开放合资合作的政策,中国汽车产业根本谈不上"大",大也很重要,大形成了整个产业，现在要往强的阶段发展，不能只要大不要强。陈虹在上海通用当总经理时就说："站在巨人的肩膀上，使自己成为巨人的一部分。"但是你站在人家的肩膀上不能不下来。现在两家企业对大众集团和通用集团都非常重要，首先是在价值链上合作，中国的本地化优势是上汽的，在价值链上的开发工程标准、制定产品开发、品牌影响上是外方的优势。

陈虹把合资合作和自主品牌看作是并不矛盾的两种业务模式。合资合作就是把你我双方各自的东西拿出来做，而自主品牌是把自己的东西拿出来做，作为中国汽车行业的一员必须要做，做自主品牌不妨碍合资企业，合资企业做起来不妨碍自主品牌。

陈虹说，走向海外、立足海外，是中国从制造业大国走向制造业强国的标志，上汽对走出去坚定不移。MG 名爵 3 在英国推出以后市场反响很好，在泰国等东南亚的市场表现也不错。按照规划，上汽海外战略主要瞄准新兴发展中国家，重点放在东南亚、中东、俄罗斯、南美洲和非洲。陈虹幽默地说："说说很轻松，半个地球都说进去了，但做起来也很不容易，我们制造业应该在国际上会起到举足轻重的地位"。

专访中，陈虹首度谈到了上汽集团和阿里巴巴的相关情况。陈虹说：我们跟阿里巴巴在工作方面经过了反复的交流，彼此的理念一致。最终会造出对消费者有利、非常便利而且能够用得起的汽车。事实证明陈虹的战略眼光是对的。2018 年 3 月的全国"两会"上，再度当选全国人大代表的陈虹在"代表通道"接受访问时称，互联网技术和汽车工业正在深度融合，上汽与阿里巴巴合资打造的互联网汽车，不仅开启了汽车的新品类，更成为汽车创新的代名词。

胡茂元讲述上南合作 1000 天

钓鱼台、人民大会堂；上海、南京。

钓鱼台、人民大会堂，两个见证过无数历史大事件的国之重地，以及上海和南京两个最具活力的长三角城市，在 2007 年年底因车风云际会。上汽和南汽的跃进汽车实现历史性的兼并重组。"上南合作"之前，各自大手笔将英国的两大汽车品牌收入囊中，上汽收购罗孚，南汽收购 MG 名爵，一度的竞争对手在这年年底握手言欢。

还有不到一周即将迎来元旦，北京天气寒气逼人，钓鱼台国宾馆两旁被称为"黄金大道"的满树银杏早已飘落。一艘中国汽车的巨型航母正在扬帆远航。2007 年 12 月 26 日晚，上汽和跃进签署全面战略合作，跃进和南汽从此成为历史。签约当晚，时任全国人大常委会委员长的吴邦国专门就上汽与南汽全面合作发来贺电。时任国务院副总理的曾培炎在人民大会堂现场见证了签约。

签约仪式前的3个小时，胡茂元、陈虹、沈建华和时任南汽集团（跃进集团）董事长王浩良、总经理俞建伟，在钓鱼台就"上南合作"进行签约前的说明。王浩良称：很荣幸将和各位一起亲历南汽和上汽创新发展史上的大事，签署双方全面合作的协议书，共同见证中国汽车工业振兴图强历程中的一个重要时刻。南汽也将在新的发展起点上阔步前进。

南汽与上汽的全面合作是在中共十七大和国务院长三角经济社会发展座谈会会议精神的指引下，以科学发展观为指导，经过双方坦诚友好的充分沟通取得的积极结果，结果符合国家长三角企业经济发展战略和国家汽车产业发展政策，是南汽自身发展的一个非常重要的机遇。

南汽辉映六朝古都南京，上汽辉映东方明珠上海，同处于长三角地区。长三角地区是中国经济增长的发动机和领头羊之一，其经济一体化的推进，有利于形成中国乃至亚太地区最具活力的经济增长区，打造世界级的都市圈，国家对此高度重视。南汽和上汽强强联合，在长三角经济一体化中将具有导向作用，将成为长三角地区实现产业合作的示范典型。国家汽车产业政策指出，支持汽车生产企业以资产重组的方式发展大型汽车企业集团，鼓励以优势互补、资源共享合作方式形成产业协调发展的产业格局。

因此，南汽、上汽跨地区的联合重组，也得到了中央领导和国家发展改革委的大力支持。王浩良说，时代的背景、国家的战略、南汽的发展，让他深感肩上责任重大，他有责任把握住这个特别难得的机遇，让南汽这个中国历史最悠久的汽车企业焕发青春；南汽有责任完成资产重组，强强联合，为中国汽车工业的腾飞贡献力量；也有责任为员工提供更加广阔的发展空间，书写职工职业生涯的辉煌篇章。

"南汽和上汽有着很深的渊源，过去双方有过几次很好的全面合作的机会，但因为各种原因没有成功"。为此，王浩良和时任上汽集团董事长的胡茂元都扼腕痛惜。在政府部门的主导下，在双方真心的努力下，"上南合作"终于开花结果。面向未来，双方将催生一个中国最大、世界一流、具有国际竞争力的汽车企业集团，是矗立在中国汽车工业创新发展历程上的一座新的里程碑。

胡茂元称，再过3个小时，上汽集团与跃进集团将正式签署全面合作协议，王浩良董事长和我将要正式握手了。双方能有今天的握手，要感谢中央领导和国家有关部委的关心指导，感谢江苏省政府、上海市政府领导的支持和帮助，感谢合作伙伴跃进集团的信任和努力。近一年来，媒体对上南合作写了许多的报道，虽然观点各有侧重，但是都传递了一个强烈的信号，就是希望两家能够尽早联合，早出成果。这就坚定了彼此合作的信念，也更加促使上汽和南汽加快合作的步伐。

加入WTO后中国汽车工业发展很快。同时，市场的竞争更趋激烈，特别是面对国内市场竞争国际化的发展格局，中国汽车工业要提高自主创新能力，在国际竞争中占有一席之地，就必须走联合发展的道路，联合是世界汽车工业发展的必然趋势，也是中国汽车工业发展的必由之路。上汽深刻地体会到，要实现联合就必须突破地域发展思维的束缚，实现生产要素跨地区的流动，提高产业的集中度和资源利用的效率，进一步转变经济发展的方式；要实现联合，就必须发挥协同效应，走出一条优势互补、资源共享、避免重复建设，实现规模效应的双赢道路；要实现联合，特别需要我们合作各方都要有知难而上的勇气、坚韧不拔的毅力和无私无畏的胸襟。可以说，上南合作是应了天时，得了地利，也顺了人心。

双方也深刻地体会到，联合就要融合，联而不融等于不联，上南合作有8个字的指导方针：全面合作，融为一家。既然是一家人，就要全面地融合，实现一体化的管理，真正做到统一规划、统一研发、统一采购、统一生产、统一营销的5个统一，发挥各方面的协同效应，做到一加一大于二。一家人不说两家话，真正地做到上海城市精神所提出的海纳百川、追求卓越、开明睿智、大气谦和。上汽相信，只要双方目标一致、理念一致、行动一致，合作就会双赢。

今天看来的兼并重组在当时是个敏感的词语，当时签约官方的说法是"全面战略合作"。双方的任何一方都不大接受被兼并重组，尤其是跃进南汽方面，毕竟一个拥有半个多世纪历史的企业将寿终正寝，心里充满不舍。当然，两个企业间的全面战略合作得到了上海市和江苏省主要领导的亲自过问，时任上海市委书记的俞正声和时任江苏省委书记的李源潮，在上汽和南汽的全面战略合作上均进行过专门的指示。俞正声及李源潮的继任者梁保华和时任江苏省省长的罗志军，在不同职位上曾经参加过MG名爵在英国伯明翰举行的复产仪式。

企业尤其是两个国企之间的兼并重组，不能光看签约仪式，必须看签约之后的协同效应，否则这种纸上的兼并重组毫无意义。作为记者和观察者，我始终关注着"上南合作"。在双方兼并重组三年之后，签约的主角儿再度把我和部分媒体约到南京，听胡茂元和王浩良讲述"上南合作千日故事"。

2010年12月24日飞抵南京时已是傍晚，北京市实施买车摇号的限购政策。又恰逢圣诞前夜，从南京禄口机场乘车参加"上南合作"三周年见面会的路上，同行者无心欣赏秦淮两岸和南京六朝古都的夜色，考斯特中巴内每个人的手机声彼此起伏，全是帮忙买车的，别说夜幕下的十里秦淮风光了，连饭都没吃好。有统计说，当晚北京一夜之间卖了将近 10 万辆车。

截至 2021 年，"上南合作"已经 13 年。当年的主角儿胡茂元和王浩良已经退休，继任者陈虹也执掌上汽集团多年。胡茂元从上海拖拉机厂做起，把上汽集团带入世界 500 强的现代化企业；王浩良虽然从跃进集团董事长的任上退休，但是其有过南京政法委书记的履历，为官一任，影响一方。作为从未从事过汽车行业的外人，王浩良却很内行，尤其在推动上汽和南汽兼并重组上，推动者王浩良颇具战略眼光，当时南汽集团有十几万人靠车谋生，也足见其承受了很大压力。胡茂元和王浩良等人虽然退休了，但在他们主政的时代，无疑为推动汽车行业做大做强做出很大贡献。

"上南合作"三年 1000 天，这个中国最大的汽车重组项目，第一年融合可见，第二年初见成效，第三年志远必达。两个含义：一个是双方原定的三年千日融合基本告一个段落，达到了当时设立的一个目标；另一个是从经济含义讲，第一年减亏 40%，第二年再减亏 40%，第三年全面扭亏的目标也达到了。但是仅仅从经济角度来讲，意义还不算大。最主要的这次合作概括起来一句话就是"全面合作，融为一家"，三年千日整合的效果非常好。

胡茂元披露，我们当初设想，由两家或几家进行重组，然后共同管理重组后的企业。两家公司的合作，王浩良董事长提出来，要么不合，要合就全面合作。胡茂元就想怎么把全面合作，或者说把中国到目前为止最大的一次重组做好、完成好。

2010 年 12 月 26 日，在人民大会堂的签约是在国家发展和改革委员会与上海、江苏两地政府主持下进行的，而且请所有汽车行业人士都来参加，意在起到示范作用。既然是示范，双方就一定要把它做成功。胡茂元说，在很多的合作当中，往往有些合作不是很顺或者进展很慢的，上汽和南汽想改变这样一种模式，重组不仅仅是一个物理反应，更重要的是化学反应。

怎么融为一家？在融资上下功夫，双方在设计整个重组框架时，就有一个比较好的框架，一般来讲重组是一家人，两家人并在一起，然后在这个重组的公司中占有一定的股份，再有几家一起来参与管理。上汽过去在合作当中也有这样的情况，往往大家在这个企业的发展过程当中会产生很多摩擦，大家都考虑自己本身的利益多一些。管理上也增加了很多复杂性。往往物理上的重组多，但不会融合在一起，各自都考虑自己的利益。

对这样一个合作的企业来讲，发展起来会碰到很多的困难。因此，"上南合作"在设计时就考虑要把问题从体制上先解决掉。这个合作体制就充分利用资本市场。在合作的企业中，没有几家的，就是一家的，全资的一家，上海汽车集团股份有限公司投资的一家，从体制上就划分了。

不过，这个体制保证的还是一个物理反应，不是一个化学反应。那么跃进集团的利益在哪里？当时跃进集团在上汽约占5.5%的股份，从体制上讲就是一家人，相对来讲一家人考虑问题、讨论问题、决策程序等，相比于几家人效率要高一点。说是一家人，毕竟人是来自两个企业，他还会把原来两家公司的一种阴影带进来，甚至大家说我是上汽的，他是南汽的。解决这个问题一方面是文化的融合，另一方面是倾斜导向。融为一家的催化剂就从这两方面着手。

整合后，先考虑文化怎么融合，胡茂元要把整个上汽集团一些比较好的价值观，愿景、合作理念，经营精神传递过去。从上汽集团来讲，上面有愿景，下面有价值观，再下去有精益求精的企业精神，对内有人文的活动和文化，有4S店合作理念，这些方面成为企业文化的主要方面，上汽和南汽交流，光在青春剧场的报告会就举行了33次。当时负责南汽项目的时任副总裁陈志鑫和南汽进行充分沟通，因为合作过程文化融合很重要。胡茂元说，从三年1000多天的情况来看，尤其是文化融合方面，获得了不错的效果，主要有3个变化。

第一个变化：在南京工作的上汽员工精神面貌变了，有了身份认同感。合作初期，原来在南汽工作的一些人还是感觉到有些失落，大家都在观望，也不认同自己是上汽人。虽然说是不分南京和上海的，但是实际上失落和观望的心态是存在的。如今，这种情况一切都变了。员工心情愉快，工作有激情，而且对未来充满信心。甚至有这样一个桥段，在一次座谈会上，有员工说，过去谈朋友谈恋爱，一听说南汽的，对方转身就跑了，因为南汽十几年没有加工资，现在讲自己是上汽人，娶老婆都容易了。关键是在工作态度上发生了深刻的变化。过去是等着看，后来就是融着学，现在是拼命干。南京浦口工厂员工的精神状态发生了深刻的变化，一天工作不止8小时了，有时候要工作11个小时，为什么呢？现在做两班人又多了，做一班人又不够，所以加班做。

第二个变化：思想观念上有了文化认同。特别是在如何精益生产上，上汽集团精益生产的企业精神通过培训后效果非常明显，改变了过去的一些行为习惯，包括质量意识，责任意识。当时上海大众收购了菲亚特的合作项目，开始的时候"南京菲亚特"到"上海大众"进行培训。上海大众为此专门写了一个标语："欢迎来自南京的兄弟姐妹"。第一批 500 多人，胡茂元亲自去看了他们的生产现场、培训中心，还走访了宿舍。看他们住的习不习惯？那时候天气正冷，胡茂元看到崭新的空调心理就踏实了。上海大众还为员工专门设置了俱乐部、阅览室、乒乓室、运动室，考虑周到得就像一家人。胡茂元告诉来自南京培训的员工，这儿就是你们的家，因为有的人从来没有离开过南京，有人没去过上海。你们有什么想法，有什么要求，通过班组长反映，只要上海大众能够办的尽量办好。开始的时候，有些员工跟不上上海大众的节奏，因为南京从来没有这种大批量、快速度的训练。开始的时候累得够呛，但是他们都坚持下来了，逐步也能够适应了。上海大众的员工跟原来南京菲亚特的员工之间融合得非常好，尤其是南京菲亚特老厂改造时，员工打扫卫生甚至都跪在地板上把它擦干净。改造只用了 3 个月，德国大众最初不相信也不同意，在旧厂进行改造，主张用新厂，也担心员工一些旧的思想观念改变起来很困难，后来德国大众管生产的总裁告诉胡茂元：南京没有问题。

第三个变化：管理上认同的行为方式的变化。由传统的一些习惯做法向制度化、流程化转变，工作作风也发生了深刻变化。在现场解决问题，不推诿。特别是团队的合作精神得到了加强，员工就融入上汽大家庭里面。

胡茂元说，上汽举行过一次纪念改革开放 30 周年歌咏大会，南汽作为一个厂也参加了。要开这样的歌咏大会，一般上海员工都是早上进场进行排练、合练，然后下午表演。南汽的人怎么办？因为他们没有时间，照理来讲就是晚上到，睡一个晚上，第二天来参加活动。但是南汽的同志凌晨 3 点钟排队，4 点钟从南京出发，就是为了省一个住宿费用。服装就是工人的工作服，戴着安全帽，道具就是一条毛巾，唱的是《咱们工人有力量》。

胡茂元回忆说，唱得真好。由于评委是外请的专家，胡茂元心想他们唱得那么好，是不是给他们评一个奖，鼓励鼓励？就跟评委说，你们看看他们从南京一早起来的，是不是给他们一点鼓励啊？结果评委说已经把他们评上了，为什么呢？整个活动当中他们没有一个人乱动，整体效果很明显，因为来自南京的队伍是呈鲜明的色块状的，看得很清楚。于是南汽评为了歌咏会的一等奖。

更为重要的是，在"上南合作"融为一家方面的催化剂还有 4 个方面的倾斜导向。

分割倾斜。当时定了一条原则，凡是上汽员工和南汽员工方面发生矛盾，上海要让南京员工；整车和零部件方面发生矛盾，整车让零部件。例如，陈志鑫负责整车分割，王庆余负责零部件分割，当时整车的人想把核心资产放在整车，零部件的人想把核心资产放在零部件，因为很多的困难都留在了零部件，这个时候矛盾很大，争得很厉害。陈志鑫代表上汽到南汽做董事长、总经理。陈志鑫说，根据这个分割原则，大家合情合理，南汽一共大大小小加起来有十来块地，最好的是中央路的、黑墨营的。下面有十几家厂，整车也分到十几家厂。分的时候有两件事情稍微有点心里不舒服，第一件事情分土地的时候，大部分好的资源（如原来南汽总部）是在中央路，分割的时候，把这个中央路的资源分给东华了。因为把企业的土地分给东华了，却把企业200多待业的员工留给整车了。陈志鑫向胡茂元抱怨"如此分割不公平"，胡茂元让陈志鑫看两条准则：第一条，当上汽和南汽发生矛盾时，让南汽；第二条，整车和零部件发生矛盾，整车让零部件。

尽管陈志鑫当时的脸色并不好看，但是胡茂元说就是要有倾斜意识。当时那些地、那些资产，确实归了东华。但是为了让背负历史包袱的东华能够尽快轻装上阵，留一些好的资产给他，将来解决问题的能力强一些。胡茂元坦率地讲，有一天，王浩良董事长和俞建伟总裁，到上海面有难色地说，南京方面有一些同志还是有点想法，为什么全部都给上汽了，是不是零部件方面留一点给南京？胡茂元做出了上汽保留75%、25%给南京的决定，尽管原来讲好了都是上汽的。胡茂元的战略眼光在于，上汽和南汽都是国有企业，国有企业之间互相谦让一点不存在国资流失的问题。如果是民营，还不能这样做，有利于大家做思想工作。后来称赞上汽大气的王浩良回忆说，这点上汽比较开明，实际上上汽当时承诺了"上南合作"的几个目标，都完成了。胡茂元不仅是企业家，还是政治家，有气度，有格局。

规划倾斜。当时怎么来解决南京效益的问题？南京生产MG名爵，上海生产荣威。按照过去的做法，MG名爵做不下去，上海荣威继续做下去。但是根据当时的产品计划，MG名爵的产品品牌有一定的影响力，不过产品线太薄弱，不足以完全撑起南京这一块生产基地的效能。要解决这个问题必须要有大批量的产品，当时上海临港和江苏仪征基地，生产荣威750和荣威550，不足满负荷生产。

临港生产基地规划的是荣威350，已经开始在做了。基于这样的情况，胡茂元说南京就是上海，就是上汽，局面要改变必须马上进行两项规划调整。第一项，不分荣威和MG名爵，按平台来做，也比较经济。在同一个平台上做荣威、做MG名爵，规模效益比较明显。第二项，把细分市场最大的A级车，投入到南京工厂。因为南京工厂有一块100多万平方米的土地，可以规模化生产。当时上汽内部的想法也是很多的，因为临港也在建设，也有100多万平方米。比如A级车以下的新名爵MG3，原来想把名爵MG3给南京，但还要等一年多。按照倾斜的原则，上汽就把批量最大的A级车放到南京。荣威350原来要在临港生产，结果4月份在南京实现批量生产，并在3个月左右时间迅速达5万多辆。这对南京基地的经济效益提升起到很有力的支撑作用。

投资倾斜。2008 年的金融危机，让所有的投资都在紧缩。上汽也在商讨看看那些原来规划的是不是要减下来？上海的项目很多都停下来，当时也牵涉南京，上汽原来想把南京形成一个新型的小发动机和小型车的生产基地，计划投入 25.66 亿元。结果最后决定保南京项目。所以在 2009 年投入这个项目的时候，时任江苏省省长的罗志军非常重视，在金融危机的情况下，上汽在江苏果断又投入了 25.66 亿元，说明了上汽集团在整个合作当中的诚意。

分配倾斜。金融危机时上汽集团员工 2008 年是减工资的，当时报纸上还登了一篇文章，上汽等单位领导干部首先减工资，当时叫"勒紧裤带"，包括预算和分配。但对于南京的员工要增加工资，因为考虑到相对来讲南京工资还是比较低的。三年平均每年增长 10%，所以员工很高兴，工资涨了，从长远来看，有发展，信心更足了。

当时的零部件企业东华公司比较困难，但是在上汽的倾斜下也彻底扭亏，并在当年实现超过 4600 万元的利润。关于东华利润的分配，胡茂元和王浩良商量说，现在这个钱上海不会拿走一分，全部用在南京基地进行发展，以后分配也首先解决历史老账，在分配上也是往南京这个地方倾斜。胡茂元甚至告诉王浩良，历史老账问题不解决双方不分红。这对东华公司来讲鼓舞很大，他们赚了很多钱解决历史老账问题，还想办法去发展。

4 个方面倾斜后，企业全面扭亏，没有一个员工下岗，没有一个员工上访。在如此大规模的整合过程当中没有一个员工上访，应该说在合作当中的党委，包括时任总裁俞建伟做了大量的思想工作，包括跟职工的沟通，结果在职工代表大会当中百分之百通过了上南合作方案。

被称为国内汽车行业兼并重组经典案例的"上南合作"，更在于尽可能地在方方面面都考虑周全，毕竟企业兼并重组过程中人员的稳定关系到社会的稳定。胡茂元回忆起在干部任用上有这样一个插曲："我说，浩良董事长，你要上汽多派一些干部，我也在担心。如果派的人多了，我们本身的架构要扁平化，机构要精简，效率要提高，位置相对就会少。我再多派一些上海的人过来，那么你就这么多位置，原来在这儿工作的一些人、一些干部会有一些思想的，我确实有这个担心。"胡茂元把这个想法告诉了来考察的时任南京市市长蒋宏坤，希望得到理解和支持。上汽也尽量想办法，通过培训，充分地利用当地的一些员工，包括干部的能力。南京当时也理解，就说上汽多派一点。后来上汽还是派了一些干部来，因为毕竟在上海这个大熔炉进行锻炼以后，对精益生产的理解更好。相对南京来讲，因为有大批量的锻炼，而且上汽有一些干部派到南京的时候也没那么容易。有的人刚刚在上海通用山东烟台项目完工回到上海。例如，黄可基是上汽老领导仇克的女婿，已经80多岁的仇克，需要照顾。但是没办法，还是来了南京，家里人也很支持他。很为难的胡茂元为此还专门到老领导家里去沟通。黄可基在南京一扎下去又是三年。

胡茂元记得合作初期，大家还是有很多担心，是不是真正合并起来后，能够把这个事情做成功？包括后来升任江苏省委书记的罗志军。罗志军担心仪征项目现在没搞好，南京项目能搞得好啊？仪征项目是上汽较早的一个走出去的项目。胡茂元告诉罗志军，仪征项目主要是上汽囊中羞涩，没有什么新产品，而自主研发有一个过程。但是现在这个问题也彻底可以解决了，上海大众的五厂就建在仪征。上汽一直在想尽办法把这个作为一种责任，证明上汽集团走出去就是想把它做好，而不是吃掉以后就不管了，不管是广西柳州、山东烟台、山东青岛、辽宁沈阳，还是重庆红岩，这些项目基本上都是比较成功。现在的情况来看，通过三年合作双方志远必达只是起了一个步，把三年来定的目标基本完成了。

王浩良说，"上南合作"三年阶段性成果明显，南汽是一年一变样，三年大变样。"全面合作"和"经营能力"两个条件都达到了预期。全面合作首先要解决的是南京菲亚特，原来的南京菲亚特改为上海大众南京分公司后，年销量轻松做到20万辆。其次就是两个企业在思想观、价值观、企业文化、经营能力方面差距比较大。第一，什么样的方式可以，是要探讨的。南汽当时是大着胆子跟上汽靠上去，当时有人说是南汽"傍大款"，这也没有什么可耻的。在合作过程当中，减少摩擦，最终统一决策，这种方法可以。同时，在上汽的整合过程中，企业文化需要融合，因为融为一家，企业文化的融合为先导，在管理上严格实行5个统一。当时江苏省领导讲，南汽绝大多数的员工还是好的，想向上发展，过去没有发展的条件，企业搞得不好，是因为企业的领导带领不好，能力不够。现在企业通过文化整合，对上汽的企业文化、企业管理和产品的认同，对年轻一代的影响非常大。上汽整合企业能力强，有一系列的先进经验值得学习。第二，让王浩良感觉与众不同的是中高端起步的自主品牌，不管是MG名爵还是荣威，初步取得成功也不容易。王浩良称，两者合并，打开局面。英国的资产过来之后，双方之间合作没有互相竞争，充分利用好资源，充分利用好这个国际平台来打造中国的自主品牌。第三，让王浩良觉得不容易的是推动汽车工业重组并非易事。当年国内市场大概有1700万辆车，中国有150家的整车企业，前10家占了87%的份额。上汽一家就占了20%的市场份额，强者越强，弱者越弱的趋势明显。上南合作仅仅三年，上汽在南京地区投了100亿元，实际投入还不止，产出100万辆车，起码是1000亿元的销售收入，建立了一个完整的零部件的产业基地，使南京地区的发展有了一个非常突出的变化，"上南合作"的前景也会越来越好。

三年之后,"上南合作"迈入了更好的阶段。胡茂元展望未来时说,南京基地通过三年整合,从志远必达来讲仅仅是个起步,大家对"上南合作",信心非常足。原来担心,现在放心,这个合作是可以信赖的。上汽就如何进一步加快南京汽车工业的发展,提出了"四个一"规划:就是在"十二五"内要投入100亿元,生产布局100万辆,形成年产1000亿元的销售收入,另外配套整车的发展,将建立一个零部件的生产基地。因为100万辆规模,必须要有零部件的配套,包括相应的一些服务业。

为了南京地区的100万辆规模效应。胡茂元说:第一,现为上海大众四厂的原南京菲亚特,很快形成20万辆产能;第二,浦口的自主品牌基地,要作为上汽集团的A级乘用车基地,不仅是A级车的荣威350,荣威的两厢车也在这儿做,还有荣威750,这是一个30万辆的平台;第三,一个30万辆就是依维柯商用车;第四,附带出来的,原来南京有一个厂在无锡,后来也没有什么产品,基本上停下来了,上汽在那儿搞了一个LDV的宽体客车上汽商用车大通项目,按照增长10%的规划,就是突破100万辆的产量,销售收入可以达到1000亿元。

胡茂元明确表示,上汽愿意把南京作为上汽集团除上海以外最重要的乘用车生产基地。因为小型的商用车在广西柳州,已经超过了100万辆,2017年达到200万辆。整个公司的一半产量都是在上海以外的生产基地。胡茂元说他确实有这个梦想,就是自主品牌也能够超过100万辆,上汽当时提出100万辆的时候,还曾提过三大目标,其中一个目标就是3个100万辆、世界500强和做大自主品牌。按照规划,3个100万辆是上海本地生产100万辆,再加上全国的200万辆。

胡茂元任上的愿望,在2017年均由愿景变为现实。当年,上汽集团实现年度销量690万辆,成为产销量世界排名第五大的汽车集团,并且在世界500强的排名超越宝马等国际同行,其所期望的3个100万辆均再度翻了一番,上汽大众、上汽通用、上汽通用五菱的年规模早已跨越200万辆,上汽乘用车的荣威和MG名爵已实现销量超过70万辆,上汽自主的年度100万辆指日可待。

徐和谊:半生钢铁半生车

2020年7月31日,年届63岁的徐和谊功成身退,北汽集团党委书记、董事长的帅印交给56岁的姜德义。巧合的是,继任者姜德义和徐和谊都毕业于北京科技大学钢铁冶金专业。

徐和谊卸任北汽集团党委书记、董事长职务后，其2018年3月担任全国政协委员职务，将履职完这一届。

身为北京"老炮儿"的徐和谊说，自己还从没来过久负盛名的老舍茶馆，正是汽势在这里举办活动，才圆了他作为一名老北京人的老舍茶馆梦，在2019年12月下旬举行的2019—2020年汽势家年华颁奖盛典上，徐和谊被评为年度汽车风云人物。在老舍茶馆前门总店，"老徐"还和肩膀上搭着白毛巾的店小二在大腕茶前照了张相。

汽势只是圆了徐和谊的老舍茶馆梦，而老徐则是圆了10万北汽人，以及中国汽车人的汽车梦。继2018年之后，汽车行业下行压力在2019年依然没有好转，总体市场产销均下跌接近两位数。在如此压力之下，北汽集团2019年总体实现226万辆的销量，实现营业收入5012亿元，同比增长4.26%，是北京唯一一家年收入突破5000亿元的企业。第二名的首钢年收入只有2000亿元，和北汽的规模相差一倍还多，足见北汽集团在北京市国有企业中的分量。

尽管首钢排名第二，但是首钢和北汽这两个排前两名的企业都和徐和谊有"瓜葛"。在汽势家年华举行的颁奖盛典上，徐和谊自称半生钢铁半生汽车，人生的两个主要行当都干了超过18年。1957年出生的徐和谊是北京人，回族。北京钢铁学院毕业后，从首钢设计院设计员、科长做起，曾任首钢设计院院长，首钢总公司助理总经理、副总经理。尽管中间出任过北京市经济委员会副主任、党组副书记，以及北京市委工业工委副书记、北京市经济委员会副主任，但是徐和谊更愿意把自己称为首钢人、北汽人、汽车人。从2002年出任北京汽车工业控股有限责任公司党委副书记、副董事长，北汽集团董事长，徐和谊在汽车行业一干就是18年。

徐和谊有北京人"局气、有面、仗义"的特质，是徐和谊与很多汽车人的不同。在为媒体举行的年会或活动上，旗下板块的高管也能放开了喝酒。对此，徐和谊总是轻描淡写地说，这种场合在北汽集团也不多，喝两杯也没什么。不过这不是什么江湖文化，而是独特的企业文化。徐和谊是一个真实的人，他会为北汽集团毗邻首都机场 T3 航站楼感到骄傲，并戏称北汽集团总部就是 T4。徐和谊又是幽默的，在汽势家年华举行的颁奖盛典上，早于徐和谊演讲的马未都说，他与徐和谊认识，俩人很多年前一起喝过酒，但是有些记不清谁把谁喝倒了。徐和谊风趣地回应称，和马未都先生喝酒确有其事，但是那是小酌。巧妙的回答令 300 多人瞬间笑场。

直挂云帆济沧海

尽管时间过去了 8 年之久，这个片段依然在脑海中清晰：2013 年 6 月的一个周六，久违的小雨让人们告别了持续多日的高温。透过北京汽车产业研发基地大楼内明镜般的落地窗，飞机起降清晰可见。因毗邻 T3 航站楼而被人们称为 T4 航站楼的北京汽车产业研发基地院内，向来不加班的老外也纷纷聚集于此。当天，北汽国际化战略发布暨北汽国际仪式启动。徐和谊在接受采访中说，2020 年，北汽将成为具有国际竞争力的全球化品牌。作为佐证，北汽集团 2019 年成为戴姆勒的股东，北汽南非基地也早有戴姆勒辐射非洲大地。

北汽国际走出去并非卖车那么简单，徐和谊明确要求北汽国际公司在未来的海外市场中拒绝简单地卖车贸易。北汽国际化的思路是，北汽在海外市场将秉承"先品牌，后服务，再卖车"的三步走战略。在国际市场上将采用 KD 的形式在当地建厂，以更好地融入海外所在国、所在地的本土化。北汽的国际化并非强调全面开花，而是深入和扎根当地。例如，在非洲的南非，北汽选择的是与合作伙伴建立合资公司；而在南美的巴西，北汽则采取以产品和技术入股的形式与当地建立合资公司。

北汽的这种模式是汲取了一汽、长城、奇瑞等同行的经验教训后，采取的新的商业模式。为了融入当地，徐和谊在短期内并没有给北汽国际下达销量上的硬指标。时任北汽国际总裁董海洋表示，北汽国际能够融入当地的文化是徐和谊的最高要求，到 2015 年北汽国际的销售目标才规划了不足 5 万辆。

中国汽车出口达到 100 万辆的规模，用了十多年时间，形成第二个 100 万辆的规模用了不到 5 年时间，形成第三个 100 万辆的规模用了不到 3 年时间。而中国汽车的出口占了中国汽车整体产量的 20% 左右，以 100 万辆的规模计算，以后用的时间将越来越短。按照年均 20% 的增速，未来 5 年左右时间，中国汽车的出口量将形成年出口 600 万辆左右的规模。

在北汽国际化战略发布会后的专访中徐和谊说，北汽最迟到2020年年底之前，将完全具备IPO运作的条件，并计划在第二年择机上市。与国内已经资本市场整体上市的车企同行不同，最让徐和谊引以为傲的是说服北京奔驰的外方股东——戴姆勒集团，也将成为北汽的股东。在中国汽车企业的资本市场中，让外方成为股东，北汽集团是第一家。

对于志在中国汽车工业中有所作为、大有作为的北汽集团，一直积极响应国家提倡的兼并重组、做大做强的产业政策方向。徐和谊用"心花怒放"形容和回答记者提出的北汽在兼并重组上的动作。徐和谊表示，年内至少将会兼并重组一家汽车同行。如果一切顺利，年底之前兼并重组两家汽车同行也非常可能。向来风趣的北汽掌门人说："北汽向来喜欢和国企打交道"。"老徐"当时所"放风"的兼并重组后来都成为事实，第一个是北汽兼并重组了昌河汽车，北汽集团总经理张夕勇和时任北汽集团公关部长的郑刚，在工体附近为此专门召开过说明会，第二个是对福建奔驰的兼并。

北汽持股戴姆勒5%不一样

从德国斯图加特参加完北汽入股戴姆勒签约仪式的徐和谊，零时差地出现在银川举行的"行达天下——2019北汽集团贺兰山挑战之旅"上。此前，徐和谊刚刚参加完备受业界关注的北汽集团对戴姆勒持股5%的签约仪式。

"北汽集团和戴姆勒互相持股是双方建立更持久、更牢固的合资、合作关系。"徐和谊甚至用"你中有我，我中有你"来形容北汽此次入股戴姆勒的不同。在他看来，此次北汽集团对戴姆勒5%的持股，将对后合资时代及未来股比放开后汽车行业的走势产生深远的影响。徐和谊告诉我，北汽集团持股戴姆勒可看作是对未来合资股比放开后的前瞻布局，也是未来车企中外合资的新模式。伴随着行业的竞争日趋激烈和政策的变化，汽车企业不应该把眼光局限在制造环节股比的纠结上。北汽持股戴姆勒和吉利入股戴姆勒，以及宝马对华晨宝马的股比提升至75%都有着根本不同，与吉利对戴姆勒的投资行为，以及宝马对华晨宝马的控股不同，此次北汽对戴姆勒的持股是中外双方"你中有我、我中有你"的深度融合，而非简单的投资行为。

与吉利入股戴姆勒每股70欧元相比，北汽此时入股戴姆勒每股为50欧元，相比吉利，北汽集团每股就少花费20欧元。不算融资成本，吉利用高达70亿欧元的成本换取戴姆勒9.69%的股份，而北汽集团持股戴姆勒5%的股份，仅需花费200亿元人民币左右。与此同时，与北汽集团在戴姆勒既拥有分红权又拥有投票权不同，吉利在戴姆勒仅拥有分红权。

虽然吉利在入股戴姆勒的同时，与戴姆勒共同签署了与Smart品牌50：50的合资公司，共同运营Smart品牌，但是吉利对戴姆勒的入股更多是投资行为。而北汽与戴姆勒的合资合作更早、更有内涵，早从2005年起，北汽集团与戴姆勒就在中国市场进行了多样、广泛、长期的战略合作。北京汽车与戴姆勒成立的合资企业北京奔驰汽车有限公司（简称"北京奔驰"）是中国豪华汽车市场的领导企业，双方另外通过梅赛德斯－奔驰北京销售服务有限公司联合销售汽车。2012年，北汽集团控股的北汽福田汽车股份有限公司（简称"北汽福田"）与戴姆勒成立合资企业，生产中重型卡车。2016年3月，北汽集团收购福建奔驰汽车有限公司（简称"福建奔驰"）35%的股份，完成奔驰品牌在国内的"大一统"。2013年，戴姆勒斥资收购北汽集团旗下香港上市公司北京汽车股份，并自此成为北京汽车董事会成员，目前持股比例为9.55%。2018年，北京奔驰收购北汽集团位于北京顺义的一座工厂。同年，戴姆勒收购北汽集团旗下北京新能源汽车股份有限公司（简称"北汽新能源"）部分股份。该公司已于2018年上市，后更名为北汽蓝谷新能源科技股份有限公司（简称"北汽蓝谷"）。戴姆勒目前持股3.01%。北汽集团和戴姆勒在北京运营着戴姆勒最大的海外研发中心，2018年双方合资在华生产的乘用车销量达48.5万辆。2019年上半年，北京奔驰销售汽车28.2万辆，并将继续保持高位增长。

徐和谊解释说，北汽集团之所以耗时6年之久才完成对戴姆勒的持股，在于在此之前既需要时机，也需要留出国内、国外法律法规的流程上的时间。他在银川举行的座谈会上表示，北汽新能源和戴姆勒新能源电池领域的共建，还有更大的想象空间，双方之间还在其他业务板块进行广泛接触。

徐和谊认为，必须把汽车行业的调整上升整个中国经济结构的调整的大背景下去看待，需要跳出汽车看汽车。尤其是进入新时代以来，必须更加注重对消费模式升级导致市场发生巨大变化的研究，而不能对整车的销量增减产生依赖感。徐和谊认为，创新性的汽车生态和大出行才是未来的增长极。

北汽全新品牌为何聚焦BEIJING

BEIJING品牌是北汽集团整合旗下北汽新能源和北京汽车的产品与技术资源全力打造的核心品牌，代表着北汽"高、新、特"战略中的"新"字主力军，将以新能源、新技术为核心，推动北汽自主乘用车业务全面创新发展，开启北汽集团自主发展新篇章。2019年国庆节后的中华世纪坛，流光溢彩，徐和谊特意穿了一件强调中西合璧的"中华立领"，以北汽集团自主乘用车BEIJING品牌发布为名，向全球喊出"从BEIJING到世界，向未来"的口号。

作为中国汽车工业的主力军之一，北汽集团打造自主品牌乘用车、产业报国的初心始终不改。从1958年由北京汽车制造厂生产的第一款"井冈山"牌轿车开进中南海，到1966年国内首款越野车"北京212"风靡全国，从"勇士"军车作为主席阅兵座驾亮相朱日和，到2019年国庆70周年庆典北京BJ80引领阅兵方阵，北汽集团走过了一甲子充满坎坷与艰辛的辉煌历程，神圣而厚重。60年的造车技术积累和工艺进步为新品牌的推出提供了深厚的基础。

2009年，北汽人以超前的战略眼光，同时在自主乘用车和新能源汽车两大板块开始布局。这年，大手笔收购萨博技术，创建自主乘用车品牌，开始"二次创业"。这年，设立全国首家新能源汽车股份公司，投入力量开始电动汽车的研发。经过12年的发展，北汽自主乘用车累计销量超100万辆，新能源汽车连续6年销量居国内第一，引领纯电动市场。北汽自主品牌历久弥新，筑梦笃行。到今天，北汽自主事业迎来破茧成蝶、跃升质变的里程碑时刻。

徐和谊认识到，在汽车产业新四化浪潮风起云涌、面临百年未有大变局的变革时代，BEIJING品牌应运而生，正当其时。BEIJING品牌将以"成为汽车新四化引领者，守护人类美好出行梦想"为使命，以安信可靠的卓越品质、智慧体贴的人本关怀，致力于为"年轻新生代"打造超越期待的汽车产品。依托国家新能源汽车技术创新中心和北汽新能源试验中心两大世界级创新平台和五国七地共5000多名工程师的强大研发力量，BEIJING品牌将强化自主研发，推进技术进步，支撑产品持续迭代向上。作为北汽未来最重要的自主乘用车核心平台，BEIJING品牌将坚定实施全面新能源化与智能网联化"双轮驱动"战略，打造基于传统燃油和新能源车全覆盖的产品谱系，专注于产品的持续向上升级，全面推进智能驾驶、智能网联的深度赋能。

徐和谊说："BEIJING品牌既是北京的，更是世界的。它是一个有品质、有温度、有雄心的品牌，将深耕国际化发展，全力打造中国汽车享誉世界的靓丽名片。"北汽集团立志将BEIJING品牌打造成为"世界级绿色智慧出行和科技创新品牌"，成为北京市的"金字招牌"和首都移动新地标。

一束代表"BEIJING之光"的光柱划破中华世纪坛的夜空，这束源自北京、放眼世界的创新之光，既上接北汽一甲子的传承，也照亮北汽未来的梦想。这束光面向全球汽车行业百年变革的全新阶段，立足中国汽车破局向上的关键节点，从BEIJING到世界，向未来。

汽车行业要准备好大转折大调整的苦日子

"汽车行业的苦日子到了,早些年间钢铁行业的大调整大整合,正在汽车行业成为现实"。徐和谊在2019年年底举行的汽势家年华暨2019年中国汽车创新盛典上如是表示。

徐和谊说:"汽车行业的苦日子到了,所谓的苦是一个大的转折,大的调整,会有较长的时间,最后调整完了的格局可能会出乎在座所有人的预料,很残酷。最后调整完一定是一个非常有竞争力的、健康的,呵护这个社会发展的客观需要的大的产业"。他以当年熟悉的钢铁行业为例,并忧心忡忡地表示,一吨钢铁卖不过一吨白菜价的现实正在汽车行业上演。产能过剩,家家煽风点火造汽车不是个好现象,竞争加剧后,淘汰一大批汽车企业和品牌在所难免。不过,调整后的汽车产业将前景可期。

从2019年到2020年,徐和谊一直在思考未来汽车是什么样子的,其中著名的论断是"非智能不汽车"。在2020年1月6日长白山举行的北汽集团大型品牌体验活动"兴达天下"第四季活动中,徐和谊给出了对未来汽车的判断和定义。"当我们用上几千元的智能手机之后,即使有几百块的非智能手机,也很少有人会去购买。"徐和谊说,这就是智能化给产品带来了更多价值的最典型案例,即使价格有所变化,仍然难以抵挡它成为更多人的选择。这也是智能汽车的未来形态,或许在高度电动化的将来,车辆的竞争力不仅在于行驶里程,更在于自动驾驶带来的便利性。

如今,讨论汽车市场未来发展时,消极预期已经成为常规操作。不过,要改变的观念是,即使汽车市场短期内难有增量,也并不意味着没有机会。小米在进入家电行业时,这一领域被国内外各品牌瓜分殆尽,群雄逐鹿的场面已然形成,但它仍然能够突出重围,甚至做得有声有色。汽车行业不会因为人口红利而无限制扩大,跟随大势、水涨船高的企业大有人在,但现在中国市场更需要能够在竞争中发挥优势、推动整体产业向前发展的企业。

王晓秋:不可复制的人格魅力

看透别看穿。

我从来没把自己当作集团的领导。

也有骂娘的时候,我是对事不对人。

这帮兄弟们都不容易。

……

很难想象，这些金句频出的话语会出自一个国企领导人之口。上汽乘用车荣威和MG名爵两大品牌最近5年的爆款、暴涨、爆发的背后，与王晓秋的人格魅力密切相关。可惜的是，汽车界只有一个不可复制的王晓秋。可喜的是，汽车界好在有一个王晓秋。2019年，王晓秋带着他在上汽乘用车不可复制的人格魅力，接棒陈志鑫，升任上汽集团总裁。

2021年是荣威品牌诞生的第15个年头。2017年恰逢荣威品牌十年，那年的年底广州车展上，上汽集团副总裁、上汽乘用车总经理和技术中心主任王晓秋，带着他的左膀右臂，有过一次荣威十年的总结会，并为开启荣威品牌第二个十年表达了一些新思考。

只有"鬼"知道过去十年荣威经历了什么，王晓秋所说的"鬼"指的不止上汽，而是泛指整个自主品牌经历的十年。我的理解，这个"鬼"的称谓，既是自主品牌艰难的缩影，也是开启未来十年的钥匙。性情中人王晓秋把荣威i6称为上汽自主的帕萨特，也是开启荣威第二个十年的"头牌"。

喜爱相声的人都知道一代相声大师马季著名的《五官争功》。谈及荣威和MG名爵近两年投放市场的荣威RX5等爆款车型的秘诀，王晓秋一语道破天机，上汽乘用车没有"五官争功"，只有"五官分工"。

正是协同、担当的企业文化才成就了荣威RX5、荣威i6及MG名爵ZS等多款爆发车型。坐在王晓秋左侧的张觉慧是上汽乘用车总工程师兼技术中心常务副主任，是上汽大众工程部重臣，坐在右侧的分别是：朱军，上汽集团技术中心副主任、捷能公司总经理，新能源领域领头人，海归；邵景峰，上汽集团技术中心设计部总监，中国首个劳模设计师、德国红点设计大奖得主。

荣威品牌的十年，其实也是中国自主品牌十年的缩影。荣威作为中国自主品牌的一个样本，很多人会思考，自主品牌过去为什么能干好，未来还能不能干好？王晓秋说，40岁参与创立了自主品牌，50岁重回自主品牌，见证了第一辆中高级自主品牌轿车荣威750，第一部全时数字轿车荣威550，第一部量产互联网SUV荣威RX5及荣威i6的诞生。

自主品牌做好，必须要建立一个体系。新十年和老十年，实际上是一个时间性的过程。造车子不能有短板，看得见看不见的地方都要有绝对的实力，包括造型设计、动力总成在内的整个制造体系都要有优势。把事情做到最好对于王晓秋是一种使命。在内心深处，王晓秋一直觉得做好自主品牌是中国人的使命，汽车在国家的发展中有着举足轻重的地位，如果中国没有汽车工业，就意味着中国没有民族工业。如果所有的开发都交给别国完成，就很难真正拥有强大的核心竞争力。中国汽车未来的发展，所有中国汽车人都有责任来推动。王晓秋说，上汽人都有这样的情怀。

上汽自主品牌真正让人觉得眼前一亮始于上汽和阿里巴巴抢占互联网汽车新品类的荣威RX5，这是荣威品牌十年的一个重要转折点。王晓秋说，十年时间是一个量变到质变的过程。最初，上汽开发的发动机也不错，最早的时候1.8T的功率有118kW，而如今上汽世界级"蓝芯"1.0T发动机最大功率就已经达到了92kW。过去，上汽只能用荣威750的架构来开发产品，而现在有自己独立的产品架构了，这就是一个从无到有的过程。如果没有前面9年的积淀，荣威也不会有在第十年的厚积薄发，没有第一个十年的积累，就无法面向第二个十年。

最关键的是上汽不是单打独斗，除了自身体系，在其外围还有一个大的体系做支撑。因为有了这么多方方面面的各条线，都能承担起这种责任。没有使命不行，没有担当也不行。上汽能够十年完成蜕变，更多的是将资源更有效地发挥了作用。王晓秋加重语气坦白地说，上汽真的是在搏命，使命感非常重要。一旦团队决定了造什么产品，确定了时间节点，就会坚持去执行开发。荣威eRX5之所以缩短至22个月，一旦决定了，就坚持下去，整个团队非常清楚自己应该做什么，这就是上汽乘用车的"协同、担当、使命感"。

荣威RX5之所以短时间内成为爆款，从研发技术角度上，抓住了用户导向。王晓秋称，以前，车企都是以市场为导向，但实际上根本还是以产品为导向。以合资企业为例，因为产品已经有了现成的，只需拿来即可。这并不是专为中国市场、中国用户量身定做的。但是，荣威的产品，是真正按照用户需求来打造的。上汽在打造新平台的时候做了几件事情，第一，荣威 i6 只是"B 级车"的起步，还要往上走。但是要往上走，一些细微的东西必须注意，因为产品不再是一个低附加值的产品了。

王晓秋把荣威 RX5 称为荣威品牌第一个十年的答卷，把荣威 i6 称为未来十年拿出的第一份答卷。在不同场合，王晓秋多次把荣威 i6 比喻成上汽自主的"帕萨特"，毕竟帕萨特不仅是同样来自上汽集团体系的 B 级车标杆，还是整个车市 B 级车的常青树。在如何捅破上汽自主"帕萨特"梦的天花板上，荣威 i6 所有的东西都达到了"B 级车"的要求，如整个底盘、架构、性能等，实际上荣威 i6 是荣威"B 级车"往上冲的第一款车。不断地突破创新是上汽一直以来的追求。

荣威产品遵循"品价比"原则，在平稳发展的基础上，不去过多讲求利润。现在先把品牌做起来，让大家体验到好的产品、好的服务。先舍才有得。今天必须先舍，先做出这种牺牲，未来才会有得。荣威 i6 在"B 级车"上具备了销量挑战第一的能力。

对话中王晓秋同时谈到了新能源在上汽的整体布局：第一，荣威 eRX5 插电混合是中国唯一的。第二，纯电动。2017 年春节前后，纯电动荣威 RX5 会在北京市场以超高的性价比优势推出。第三，燃料汽车上汽一直在持续做，2016 年和 2017 年将密集推出插电混合和纯电动产品，2017 年推出的纯电动荣威 i6 完全是走商业化的道路。

随着大 ERX5 2016 年 6 月 3 日在深圳大梅沙的上市，笼罩着互联网汽车门类的荣威 RX5，完成了传统汽油车的 RX5、插电式混合动力的 eRX5 和纯电动 ERX5 一门三杰的布局，而其中每款车型作为一个类别，似乎都有一种对应。上汽乘用车副总经理俞经民说，ERX5 各种补贴后不到 20 万元起的价格只是新价值的一部分，上汽更希望让消费者获得与众不同的新体验。

有意思的是，ERX5 上市的地点所选择的深圳大梅沙，开车不足 10 分钟就是比亚迪总部。有人戏称，要是现场音响的功放再大些，上汽乘用车高管的讲话声儿都能忽忽悠悠飘到比亚迪总部的六角大楼。

自称开起来让人"上瘾"的荣威 ERX5，拥有 425km 的纯电动 SUV 最长续航里程，是当时市面上除腾势 400 之外，唯一一款量产车续航里程超过 400km 的纯电动车型，击碎了消费者普遍担心的"里程焦虑"，而 40 分钟快充至 80% 电量等及扣除补贴后 19.88 万~22.38 万元的实际售价，看上去好用、不贵。在当时的纯电动产品中，比较靠谱。ERX5 以"爆款 SUV"荣威 RX5 为原型车，由全面支持纯电动、插电式混合动力和传统动力车型的 SSA+ 架构打造。电池达到业内最严苛的安全碰撞标准，电池包按照 UL2580 认证标准研发，并通过防尘防水民用最高级别 IP67 认证。荣威 ERX5 还是中国第一款做出"电池衰减质保承诺"的纯电动SUV，承诺8年/20万千米电池衰减不超过30%，免除用户后顾之忧。动力方面，为用户带来优于燃油车的驾驶乐趣和节能效果。搭载最大功率为85kW的永磁同步电机，采用纯电驱动，真正做到零油耗、零排放。配置方面，标配10.4英寸互联网大屏和12.3英寸全液晶交互式虚拟仪表，仪表屏能同步互联显示3D巡航信息、娱乐信息、通信信息等内容。

上汽技术中心副主任朱军是"8年/20万千米电池衰减不超过30%"UL2580标准的制定者。这个标准迄今也是中国新能源汽车的高标准之一。朱军说，多种因素催生了UL2580标准的建立。第一，此前留学美国的朱军到上汽集团时已经是40多岁了，也满世界跑了不少地方，1997年丰田普瑞斯的上市刺激了朱军，1998年朱军买了一张从美国回到中国的机票，来到上汽时说，汽车要革命了，丰田搞了一辆比最省油的车还省一半油量的车，上汽有什么想法？"有想法的话，我带着这个想法去多摸摸，回来给我一个机会，让我干。"朱军回忆说，当时没人听得懂，那个时候上海通用刚刚合资，集团的人都是在抓报表，这里卖了几辆车，赚了多少钱。尽管也有点小失望，不过上汽还是很客气地请他吃了饭。但是，随着丰田普锐斯的市场表现越来越强。更坚定、更坚持自己想法的朱军打动了上汽并加盟了上汽集团。那时，很多公司已经推出产品在中国卖，也不断有坏消息传来，有的品牌充电的时候电池烧了，有的品牌发生交通事故撞死人了。干也不行，不干也不行，集团领导拍板说："当时你一直说要干，现在给你干，你不能退。"

朱军的儿子在芝加哥大学读书。有一次，儿子说，我都第三年了，你还不来看看我？朱军就和一个搞电池研发的同事开车看儿子。去的路上，同事说正好在芝加哥有个公司名为UL，结果朱军跟儿子见面大概25分钟，就去了UL的总部。UL总部在芝加哥很贵，运营成本也高，每次飞来飞去交流也不经济。朱军就说服UL来上汽集团，每个电池都通过UL2580来做，把团队、试验设备放到中国，UL就来了。上汽每年卖出十几万辆电动车，没有一辆因为电池衰减抱怨，没有一例因为电池出过安全事故。这种严苛的标准也让MG名爵重新回到欧洲市场，在挪威等欧洲国家，MG名爵EZS是有力的竞争者。

荣威所有新能源车的布局，像荣威e50、荣威e950、荣威eRX5、荣威ERX5，是对趋势把握的全线布局，更是上汽集团"电动化、网联化、智能化"的战略布局。ERX5的上市，荣威实现了新能源汽车从A级到B级及SUV车型的网联化、智能化，巩固了"互联网+新能源"的体系化竞争优势，引领中国汽车竞争力向上突破。

第二章　管理大腕

汽车符号陈志鑫

以他 1959 年出生为时间坐标,从 1979 年参加工作时的普通员工到世界 500 强的总裁,几乎与中国汽车工业的发展进程同步;以他先后在上海大众、上南合作、上汽乘用车等履历为空间坐标,即是中国汽车工业不断成长壮大的缩影。当过普通工人,做过合资企业老总,回归到自主品牌,到上汽集团总裁,当他一个人的时间与空间相互融汇,则构成了名副其实的中国汽车符号,即便是他在 2019 年年满 60 岁退休。

出任上汽集团总裁的陈志鑫更加低调。除了陈虹出任上汽集团董事长 3 个月后,作为班子成员与媒体有过见面,上汽集团总裁任上的陈志鑫别说是专访了,偶尔的几次礼节性照面也屈指可数,一次是荣威 RX5 在杭州阿里巴巴云栖小镇上市时公布价格,还有几次是在德国法兰克福和法国巴黎车展上。

陈志鑫最早引起我注意的并不是职位有多高,而是刻苦学习德语的精神。在上海大众总经理任上,每天完成诸多工作后,陈志鑫总会抽出 1 小时时间学习德语,迄今为止他也是大众在华体系的中国高管中为数不多可以与德国人流利的对话者。

夯实上海大众的巅峰基础

位于上海市西南郊 30km 的安亭是中国汽车工业的重镇,自上海大众 36 年前最初落户后,这里已汇聚了大众、荣威、MG 名爵、沃尔沃等一批响当当的汽车品牌,堪称中国底特律。安研路是上汽乘用车公司的总部,时任上汽乘用车总经理的陈志鑫指着洛浦路的方向说,不足 5km 处的那个地方曾是他的办公室,所指之处便是中国成立最早的合资企业之一的上汽大众,也是中国与德国投资规模最大最早的样板项目。陈志鑫曾任上海大众总经理。

2012年上海大众年销量达到100万辆的规模，就是陈志鑫做的详细规划，即便那时的上海大众是困难的。

陈志鑫在2002年9月兼任上海大众总经理时，上海大众远不及今天风光，甚至是寒酸和困难的。当然，境遇比马丁波斯特所著《在上海1000天》的书中描述的路都不通的场景好多了。2002年上海大众年销量首次突破30万辆，尽管这在当时已经创下了中国轿车工业单一企业的最高销量，是名副其实的领头羊。面对转年有望实现39万辆销量的目标，陈志鑫看得更多的则是面临的挑战。

一次接受专访中，陈志鑫坦言两方面的挑战犹如两座大山。一是虽然当时上海大众依然是领头羊，但是几家竞争对手的发展势头也不错，而且咄咄逼人，上海大众在市场上领先的空间越来越小。更严峻的考验是，竞争对手追赶的目标很明确，而上海大众却没有目标可追，因为上海大众已排名第一，"争第一容易，保第一难"。二是上海大众与上汽大众销售公司的独立存在不能适应市场的变化。例如，桑塔纳当年刚上市的时候，要"批条子"才能买到。所以，单独成立一个销售公司对中方是有利的。但在当时出现供大于求的情况下，矛盾就出来了，两家公司之间难免会有些互相掣肘的地方。解决这个矛盾，公司董事会决定对上汽大众销售公司和上海大众，实施产供销一体化运作，在管理上统一起来，这样就把产与销直接挂钩。这种一体化的运作方式，也为后续的长足发展，奠定了更加坚实的基础。陈志鑫以上海通用为例进而解释说，上海通用起步就把产销绑在一起，公司所有的战略都在围着市场运行，因此走上了快速发展之路。

陈志鑫任上所推行的产供销一体化，对于上汽大众今天能够保持年度200万辆左右的规模依然非常重要。上海大众的战略规划，也是陈志鑫任上的大事。后来接任上海大众总经理的张海亮称，相当于200亿元人民币的20亿欧元投资，以及产量突破100万辆的规模，都是陈志鑫任上确定的战略。

产品提升、主抓营销和渠道上的大区建制，是陈志鑫在上海大众总经理任上的经典"三板斧"，并为此提出了"从零开始，重新发展"的口号。对于陈志鑫亲自抓营销的一个桥段是，具有全球品质并且与德国同步的POLO国产上市之初并不受宠，陈志鑫说："上海大众生产的POLO连澳大利亚这样发达的国家都能出口，而且价格还低于欧洲水平，国内的用户怎么会无视这种选择呢？原因可能是多方面的，但肯定与宣传不够有关。所以，一段时间内就抓宣传方面的工作，主动宣传产品和企业，让更多的人了解上海大众。"

合资企业的属性，决定了中方与德方密切地打交道。尽管配有翻译，但是为了能够做到和德国同行直接沟通，陈志鑫每天坚持自学德语 1 小时，一坚持就是十几年。时任上海大众公关总监庄宇说，陈志鑫总可以用流利的德语与德国员工交流，去德国大众总部参加活动时，翻译基本派不上用场。并要求中方人员熟练地掌握德语或英语，尽量用外语交流。尽管在分管上汽乘用车公司，以及升任上汽集团总裁后，已经不再分管上海大众，但是每每见到老同行，或者合资伙伴的德国同事，陈志鑫总能用流利的德语和他们聊几句。

操刀上南合作百日会战

中国汽车工业的年轮运转到 2007 年年底，北京钓鱼台所在的长达数千米的三里河街道两侧，满目金黄的银杏叶还未落尽。12 月 26 日，上汽集团与南汽集团在钓鱼台国宾馆正式签订《合作协议》：南汽集团经营性资产转至上汽集团名下，上汽集团以不超过 8% 的上海汽车股权作为交换，上汽集团并购南汽集团悄然落幕。

正把上海大众打理得井井有条的陈志鑫接到集团任命，以上海汽车集团股份有限公司执行副总裁兼南京汽车集团总经理的身份操刀"上南合作"。

同处中国经济最发达的长三角地区的上汽集团和南汽集团都是中国车企的老字号，甚至被上汽兼并的南汽的历史更长远，早在 1947 年成立的中国人民解放军华东野战军特种纵队修理厂是南汽的前身，而上汽集团的雏形则是 1955 年 12 月成立的上海市内燃机配件制造公司，上汽和南汽都是中国汽车企业的骨干。在"上南合作"之前，两者因为分别收购了英国的罗孚和 MG 产生矛盾，因此业界对于"上南合作"能否融合自然格外关注。

"上南合作"从 2008 年 1 月 2 日正式启动，陈志鑫带着胡茂元董事长、陈虹总裁的"上南合作、全面融合"的要求入驻南汽。这八字方针也得到了时任南汽董事长王浩良、南汽总裁俞建伟的认可。不过，除了"上南合作、全面融合"的八字方针，外界很少有人知道，胡茂元给陈志鑫融合的时间表是 100 天。陈志鑫说："这是中国汽车工业创造奇迹的百日会战。"

首先是全面再造业务流程。两大集团原来都有各自的业务流程，业务语言不统一无疑会对工作造成巨大障碍。因此，首先要做的是将整个业务流程进行重组。于是，上汽开发中心与英国开发团队进行了全面的开放式合作，使所有的开发团队都能完全掌握上汽的开发流程。此外，通过对采购、制造、物流等方面的全面整合，三四个月下来，南汽的工作人员与上汽的工作人员就有了对话语言。 其次是再造产品质量体系。在上汽内部一直流传着关于质量标准的三句话："不接受缺陷、不制造缺陷、不传递缺陷"。如今，"三不原则"在南汽MG的工厂里得到全面贯彻。最后是再造企业文化。"上汽和南汽要想真正走到一起，就一定要全面融合，特别是企业文化方面的融合"，陈志鑫说，"上南合作"以后，通过与南汽多次交流，最终达成"五个统一"的共识。所谓"五个统一"就是今后两大集团在生产、制造、物料、物流等方面实行统一规划；产品方面实现统一开发；采购方面实现统一采购；生产方面实现制造体系的统一标准；营销方面实现服务形式有别，但服务品质标准统一。

陈志鑫2008年1月初从上海抵达南京时，天气已经转冷，而经过108天的整合后，3月27日的长三角地区已是遍地盛开的油菜花，春意盎然。与此同步的是，在这108天里，上汽解决了原南汽1.5万名员工的就业，荣威和MG名爵原本的对手成为兄弟。从上海到南京坐高铁的路，陈志鑫不知道走了多少遍……

如今"上南合作"已经13年，两个企业能不能实现1加1大于2的担心成为多余。上汽先后投入60多亿元，对原有南汽的企业进行了平台化改造，兴建了新的生产基地。上海大众南京分公司吸纳原南京菲亚特资产，企业盘活，年产量规模超过200万辆，成为"上南合作"后见效最快的企业；南汽生产自主品牌的浦口基地经平台化改造后，不仅使MG名爵有了后续发展车型，还兴建了二期工程；南京依维柯融入上汽管理体系后，利税3年增长近一倍；"上南合作"后以原南汽非整车资产等资源重组新建的东华公司3年开始盈利，成为系统化、模块化的零部件直接供应商。"上南合作"12年，国有资产实现了保值增值，企业利税、员工收入大幅提高。时过境迁，"上南合作"成为当下中国车企兼并重组的最难得的样板和典范。

打造最成功的自主品牌

尽管七八年时间过去了，但是难忘的事情不会因为时光久远而忘记。2012年国庆节前后，由数十辆荣威W5组成的车队或行驶在帕米尔高原的中巴边境，或驰骋在云南老山前线的中越边境，或出现在满洲里的中俄边境、广西友谊关的中越边境。车队每抵达一站，都会为驻守边关的军人送去慰问品，以表达一个车企的责任与敬意！这个原本属于汽车行业的品牌活动很快引起了汽车之外人士广泛的关注，上汽原本开设的800免费客服热线总能接收到一些非荣威车主想要参加活动的咨询……

这个始于2011年下半年的"丈量"主题活动，本意是想体现W5能屈能伸的跨领域SUV的专业性能，没承想成为那几年汽车行业最经典的营销案例，而"丈量"也成了其他竞品不敢触及，上汽自主专用的词汇。W5只是荣威的其中一员，旗下的各款车型因定位清晰而被市场认同：荣威750为首款自主品牌中高端轿车，荣威550为全时数字中级轿车，荣威350为全时在线中级轿车，荣威950为2012年4月推向市场的首席行政座驾。

上汽立志打造的荣威和MG名爵双品牌，除了得到舆论的肯定，还获得了对手和同行的尊重。同样拥有自主品牌的一汽集团的一名高层在谈及自主品牌的现状时直言不讳地说，荣威是中国自主品牌唯一成功的品牌。虽然与吉利、奇瑞、长城、比亚迪、华晨、长安等同属自主品牌，但在提及上汽荣威和MG名爵时，大家都交口称赞，甚至把荣威和MG名爵与合资品牌同等看待。

荣威和MG名爵在2017年获得了长足增长，尤其是与阿里巴巴开创的全新互联网汽车门类更是抢占了同级别的制高点。无论今后荣威和MG名爵双品牌获得怎样的成功，都不能忘记陈志鑫为其成长做出的夯实基础的铺路石贡献。

荣威和MG名爵并非中国最早的自主品牌，但在市场上的动静最大。佐证之一是：从2007年上市到2012年，上汽乘用车在近6年的时间内实现的复合增长率达到59.3%，远高于整体乘用车市场21.2%的增速（以2012年整体市场内需预计1415万辆计算）和自主品牌19.1%的复合增长率（以2012年自主品牌国内整体销量预计363万辆计算），上汽乘用车的复合增长率为自主品牌增速的3倍多。如果按照直观的年销量计算，在不到6年时间，上汽自主品牌完成了从零到年销量20万辆的跨越，其更大的意义是让人们看到自主品牌与合资企业抗衡的机会。

在我的汽车记者生涯中，无论在上海大众还是南汽，以及回归到当时负责的自主品牌板块，多次采访过陈志鑫。曾在合资企业上海大众任总经理的阅历，让他更清楚自主品牌的发展之难，陈志鑫说外国人不可能把核心技术给你；曾在多个技术岗位工作的履历，又让他更清楚自主品牌应从何做起。与其他做市场出身的老总相比，他口中说出的多是些枯燥的技术语言。不过，正是他的这些风格才成就了上汽是国内唯一一个在"型"像和"神"像上，可以和合资产品叫板的自主品牌。

上汽的荣威和MG名爵在市场的成功，有两个因素最为重要，也是当前其他自主品牌所不能比拟的。一是底子好，无论是荣威还是MG名爵，都是上汽从英国购买的世界著名品牌的全部设备和知识产权，所走的是一条高起点的自主创新道路，荣威的前身罗孚是英国的老牌劲旅，尽管上汽将其更名为荣威，但是罗孚品牌的历史为其起到了溢价能力的作用；MG名爵更是这样的，拥有90多年历史的MG不仅保留了品牌，而且在后续车型的开发上进入了良性循环。二是上汽的体系能力和持续投入。集合上汽集团的上汽大众、上汽通用和英国的技术力量，再创新技术和新产品，实现自主品牌的飞跃。以荣威为例，能够实现从 A 级的荣威 350 到 B+ 的荣威 950 的全系布局，依靠的正是强大的体系支撑。

陈志鑫当时甚至列出了要在 2015 年把上汽打造成中国最强势的自主品牌目标的时间表。支撑这一目标的是上汽有的自主品牌的创新体系。他如数家珍般地表示，上汽拥有独特的学习能力和创新能力，拥有 30 多年的合资合作积累的经验和技术，有多品牌的成功运作经验，有对中国消费者需求的充分了解，因此在向跨国集团的学习中获取了创新发展的底气。拥有一大批来自上海大众、上海通用、原 MG 名爵 Rover（罗孚）集团及从全球招聘的中高级人才，从全球汽车的领先发展体系中汲取了大量的营养。

在我写下这些文字时，荣威品牌即将迎来诞生 15 年，收购罗孚，第一代荣威 550 在黄浦江畔雨夜发布、荣威 RX5 在阿里巴巴云栖小镇开辟互联网汽车新物种、更换国潮新狮标等一幕一幕，像电影回放般清晰可见，上汽乘用车的掌门人也由陈志鑫、蒋俊，更新为王晓秋、俞经民，以及杨晓东、孙亦炯、张亮。自主汽车品牌的打造是一场马拉松，上汽荣威和 MG 名爵的销量也实现了从零到超过 70 多万辆的跨越。

安铁成汽车三部曲

东北腹地的长春一汽集团、九省通衢的武汉东风汽车、渤海之滨的天津中汽中心，是安铁成汽车人生的三部曲。每项工作都兢兢业业，每段履历都是传奇，每换一次都坦然接受，且干得出众，这就是安铁成。

从 2006 年 1 月 1 日接棒升任一汽集团副总经理的秦焕明出任一汽 – 大众总经理，到 2013 年 4 月把权利的交接棒传给张丕杰，安铁成创造了在一汽 – 大众总经理任上 8 年的纪录，再加上一汽轿车 5 年总经理的加持，生于吉林四平的安铁成也没想到，这个"老一汽"有一天会离开一汽。

2017 年 4 月，54 岁的安铁成又开启一段青春汽车旅程，这一次安铁成阔别工作了 33 年地处白山黑水之间的一汽系统，升任东风汽车公司党委常委、副总经理，分管标致和雪铁龙双品牌的神龙汽车公司。我曾经这样评价安铁成的高升履新："习惯了德国肘子的安铁成开始尝试法式大餐的味道了"。2017 年对安铁成升任东风汽车副总经理。安铁成的定力和魅力在于，其任上是中国汽车市场空前繁荣也是乱象丛生的时期，一汽 – 大众的腐败窝案就发生在安铁成主政时期，他的魅力在于"出淤泥而不染"和"常在河边站就是不湿鞋"。

体系大师

2009 年是一汽 – 大众历史上具有标志意义的大年。在 2009 年实现产销 66 万辆的惊人业绩后，时任一汽 – 大众销售公司总经理的胡咏表示："2010 年，一汽 – 大众的大众品牌仍然将以超过 20% 的增幅前进。按照产能规划，到 2013 年一汽 – 大众将提前实现百万辆战略规划。"

为此，一汽 – 大众还为年产实现 66 万辆暨高尔夫 GTI 下线，在长春的轿车二厂总装车间举行了庆典活动。66 万辆产能的实现，标志着一汽 – 大众具备了 66 万辆规划产能的生产力，也是公司体系能力不断提升的佐证，同时表明了一汽 – 大众的管理团队和员工队伍经受住了锻炼和考验，在强大的压力和挑战面前，以坚定的信念和非凡的勇气全力冲击目标。这是一次历史性的跨越，更是一汽 – 大众发展史上的一个重要里程碑。

面对 2009 年中国汽车市场的快速增长，一汽 – 大众积极组织生产，全力挖掘产能潜力。轿车一厂全年设备开动率稳定在 97% 以上，全年生产轿车 34.7 万辆；轿车二厂实现 70 秒生产节拍，日产一举突破 1000 辆大关，全年产能实现 29.6 万辆；轿车三厂全年生产轿车 2.2 万辆，产能同比提升 57.1%；增加生产班次，全年共生产发动机 47.5 万台、传动器 24.4 万台。66 万辆产能的实现，使一汽 – 大众产量在 2006 年、2007 年、2008 年连续 3 年呈 10 万辆递增的基础上，跨越式增长了近 20 万辆。

仅用时 4 年时间，一汽 – 大众就把产量提升到了 66 万辆，累计产销突破 300 万辆。66 万辆产能的实现为一汽 – 大众百万辆目标和未来发展目标奠定了坚实基础。胡咏透露，2009 年一汽 – 大众的大众品牌的销量将超出计划的 30% 左右，超越 2008 年大众品牌和奥迪品牌总计 51.3 万辆的总销量。全年累计完成 39 个新展厅、102 个升级展厅的建设，经销商的单店销售数字、维修台次均创下历史新高。一汽 – 大众抓住了三大机遇，即快速增长的市场为实现百万辆营销目标提供了难得的市场机遇；日益丰富的产品线为参与市场竞争提供了有力保障；厂家和经销商合作共赢的良好局面为在竞争中取胜创造了有利条件。

从2007年开始，在产品、生产、质保和采购等环节，一汽-大众都是按照百万辆规划进行着组织架构和人员培养的规划，到2008年年底前，这些工作基本上结束了。而由一汽-大众销售公司负责的"百万辆营销体系"规划，则是从2008年下半年开始，到2009年年初，一汽-大众汽车有限公司大众品牌面向百万辆的营销架构，已经基本搭建完成。

2011年12月的吉林长春已是白雪皑皑，而3000km之外的广东佛山依然花红柳绿。12月1日，一汽-大众总经理安铁成率高层南下广东佛山，出席一汽-大众佛山分公司成立庆典。至此，一汽-大众形成了拥有长春本部、成都工厂和佛山工厂的全国布局。安铁成说，2013年8月佛山工厂投产后，一汽-大众将形成165万辆的产能规模。

回忆起2011年，安铁成如数家珍地说起一汽-大众具有标志性的三件大事：8月25日，一汽-大众成立20周年；10月13日成都轿车三厂建成投产；12月1日，佛山工厂正式成立。3个生产企业各有不同的定位：长春，依托中国一汽集团本部，有着汽车制造较为成熟的基础条件；成都，辐射西南；佛山，是中国市场经济最活跃，汽车消费最有潜力的区域。

安铁成特别解释说，一汽-大众走出长春，布局全国是一种战略思考。长春地处中国地图上的鸡头位置，而东北市场只占每年销量的不足10%，有90%的整车需要从长春发往全国各地，这在物流上带来了很多问题，如东北冬天的大雪，高速公路封路对整车物流带来影响。成都和佛山基地建成后，就能够更准时、更及时地为不同区域用户提供产品。分两期工程建设的一汽-大众佛山工厂的产能规划为60万辆。年产能30万辆的一期工程已于2013年8月如期建成投产，佛山工厂投产的第一款车是大众集团开发的新一代MQB平台在中国的第一款车。MQB平台将来能够实现不同品牌、不同轮距车型的生产，即柔性化生产，而且采用焊装的组装框架，这使过去很多的不可能都变成了可能。

对一汽-大众奥迪品牌给予高度评价的安铁成说，奥迪在华实现第一个100万辆用了22年时间，而对于奥迪实现第二个100万辆的时间表，安铁成说只需要3年时间。2011年，一汽-大众奥迪有望实现终端销售突破30万辆。此前规划的奥迪未来3年内实现第二个100万辆的目标就是眼前的事。

当年的这次专访被很多媒体看作是安铁成最后一次以一汽-大众总经理的身份与小

范围媒体谈论奥迪品牌。当时，即使算上掌管一汽-大众的5年时间，安铁成的年龄也不过46岁。一种说法是，作为一汽集团重点培养干部，安铁成与时任一汽轿车的张丕杰、时任天津一汽夏利的王刚，一同被列为一汽集团副总经理人选。已经在一汽-大众总经理任上超期服役的安铁成，极有可能在年内升任一汽集团副总经理。不过，好事多磨，这样的猜测并没有成为现实，安铁成在一汽-大众总经理任上直到的2013年才调任至一汽轿车总经理。

佛山分公司在2013年投产以后，一汽-大众拥有了长春、成都、佛山3个生产基地，年销量生产能力165万辆的规模。长春的两个工厂，其中一厂变为奥迪的专属工厂，生产奥迪的系列产品；二厂专门生产大众品牌，成都工厂生产以大众品牌和捷达品牌。在佛山工厂2013年8月份如期投产之后，一汽-大众在张丕杰出任总经理的任上，又先后建设了青岛分公司和天津分公司。随着2017年9月张丕杰在一汽-大众任期结束，青岛和天津工厂在继任者刘亦功任上，相继先后建成投产，一汽-大众的工厂则由"三地四厂"扩容为"五地六厂"，年产能规模扩充至300万辆左右。

细说全新奥迪A6L

奥迪A6L在一汽-大众有过多次换代，但是在2012年3月28日推陈出新的全新一代奥迪A6L令人印象深刻。安铁成很少参加奥迪品牌活动，但是奥迪的重要活动从不缺席，产品上市前，安铁成专门和熟悉的媒体聊天叙旧，安铁成的亲和力就是这么日积月累形成的。

奥迪A6L是当年一汽-大众奥迪最重要的产品，是奥迪A6L的第七代全新产品。正是这代产品的推出把安铁成带入了回忆中：坦率地说今天的心情非常激动，还记得十多年前我到一汽-大众工作，做的第一个项目就是奥迪C5，这些年一汽-大众伴随着从奥迪C5到奥迪C6，B级车从B6到B7再到B8，现在有了Q5，奥迪品牌在中国不断被市场和用户接受，发展形势也非常好。应该说C7是把一汽-大众从C5到C6这几代车在中国市场的成功经验和吸取的教训的凝聚。

第七代奥迪A6L和以前最大的不同在于，以前是先有欧洲的标准版，再在标准版上加长。这一代奥迪A6L是一汽-大众和欧洲同步开发，操控性比上一代改善明显，轴距加长后，内部空间大，整体车身紧凑，运动感造型更强，更多地体现了一汽-大众对中国市场的理解。

第七代奥迪A6L是国产豪华车中第一个采用铝质车身部件全工序生产技术的车型。

采用铝制零件难在大量的外表元件要采用铝板，像车门的外板，前后盖。用外表元件要求有一个外观的质量，这和高铁、飞机都能看到铆钉不一样，汽车是不允许的，所以对冲压的质量要求非常高。同时，钢件和铝件有很多零件是结合到一起的，对焊接工艺和铆接工艺又带来一个新的突破。既有像航空技术、高铁技术钢件和铝件之间铆接技术的结合，同时又有满足外观质量的要求，很多人并不知情，铝板有时效性，从开卷剪切到落料到成型，有严格时间要求，因为铝件要氧化。开卷剪切之后还要经过酸洗和表面处理，才能进行焊接、油漆，这给一汽-大众带来很多新挑战。安铁成举例说，白车身焊接完之后，进入油漆之前，车身要进行一次表面的修饰，行话叫白车身的打磨。过去很简单，用600号的砂纸或者是砂轮机把表面有毛刺或有缺陷的地方进行打磨，但铝件的打磨环境非常高，因为铝粉达到一定浓度会爆炸。为此，全新奥迪A6铝件的车身打磨间，是一个除静电的全封闭空间。正是采用了大量铝制件，使车身的重量大幅度减轻，对油耗、风阻都是大幅度减轻。安铁成把其称为车身制造工艺的伟大革命，对汽车行业车身制造技术的提升具有积极而深远的意义。

"加长"奥迪是开拓者，在奥迪的"怂恿"之下，奔驰、宝马等车型相继跟风。而在全新一代奥迪A6L上，不再是简单的加长，而是向加长要内涵。当时流行奥迪A6L作为一部好车的三个标准，第一个标准是整车增加很多属于中国专有的装备，如专为中国市场开发的2.5 FSI发动机，加长里面有很多中国专属装备，像中控台加长，还有杯座、全景天窗整车的降噪。第二个标准是整车高效包括像轻量化的投入，不仅在厂家方面，在经销商层面也有很多投入，铝制部件的维修完全和钢不一样。第三个标准就是整车安全智能，和上一代车型不可同日而语。加长是一个表现，本质上反映了一个品牌对于用户的态度。奥迪在进中国之初，1999年C5当时的问题是要不要加长，当时有很多讨论，后来行业看到奥迪加长做对了，被很多品牌效仿，加长反映了品牌把用户需求放在第一位。

从接棒到离开，安铁成在一汽-大众总经理任上6年有余。安铁成说，履新一汽-大众总经理的时候，董事会列了三大目标指令清单。第一个是要把一汽-大众通过十几年所形成的体系能力强化，在30万辆的组织架构流程基础上，形成面向未来的能力。因此，安铁成提出了变革之年，也做了一系列的工作，像营销变革，成本优化，新产品的引进速度加快等，包括组织流程架构、公司内部激励机制的改革。第二个是要把长春两个工厂的产能充分释放，当时产能规模是66万辆，按照当时的生产和市场才30万辆，实现产能释放是很重要的课题。第三个是为一汽-大众做未来规划。

6年过后,一方面使企业体系能力得到优化、完善,既经历了66万辆完全产能的释放,也经历了100万辆的里程碑。同时,一汽－大众抓住市场发展快速成长的机会,在现有产能完全释放的基础上,实现了新的一轮发展,重组了一汽成都分公司,成都生产基地一汽－大众在66万辆基础上,实现百万辆的台阶是一个重要的里程碑。

唤醒神龙非易事

一汽－大众强大的规模体系能力,如果能在神龙汽车身上"灵魂附体",或许是安铁成唤醒神龙的秘密武器,也是外界对安铁成新角色充满期待的原因。

德国大众汽车和法国标致雪铁龙(PSA)虽然同为欧洲著名汽车品牌,但是在中国市场两者的发展冰火两重天,当一汽－大众的年销量接近200万辆之巨时,东风标致和东风雪铁龙还在为实现不足70万辆而挣扎。安铁成被看作是救星,这位任上执掌一汽－大众9年的总经理,再经过一汽轿车近5年的淬炼,以东风汽车公司副总经理的身份分管神龙汽车,并成为神龙汽车的董事长。

从德国到法国,从大众到PSA,从长春到武汉,从一汽到东风,安铁成的每次转场都不是过场,而是留下一串密实的脚印。2017年4月,54岁的安铁成从一汽轿车总经理任上升任东风汽车副总经理,其在一汽集团一汽轿车和一汽－大众两个关键岗位历练近15年,尤其是一汽－大众总经理9年任上,为一汽－大众旗下的大众和奥迪双品牌接近200万辆的市场销量立下汗马功劳。很多人评价安铁成是一个干事的人,这种干事既体现在一汽－大众200万辆体系能力的打造上,也体现在为人上。

业务方面,任上实现了一汽－大众走出长春,面向成都和广东佛山,辐射西南和华南的市场布局,更完成了多个工厂全产业链与时俱进的流程再造,其精髓在于让体制、机制和能力来实现有效运转。

做人方面,尤其是在企业反腐和巡视的高压态势下,一汽－大众多人落马,而安铁成自己能做到清正廉洁,考验的是人的定力。安铁成的人格魅力有例为证,有次在经销商培训会上计算机坏了,安铁成在2个多小时里面对2000多名经销商侃侃而谈,经销商听得如痴如醉。上述种种,恐怕是安铁成升迁的成因,也是受到重用的动因。

以东风汽车副总经理的身份接任神龙汽车董事长,是我在其调任东风汽车时就预料到的。神龙旗下的标致和雪铁龙,和安铁成在一汽长期主政的大众,地域接近,血统同源,均来自欧洲。东风标致和东风雪铁龙当时遇到的最大问题,产品和市场都只是表象,内因是体系能力不足造成的。当然,东风标致和东风雪铁龙的品牌力,在中国市场不及大众也是事实，而当年则处在同一条起跑线上。以富康为例，与桑塔纳、捷达并称当时中国车坛的"老三样"，时过境迁，在富康早已退出市场的情况下，桑塔纳和捷达后续车型不断推陈出新，依然是细分市场的常青树，桑塔纳、捷达和富康好不容易在国人心中构筑的"老三样"的品牌效应，遗憾地只剩下了桑塔纳和捷达的"二人转"。

当然，唤醒神龙并非易事。从销量上，东风标致和东风雪铁龙的销量从2015年最高时的70万辆，逐渐跌到2016年的60万辆，2017年更甚。数据显示，2017年前5个月，神龙公司累计销售12.65万辆，同比下滑48%。其中，东风雪铁龙2017年一季度仅销售2.4万辆，同比下滑61.38%。从品牌上，标致品牌还算健康，品牌定位却不明显，雪铁龙似乎更加积重难返，沦落为二流品牌。

伴随着东风标致5008及东风雪铁龙全新SUV天逸等全新车型的投放，神龙将迈出产品力不足的第一步，或将对销量有一定刺激作用，但是要唤醒神龙是一个系统工程。产品、品牌定位、渠道，甚至生产环节，需要流程再造。外界只是看到了神龙销量的下滑，而其背后是一个"肌体"的坏死，安铁成就像是一个医生，头疼医头、脚疼医脚的小药方要开，"肌体"坏死的猛药也要下，甚至不排除手术的可能性，只有开出一个组合药方，才能唤醒神龙。我认为，安铁成在一汽-大众打造的强大的体系能力正是神龙所缺失的。

在2017年6月26日就任神龙汽车公司、东风标致雪铁龙汽车销售董事长的任命会上，一贯谦虚的安铁成称，虽然当前神龙公司经营发展面临许多困难，但是仍然有许多机会和希望。他特别提到了合作伙伴间的合作和信任的重要性。提升销量当然重要，但是安铁成的使命远非这么简单，神龙之于东风，不仅是旗下的重要业务单元，还是标致雪铁龙集团（PSA）的股东。无论从哪种角度，神龙都输不起。安铁成承受的压力可想而知。

中汽中心再遇安铁成

2019年12月，安铁成以宣布C-NCAP碰撞试验结果的形式，完成了他从东风汽车出任中国汽车技术研究中心有限公司（简称"中汽中心"）"一把手"后的首次对外公开亮相。临近年底，"中汽中心"进行的2019年年内第四批也是最后一批C-NCAP碰撞试验结果，恰逢安铁成履新"中汽中心""一把手"第100天。

安铁成的新名片上印着3个全新的职务：中国汽车技术研究中心有限公司董事长、党委书记、总经理。同时出任董事长、党委书记和总经理，对于成立40年的"中汽中心"而言并不多见。安铁成是3个月前，从东风汽车公司党委常委、副总经理兼东风汽车集团股份有限公司副总裁任上调任此职的。他的履历多半在长春一汽，也在武汉东风汽待过两年，"中汽中心"所在的天津，无论是地域还是人生都是一种折中。

C-NCAP 是一块招牌，不仅是"中汽中心"的，还是中国汽车工业的，更是为消费者保驾护航的。"中汽中心"业务板块众多，安铁成选择了 C-NCAP 作为履新后的优先关注点，尽管履新后快速进入角色的安铁成已经召开过几次"中汽中心"层面的专题会议。自称一晃就到新岗位 3 个月时间的安铁成表示：通过 C-NCAP 来推动中国汽车技术进步和消费者对汽车安全的认知，也是"中汽中心"践行作为央企的社会责任所在，甚至他本人还兼任了 C-NCAP 管理中心主任。

过去从单一汽车企业看待汽车碰撞测试的安铁成，现在则是从整个汽车行业的视野看待汽车碰撞测试。回忆起和"中汽中心"打的交道，安铁成说第一次和"中汽中心"的亲密接触是 2013 年在一汽-大众总经理任上对速腾的碰撞测试。时过境迁之后的今天，他有些自我检讨式地说，过去靠钢板薄厚、激光焊来定义安全的认知，现在看来并不全面。例如，发生交通事故或遇到危险时，能够让汽车停下来比撞上后看汽车结构是否安全更重要。

和欧美成熟的汽车安全碰撞测试不同，中国的 C-NCAP 碰撞测试历史只有短暂的 15 年时间。安铁成说，"中汽中心"在汽车安全上和中国汽车的发展走出的是两条与时俱进的平行线，他把这两条平行线总结为"先解决有没有汽车，再解决汽车好不好"的问题。C-NCAP 在过去 15 年时间，进行了 4 次安全评价和标准的升级。形象地把 C-NCAP 标准不断提高比喻成运动员跳高的安铁成说，同运动员跳高跳到最后跳不过去，难以打破纪录一样，C-NCAP 的目的是让整个中国汽车实现最大公约数的整体安全。C-NCAP 过去 15 年所进行的 455 款车型的碰撞测试的结果也印证了这种进步，从起初的五星级安全车型凤毛麟角，到大多数车型能够达到五星级安全，是中国汽车整体安全最大的进步。尤其是国产车随着产品研发、技术上的投入，汽车安全性进步明显。

安铁成表示，未来要依托"中汽中心"独有的中国道路交通安全数据库，也包括 2021 年版评价规程标准升级、联合行业机构跨界走进校园、商场等多种措施，把 C-NCAP 碰撞测试打造成让更多消费者广泛感知、深受影响、愿意购买的金字招牌，从而实现未来汽车从"零死亡"向"零伤亡"再向"零事故"的终极目标不断迈进。

2019 年 9 月，国资委相关负责人宣布了安铁成出任中国汽车技术研究中心有限公司（简称"中汽中心"）董事长的任命。"中汽中心"将成为汽车行业老将安铁成继一汽集团和东风汽车之后，人生最重要的新岗位。

伴随着安铁成最新职务的"官宣"，此前有关安铁成调离的几个传言或核心信息有必要还原。第一，安铁成接棒的是"中汽中心"的"一人三职"的岗位，不是其中的总经理岗位，是"单挑一摊儿"。第二，从东风汽车党委常委、副总经理兼东风有限公司副总裁的副职，到"中汽中心"董事长、党委书记、总经理的正职，安铁成的此次调任是受到重用，而非一般的平调，更不是被调离。在获得"中汽中心"董事长、党委书记、总经理的任命之前，安铁成既接受过国资委的谈话，也进行过干部程序上的培训。第三，总部位于天津的"中汽中心"是隶属于国务院国资委的央企，是在国内外汽车行业具有广泛影响力的综合性科技企业集团。自1985年成立以来，"中汽中心"始终以推动中国汽车产业健康持续发展为使命，坚持"独立、公正、第三方"的行业定位，艰苦奋斗、干事创业，为推动我国汽车产业发展和实现国有资产保值增值做出了贡献。目前，"中汽中心"共有9个职能部门、22家全资子公司及7家控股公司，总资产100亿元，净资产74.8亿元，占地总面积8085亩，员工总数4692人。"中汽中心"在央企尤其是汽车行业的份量很重。

有人把安铁成的此次岗位变动称为被调离、替神龙"背锅"，这样的形容并不公允。自2017年4月安铁成接棒东风汽车副总经理、党委常委，尤其是接任神龙汽车董事长后，安铁成为神龙旗下的东风标致和东风雪铁龙两大品牌殚精竭虑，其提出的"重回赛道"的愿望及"神龙生死年"的认知都恰如其分。担任神龙汽车董事长期间，安铁成花费了大量时间和精力在一线市场和经销商上。"安总低调而务实"是不少经销商对安铁成的客观评价。即便是接任神龙董事长后，安铁成依然低调。作为董事长，安铁成比谁都深知让神龙"重回赛道"的重要性。事与愿违的是，"神医"安铁成也没能将"病入膏肓"的神龙"妙手回春"。神龙汽车的今天并非全是安铁成的责任。调离神龙，对于安铁成来说是不错的归宿。"安铁成都没能把神龙带出泥潭，可见神龙的积重难返。"东风汽车有关人士如是表示。

汽车老兵张丕杰

"铁打的营盘流水的兵"这句老话同样非常适用于张丕杰。成立30年的一汽-大众，经历过不少任的总经理，如耿昭杰、陆林奎、秦焕明、安铁成、张丕杰、刘亦功潘占福等。

张丕杰离任一汽-大众发生在2017年的国庆前，任职一汽-大众总经理近4年半的张丕杰出任一汽集团采购部部长，其职位由时任一汽纪委副书记刘亦功接任。张丕杰和一汽解放总经理胡汉杰、一汽集团组织人事部部长陈辑，同时提升为一汽集团总经理助理，这是徐留平执掌一汽集团后第一波人事调整的一部分。

调整前，张丕杰刚刚完成了一汽-大众累计第1500万辆的下线。一汽-大众总经理任上4年、一汽轿车总经理任上8年，我把张丕杰称为一汽的"非常8+4"。尤其在一汽轿车总经理任上尽管长达8年，媒体上却鲜见对张丕杰的采访，低调成为境界。

不过，一汽携手奥迪25周年暨销售200万辆庆典，"爱佑·一汽-大众奥迪上海宝贝之家"成立4周年，一汽-大众累计1500万辆下线等关键时间节点上的大事，张丕杰从不缺席。低调的张丕杰温文尔雅，却把一汽-大众打理得井井有条、平稳有序。一汽-大众的大众和奥迪双品牌如同他的龙凤胎一样左右均衡。

2013年一汽-大众携手奥迪25周年暨200万辆庆典的那次专访，迄今让人记忆犹新，那时张丕杰出任一汽-大众总经理不足3个月。一汽-大众携手奥迪25周年，有200万辆国产奥迪行驶在中国大街小巷，并长期占据中国豪华车市场的主导地位。当我问及在一汽-大众全价值链本土化模式上如何展望下一个25年时，张丕杰并没有为自己和奥迪以往的辉煌贴金，而是轻描淡写地说："过去的辉煌已经是一个句号了"。一汽奥迪过去25年作为市场的领先者，最成功的经验就是推行全价值链本土化模式。下一个25年乃至更长的时间，一汽-大众认为，全价值链本土化方面还是有很多空间、很多课题要深入地做。例如，在研发、营销、产品线布局、生产力布局等方面的提高上，还要更加深入。为了实现在豪华车市场继续做一个领先者，要持续打造已有相当基础的体系能力。在中长期可以看得见的时间内，把体系能力打造成能够支撑百万辆量级的水平。

张丕杰认为，中国的市场需求，包括整体市场的增长和细分市场的增长，都在理性回归。豪华车市场也是这样一个趋势。一汽-大众奥迪对未来的信心也来源于此。从总量上，现在尽管经济增速也在做理性地回归，住更好的房子，买更好的车，这两个空间对个人消费者来说都是私密的空间，令人感到愉悦的空间，这两个空间所带来的消费需求，机会是无限的。张丕杰说自己从来没想过汽车行业在近期内到底是不是一个夕阳产业。在可以看得见的10年、20年，依然是个朝阳产业。

不过，汽车未来的变化，需要向新能源的方向发展。插电式混合动力车是一个重点发展方向。企业要为社会多尽一些责任，其中就涉及新能源车型、高效节能车型的导入。一汽和大众在插电式混合动力电动车项目的产品方向上已经达成共识。

这种思辨不仅体现在技术上，还体现在张丕杰对豪华车市场的认知上，虽然说奥迪一直以来保持着中国汽车高档车市场第一的地位，但是近期市场发生了一些变化。一是竞争对手在某些细分车型或是一个时间段之内与奥迪之间的距离应该是拉得越来越近了。

同时，包括凯迪拉克、英菲尼迪甚至讴歌等豪华品牌都把国产化提上了议事日程，未来的竞争只会更加激烈。

按照当时一汽-大众体系所能支撑的业务发展能力，奥迪把 2015 年的目标设定为 70 万辆，将来还要打造一个支撑百万辆量级的体系能力。张丕杰说，这不能简单理解为在未来某一个年份，销量就达到 100 万辆。一个企业在市场上取得成功，除这个企业自身的因素之外，还有很多其他客观的因素。

在 2016 年"六一"儿童节的"爱佑·一汽-大众奥迪上海宝贝之家"成立 5 周年上，张丕杰则把自己首先定义为一个父亲，然后才是一汽-大众总经理，他甚至让奥迪公关总监梁梁提醒媒体，把自己的官职往后放一放。

"爱佑·一汽-大众奥迪上海宝贝之家"是体现奥迪企业社会责任 CSR 的标志性项目，一汽-大众奥迪每年给"宝贝之家"捐资 1000 万元，用于医治病患儿童。成立 5 年救助了数千名病患儿童。作为媒体志愿者的代表，我三次走进位于上海浦东的"宝贝之家"。当我 2016 年"六一"儿童节，第二次走进这个寄托着病患儿童希望的机构时，第一次看见的那个脑积水患儿在经过三次成功手术后已经离开"宝贝之家"，回归社会。

谈及参观"宝贝之家"的感受时，张丕杰说："因为工作忙，第一次来，一直有期待，一直想来看看，来之前也知道这个项目做得不错，看过视频，听到过很多故事。但是来了之后很多事情还是出乎意料。例如，我在家想的时候，听同事讲过这些孩子既是孤儿，又是病患，我在想他们幸福不幸福，有没有笑容，来之前这是一个疑问。而来这之后，看到了很多孩子的笑容，说明孩子在这儿被关照得很好。只有有父爱和母爱的孩子才会有笑容。孩子不像成年人，他们的笑容是真心的。看到病患儿童脸上的笑容，感觉特别欣慰。"

"爱佑·一汽-大众奥迪上海宝贝之家"之所以专业、持久，因为它把多方的力量动员了起来，有政府、慈善机构，还有很多社会知名人士，特别是企业家参与其中，把所有人的能力集成到一个平台上，奥迪赞助的上海"爱佑新生宝贝之家"，在全国拥有 15 家分支机构。5 年时间里，共救助病患孤儿 5757 人，一个非常了不起的成就。

张丕杰说，一汽-大众为这件事情感到自豪，自豪不是说通过奥迪的努力资助了多少儿童，而是把这件事做成了。一汽-大众奥迪资助的不仅是让大家记得住的 1000 万元，汽车产业链条非常长，上游有供应商，下游有经销商，如果把这些力量都动员起来，就是了不起的力量，将来有可能就不只在上海，甚至在其他地方也可以再资助类似的福利机构。

企业的成功引发张丕杰更多如何关注企业社会责任的思考，一汽-大众的企业社会责任体系目标非常清晰，紧紧围绕青少年儿童健康和环保两大方向，三项主要内容。

第一项是青少年足球。一汽-大众的大众和奥迪双品牌通过赞助一系列赛事让孩子与顶级球员互动。别小看互动，六七岁、十多岁的孩子，跟球星在一块踢过这么十几分钟球，对他一生都是难忘的记忆，未来会因为这种经历增强自信。张丕杰特别举例说，像他们"60后"这批人都知道容志行，他是那个年代人的偶像。一汽-大众在广东的足球训练营开营，请的就是容志行："他从佛山过来帮助我们，那天还下着大雨，但是老先生特别愿意来，特别愿意做这样一件事情，这件事情也有示范效应。"张丕杰说。

第二项在做的是儿童安全座椅项目。这是成年人很容易忽略的事情，多是父母抱着儿童，在实验室看过几十次整车碰撞实验的张丕杰说，当碰撞发生的时候，没有一个父母能够抱住自己的孩子，根本就抱不住。一个儿童从小到大，大概要换3个型号的座椅。但是儿童座椅确实挺贵的，一汽-大众在开发家庭经济条件能够接受价位的安全座椅，价格不贵，但能保证安全性的座椅。

第三项企业社会责任是关注环保。一汽-大众每年拿出500万元，和环保部联合开展"环保先锋行"活动，以资助的形式寻找民间一些环保示范项目，项目通过清华大学环保学院筛选，好项目可以得到20万元、50万元至100万元不等的资助。

当然，社会责任包括很多方面，首先产品对客户负责任也是一种社会责任。同时，制造过程当中不能透支环境也是社会责任的范畴。一汽-大众的发展越来越把环保放在第一位，一汽-大众的所有工厂，特别是新建工厂，是行业环保水平最高的工厂。例如，会有一部分太阳能电力，工厂10%是依靠太阳能发电，排放的环保指标仅仅是国家规定指标的十分之一。

刘亦功：一汽-大众总经理重任启新程

执掌一汽-大众3年多后，刘亦功成为而立之年的一汽-大众历史上，首位任上获得晋升集团级领导的总经理。2020年"双11"当天，52岁的刘亦功从一汽-大众总经理升任中国第一汽车集团党委常委、副总经理。时隔1个月后的"双12"当天，一汽-大众总经理、党委书记的职位被潘占福接棒。

"万里征程风正劲,千钧重任启新程"是刘亦功出任一汽-大众总经理时的上任感言，以此形容未来一汽-大众的道路。从2017年11月"接棒"，到2020年1月在钓鱼台

汽车面孔：黄金一代汽车人

国宾馆以行业第一的业绩把酒言欢，刘亦功任上3年，一汽－大众鹏程万里。

从一汽集团纪委副书记任上"接棒"的刘亦功，被很多人描述为纪委书记出身的一汽－大众总经理。其实不然，与其说是接任张丕杰出任一汽－大众总经理，不如说是刘亦功回归一汽－大众。12年前，刘亦功正是从一汽－大众走出去的，与纪委副书记的称呼相比，他更愿意把自己说为回归。刘亦功曾任一汽集团组织人事部副部长兼高级经理管理室主任、四川一汽丰田党委书记、副总经理。作为曾在一汽－大众工作过15年的老员工，刘亦功先后在生产、行政、财务等领域工作，也陆续在中国一汽及其下属合资公司工作多年。

务实、勤勉是刘亦功给很多人留下的深刻印象。

刘亦功任上，既赶上了奥迪品牌与一汽合资30周年这样的大事，也遇到了汽车行业放缓带来的挑战。捷达从一款车型独立为一个品牌也是其任上发生的大事，其治下的一汽－大众成为拥有大众、奥迪和捷达3个品牌的车企。尤其是在2019年行业遭遇急剧挑战的情况下，一汽－大众以212.99万辆的新高，成为中国汽车行业单一企业的"NO.1"。

2018年11月，恰逢一汽奥迪合资合作30周年。刘亦功说，三十而立，一汽奥迪30年，立了多项行业不可复制的标准和纪录。首先，立了一个一汽－大众奥迪在中国家喻户晓的品牌形象。其次，经过30年的发展，一汽－大众自身在研发、制造、采购，包括营销在内的全领域都得到了强化，提升了能力，打造了队伍，形成了体系。最后，立足当下，面向未来地从"全价值链本土化"向"全价值链共创"模式升级。勇气、互信和平等，是未来一汽和奥迪深化合作的最主要的基调。

当刘亦功在一汽奥迪30周年庆典上，代表一汽－大众向方方面面（尤其是500万辆奥迪车主）鞠躬表示崇高敬意和感谢时，现场每个人都能感受到他作为一汽－大众汽车有限公司总经理的真诚。而他在致辞结尾时所言：三十而立的一汽－大众奥迪，站在迈向未来的新起点上，将以奋发有为的全新姿态续写中国高档车市场下一个30年的华章时，更是在传递一种向上的信心和力量。

一汽奥迪30周年庆典当天，现场播放的一个主题为《先行者》的视频，镜头对准的都是些过去为一汽-大众奥迪做出过贡献的人。刘亦功说，这个视频的初衷就是向那些为一汽和奥迪合作30年的前辈们致敬，致敬他们的远见和勇气。正是他们的勤勉造就了一汽-大众今天的成就。

"1988年，中国改革开放刚开始，中国的汽车工业是空白，尤其高档汽车更是空白，一汽那时候还没有外汇，虽然做过红旗，但是技术不是现代化批量生产的方式，当时定下来的合作的目的就是通过奥迪的导入，帮助实现'三万辆轿车先导工程'，引进技术，引进管理，同时把资金引进来。30年回头看，一汽和奥迪的合作，既开拓了市场，同时也真正实现了经验、资金和人才培养，扎扎实实把体系能力打造好了，这是这30年取得的成功很重要的一点。"刘亦功告诉我，独有的"全价值链本土化"模式使一汽-大众奥迪成为行业的引领者，填补了中国汽车市场一个又一个空白，刷新着一项又一项纪录，看得见的是一汽奥迪500万辆保有量的高档汽车第一品牌，看不见的是30年来所成就的体系能力。一汽-大众奥迪是中国汽车行业在改革开放进程中最成功的典范。

当下，中国汽车工业出现了挑战，智能网联，新能源，共享经济等，国家的宏观政策也有变化。面临新的拐点，刘亦功说："勇气、互信和平等，就是未来一汽和奥迪深化合作的最主要的基调"。以此为基础，加强合作，是一汽-大众对未来发展的信心和希望。

一汽-大众按照国家政策和市场做了五地六厂的布局，产能达到300万辆。在一汽-大众2025战略的300万辆里，奥迪新能源占比30%，大众品牌占比25%。从安全到驾驶的享受是一汽-大众未来新能源车的特点。在刘亦功看来，电动车应该是像奥迪e-tron，包括Q2L纯电版的样子，而不是低端电动车。看清大势才能决定企业的未来。刘亦功判断，未来几年，汽车新四化、宏观经济环境、政策的变化，将导致车企出现变革。对此非常关注的一汽-大众不断研究汽车未来的走向，如在新能源、共享汽车等领域均进行前瞻性布局。一汽-大众的无人驾驶技术在深圳的测试已经达到了80km/h的水平。在移动出行方面，奥迪推出了Audi ondemand+移动出行业务，大众品牌成立了摩捷，一汽-大众希望前瞻性地布局能为后续发展注入新动能。

刘亦功表示，"全价值链本土化"是一汽和奥迪合作30年取得的成绩。面向未来，一汽-大众将把"全价值链本土化"升级为"全价值链共创"模式，并将开启一汽-大众奥迪中、德团队，与各方合作伙伴共创、共享、共赢的崭新画卷。第一，在合作的广度上，以价值链为方向进行延伸，如从传统燃油车型到覆盖全细分市场的新能源车型和技术，从产品研发制造到移动出行解决方案的合作，进行从生产销售到联合数字化、金融服务领域的合作等。第二，深度，在产品的研发上，双方启动了IZAF研发深化合作项目，中方和德方做了非常深入的研发的合作，中方研发团队的参与度是30%。计划2025年，中方参与的比例要超过50%，甚至达60%～70%，一汽－大众奥迪自身做研发。在制造方面，2020年建成投入使用的奥迪Q工厂，是奥迪目前技术含量最高的一个工厂。与此同时，一汽－大众还计划把佛山工厂打造成智慧工厂的样板。刘亦功治下的一汽－大众，也通过和华为等中国领先的科技公司强化项目合作，提升智能水平，通过共创的形式，达到更智能，更先进的目的，让一汽－大众的实力更强。

中国对外开放的大门越来越广，尤其制造行业的股比进一步开放后，既有利于增加市场竞争，也有利于本土化的创新能力和制造能力的提升。在股比问题上，一汽－大众是目前合资企业中唯一的一家一汽控股的车企，即使中方控股，但是中外双方一直是平等、合作的关系。因此，双方的任何活动都要以平等互信为原则。同时，德国大众在全世界的工厂，只有在中国是合资企业，但是大众恰恰在中国得到了巨大的成功。一汽－大众的成功，在于中德双方发挥了各自的优势，使企业不断发展，能力不是体现在股比上。同时，股比上的开放，可促进更多领域、更高水平的开放。例如，未来合资合作的布局，还体现在自身能力的建设和深化合作的发展态势上。

时间聚焦在刘立功执掌一汽－大众后第三个年头的2020年1月，"聚力"之年的一汽－大众在2019年"聚"出了一汽－大众成立28年来212.99万辆销量的新高，"创变"之年的2020年则给出了232.5万辆的小目标。2019年1月初的钓鱼台国宾馆，一汽－大众为2019年的强势答卷击鼓相庆，并吹响了2020年再出发的号角。

在2019年汽车行业同比下滑8.2%的严峻市场环境面前，"聚力"之年的一汽－大众累计实现终端销量212.99万辆（含进口车）。其中，大众品牌终端销售139.8万辆，同比增长0.5%；奥迪品牌终端销售超过68万辆（含进口车），同比增长4.2%；捷达品牌在车型推出不到4个月的时间里，销量达到4.3万辆，月均数据突破万辆，一炮打响。在生产终端，一汽－大众"五地六厂"达成全年产量203万辆，为寒冬下的中国汽车产业注入发展强心剂。

"2020一汽－大众新闻年会"上，刘亦功说，令人瞩目的销量数字背后，是一汽－大众深刻的自我进化。2019年，一汽－大众在品牌建设、体系升级、数字化转型、新业务拓展等领域攻坚克难，为"聚力"之年画上了圆满句号。好产品需要强大的研发体系作为支撑，2019年，一汽－大众建成了全亚洲最大的汽车试验场，总投资9.6亿元的新技术开发中心开工建设，业内首创、规模最大的智能网联汽车模拟仿真研发中心落成，一汽-大众的本土化研发能力进一步加强。同时，全年累计开发9款中国专有车型，更好地满足了中国客户多元化需求。2019年，一汽-大众既有探影、全新奥迪Q3，捷达VS5等多款高品质传统能源车型，也推出了宝来•纯电、高尔夫•纯电、奥迪e-tron和奥迪Q2L e-tron、新迈腾GTE等抢眼的新能源产品，以细分化、高端化更新产品矩阵，巩固领跑优势。

面对"新四化"重塑汽车产业格局的浪潮，一汽-大众主动出击，"双摩"布局，积极探索新业务。大众品牌首个共享出行项目——"摩捷出行"，已在长春、成都等城市落地，运营车辆超过5000辆。由一汽-大众与大众中国合资成立，一汽-大众控股的摩斯智联科技有限公司也于2018年3月成立，为一汽-大众自2019年起生产的所有大众品牌车型提供数字化服务，包括自2020年起基于MEB打造的车型。摩斯智联也将成为一汽-大众探寻智能交通等新兴领域的拓路先锋。

刘亦功将2020年的一汽-大众定义为"创变"之年，着力激发大众、奥迪、捷达三大品牌势能，聚焦"经营、战略、体系"三方面，在新一轮变革中夯实领跑优势，树立高质量发展新标杆。大众品牌将推出"相生共赢3.0"战略，聚焦客户生命周期管理、推进营销数字化转型、精进高质量销售管理、助力渠道可持续发展四大战略方向，加速推进营销变革。与此同时，大众品牌将在2020年聚焦"精本立新"核心，围绕"营销管理、伙伴共赢、客户运营及数字变革"等方面开展工作，以更充足的底气迎接挑战。秉承创变精神，奥迪品牌将制定"守正创新"的行动战略。以守正夯实产品布局、品牌向上、销售提升、渠道赋能、用户经营五大核心，稳固当前豪华车市场的用户基盘。聚焦管理和业务双线创新，驱动业务和组织形态变革，激活组织效能，深耕长效发展机制，布局未来增长轨道。捷达品牌将继续秉承用户为先的理念，进一步强化品牌认知，以灵活的店面形式覆盖至更广泛的市场，解除用户的后顾之忧。捷达品牌将继续在精准洞察用户需求的基础上，围绕用户推进产品、渠道和营销工作，塑造消费者信赖的汽车品牌，与更多的年轻用户一起，开启美好出行生活。

杨晓东：赋能名爵"三化"新标签

当时履新时间并不长的杨晓东半开玩笑地说，他自己已经为MG名爵品牌签过两次"生死状"了，而且一次比一次"吓人"。一次是名爵在航母甲板上百米加速，作为老板的他对最终的方案签了"同意"的字,另一次就是在南京举行的全新一代名爵 ZS 上市活动上,赛手以双手撒开方向盘的飞车表演带着他飞一圈。与"名爵挑战航母"时仅需他签字不同,"飞车表演"他从签字的老板变成了参与者,因此需要家属签字。杨晓东以此桥段,说明他对名爵品牌的支持。杨晓东表示,荣威和名爵作为上汽乘用车的双品牌,"手心手背都是肉"。

不过,在 2019 年下半年出任上汽集团股份公司副总裁、上汽乘用车总经理和上汽乘用车技术中心主任后,快速融入上汽乘用车大家庭的杨晓东很快为 MG 名爵品牌,开出了崭新的品牌调性:全球化、个性化、运动化。"未来,MG 名爵品牌的定义都将围绕着这 3 个维度展开"。

2019 年 10 月 17 日,在南京江宁体育中心举行的全新一代 MG 名爵 ZS 发布会,似乎成了 MG 名爵品牌国际化、运动化、个性化的缩影。五星体育大咖李兵、"超级斜杠青年"韩寒、利物浦传奇球星弗拉基米尔·斯米切尔、人气摇滚乐队 Gala、《乐队的夏天》最火选手面孔和盘尼西林乐队、嘻哈冠军歌手杨和苏,齐聚南京江宁体育中心,如不是写有"全新一代 MG 名爵 ZS 上市"字样的标语和摆着的实车,很多人以为这是一场明星演唱会。一场新车发布会使偌大的江宁体育中心座无虚席。官方给出的统计数据称,全新一代 MG 名爵 ZS 上市发布会吸引了 6000 人,这也是一场汽车发布会的纪录。

这才是一场汽车的上市会应该有的样子,他对于汽车企业如何搞发布会也是一个示范,总经理杨晓东变成了飞车赛手,副总经理俞经民则成了打碟高手,除了必要的宣布价格环节,能交给市场的全部交给市场,能交给观众的全部交给观众。有人戏称俞经民是被耽误了的 DJ,在上市会结束后,很多年轻人还在自嗨,这与不少新车发布会宣布完价格便散场有着天壤之别。

杨晓东说,以"爵对玩 +MG Live!"赛道派对形式举行的全新一代 MG 名爵 ZS 上市发布会,既有利物浦球星的全球化,也有满足年轻人"嗨"到"爆"的个性化,还有赛道基因的运动化,这"三化"的元素都齐了。尤其是在和年轻人具象化的表达上,全新一代 MG 名爵 ZS 的上市是一种有益尝试,有摸到年轻人"脉"的感觉。

国际化是上汽集团"新四化"战略目标之一,会坚定不移地走下去,MG 名爵在全球核心市场,有多个万辆级的市场,很多已经进入了品牌前十名。在杨晓东看来,上汽会把品牌、互联网汽车和新能源汽车等差异化产品、服务、理念,一起带给全球市场。上汽的自信不仅是产品通过了欧洲等国家市场的严苛认证,全球用户对上汽名爵的品质也非常认可,所以有底气说 MG 名爵是欧洲品质、全球品质。MG 名爵 EZS 以 500 辆的单次发运规模，批量地出口到欧洲，打破了中国新能源汽车出口单次发运数量的纪录。纯电动 MG 名爵 EZS 现在在欧洲订单也有两三千辆，市场反响特别好。欧洲市场准入标准应该是全球最高的，包括对车辆安全碰撞、排放、零部件环保的要求等。如果达不到要求，进不了欧洲市场，说明名爵的产品性能、品质，包括用料、零部件，都是达到欧洲标准的。

上汽乘用车副总经理崔卫国说，全新一代 MG 名爵 ZS 的国际化还体现在"标配"上：从外观造型上，全系标配 LED 大灯，更加前卫、更加时尚，更加满足年轻人的需求。内饰方面，有 10.1 英寸的悬浮触控大屏，内饰的整体风格采用黑红搭配，更加年轻动感；配置方面，全系标配 10.1 英寸大屏、无钥匙进入等，能想到的东西几乎都是标配。动力总成做了全面的升级，采用 260 TGI 发动机，搭配爱信 6AT，这在同级是唯一的。与此同时，年轻人比较喜欢的 MG PILOT L2+ 自动驾驶，合作的是顶级供应商博世，ACC、AEB、TJA 等功能，都有非常好的体验。全新一代 MG 名爵 ZS 采用的博世 L2+ 自动驾驶系统，是中国 10 万元级别 SUV 中唯一一款采集过欧洲路谱的。

上市当晚化身打碟高手的上汽乘用车副总经理俞经民说，95 年历史的 MG 名爵品牌一直在和年轻人沟通什么是"年轻"，无论是什么年龄层面的"年轻"，不管关注点是落在 always 上面，还是 YOUNG 上面，都能把人心里搞得"痒痒的"，这是一种感觉，MG 的品牌天生有这种感觉，让人想把 MG 名爵开到手。上汽一直研究年轻人的特点，年轻人就喜欢玩，玩就是要玩出真我、玩出专业，当"爵对玩+"，所以玩得对了就是人生赢家。拥有年轻心态的人是这样的，年轻人也是这样的，MG 名爵一直和他们一起玩。俞经民如数家珍地说，MG 名爵是在世界汽车历史上第一个采用模特的品牌，生而运动、信仰速度，并有 43 项世界速度纪录，"咆哮雨滴"EX181 创造的 410.5km/h 陆地速度神话一直保持了 55 年，MG 名爵还有 MG Live！、Trophy League 驾控营、MG Carffe 名爵咖啡等品牌 IP，始终与年轻人沟通互动。

与年轻人沟通讲究营销和服务，而营销和服务的本质其实就是沟通，以真诚的态度、"给力"的产品面对年轻人，才是关键。上汽 MG 名爵的营销活动，就是把品牌内涵通过与用户的沟通互动，给予更多消费者想要的产品、服务和互动。

杨晓东阐述 MG 名爵的全球化、个性化和运动化标签时，以营销为例，MG 名爵的营销不仅要考虑中国市场，还要考虑海外市场。对于上汽而言，每个市场都是一个区域市场，原来营销可能主攻的只是中国的区域市场，现在营销墙上的地图已经改成全球地图。上汽思考品牌的时候，是从全球的角度来思考。每个地方的个性化不一样，但年轻人内心都是充满激情的。"运动化"也是,要从全球思维出发考虑 MG 名爵品牌该如何打造,包括渠道也是全球的渠道。

蓝青松:上汽商用车背靠大树好乘凉

背靠上汽集团这棵大树的上汽商用车,成立于 2011 年,迄今才 10 年时间。

上汽商用车总经理蓝青松那时还没有接替退休的肖国普升任上汽集团主管商用车的副总裁。当年产品投放实现占据商用车领域 6% 的市场份额,是蓝青松交出的圆满答卷。不过,那时蓝青松的战略思路就将从"重乘轻商"转变为"乘商并进"。商用车最终将形成 50 万辆的规模,上汽商用车要抓住城镇化潮流下的多元化机会。

算上发布企业品牌也才两年的上汽商用车,在真正投放产品只有一年的时间内,就实现了 6000 辆销量的"开门红",占据行业 6% 的市场份额。南京依维柯和江铃全顺等主要竞争对手,实现 6000 辆销量大概用时 6 年。

如果从用途上讲,大约有 35% 是商旅,移动商务、旅游、通勤旅游,另外 65% 包括物流、医疗、救护、警用、检测、售后服务等。而从地域构成上,则遍布包括西藏在内的各地区都实现了销售。不过,从地域方面销量比较大的,与乘用车相近,包括长三角、苏、浙、沪、广东、华北、北京、河北、山东和东北地区。此外,海外市场的销量占了 20%。

随着城市化的进程加快,过去几年的商用车增长偏重在重型卡车的增长,今后会转向以城市化、城镇化为经营性模式的轻型商用车的增长。蓝青松同时表示,第一个是城市交通,包括公共交通和私人交通,另外还有班车、旅游车。第二个是城市物流,轻物流是欧洲很多城市主要的物流形态,主要运输都由轻型商用车来解决。现在上海、江浙,包括广东市场,这个趋势同样非常明显。第三个是多功能、多用途的汽车,如医疗救护,随着国家在医疗卫生方面的投入,使救护车的需求快速增长,轻型商用车成为一个很重要的市场,每年新增上万辆的市场规模。

上汽集团是在 2009 年以收购英国 LDV 公司染指商用车的,上汽集团自身商用车的历史可以追溯到 1958 年的大通牌重型卡车。蓝青松表示,上汽集团的商用车战略已经从过去的"重乘轻商"转变为"乘商并举。"

原南京依维柯、上海申沃、汇众伊思坦纳及依维柯红岩,全部并入上汽商用车公司。蓝青松把当时的上汽在商用车领域定位为积蓄力量阶段。商用车先重点做"两轻一重",

也就是把轻客和轻卡业务做好，另外把重卡业务做起来。当时，上汽大通主要的竞争对手是江陵全顺、南京依维柯、江淮新锐、东风御风、福建奔驰凌特等，那时的上汽大通在行业仅排名第九。不过，蓝青松的胃口并不小：上汽商用车2013年的小目标是过万辆。海外市场，在已经开发了12个国家和地区的基础上，要形成以新加坡、马来西亚、泰国为主销量的东盟市场。同时，要小批量进入英国、西班牙、荷兰等欧洲市场。

在蓝青松打造商用车帝国的诸多秘密武器中，用轿车标准打造商用车是其中一个。既拥有大众、通用、五菱等领先合资品牌，又拥有荣威、MG名爵成熟自主品牌的上海汽车，在国内的乘用车领域可谓风生水起。相对短板的商用车方面的上海汽车正在"后发先至"，蓝青松在一次采访中称，上海汽车将用轿车的标准打造一款与众不同的商用车，以实现上汽集团的"乘商并举"。从2011年商用车项目起步，到目前，上汽商用车已成为国内商用车领域名副其实的"黑马"。

起步之初大通是个不被人认知的品牌，但提起英文名字MAXUS无人不晓。2011年2月28日，上海汽车集团发布了国际传奇商用车品牌MAXUS大通，MAXUS各款车型遍布世界。大通的模板来自2009年上汽对英国MAXUS品牌知识产权和技术平台的全资收购。在"国际基准商用MPV"MAXUS大通V80首发前，归类为乘用车，但随着社会经济和消费者需求的多元化发展，在车型品类更细分、专业定制化更多样的商用车领域，市场也迫切需要集成更多功能、实现更多用途的MPV类车型，商用车向多功能化嬗变升级已是大势所趋。

MAXUSA大通V80在短轴低顶、短轴中顶、长轴中顶、长轴高顶四大基本车型系列基础上，又可以根据单侧移门双侧移门、左驾右驾、高中低档不同配置等组合出140多个种类、3000多种配置。与此同时，MAXUS大通V80在基型车平台上可以延伸出房车、校车、医疗、警用、电力、民政等多种车型。MAXUS大通V80以FF轿车化前置前驱、BFI全承载式双移门车身、欧四排放标准Eco-D发动机、欧洲商用车碰撞设计标准、ABS+EBD+BAS+TPMS多重主动安全防护、IMMO+BCM智能电子系统、MIRA专业底盘调校、车身制造2mm工程及EPP环保水溶性油漆九大基准创新打造。

上汽大通作为国内商用车行业引领者，始终坚持自主创新，以国际一流的产品品质和抢眼的市场表现，在国际舞台上树立了"中国智造"的形象。上市以来，上汽大通凭借行业瞩目的"大通速度"开创了多项行业第一，成了自主品牌的后起之秀。其以国际一流的技术与产品，在宽体轻客领域形成"坐三望一"的市场格局，市场份额也在不断提升,并在国内高端 MPV 市场领跑未来"黄金十年",引领中国汽车行业转型升级。在全球市场,上汽大通已经成为国内宽体轻客市场覆盖率全球第一、销量全国第一的品牌,出口的国家和地区数量达 33 个,覆盖亚洲、非洲、南美洲、大洋洲和欧洲,其中不乏澳大利亚、新西兰、爱尔兰等发达国家市场,为"中国智造"品牌走出去树立了范本。

以大通 G10 为样本和起点,上汽商用车后续陆续推出了 D90 大型 SUV、大通房车及大通皮卡等众多的车型产品,且在各自市场处于领先者的地位。

致力于成为"用户驱动,提供具有全球竞争力的汽车产品和生活服务,为用户创造价值"的跨界车企,成为国内市场的引领者、全球市场强有力的竞争者,是上汽大通的企业愿景。经过 10 年的蓄势积累和滚动式发展,上汽大通从初期两年推出一个产品,深耕细分市场,到一年推出两个全新产品,形成 5 个整车平台 + 新能源汽车业务 + 房车出行平台,为消费者提供整体体验方案,创造了业界瞩目的"大通速度"。目前,上汽大通旗下产品包括"上汽大通 MAXUS"品牌的 MPV、SUV、房车、宽体轻客、皮卡、新能源产品组合和"上汽跃进"品牌的各类轻、中型货车及各类特种改装车。

上汽大通率先将 C2B 大规模个性化智能定制模式引入汽车行业,成为第一家实施 C2B 战略部署的车企。通过互联网和云计算,实现企业与用户及伙伴的数字化直联,用户参与全价值链的数据化互动和决策,与用户建立终身相伴的"有温度"的关系,为消费者打造定制化的产品和服务。

秉承"生而与众不同"理念,MAXUS 致力于打造"定制化、智能化、国际化、年轻化"的品牌形象和口碑。MAXUS 的中文音译名称为"迈克萨斯",其中蕴含了对 C2B 大规模个性化智能定制模式的深刻思考:MAXUS 是 MAX 与 US 的天然结合,MAX 代表无限、广阔的海洋形象和精神,US 代表每位用户。MAXUS 倡导,每个人生而与众不同,在事业中拼搏、在前行中探索、在生活中包容、在成长中奉献,但相同的是都践行着"拼搏,探索,包容,奉献"的海洋精神,在信念的道路上无畏前行。MAXUS 认为,每个"生而与众不同"的个体都值得用他们喜欢的方式被嘉奖。

作为上汽集团旗下的国际汽车品牌,MAXUS 销量持续快速增长,产品以国宾品质,多次服务于 APEC 峰会、G20 峰会、青奥会、博鳌亚洲论坛等国际级高规格会议。海外市场方面,MAXUS 全球经销网络初步建立,形成了五大重点核心市场,产品覆盖全球 48 个国家和地区,澳大利亚、新西兰、英国、爱尔兰等发达国家成为海外销量的主要来源,MAXUS 正成为走向世界的中国品牌。

沈阳：寒门出贵子

五菱及其新宝骏现在是家喻户晓的，尤其是五菱。在 2020 年春节的新冠肺炎期间，五菱用 3 天时间迅速改造生产车间，日产 50 万个口罩的瞬间转产让业界称赞，五菱生产的口罩，只赠不卖。生产的口罩通过柳州政府，捐赠给一线抗疫人员。"人民需要什么，五菱就造什么"的疫情口号体现了上汽通用五菱的企业责任与担当。

对于大多数消费者来说，宝骏是陌生的。但是提及宝骏的老板上汽通用五菱，可谓家喻户晓。连续两年每年销量超过 100 万辆的业绩，使得五菱成为国内微车市场名副其实的绝对老大，美国《福布斯》杂志破天荒地把销量最大的五菱之光放在了封面上，并赞誉其为"地球上最重要的一款车"。如今，五菱也试图在乘用车领域开辟一片蓝海，宝骏正是五菱的乘用车品牌，被总经理沈阳比作五菱的第二个孩子。

2011 年的 8 月 9 日，成都世纪城大厅，伴随着沈阳、邬彭年和杨杰三位高管分别按下按钮，大屏幕上耀眼的红色的字体清晰显示出了宝骏 630 的最终价格：6.28 万 ~ 7.38 万元。高管们话音未落，大厅内已经掌声一片，这掌声除了有全国的 120 家经销商，还有向来吝啬掌声的媒体。相邻而坐的一家经销商称，最高配置的价格也比他想象的低了 5000 元，630 作为宝骏品牌的首款车型，以超高性价比的方式完成了亮相。

相对于陌生的宝骏，作为五菱的"掌门人"，沈阳的名字也时常被人误读。沈阳是地道的广西人，名字和地域上的辽宁丝毫无关，父母起这个名字就是为了好记。沈阳从 1999 年就是五菱的总经理，在一家企业总经理任职 21 年的履历在国内车企无人能及。他把上汽集团副总裁的头衔更多地看作是荣誉。五菱的乘用车品牌定名为宝骏，沈阳说如同当年父母给自己起名，也是为了好记，话语中透露着多年养成的坦诚与务实。

宝骏是五菱乘用车的品牌，首款车型来自别克凯越，沈阳对此并不否认。他用"寒门出贵子"形容五菱对宝骏的期许。这款车融入了五菱自己的想法，并为此投入了超过 10 亿元，沈阳说如果简单的拿来，也许花不了这么多钱，为的就是打上五菱自己的烙印。为此，宝骏 630 在一年之内经历了三次大的改进。例如，在上市前两个月，宝骏 630 还针对市场和媒体看过样车后的反馈进行了内饰改进。好在，呈现在市场面前的产品给人的感觉是"源于凯越、高于凯越"。

时任副总经理袁智军透露说，自从宝骏品牌 2010 年首次面世之后，在品牌定位和产品的导入上进行过多次的研讨。"在品牌优先还是销量优先策略上争论了很久，最终确定在确保品质和品牌基础上实施销量优先战略。"这一点得到了沈阳的证实,沈阳坦言,品牌才是一个企业的千秋大业,数量不是首要目标。"寒门出贵子",五菱真的想培养一个贵子。对于宝骏630售价普遍低于预期的反映,沈阳称,没有品牌,价格就得厚道。对于宝骏630的竞品,沈阳说从企业层面并没有明确的指向,而是尊重经销商的感觉。这种尊重市场的感觉还体现在定位上,起初围绕宝骏的品牌名字,有人将其定位为"骏达皆可达",而不是现在的"可靠的伙伴"的定位。时任销售公司总经理的杨杰称:"沈总感觉'骏达皆可达'太虚了,类似的很多方案最终都放弃了。"

事实证明,宝骏"后生可畏"。2020年是宝骏品牌诞生10年,10年之后新宝骏横空出世。宝骏诞生后第二年的2012年,就连宝马都在关注并称赞这个年轻品牌的成长之路。后生宝骏最近两个月的销量连续突破万辆,哪怕是不过万辆的时候,月销量也始终维持在八九千辆的水平。对于一个创立不足一年的全新品牌来说,宝骏在市场上闹出的动静比那些"老大哥"大了不少。杨杰说,上市半年卖了4万多辆,从绝对数量来说不算太多,但作为单一车型,还是可以的。沈阳半开玩笑地说:"这马遛得不错。"沈阳之所以说是遛马,更在于宝骏品牌的LOGO是一个金属质感极强的马头。

对于宝马称赞宝骏"可靠的伙伴"的务实定位,沈阳回应说,宝骏品牌的名称有过很多选择,也有过抽象的,最终走到了务实的形象上来。宝骏品牌先有了名称,再有了品牌形象,之后才开始考虑品牌的发展方向。2011年上海车展前夕,宝骏630全国首发,根据"人马合一"的马术精神,"人车合一"的概念也随之诞生,"可靠的伙伴"形象由此发展而来,这是一个很平实的概念。在"可靠的伙伴"没有敲定之前,宝骏的定位也走过弯路,如被放弃了的"骏达皆可达",尽管花费不菲,但是太虚了。沈阳补充说,在宝骏品牌推出半年后,宝骏630推出了自动挡,并与中国马术队建立战略合作伙伴关系,很多人说马术是贵族运动,我不是从这个层面来理解,从中国古代开始,马就是忠诚的代表。销量仅仅是一个结果,而制造这个结果的过程,我认为对于那些困惑的其他自主品牌更有借鉴意义。

沈阳用"寒门出贵子"来形容宝骏的诞生。对于微车之王的五菱来说,毕竟此前并没有染指过轿车,耗资数亿元打造的宝骏能否在市场上立得住都是未知的。品牌头年,宝骏在全国建成300多家标准的4S店,销量主力是在诸如威海、包头这样的三四线市场,渠道优势非常明显,因为五菱在这一市场的渠道经过多年的精耕细作已经深入人心。而在北京、上海等一线市场,宝骏也有极佳表现,在受到摇号政策的影响下,北京每月的销量都保持在100辆左右,年轻的宝骏并不输给其他自主品牌。

支撑宝骏短期上量的秘诀在于五菱强大的数据库。当时沈阳说，能打电话联系上的五菱客户有 400 万名，况且五菱每年的销量都在以 100 万辆的速度提升，如何让这些客户升级为宝骏的用户也是宝骏销售的日常工作。

显然，五菱在微车领域的注重服务也让宝骏受益匪浅。目前宝骏围绕"可靠的伙伴"这一理念，在整个产业链上贯彻"执行怎样让消费者感到可靠？"例如，一个客户的遥控钥匙老是出问题，后来用仪器检测后，发现有电磁干扰，五菱就派出了一个团队出去，为他专门做了一把钥匙。沈阳说，品牌刚建立的时候，必须不惜代价，做品牌要有决心、耐心和信心。

在中国，能将自己的品牌纳入母公司中当作合资品牌的，宝骏是第一个，也是唯一的一个。

董修惠：多年百万辆先生的"修"行

"董修惠将调回中国一汽工作，不再担任一汽 – 大众副总经理（商务）及销售公司总经理、党委书记，郭永锋接替董修惠担任一汽 – 大众副总经理（商务）及销售公司总经理、党委书记。"2020 年 12 月 12 日，一汽官方把此次外界备受关注的人事调整称为"根据工作需要，经中国一汽研究决定。"

此时，距离董修惠重回一汽集团已经时隔 5 年之久。与 5 年前从一汽集团营销管理部副部长任上执掌一汽 – 大众销售公司不同，此次调回一汽集团的董修惠被委以合资合作管理部主持工作的重任。

年届 52 岁的董修惠，从一汽第二发动机厂实验中心的技术员做起，有过一汽贸易总公司销售部副部长的履历，筹备过一汽丰田销售公司的成立，既做过日系的丰田，也做过德系的大众，28 年来始终处在中国汽车销售的第一线，是中国一汽体系下营销的活化石。尤其是一汽 – 大众销售公司总经理任上 5 年，连续多年带领一汽 – 大众的大众品牌年销量超过 100 万辆，被称为"多年来的百万辆先生"。正是业绩出色，使得董修惠在一汽 – 大众销售公司的任期一直超期服役，直到本次调整。

"低调做人高调做事"是不少人对董修惠的认知。在此次调整中，一汽集团对董修惠任职一汽 – 大众销售公司期间给予高度评价：带领一汽 – 大众销售团队取得了骄人的业绩。通过领先的管理方法和创新的销售理念，积极推动市场工作活力化及数字化创新探索，率先提出"相生共赢"等多项网络创新理念，持续推进品牌向上和年轻化，全面开拓新业务领域，包括推动全新子品牌捷达品牌成功上市；建立一汽 – 大众"摩捷出行"移动出行业务并推动其平稳、健康发展；统筹制定新能源产品营销方案，推出了 MEB 代理制模式，确保一汽 – 大众销量逐年提升，连续 18 个月稳居国内乘用车市场销量冠军。

被称为汽车行业"多年来百万辆先生"的董修惠，职务上是一汽 – 大众汽车有限公司商务副总经理，一汽 – 大众销售有限责任公司党委书记、总经理，更是一汽 – 大众销售的主心骨和定海神针。

电贺经销商提前 42 天达成百万辆

为了庆祝里程碑意义的 100 万辆，董修惠曾经在 2016 年电贺过全国的经销商。2016 年，临近 10 月末的长春寒气逼人，气温已临近冰点。不过，一汽 – 大众的大众品牌的销量却迎来滚烫的"沸点"：大众品牌终端销量突破 100 万辆的时间表锁定在 2016 年 10 月 19 日。董修惠的日志本上清晰地标注道，今年销量"破百"的时间比 2015 年提前了 42 天。

在济南交付的大众品牌的第 100 万辆是一辆全新迈腾，这也是在时隔一个月后大众品牌再度刷新自己的纪录。数据显示，2016 年前三季度，大众品牌以销量 92.6 万辆，实现 16.9% 的增长。9 月份，大众品牌旗下各个车系全线发力：迈腾 1.4 万辆、宝来 2.7 万辆、速腾 3 万辆、捷达接近 4 万辆，高尔夫连续 34 个月蝉联细分市场第一。

一汽－大众内部把 100 万辆的完成看作是"相生共赢"战略的坚实落地，销售公司围绕这一战略进行了销量、品牌、用户、网络和队伍 5 个维度的坐标参照。面对销量突破 100 万辆的"喜大普奔"，董修惠及杨慕添、姜立堂三位销售"要员"以亲笔签名的喜报形式向经销商、供应商表示感谢。在这份寥寥数语的喜报中，董修惠把一汽－大众 100 万辆销量的完成按要素分解为三个得益于：一是得益于市场的快速增长；二是得益于营销团队的艰苦付出；三是得益于体系内相关单位的密切配合。

　　其实，大众品牌销量提前"破百"的含金量，远远超过了销量本身，他们的思路对销售同行也有借鉴意义。在经济进入新常态的背景下，董修惠年初研判，车市进入到普及后期意味着增速的大幅下降，并将带来"四对矛盾"的挑战，即增速放缓和产能过剩的矛盾；客户成熟与品牌忠诚度不高的矛盾；"互联网+"下新业态与传统模式的矛盾；法律法规进一步严苛形成的矛盾。为此，一汽－大众销售团队制定了包括尊重市场等一系列破解挑战的策略。例如，把决策权下放，让在一线听到"炮声"的人根据市场变化，快速、及时、准确决策，市场营销行为皆围绕"接地气儿"进行。数据显示，一汽－大众各大区域销售层面的活动达 1000 场次左右，成为一汽－大众销售团队近年来活动场次最多的年份。例如，北京大区、华中大区等区域市场能够做到周周有活动、月月有亮点。

　　提前 42 天销量"破百"，意味着为一汽－大众早日完成年度目标，以及超额完成年度销售目标提供了时间差。根据一汽－大众以往月销 10 万辆左右的规律，提前 42 天完成 100 万辆，意味着将有 13 万辆左右的增量。

探歌的年轻与董修惠的蓝色西装

　　对于林心如一登台尚未开口，观众席中便有人交头接耳说 T-ROC 探歌的年轻定位失败了，甚至有人说预热一年的年轻形象算是白费了。好在迪玛希的花腔让嘈杂的声音小了不少。林心如只是来助兴演出的，探歌的年轻写在董修惠的蓝色休闲西服和 13.38 万元起的价格上。这样的桥段发生在 2018 年 7 月探歌的上市会上，一汽－大众从此告别 20 多年来没有 SUV 品类的历史。

　　探歌不仅是一汽－大众 27 年来没有 SUV 的历史"寿终正寝"，更是一汽－大众 SUV 覆盖所有细分市场的启幕。董修惠说，探歌只是开头，未来 3 年一汽－大众准备了 5 款覆盖不同细分市场的 SUV。这对于一汽－大众是标志性的，在一汽－大众此前所销售的 1600 万辆车型中，一汽－大众品牌没有一辆 SUV。从探歌开始，一汽－大众将实现轿车和 SUV 在市场上齐头并进的探梦之旅。

在创新之都深圳举行的探歌上市会对外界和一汽-大众都是耳目一新。从德方的赛得利，到中方的董修惠、孙惠斌等高层，首次告别正装，以一身天空蓝的休闲西服搭配白裤登场，梳妆打扮与探歌定位年轻的品牌调性很"搭"。不少人通过社交平台为一汽-大众的这一变化"点赞"。

一汽-大众的大众品牌首款紧凑型SUV探歌共推出8款车型，售价区间为13.98万~20.98万元。作为一款定位年轻、个性，同时满足大众生活需求的紧凑型SUV车型，探歌在外观方面就已经体现出年轻本色。探歌大量采用双色车身、双色轮毂的拼色设计。探歌车身共有9种颜色，车顶有3种颜色，内饰装饰条和座椅也各提供了3种不同配色，充分满足年轻消费者对于时尚个性的需求。采用"型格美学"设计理念，整体前脸采用横幅式中央进气格栅，下方镀铬饰条与大灯底部相连，同时搭配极具辨识性的环形LED日间行车灯，构成T-ROC探歌标志性的"X"型前脸。引擎盖上"肌线"凸起，与车身侧面平直的腰线相呼应。车尾方面，立体视觉效果突出，尾灯采用了全LED光源，并进行了熏黑处理。可以看出，T-ROC探歌凭借外观造型已经将年轻动感表达得淋漓尽致。

MQB平台的可拓展性给T-ROC探歌带来的最直观的优势便是拥有同级最大的"净值空间"。所谓的"净值空间"，是指从前排司机脚掌到后排乘客座椅中心的距离，这个距离是汽车使用者真正得到的有效车内空间。T-ROC探歌利用短前悬、短后悬，以及长轴距，提升了产品的操控性和稳定性，彻底颠覆了以"车长定空间"的传统认知。T-ROC探歌内部座舱从前排脚掌到后排座椅中心的距离扩展至1789mm，高于欧版途观1784mm，逍客1733mm等同级主流车型。国产T-ROC探歌的车身尺寸为4318mm/1819mm/1582mm，轴距为2680mm/2688mm，相比海外版长、宽、高和轴距都增加不少。

全系搭载涡轮增压发动机的探歌，首次引入全新的DQ381湿式双离合变速器，最大马力达到150Ps，最大功率达到110kW，峰值扭矩更是达到了250N·m。这些数据远超同级别竞品车型奕泽、逍客。此外，探歌装配Active Control多路况驾驶模式选择系统。可提供四种公路模式、两种越野模式和一种雪地模式。探歌座椅采用源自意大利技术与传统工艺的Alcantara面料，这一工艺最大的特点是提升驾驶舒适感。探歌装载10.3英寸全液晶仪表和8英寸多媒体触摸屏，仪表上能够显示全屏地图功能，8英寸多媒体触摸屏支持Car Play等手机映射，满足了年轻消费者对科技的需求。同时，Beats Audio音响系统、电动尾门、方向盘加热功能等装备也出现在探歌身上。这些配置常常与豪华品牌联系在一起，而T-ROC探歌却将这些配置带到了紧凑型SUV市场，彻底颠覆了过去其他车企依靠性价比打天下的惯性认知。

百万辆先生再出发

"强品牌、强产品、强渠道、强团队"的一汽-大众的大众品牌,把2020年的销售目标锁定为稳健增长的142.5万辆。2020年1月8日召开的一汽-大众媒体恳谈会上,董修惠信心满满地表示,"四强"的一汽-大众品牌是在2019年取得终端销量139.8万辆的基石,也是2020年稳健目标实现的根本。

在"聚力"之年的2019年,一汽-大众的大众品牌、奥迪品牌和捷达品牌,累计终端交车212.99万辆,市场占有率9.7%,五大基地产量213万辆,是国内唯一一家产销突破200万辆的汽车企业。其中,大众品牌销量139.8万辆,奥迪品牌销量68.88万辆,捷达品牌销量4.3万辆。

体系建设方面,研发创新能力增强,2019年一汽-大众汽车试车场一期建成投入使用,2019年10月投资建设新的技术中心,智能网联的研发中心也在建设中。制造体系得到升级:"五地六厂"得到产能释放,生产平顺性在大众全球排名第二位,2019年佛山工厂全面升级为MEB工厂。在数字化转型上,2019年采购与营销体系全面数字化,实现体系化联动;经销商领域也迈出了数字化坚实的一步。在新业务探索上,2019年"摩捷出行"保有量已经达到5000台,注册客户超过50万,为一汽-大众积累了运营经验。另外,一汽-大众与大众中国成立摩斯智能网联合资公司,初步运营能力已经建设完毕。

对2020年的发展,董修惠提出是一汽-大众的"创变"之年,聚焦在经营、战略和体系三大领域。经营领域,一汽-大众2020年除了强化产品、品牌、新能源战略,还提出如何提升效率才是关键;战略领域,一汽-大众谋求提升品牌力,发力新能源,发力智能化;体系创变上,也是保持这三个领域创新的核心。

董修惠说,2019年大众品牌终端交车139.8万辆,同比增长0.5%,经销商库存保持着非常健康的状况,市场份额从6.1%上升至6.6%,高端车型占比达到35%,大众品牌依然保持着强盛的竞争优势。在整体销量构成上,多款车型同时占领市场成为细分市场第一名。其中,速腾交车31万辆,高尔夫家族交车12.1万辆,市场份额占到48.7%;宝来全年销售32.2万辆,增长32.3%。在SUV领域,探歌全年销售稳居前三,探岳2019年6月交车过万辆后,9~11月连续3个月,每月实际交车超过2万辆,占到细分市场销量第一。

2020年是一汽-大众的大众品牌产品大年,除2019年年底上市的探影迎来首个交付整年之外,在2020年,一汽-大众的大众品牌还将陆续推出探岳GTE、全新换代第八代高尔夫、跨界产品Coupe SUV、大众CC猎装版等多款全新车型。为此,一汽-

大众把2020年大众品牌的销量目标制定为142.5万辆。

董修惠职务调整的前三天，我在云南丽江新CC家族上市发布会见到董修惠。当人们看到发布会上西装革履侃侃而谈的董修惠时，很多人并不知情，丽江2500m以上海拔的高原反应，让董修惠凌晨2点就睡不着了。"从长春到丽江需在北京转机，一个活动往返在路上就需要3天……"当这些话从他口中不经意间说出来的时候，我能感受到每一辆汽车销量的来之不易，而这样的桥段是董修惠披星戴月30年的缩影。

郑衡：广本筑梦

本田、讴歌Acura和理念所构筑的三大品牌，既是广汽本田征战市场的"铁三角"，也是助力广汽本田"让梦走得更远"的左膀右臂，与这个全新企业品牌口号相对应的是，广汽本田规划了2022年实现产销100万辆的目标，尽管2019年的时候距离这个小目标还差二十几万辆，但是广汽本田以超过77万辆的销量跑赢大盘，务实、稳健也一直是本田的"DNA"。

广汽本田执行副总经理郑衡是个重情谊的人，2018年恰逢广本成立20周年，把所有历任经营层请回广本，是郑衡的暖心之作。在郑衡之前，曾庆洪、郁俊、姚一鸣等是其前任，日方伙伴最早的总经理是"老门头"门胁轰二，以及峯川尚、水野泰秀、佐藤利彦等，广汽本田成立23年，在中国市场收获了超过800万辆保有量。

2018年为缩影，郑衡和他带领的团队，工作节奏紧张而高效：9月28日，本田品牌首款国产混动车型——新雅阁（Accord）锐混动上市；9月21日，广汽本田赞助的杭州马拉松蓄势待发；8月份，第三代飞度全面更新。而更早的时候，作为广汽本田三品牌之一的广汽Acura品牌及其首款车型CDX在上海地标性的上海中心完美首秀……

这种紧张忙碌和快节奏也让广汽本田在市场上收获颇丰，甚至成为广汽本田历史上最为成功的一年。根据当年乘联会发布的数据：8月份广汽本田终端销量（含Acura进口车）达到5.65万辆，同比净增25.4%，1~8月累计销售突破40万辆。而在这40万辆的销量构成中，全车系表现了均衡发展的企业哲学。其中，新雅阁终端销量同比净增50.9%，连续多个月稳居日系中高级轿车销量冠军。SUV缤智同比净增36.6%，2016款飞度增加的1.5L CVT LXS、1.5L CVT SES两款超值派生车型，终端月销量10000辆。奥德赛、凌派、锋范等车型销量同样表现突出。

透视广汽本田销量现象背后的本质，说到底还是"技术本田"在广汽本田的软着陆。例如，新雅阁（Accord）锐混动，搭载的SPORT HYBRID新一代i-MMD双电机混合动力系统，可针对不同的行车路况条件，自动判断电机与发动机的擅长领域，在"EV电动""HYBRID混合动力"和"ENGINE发动机"三种模式之间自由切换，综合油耗最低仅为4.2L/100km，刷新同级别竞品油耗纪录。又如，大7座SUV冠道（AVANCIER）不仅造型惊艳，搭载的SPORT TURBO 2.0T涡轮增压发动机，无论功率还是马力，比人们熟知的欧系3.5L V6发动机还强，与之匹配的9AT变速箱，带来动力与燃油的最佳匹配。

早在2004年，本田进入竞争激烈的商用飞机市场。我问时任本田株式会社社长的福井威夫，本田进入这个市场的竞争力在哪里？福井威夫说："同样的价格，本田比竞品节油40%以上"。就连丰田汽车社长丰田章男都是本田飞机的忠实用户。本田的造车理念和经营哲学有许多过人之处，技术出身的福井威夫，除了飞机，对F1也情有独钟，本田早期以挂名英美烟草的身份参赛，2006年开始以本田车队名义参赛。本田在全球145个国家和地区都有投资，但是本田在建设新工厂方面十分慎重。本田法则是：少投入、快产出、销售能力一定要超过产能。

福井威夫在接受我采访时说，中国是美国、日本之后全球第三大汽车市场，而且越来越重要。在有需求的地方生产汽车和摩托车是本田的原则。本地化做得最好的是美国市场，本田在美国同样是当地研发。在中国不是简单地从日本运输过来组装，而是中外双方从零开始共同做起。他还称赞广汽本田的国产雅阁在全球品质最好。国产化率的不断提高和生产出的车型全球品质可靠，使得广汽本田有实力挑战自主研发，本田总部愿意支持广汽本田发展合资自主品牌。

技术是本田的看家本领，日本和中国的多个工厂都是领先世界的绿色工厂，水是环保的，电力方面利用太阳能。本田同样不会为了扩大规模而简单结盟，不会进行资本合作。当时本田和美国通用汽车及GM有发动机层面的合作。除此之外，本田和通用汽车没有其他合作计划。

支撑"让梦走得更远"的全新企业品牌口号的是被称为"梦工厂"的广汽本田第三工厂。采用Smart—SSC理念的"广本三厂"占地面积不到10万平方米，是业内达到24万年产的情况下，占地面积最小的工厂。工厂的投资，比预计下降26%，人员效率反倒提升了29%。麻雀虽小五脏俱全，涂装、总装、发动机装配车间一个也不少。工厂结合了人的智慧及机器的智慧，将效能发挥做到最大化。"广本三厂"有两点令人过目不忘，也堪称行业标杆：一个是"广本三厂"是中国汽车行业第一个不对外设废水排污口的工厂；另一个体现在高效节能上，工厂的太阳能装置可满足整个工厂大约20%的用电量。

郑衡职业生涯的起步，始于20世纪90年代初。大学毕业后加入广州标致，他亲历了这个合资先行企业的由盛转衰。1998年7月，广汽本田在广州标致基础上成立，郑衡负责总装业务。2000年6月，转战销售负责零部件板块。2004年，被集团调任广汽丰田，负责售后服务和零部件业务，后任职客户服务部副部长、副总经理。

郑衡很低调，只有在必须公布价格的环节他才登台，低调到发布会一结束就匆忙离去；郑衡又很"潮"，为了映衬2019年年底在上海上市的美学SUV皓影（BREEZE）的调性，寒冷的细雨中郑衡穿了一条九分裤。同时，郑衡又不得不引人关注，身为广汽本田执行副总经理，每次的致辞简单而有内涵，如"在竞争激烈的SUV市场，皓影的竞争靠设计之美、驾驭之美和科技之美"直击消费痛点。

将"美在本色"做到极致的皓影，继开创了汽车行业史上最早的海上日出发布活动后，广汽本田再次把"魔都"的黄浦江作为天然背景，其起步16.98万元的价格，也凸显了皓影作为广汽本田首款中级SUV的"来者不善"。皓影向中级SUV市场的这种"告白"，其影响力是显而易见的，皓影共推出3个系列，其中SPORT TURBO系列起始价为

16.98 万元；SPORT HYBRID 系列起始价为 20.98 万元；BLACK EDITION 幻夜系列起始价为 21.68 万元。新车享受整车"3 年或 10 万 km"及动力电池"10 年或 20 万 km"的双重高标准保修政策。凡 2020 年 1 月 31 日（含）前，购买皓影的用户可享受 3 年 6 次（含首保）免费基础保养的"保养无忧礼"。在公布完价格后，不少媒体用"这车一个月卖 1 万辆跟玩儿似的"来形容公布价格之后皓影的市场前景。

正逢广汽本田收获 700 万用户的重要节点，皓影以全新的品牌姿态款款而来，不仅完善了广汽本田的产品矩阵，更彻底打破了 SUV 市场的沉闷格局，开辟出了全新细分市场，为中国车市带来了一道耀眼的光芒。它带着前瞻美学设计，从千篇一律的传统 SUV 框架中跳脱出来，将年轻鲜明的态度注入产品基因中，更具备领先的硬产品实力，彻底颠覆了公众对 SUV 车型的审美认知。

"皓"即太阳升起、照亮天地万物；"影"意指光带来的神秘反差感。BREEZE 则代指全新风向。皓影，打破常规，破除束缚，如同清晨伊始的太阳，照亮天地，也照亮新的开始，照亮新的方向。"皓影"迎着朝阳穿行而过，犹如光和影让街道熠熠生辉，亦犹如新鲜锐利的风穿过，创造全新风景，它将与中国"新人群"一起创造美的新潮流。

在发布会现场，皓影与上海黄浦江绚丽夜景交相辉映，本色之美浑然天成。在繁华夜景映照下，一场水幕光影秀极致展现了皓影的本色魅力。此次发布会的设置也寓意着皓影以此为起点，掀起 SUV 市场蓝海浪潮，为消费者创造全新的用车生活。

以 2014 年回归广汽本田为时间轴，在广汽丰田副总经理任上的郑衡，先是担任负责销售的广汽本田副总经理；2016 年 6 月，升任广汽本田执行副总经理。5 年时间，郑衡治下的广汽本田销量连年增长，走出了一条独具特色的"广本之路"。郑衡把广汽本田连续几年逆市上扬取得同比两位数增长的理由，称为丰富的产品矩阵和稳健体系的"两条腿走路"。"好的销量来源于我们丰富的产品矩阵，以及稳健的企业体系支撑"，郑衡如是说。

俞经民："胖头俞"从荣威互联到大众前行

荣威 RX5 MAX 不是荣威 RX5 的升级版，而是上汽乘用车在细分市场的双车战略布局。上汽乘用车副总经理俞经民说，开辟互联网汽车新品类的 RX5 将和 RX5 MAX 共同做大市场份额的同时，其承载着荣威品牌向上的使命，荣威品牌成立以来就立足中高端，不是自主品牌的中高级定位，而是整个市场的中高级定位。

俞经民开门见山地说清楚了荣威 RX5 和荣威 RX5 MAX 的不同。从 2019 年 4 月上海车展亮相时的荣威 MAX，到最终敲定荣威 RX5 MAX，名字的变化也折射出上汽乘用车的诸多思考。MAX 代表硬核精神，是英文"Make Attitude Xtreme"的缩写。"有人认为荣威 RX5 MAX 是荣威 RX5 的 PLUS 或 PRO 版，其实不是这样的，现在卖的荣威 RX5 和即将上市的荣威 RX5 MAX 是两款完全不同的车型。"俞经民如是说。

谈及两款车为什么都叫荣威 RX5 的缘由，俞经民称：首先，这两款车无论是从造型、底盘到动力总成，还是从设计语言或特征来看都是完全不同的。从设计语言上来说，荣威 RX5 是东韵西律、优雅、自信，而荣威 RX5 MAX 则是强韧美学。其实荣威 RX5 MAX 完全可以命名为荣威 RX6、荣威 RX7，但是为什么依然延续用 RX5 命名，因为 RX5 是上汽集团乘用车的光荣，代表着荣威品牌所开辟的中国互联网汽车新品类。例如，当年荣威 RX5 率先开启的一声"你好，斑马"，到现在各种互联网汽车的"你好，小度""你好，小奇"的出现，说明上汽集团开辟的互联网汽车得到了行业的认可。

上汽乘用车目前正在开始进行从互联网汽车到智联网汽车，最终实现智能汽车的切换。俞经民表示，只具备自动驾驶层级 L1～L5 技术不能称为智能汽车，智能汽车不是概念之争，只有切实解决用户在出行方面的各种场景需求，才能最终变成智能辅助驾驶车辆、智能自动驾驶车辆、无人驾驶车辆，这个过程中只靠所谓的 L1 到 L2、L5 的技术解决不了问题。从互联网汽车品类迈向智能汽车，还需要不断的升级、迭代、进化。所以上汽集团乘用车格外珍惜荣威 RX5，荣威 RX5 要有双车战略，要有全新的荣威 RX5 MAX，无论是相对于荣威 RX5 优雅的强韧美学，还是荣威品牌一直坚持的品质，再到智能网联化水平等多方面，荣威RX5 MAX都很硬核。俞经民三言两语把荣威RX5 MAX的命名说得一清二楚，还特别解释了虽然和荣威RX5完全是两款车，但是为什么还往RX系列"靠"的责任感：上汽乘用车希望荣威RX5 MAX有所突破，能够对荣威品牌、对自主品牌的发展有所帮助，因为这是荣威品牌的使命。荣威品牌自成立以来就立足中高端，不是自主品牌的中高级定位，而是整个市场的中高级定位。一路艰辛坎坷，依然"不忘初心、牢记使命"，致力于推动中国自主品牌的升级向上，为用户带来更美好的出行生活。

时任荣威品牌营销部总监兼市场及公关部总监王建峰称，荣威RX5 MAX从外形、内饰、空间到智能功能，都跟荣威RX5有着划时代的、比较明显的差异。荣威RX5 MAX在上海车展亮相时，很多人认为它是荣威RX6，或者荣威RX7。MAX是网红潮流，要么PRO，要么MAX，还有PLUS，而MAX是最大的。上汽集团技术中心副总设计师兼全球设计总监邵景峰表示，汽车更新换代节奏通常是新品发布之后，3年有大改款，但荣威RX5 3年之后推出了一款新车荣威RX5 MAX，在紧凑型SUV领域又投入一款新车，还归入到RX5家族里面，打破了产品更新的规律。这种做法，依靠荣威RX5作为一款网红车型，把荣威RX5所在的细分市场吃透，犹如"打仗亲兄弟，上阵父子兵"的策略。

与荣威RX5的优雅、精致，甚至精湛不同，荣威RX5 MAX更像是健身3年之后的男孩变为男人般健壮。荣威RX5过于优雅，需要更大的气场、更大的体量，所以新车荣威RX5 MAX的轴距、轮距等都发生了巨大的变化。如果把荣威RX5 MAX和荣威RX5放在一起，会发现这两款车型是兄弟车型，但是这两款车有截然不同的气质。不过从造型语言来看，还是可以看出这是荣威品牌的车，从这个角度来讲，荣威家族设计语言的"DNA"得到了有效传承。

邵景峰称，荣威此前一直把"洗练、精妙、舒展、韵律"这四大元素作为荣威品牌造型设计的核心。现在，荣威RX5 MAX又引入了"强韧"的设计哲学，通过线、面来彰显这款车的硬核时代特征，包括前脸、格栅比例支撑关系、轮包、车线、尾部等，都给人带来"强韧"的视觉，甚至邵景峰把"更强韧的律动设计"这种行话称为硬核造型。

在外观上，荣威RX5 MAX表达出了强硬态度，整个比例姿态上车身尺寸比荣威RX5大了一号，看起来更加粗犷，却大而不"莽"。荣威RX5 MAX的姿态非常挺拔，配合非常小的透窗，采用了半悬浮设计的整个车窗跟原来也不一样。外形轮廓设计方面，荣威 RX5 MAX 整体方正且线条优雅。前脸方面，荣威 RX5 MAX 搭载了鲸翼格栅，是荣威一贯的舒展风格，更大的尺寸，能够带来巨大的视觉冲击力，也能够撑得起"MAX"的感觉。荣威 RX5 MAX 给人的感觉不仅车大，而且稳重。与此同时，荣威 RX5 MAX 更多传递的是高级质感，而造型对品质感来讲是最直观、最有效的。荣威 RX5 MAX 比荣威 RX5 要更高一个台阶，包括曲面、曲线、引擎盖、大灯、尾灯等，呈现出越级质感，通过造型满足年轻消费者对品位的诉求。

荣威 RX5 MAX 设计的横向展开的整体座舱，使得 IP 中控台看起来轻薄精致，视觉效果具有舒畅感。同时，从荣威 MARVEL X 开始，上汽乘用车倡导和现代科技发展息息相关的一体式的中控设计。荣威 RX5 MAX 的一体式中控台是流畅的，中间不会被隔断，展现中控台的视觉流畅性。12.3 英寸全景 AR 模式的"鹦鹉螺式的仪表"，展现了视觉交互，体现了荣威品牌在交互设计方面的战略性理念，荣威品牌在设计思路、展现形式和布局上会有清晰的变化，从色彩上、从线性表达上强调科技美感。配置方面，荣威 RX5 MAX 使用 BOSE 沉浸式立体声音响，车内采用多达 256 种颜色的无极变色氛围灯。

"赋空间以情感，赋智能以情商"成为荣威 RX5 MAX 的"左膀右臂"。而基于解决驾驶场景痛点需求设计的智能座舱是荣威 RX5 MAX 的吸睛所在。荣威 RX5 MAX 的星舰 47.8° 最佳握感排挡，营造出了一种非常从容的内在平衡感。所以荣威 RX5 MAX 是赋空间以情感，体现出线性美感、集成思想与沉浸式的体验。而智能座舱能够直击不少场景痛点，如通过人脸识别系统的"刷脸"就能规避调节座椅和后视镜的角度，在互联网时代，荣威 RX5 MAX 将成为国内首款可以"刷脸"识别的智能汽车。

荣威 RX5 不仅带动整个行业开辟了互联网汽车的新品类，还在 3 年时间实现了累计 60 余万辆的销量，成为互联网汽车的"带头大哥"，伴随着荣威 RX5 MAX 在 8 月份的推出，上汽乘用车又将把中国汽车品牌带入智能的新高度。

2021 年 4 月 1 日愚人节当天，被称为"胖头俞"的俞经民接棒上汽大众销售与市场执行副总经理，兼上海上汽大众汽车销售有限公司总经理。此番履新，既是对俞经民在上汽乘用车 7 年的肯定，也是俞经民 13 年后再度回归上汽大众。当然，同在安亭的上汽乘用车与上汽大众的距离仅仅是一步之遥。

1974 年出生的俞经民，职业生涯起源于上汽大众。俞经民大学毕业后便加入上汽大众（上海大众），历任上海大众东北分销中心副总经理，上海大众团委书记、营销二科、销售协调科及二手车协调科科长，上海大众浙闽销服中心总经理，上海大众斯柯达品牌营销事业部销售副总监、总监，上海汽车工业销售有限公司副总经理，上汽集团海外经营筹备组组长等。直至 2014 年正式调任上汽乘用车公司副总经理。

在上汽乘用车的 7 年间，俞经民凭借出色的营销能力、幽默的谈吐和个人魅力，逐渐成为上汽集团乃至汽车界的"网红"。其"胖头俞"的花名，已经成为上汽乘用车的标签之一。荣威的"国潮"营销、名爵的 always YOUNG，都成为中国品牌的营销范本。疫情期间的直播带货、新车发布会的脱口秀、电竞跨界营销上的现场打碟，"胖头俞"用鲜活的形象成为中国品牌汽车的代言人。而其在上汽乘用车的 7 年间，也使得上汽乘用车的销量从 17 万辆攀升至 2020 年的 70 余万辆，旗下荣威、名爵和 R 汽车渐入佳境，为上汽乘用车的未来打下了坚实基础。

如今，上汽大众正处于转型的关键时期，俞经民的到来，将为品牌注入更多新鲜的血液，成为上汽大众品牌转型的助推剂。而在上汽大众 ID. 家族开始落地的时候，俞经民在上汽乘用车期间主导的上汽 R 和智己两大新能源品牌的落地，凸显了其对于新能源高端化市场拥有深刻的理解和洞察，也将为上汽大众的电动化转型赋能。

俞经民同样是非常职业和重感情的人。2014 年 4 月 1 日赶赴上汽大众履新前夜，上汽 MG 在上海发布面向未来的品牌战略，俞经民依然身穿 MG 的马甲为 MG 站台助威。当晚，部分媒体在上海外滩为俞经民饯行启新程，结束时已经很晚了，他说还要回趟安亭的公司，与还在公司加班的工作人员去告一下别。

赵英如：从捷达少帅到独当一面

独立运营一年时间,在创造了边塑造品牌边上市新产品边建设渠道的"捷达速度"的捷达品牌,在 2020 年销量超过 15 万辆,这个数字比 2019 年的 4.3 万辆多了近 11 万辆,时任一汽-大众销售有限责任公司副总经理、捷达品牌销售事业部总监赵英如说:"2019 年是捷达品牌的品牌元年,在一汽-大众全体系的鼎力支持下,捷达品牌在不到一年的时间里,高效地完成了品牌发布、渠道建设、产品上市等重要工作,创造了'捷达速度'"。

2018 年 2 月 26 日,我在大众总部沃尔夫斯堡亲历了捷达品牌的独立亮相。大众集团 CEO 迪斯博士、一汽集团副总经理秦焕明、大众中国 CEO 冯思瀚,以及时任一汽-大众总经理刘亦功和销售公司总经理董修惠,和并不多的媒体见证了大众品牌首个子品牌的亮相。捷达品牌是大众全球战略的重要组成部分,也是基于对乘用车市场的研判而推出的,是一个面向年轻用户的全新品牌。2018 年 3 月,一汽-大众率先将捷达品牌引入中国,成为生产和销售的第三个品牌,它与大众、奥迪一起,覆盖更广泛的细分市场,满足更多用户对德系高品质汽车的需求。捷达传承了纯正的德系基因和大众品质,品牌更有活力,产品类型更丰富,它将树立中国合资入门汽车品牌新典范,让更多首购用户体验到大众品质的产品。

品牌发布后,捷达品牌迅速进入状态,连续发布了捷达 VA3、捷达 VS5、捷达 VS7 三款车型。其中,捷达 VA3 和捷达 VS5 已经上市,并在不到 4 个月的时间里,创下 4.3 万辆的销售成绩。

捷达 VA3 是老捷达的接替者,它继承了老捷达的德系品质和皮实耐用的产品特质。同时,为了更符合用户用车习惯,捷达 VA3 也与时俱进地增添了很多配置,如大家都离不开的手机互联、增强舒适性的座椅加热等。另一款车型捷达 VS5 有着出众的产品力和亲民的价格,这也让它成为合资 A 级 SUV 市场的性价比标杆。捷达 VS5 在大众 MQB 平台上开发,核心三大件也和大众相同,为用户带来大众般的驾乘感受。因为它传承了大众品质,价格又亲民,上市后的首个完整月,终端就交车 11088 辆。并且,目前的订单仍在快速增长。

第三款产品捷达 VS7 的定位是一款"新当家德系中型 SUV"。如何理解"新当家"?首先它是捷达品牌的当家车型;其次面向的是照顾全家的当家人;最后希望它能够成为合资中型 SUV 市场的当家"花旦"。这款产品在一周前开启了预售,起步预售价是 11.18 万元,这样的价格在整个合资中型 SUV 市场中是非常具有竞争力的。产品的销量离不开渠道的支持,捷达品牌一直在充分挖掘资源,高效推进渠道建设。在第一款产品捷达 VS5 上市之前，捷达品牌的销售渠道就突破 120 家，覆盖到核心的销售区域。截至 2019 年年底，全国已经有超过 200 家经销店开业，目前依然在快速推进建设。

经过近一年的发展，捷达品牌的品牌形象初步确立，产品受到认可，渠道逐渐覆盖全国，捷达这个年轻的品牌正在各方的关怀下，茁壮的成长。在汽车市场持续低迷的环境下，为什么一个全新的品牌能够逆市上行？我想除了强大的体系支持和优秀的产品，更离不开捷达品牌对用户需求的深入理解，并紧紧围绕用户运营的方针。总结起来可以说是"用户为先三部曲"。

准定位，"红海觅蓝湾"，打造"新时代国民车"。找准自己的定位可以说是一个新品牌的首要任务，在用户已经成为发展导向的今天，人们的实际需求就是这项任务的核心。基于对市场与用户的深入探究，在二、三、四线及以下城市，依然存在强烈的购车及消费升级的刚需，而具有品牌优势、高品质和高性价比的汽车正是这些消费者所需要的。捷达品牌精准锁定这一目标人群，在"红海"中找到自己的"蓝湾"，用具备德系基因、大众品质和价格优势的产品，满足用户需求，打造"新时代国民车"。

强体验，打造"全民媒介"说捷达。用户决定着产品和市场的走向，在这样的情况下，如何增强用户体验。首先，"准分析，定人设"应用大数据创新，深入了解用户需求和决策过程，全维度产出用户画像，并在此基础上，围绕他们喜爱的内容和形式开展活动、设计内容，邀请用户参与进来，直接接触和了解捷达。例如，捷达 VS5 上市周邀请了"开心麻花""新裤子"等顶级娱乐 IP，与用户进行互动，一周时间参与用户超过 7000 万。捷达 VS7 的预售，我们结合移动互联时代的用户生活形态，将捷达天猫旗舰店打造成互动间，用直播的方式与网友互动。其次，"敢创新，接地气"结合用户"触媒"习惯，选择用户喜欢的渠道、喜欢的方式进行传播。通过调查，发现捷达的用户比较喜欢视频、直播等形式，于是就借助大型社交平台和一线流量平台，整合官微、App 等官方渠道，围绕客户兴趣点及"触媒"习惯产出内容。例如，"捷达联播"，以短视频等方式，通过经销商与用户的直接关联进行精准化传播，让用户在碎片时间里也能接触和了解捷达。

"盘粉丝，建圈层"。在过去的 28 年里，捷达车型积累了超过 440 万粉丝，这也是捷达品牌的重要资产。我们将通过构建俱乐部平台，"盘活粉丝"和现有车主，打造捷达品牌的专属"圈层"，进一步实现用户"拉动"。渠道方面，2019 年捷达品牌的 200 家经销店主要覆盖核心及重要市场，目前还在持续扩大范围。

2020 年是捷达的品牌提升年，在用户为先的理念下，进一步完善产品布局和渠道建设，提升品牌和产品价值，塑造独特品牌文化。

第一，吹响捷达品牌冲锋号，向用户展现一个全新的"捷达品牌"。首先是在品牌和营销方面，通过捷达品牌日、车主俱乐部等品牌专属符号，让"粉丝"找到归属感，形成核心"圈层"。2020 年 2 月 26 日的品牌日，集合了全国的新老捷达"粉丝"，开启盛大的"粉丝"嘉年华。后续通过更多的用户互动和跨界营销，进一步提升品牌认知。其次是在传播方面，将针对目标用户，逐步形成具有品牌特征的传播体系。例如，通过 KOX 内容创造体系、矩阵化的内容创造机制等，实现精准化传播，深化品牌价值。

第二，打响捷达产品家族攻坚战，第三款车型捷达 VS7 已开始预售。捷达 VS7 上市之后，捷达品牌初步完成了第一阶段的产品布局。这三款产品在各自的细分市场中都有很强的竞争力，而且特点鲜明：捷达 VS7 聚焦新当家，捷达 VS5 聚焦最具价值感的德系 SUV，捷达 VA3 继承老捷达车型，堪称是"开不坏的最亲民德国车"。三款产品满足了不同用户对高品质、高性价比汽车产品的需求。捷达为 2020 年制定了 20 万辆的销量目标。

第三，稳步推进捷达网络建设阵地战，捷达品牌的销售渠道将继续拓展，覆盖更多的地区。2020 年全国销售店达到 285 家，让用户看车、购车及享受售后服务都更便利。同时，打破以往只能到店进行短暂试驾的状况，还借助"摩捷出行"、区域试驾等方式提供更多体验产品的渠道，让用户购买更放心。

把一款车型升级为一个品牌，这种事只有JETTA（捷达）能干。2019年3月捷达作为一个独立品牌，引进中国的时候，我在《大周说车》专栏中如此写道：底气来自捷达400万辆大基数的保有量，底气同样来自未来后续产品的规划。说白了，捷达就是一个不挂大众LOGO的大众汽车。我想，这也是捷达被史无前例地纳入大众汽车子品牌，纳入一汽-大众第三品牌的底气。捷达把一个车型升级为一个品牌，也是中国汽车工业后合资时代的第一次。

捷达品牌的亮相可谓简约而不简单，简朴而不失隆重。亮相仪式的地点是大众汽车集团董事会的行政办公楼，可谓是大众汽车每年千万辆规模的"神经中枢"；身为大众集团CEO和大众品牌CEO的迪斯博士，与专程赴德国的一汽集团副总经理秦焕明共同为捷达品牌揭幕。难怪大众中国CEO冯思瀚博士称，还没有一个品牌享受过从大众董事会成员的行政办公楼首发的先例，捷达不仅是一汽-大众的第三品牌，同样是大众品牌的子品牌。他说，捷达之于中国的重要性，好比甲壳虫在德国的地位。

在狼堡造型中心亮相的两款SUV和一款轿车，三款车型有板有眼。幕布揭开，三款车型就是挂捷达LOGO的大众车，此举意味着捷达品牌源头上的开发都在大众汽车总部狼堡完成，这是品质的象征。不仅捷达品牌的造型设计来自狼堡，大众汽车还借机把风洞试验中心等硬核破天荒地首次对媒体敞开大门。

捷达作为一个品牌，之于一汽-大众既在于实现了从捷达、大众到奥迪三大品牌三足鼎立的品牌布局，还在于实现了价格从七八万元到六七十万元的无缝对接。一汽-大众总经理刘亦功称，把捷达升级为一个品牌的想法有五六年之久，期间并没有因为中外双方人员的更迭而放缓，这体现了大众汽车集团适应中国市场的能力出现更加积极的变化。在先期规划的三款车型之外，后续产品规划也在按部就班地进行。从血统上，捷达品牌的车型同样来自MQB平台。虽然是一个新品牌，但是一开张就有200家独立渠道的经销商布局，一汽-大众销售总经理董修惠说，拥有渠道独立而售后与大众品牌共享是捷达品牌起步即与众不同的特色，目前的200家经销商大多是一汽-大众经销商的投资人。

捷达升级为一个独立品牌的意义，之于中国汽车工业同样具有创新性。这种做法比所谓的合资自主高明太多。一汽-大众通过捷达就是不挂大众LOGO的大众车，仅凭"一招鲜"就破解了很多人的焦虑。说白了，价格比大众品牌便宜，品质和大众一样，这就是捷达品牌的核心。当然，便宜和廉价是两回事，捷达的成本优势来自每年200万辆左右的规模采购效应。

捷达从一个车型升级为一个品牌,这一招挺狠。更何况性价比一定是捷达可期的王牌,留给自主品牌的时间和机会窗口都不多了。

2020年9月,赵英如从捷达少帅接棒一汽-大众销售公司大众品牌市场副总经理,以褒奖他对捷达品牌的贡献。

张亮:从首席数字官到一辆MG容得下所有年轻人

2018年"十一"国庆节期间,上汽乘用车举行了一次与众不同的荣威光之翼MARVELX的交车仪式,首批500名车主集体从上汽集团董事长陈虹、时任总裁陈志鑫的手中拿到了期待已久的钥匙。交车的地点并非是诸如4S店或汽车城市展厅这样的地方,而是在公众如潮的上海科创嘉年华。

上海科创嘉年华是上海加快建设具有全球影响力的科技创新中心的成果展,荣威光之翼MARVELX则以"明日科技,今日先享"独挑衣食住行四大方面"行"的大梁。从这一点上,荣威光之翼MARVELX的范畴远远超出了一款车,而是上海市创新的代表。与此同时,在中国车市整体增速明显放缓的情况下,上汽乘用车荣威、名爵两大品牌,并驾齐驱,成为中国车企中为数不多跑赢大市场保持两位数增长的车企。

无论是荣威光之翼MARVELX成为上海市创新的代表,还是荣威、名爵的比翼齐飞,都离不开上汽乘用车神奇的数字赋能。我和上汽集团乘用车首席数字官张亮,进行过一次穿越数字的对话。

首席数字官（Chief Digital Officer，CDO）即便是在今天，依然是个新鲜的职位，尤其相对于汽车行业而言更是这样的。纵观中国的汽车企业，首席数字官的岗位设置，上汽乘用车也是全国的"独一份"。

上汽乘用车首席数字官职位设置3年有余，并给上汽乘用车带来了神奇的变化。可以说，上汽乘用车近几年的变化背后都有着神奇的数字赋能。只是，1982年出生的张亮低调、谦虚罢了。他时常说，业绩的增长属于全体上汽乘用车人。

首席数字官（CDO）这个职位，在国外车企也比较罕见，而且性质各不相同。宝马集团、大众集团类似的岗位也只是数据官，德国工业4.0的数字化大多只用于提高生产效率和个性化定制，美国通用汽车虽然仅工程师就1万多人，也多进行信息数据化的处理、分析。知道别人的相同才知道自己的不同。张亮说，总体而言，国外的数字化还存留在信息化阶段，信息化只是数字化的基础，而上汽乘用车的数字化则范围更广，包罗万象，信息化、产品规划、IT技术、生产物流和数字营销五大部分都属于上汽乘用车首席数字官的范畴。

张亮说，上汽乘用车前瞻性地设置首席数字官岗位的时候，对于为什么要设置首席数字官及其"必要性"就想得非常清楚。推动和催生数字化有几个条件：一是大势所趋的技术浪潮；二是行业发展同质化中差异化的需求；三是以同质化向个性化、数字化的进阶。"数字化的根本是为了不一样"一语道破数字化的天机的张亮表示，一个企业进行数字化离不开两个战略和理念：其一，数字化的基础是信息化，信息系统要强；其二，具备强大的数据处理能力。

上汽在全国信息化领域的领先地位，为谈数字化提供了养分和土壤。例如，上汽乘用车早在2014年就设立了自动驾驶的部门，同时在2016年成立了大数据的运营部门。如果没有对趋势进行前瞻性的判断和布局，就不会看到符合时代潮流和需求的荣威光之翼MARVELX的车，以及可以采用App就能下单的方式。

从最初的荣威E950到荣威RX5、RX8、荣威光之翼MARVELX，从名爵ZS到名爵HS，从传统汽油车到混合动力，再到完全的新能源车，18个月时间，荣威和名爵两大品牌，拳打脚踢般地向市场提供了13款车。在事关企业生死存亡的产品规划上，上汽乘用车独树一帜，有板有眼，不少车型成为爆款。

当我请教18个月时间两大品牌13款车是怎么变戏法般做出来的时候，张亮说，他在泛亚做工程师时就有预测和基本判断，中国车市会在2019年达到峰值，市场会整体放缓，而这句话在当时并没人相信。与这种预测相对应的是，汽车行业的竞争在这两年会更加剧烈，甚至动荡。为此，必须从产品开发上提速。在张亮看来，支撑市场竞争激烈化的标志是，2017年4月亮相的荣威RX5，从规划到商品量产用时不足21个月，成为迄今为止中国汽车行业的开发流程和时间标准。而在泛亚做到总工程师的张亮曾主导和负责上汽通用科鲁兹、威朗开发，显然对技术和开发流程了如指掌："通用汽车的开发周期是33个月，荣威RX5一下子把开发周期缩短了将近一年，而且每项严格测试一项都不少"。

荣威RX5把开发周期缩短至21个月成为国内汽车企业产品开发的标准，并成为其他车企效仿的对象。其他企业认为，上汽乘用车能做到21个月的开发流程靠谱，如果不是上汽，可能存在着开发、试验、试制偷懒的情况。所以，以荣威RX5为标志，所有的企业都在缩短产品的开发周期，从这一点上，重新定义了开发流程和时间标准的上汽对整个中国汽车行业做出了很大贡献。不过，在张亮看来，其他"友商"企业是否做到了"缩时不缩水"，他不好评判，也不便发表更多意见。但是有一点是肯定的，张亮说，泛亚是中国汽车流程开发的黄埔军校，各大自主品牌的开发流程绕来绕去都绕不开泛亚，从理论到实践，泛亚是"根"。

互联网汽车和新能源汽车的两大标签，成为上汽乘用车区别其他车企的标志，而荣威和MG名爵两大品牌各不相同的产品和品牌定位也泾渭分明，日渐清晰。除了强大的体系能力，大数据处理能力、数字化平台、算法、人工智能的运用同样功不可没。中国汽车是世界汽车行业的跟随者的基本面并没有改变，张亮并不看好所谓的弯道超车，换道超车最有可能。上汽乘用车开辟的互联网汽车的新物种及新能源车是中国汽车换道超车的有益尝试。

张亮认为，开辟互联网汽车新物种是上汽差异化参与市场竞争的"法宝"，这其中涵盖的数字化、智能化，从根本上符合当今的市场需求。从上汽提出互联网汽车概念到交付100万辆互联网汽车，只用了两年时间，并且带动了整个汽车行业的人不谈互联网都不好意思打招呼。与此同时，上汽互联网汽车不断与时俱进，云端特质、可升级迭代。能够这样放眼全球的也只有上汽、特斯拉和沃尔沃三家能做到。更应该看到的是，上汽作为领先者正在推动整个行业变化，东风雪铁龙等车企正在运用上汽和阿里巴巴打造的斑马系统。同时，新能源车的国家战略为中国汽车的换道超车提供了可能，新能源是上汽乘用车的"DNA"。张亮认为，荣威光之翼MARVELX"牛"的地方就在于纯电动的功能性不逊色于特斯拉，内饰豪华的精致程度不输给保时捷。造型、内饰、工程化、功能性、实用性、美观度、科技感，是中国汽车行业的制高点。荣威光之翼MARVELX无疑是上汽"新四化"和中国汽车行业的代表。

张亮在上汽乘用车首席数字官任上,对这个岗位的认知和体会越来越丰富。神奇的数字化赋能上汽乘用车"强内功、促发展、谋未来"。从而为智能智造、工程开发、数字营销和人工智能四大领域带来可喜变化。

强内功方面,数字化帮助企业练就强大的体系能力,荣威光之翼 MARVELX 的临港工厂是数字化的代表,一块大屏和 9 块小屏实施监测生产全过程,确保质量上的内功。在促发展上,数字化可以助力智能工厂的打造,涉及整个生产、制造的产业链。以涂胶为例,规避了人工涂胶造成厚薄不一的风险,可以很好地进行质量、成本控制。与国内出现的 4A 级景区旅游工厂好看不同,上汽的临港工厂透过数字化既好看又好用。在谋未来上,可以尝试新的商业模式,尤其用不同的业务模式提升销售、进行转型升级、共享化、金融,直面用户。未来两个维度的商业模式令人充满想象:一是上汽新的销售商业模式;二是上汽出行服务公司。张亮认为,仅有乘客、专车和司机端的"滴滴"缺乏一个可持续的模式,而上汽的"未来出行"拥有政府的牌照支持优势、上汽的车辆优势和大数据的分析能力,并搭建了一个可以玩得转的生态系统。

在张亮看来,数字化浑身是宝。在数字营销上,对汽车行业的新营销是一种探索,荣威光之翼 MARVELX 的 App "下单"为未来创新营销提供了更多可能。而通过数字化,可以在营销领域更好地研究消费者的嗜好,什么地方好,什么地方不好,数字化对比一目了然,数字营销的核心是从找对人向做对事转变。上汽对公众发布过的一个架构,应该构建人、车、链的体系,而不仅仅是人的画像,人在一端,车辆画像在另一端,链是整个企业的链条。有了这个,才知道什么样的产品什么时候做什么样的服务,在正确的时间将合适的产品卖给谁。

一个人的履历决定了他的视野与格局。在上汽乘用车首席数字官之外,张亮还有不少头衔,如上海汽车集团股份有限公司乘用车公司总经理办公室主任、产品型谱规划总监、营销数字创新中心总监。上海交通大学毕业的张亮,历任泛亚汽车技术中心有限公司项目工程高级经理、项目总工程师、上汽通用总经理助理等,名副其实的"80 后"却有着丰富的阅历。

张亮说,数字催生的变化几乎是海量的,就像是兼容并蓄的海派文化,产品随大流不行,不爆款不行。面对产品定义出现的分歧,张亮也有给人不讲道理的感觉。除了勇于担当,张亮不讲道理来自常年的积累和眼界。在泛亚期间,张亮有着奇妙而独特的经历,为了确定上汽通用当时的产品,他和老板时常有机会"用一周时间看世界"。周一从上海出发，先飞德国欧宝，除了看欧宝的产品，在德国短暂的时间内还可以通过租赁的形式体验市场上的任何一款车。然后，从德国飞往美国通用汽车总部，别克、雪佛兰和凯迪拉克三大品牌的车型随便看。继而再从美国飞往韩国，那时通用收购了大宇。最后，从韩国飞回上海。一周时间，亚洲、欧洲、美洲，绕地球飞行一圈。看的看似是通用全球不同板块业务的多个车型，其实很多感觉也来自通用以外的车型。张亮说，一周时间，全世界的车就都看得差不多了。

首席数字官在上汽乘用车是这样一个概念：负责传统的信息系统板块，IT板块，同时负责大数据，人工智能，数据平台、数据仓库等，这两个是基础。另外两个是业务链两端、一是业务规划和产品规划；另一个是与品牌共赢的数字营销。张亮希望产品与营销带动全域的串联，这种结构能够支撑全域链的构成。张亮同时认为，智能化绝不仅仅是指互联网汽车的智能化或自动驾驶的智能化，真正的智能化是要更好地了解用户，为用户提供更好的相应的服务、更好的产品等。

2020年4月，执掌上汽集团大数据业务3年的张亮，再挑重担，直接管理名爵品牌销售、市场及公关等全方面的工作，进一步强化名爵品牌在集团中的战略地位，这也是名爵品牌首次迎来上汽乘用车高管直接管理。张亮执掌名爵品牌后，其此前担任的上海汽车集团股份有限公司数据业务部副总经理、乘用车分公司首席数字官（CDO）兼营销部执行总监职务不变，等于是在众多要职之上再挑重任。张亮执掌名爵品牌，可以看作是上汽集团对旗下自主品牌业务的进一步强化，尤其是安排职位级别更高且专门负责上汽乘用车数字化转型工作的张亮直接管理名爵品牌，突显了名爵品牌在上汽乘用车中的重要战略地位，也意味着未来名爵品牌在数字化领域势必将有更大作为。也正是基于名爵品牌在国内外市场的优异表现，使得上汽乘用车接下来将投入更多的人力物力加速推进其在国内外市场的发展，张亮直接执掌名爵品牌正是上汽乘用车管理强化的重要体现。

"新主流、潮链路、大扩容"的九字方针，成为张亮治下的MG品牌always YOUNG 年轻化的新标签。把MG品牌定义为"一个MG容得下所有年轻人"的科技潮品，成为本身就是"80后"年轻人的上汽集团数据业务部副总经理、上汽乘用车公司首席数字官（CDO）兼营销执行总监张亮的新想法。

从2020年5月上任后发布Mission 100战略，到9月不足4个月的时间，MG品牌的定义不断被充实、完善、刷新，也越来越清晰。到MG品牌第100年的时候，实现在全球100个国家和地区销售，实现100万辆全球的销量，追求年轻用户接近100%满意度的目标背后，必须需要有内涵的东西支撑。MG品牌的进化不到4个月时间有过三次完善和提升。第一次是发布Mission100战略的同时，发布智领风潮的品牌定位；第二次是很完整地诠释MG品牌所定义的年轻人，4种超能力的代表；第三次再次诠释全球化、年轻化、数字化品牌的内涵。就连此前容易混淆的"名爵MG"也有了MG后缀车型的清晰定义。

MG品牌给出的年轻化的答案是科技潮品。张亮说，MG品牌年轻化的三大标签是新主流、潮链路和大扩容。

新主流显然是针对过去一段时间主流车型的平稳而言的，从设计上能够装载空间大一点，设计要平稳一点，比较靠谱一点。而面向未来，这种主流在今天个性化、"90后"消费者蓬勃而起的时代，需要做出改变。张亮用产品形态新主流、设计语言新潮流、智能科技更领先、产品品质更全球4条定义新主流。例如，令人怦然心动的MG领航和全新一代MG 5的形态，包括MG领航燃动的前脸形态，整个车身的形态比例都带来新的形态表现形式。设计语言既吸睛，又亮眼，同时又非常有主流感，不只是求怪、求变，更是被大多数人喜欢上、接受的新的潮流设计。

潮链路，就是新风潮链路，更多的是与用户的互动和传播的形式。2020年7月10日上市的第三代名爵6第一次引入了非常潮的"奇葩说"，第三代MG6有个新现象，很多用户说打个卡、拍张照、再试驾，有的不谈价格，有的也不买车，就觉得是时尚潮流的产物。包括2020年北京车展，MG展台展出一个特别的麻将牌"八萬"的装置艺术展，11月份大型的MG改装车主盛会，包括线上的互动、潮流IP的打造。在脱口秀大会上，联名吴亦凡、吴建豪、李灿申共同打造第三代MG 6潮车风潮，无处不在地向消费者传播潮链路的形式。

大扩容。过去MG的车，以及过去年轻化的车，大家听年轻化马上和运动化联系起来，过去把年轻化和运动化等同，只是单车道上发展。大扩容后的MG品牌要在四车道高速路上同时发展：一是年轻人是新科技代表的科技赛道；二是年轻人喜欢的潮流，在潮流的设计与潮流的互动上和年轻人扩容；三是继续是强化运动的基因，无论是外在设计，还是内在的运动，都跟年轻人继续互动；四是新品类赛道。

张亮特别强调新品类的重要性时说，之前新品类都是小众的，而这些小众年轻用户也要得到满足，MG未来会推出打造极具赛道及运动性能系列的X-power运动性能部门，以及满足时尚要求的X-line潮流的改装品牌。同时会继续打造英国的MGCC，一年一度的MG Live！车主盛会，把所有的历史的车主、改装的车主、潮流设计的车主等聚集在一起，这样一个活动，对运营、对用户互动，通过MG Club一起互动。新品类的赛道上带来的不仅是车涉及的品类，还有衍生产品类，用形象的口号来讲"一个MG容得下所有年轻人"。

产品之外，张亮也有着产业思考的格局。把中国的自主SUV划分为两代的张亮希望在北京车展亮相、10月上市的MG领航成为第二代中国自主SUV的代表作。有过上海通用泛亚技术中心履历的张亮把2015年、2016年前后诞生出来的一批产品，即以博越、RX5、CS75、GS4为代表的一系列产品，称为中国自主SUV的第一代产品。第一代产品最大的特点是展现了中国汽车工业的原创力，那一批产品几乎看不到抄袭别人的感觉。当时原创力的水平与合资品牌在设计上可以一较高下。除了原创力，还展现了一些单项可称"王"的能力，如荣威RX5是首款互联网汽车。

随着CS75 PLUS、RX5 PLUS、全新的MG领航等全新产品的诞生，这一系列的车型称为"中国SUV的第二代"。而第二代展现的是一种"真功夫"，而这些"真功夫"，无论是兄弟产品还是MG领航，都有更大的提升。第二代SUV产品的底盘、三大件水平、动力性能、NVH表现等方面可以和合资品牌一决高下。

定义为"无处不燃"的MG领航体现的就是满身"真功夫"，这种燃不只是感性的设计，设计以外更有科技的升级、质感的提升、安全的提升、驾控的能力等"五大燃"。例如，革新行业审美标准的燃动科技美学，第三代MG家族设计语言，每处设计都让SUV有了全新之美；深度重构人车关系的双A智行生态；开创游艇质感的全维座舱体验；以及欧洲、澳洲双五星的安全双冠。

"MG领航"成为中国第二代自主SUV的领航者，成为MG品牌向上，向科技潮品发展的领航产品。张亮解释说，汽车产品本质上是科技产品，不像鞋子、衣服这种快销产品，潮就可以了。车本身是科技产品，仅仅谈潮还不够。MG"科技潮品"，"科技"代表内心真正的能力，"潮"是外在表现的形式，要做到两者契合。

张亮说，希望消费者再看见MG，就是一种科技潮品的感觉。

第二部分
轮上风流

汽车是发源于德国的"舶来品"。放眼世界,能在汽车行业扬名立万的也仅仅是欧、美、日、韩等为数不多的地区和国家。中国人试图打破这些所谓的规律和怪圈,让中国汽车在世界占有一席之地。

第三章　千面李书福

千万不要小瞧李书福

每个人心中都有一个自己理解的李书福。

照过相、造过摩托车、干过装潢、在垃圾中提取金属材料，获得原始资本积累，玩过足球队、既是政协委员又是人大代表、炮轰过明星不买自主品牌、收购了沃尔沃、入股了戴姆勒等，这些都是千面李书福的其中一面。显然，李书福是汽车"大鳄"，但是我们应该透过汽车，看见李书福的商业逻辑和商业嗅觉。

李书福不是疯子，疯子买不来沃尔沃，也不可能入股奔驰母公司戴姆勒。李书福的造车梦是深入骨髓的。2017年3月，我和寰球汽车集团董事长吴迎秋第三次去瑞典哥德堡跑马拉松，巧遇正在哥德堡出差的吉利汽车集团总裁安聪慧，同行者还有时任吉利汽车研究院院长、技术中心负责人的冯擎峰。我们四人在哥德堡海边的一家餐厅叙旧，闲聊中我问安聪慧，吉利当时是怎么想起造汽车的，有没有想到会收购沃尔沃以及今天令人可喜的局面。

安聪慧说，李书福从骨子里就有汽车梦。那时安聪慧刚刚加盟吉利，吉利的业务和汽车没有丝毫关系。有一天,安聪慧和李书福坐着奔驰外出办事,车行至中途的时候,李书福突然告诉安聪慧要造汽车。说话间,一辆五菱面包车从奔驰的侧面驶过,安聪慧指着五菱"小面"试探性地问,"就造刚刚驶过的'面包车'?"李书福拍了拍自己的"大奔"坚定地说"造这样的车"。时隔多年安聪慧还清晰记得李书福说话时斩钉截铁的样子。

之后,吉利开始了长达30年的逐梦。吉利首车之所以名曰"吉利1号",恐怕也是受奔驰的影响,当时李书福的座驾是被称为"奔驰1号"的奔驰S。只是不知道,李书福在那时是否就想过,有朝一日,自己还能成为奔驰母公司戴姆勒的股东。

彼时,哥德堡落日的余晖洒在波澜壮阔的海面,映照在安聪慧坚毅的脸上。至此,经过30年的发展,吉利已经站在了仅吉利品牌的汽车年度销量100万辆之上的门槛上。这个数量并不包括被收购的沃尔沃的销量,距离吉利汽车2020年200万辆的可量化的宏伟目标以及李书福那句"让吉利汽车跑遍全世界"的愿景越来越近。

目前的吉利形成了拥有吉利、领克、沃尔沃、猛铜(伦敦出租车)、宝腾和路特斯等多个品牌的国际化汽车集团。李书福的全球化布局,促使他成为"汽车发明者"奔驰母公司戴姆勒集团的最大股东。风生水起的李书福甚至还进军金融业,跨国收购了芬兰的一家银行,在2017年9月完成交割时,这家银行的股票一度涨停。

李书福不是疯子

在吉利收购沃尔沃的国内说明会上,闪光灯聚焦李书福的劲头丝毫不逊色于一场电影的首映式。之后,我注意到路透社更是把李书福和福特的创始人亨利·福特相提并论:"两人都有过在农村生活过的经历,最初都是以生产廉价汽车闻名。"有人说,这是李书福进入汽车行业 12 年来最风光的时候,却鲜有人知道风光背后的艰辛。

我见证了吉利的整个发展过程,通过长年累月的接触也对李书福有了不少了解。起初不少人把李书福称为"汽车界的张朝阳",言下之意是李书福的个人品牌为吉利省了不少广告费。现在看来,这事说小了,李书福的风头显然盖过了张朝阳。他的快言快语也被业界称为经典语录。例如,"汽车就是四个轮子加两个沙发""要像卖温州打火机一样,让吉利走向全世界""请允许民营企业大胆尝试,允许民营企业做轿车梦""让中国的汽车走向全世界,而不是让全世界的汽车跑遍全中国"……

更经典的语录是,1998 年前后,通用汽车在全球发展风头正劲,在《北京青年报》举办的汽车峰会上,李书福在发言中"通用、福特迟早要关门"的预言,在 10 年后成为现实。而时任通用中国公关总监李国威,听后拎包就走并留下了"去找工作"的话语。那次峰会上,想和一家大企业的老总握手而遭到拒绝的经历让李书福记忆犹新,李书福描述细节时说:"我的手都伸出去了,那家企业的老总没有丝毫的回应。"

类似于这样的经历始终伴随着吉利,也伴随着李书福。2000 年前后,吉利生产了一款名为"优利欧"的车型,这是吉利继美日和豪情之后的第三款车型。"优利欧"顾名思义就是优于夏利和赛欧,当时夏利 2000 和赛欧是市场上卖得最火的车型。为了给这款被李书福寄予厚望的车型开一个隆重的下线仪式,李书福同时邀请了当时主管工业的浙江省副省长和全国近百家媒体。但好事得多磨,当时副省长因公务繁忙,下线仪式被迫改期举行。好不容易等副省长有时间,从北京出发的媒体准备飞往宁波参加次日举行的隆重下线仪式，临近登机时却得到了"华南空中管制，飞机不能按时起飞，起飞时间无限期待定"的误机通知。

我清楚记得，原本晚上 8 点起飞的飞机直到夜里 12 点才开始登机，漫长的等待过程中有的记者干脆回家。经过两个小时的飞行，飞机抵达宁波上空时，意外再度出现，机长广播说由于宁波大雾不符合降落标准，飞机备降上海浦东，而飞机从宁波栎社飞抵上海浦东机场的时候已经是次日凌晨 4 点多了，此时的浦东机场处于关闭状态。上海至宁波的陆路交通因为大雾全部封闭，李书福试图让大家坐大巴参加下线仪式的备选方案也被迫搁浅。

等到第二天媒体从上海浦东飞至宁波栎社机场的时候已经是中午了，上午的下线仪式自然没能赶上。秘书后来称，李书福当时的初衷是让政府官员和媒体共同见证隆重的下线仪式，这对于刚刚进入汽车行业的吉利来说至关重要，但事与愿违。据说，此事在相当长的一段时间里让李书福耿耿于怀。

关于李书福和吉利，传说不少、报道不少、版本也很多。不过多是"野史"。我倒是专门听过李书福痛说"革命家史"。只有真正了解李书福和吉利，才能读懂李书福，也才能知道李书福和吉利，是一个超越汽车的商业传奇。

吉利是一家标准的民营车企，没有任何背景和靠山，是一个从台州穷山沟里走向杭州、走向世界、走到台前的企业。

李书福清晰记得，2001年中国加入WTO的前10天，国家经贸委的领导通知李书福："算了算了，给你弄吧"。拿到生产目录的李书福和吉利终于获得了国家生产汽车的许可。

熟悉和了解吉利的人知道，吉利早期，除宁波基地，还拥有上海市华普、湖南省湘潭市、吉林省吉林市、山东省济南市等多个基地。而每个基地都有着戏剧般的来历。李书福的弟弟李书通，在上海搞了一个杰士达（华普的前身），杰士达同样拿不到生产目录，碰到的问题和吉利完全一样。为此，两兄弟之间还闹过矛盾，李书通认为哥哥不帮他，于是天天找上海市领导。后来，事情上报给国家经贸委，时任经贸委主任的李荣融很头疼，说上海已经有大众、有通用，再批一个杰士达比较难。因为那个时候全国很多地方都想上汽车项目，一旦开了"口子"就不可收拾了。时任经贸委副主任的欧新黔告诉李书福："你跟你弟弟说说，算了别搞了，合并给你算了，都并到吉利，我就给你批了。"

湖南省湘潭市基地和上海市华普有着异曲同工之处，只是这回的主角换成了李书福的哥哥李书兵。不甘寂寞的李书兵跑到湖南也搞了个汽车厂，搞了一半又搞不下去了。湖南省领导急得一天到晚给李书福打电话："李书福啊，你看看你的哥哥，人倒很好，也很辛苦，但是呢？这个厂他可能搞不好，你要帮帮。"最初李书福并没在意，觉得这个事情跟自己没有关系，但是后来想想，毕竟是兄弟，又是领导打的电话，心就软了，最后把李书兵的湖南工厂也纳入吉利旗下。

  李书福在谈到自己从事汽车行业几十年的感触时说过这样一段话：第一还是靠运气，吉利虽然大战略、大方向有了，但具体方面还是大运气的眷顾。每当走投无路，快要撞墙的时候，墙打开门了——问题解决了。李书福曾用一首诗总结自己和早期的吉利"悲情万种，困难重重，希望在人，成功在天。"悲情万种，就是说整个中国经商环境；困难重重，就是说在中国创业是很难的，不光是吉利，其他企业也一样，尤其是民营企业；希望在人，就是说我们总是要充满激情，充满希望，要去不断努力，不断解决问题，去克服困难，继续朝前走，所以要有希望，不能绝望，一切还是靠人；成功在天，就是说作为中国的民营企业，到底有没有可能成功？李书福认为，南橘北枳。同样是一个橘子苗，在不同的土壤里它的结果是不一样的。李嘉诚在香港能变成今天的李嘉诚，但如果在北京或在杭州，他就不一定是今天的李嘉诚了，香港的土壤不一样。比尔·盖茨在美国能成为世界首富，大家尊重他，但如果在中国，相信他也不可能成为现在的比尔·盖茨。

刮目相看 35 年

  2021 年是吉利集团成立的第 35 年。需要说清楚的是，这 35 年不是吉利汽车的 35 年。吉利起初并不造车，而是靠装饰装潢、冰箱，尤其是摩托车获得了原始积累；但不包括李书福照相的励志故事及进行垃圾金属回收的那些事。

  吉利收购沃尔沃，被很多人看作是"中国穷小子迎娶瑞典公主"攀上了高枝，对于吉利收购沃尔沃后是成功还是失败，两种观点一直都存在。如果把收购沃尔沃放到吉利的整个战略上看，就不会感到意外了。吉利在不同场合明确表示过：到 2020 年，吉利产销要达到 200 万辆。过去 35 年吉利自身的发展就是自主汽车品牌的缩影，更是自主汽车品牌的一面镜子。

  从 1998 年 8 月 8 日豪情作为吉利第一款车下线，到 2020 年，吉利汽车走过了 22 年的历史。22 年中吉利汽车经历了四个阶段：第一阶段是 1998—2007 年的以豪情、美日、优利欧 3 个产品为主导的"老三样"阶段；第二阶段是 2007—2010 年以金刚、自由舰、远景为代表的"新三样"阶段；第三阶段是形成了以帝豪、全球鹰、上海英伦为代表的 3 个品牌的阶段；第四阶段是以收购英国锰铜、澳大利亚变速器公司、沃尔沃，以及入股戴姆勒、收购 smart 为代表的全球化阶段。

汽车面孔：黄金一代汽车人

　　吉利控股副总裁刘金良，是吉利汽车元老级的"四大金刚"之一，在负责新移动出行业务"曹操出行"之前，曾是吉利汽车销售公司总经理，见证了吉利年销售量从3万辆到30万辆的转变，每年销售量的变化和提升都让他深刻感受到吉利和整个中国汽车工业的变化。

　　从1998年8月1日制造第一辆豪情汽车后，吉利形成了以豪情、美日、优利欧为主要产品的"老三样"格局；但到2008年年初，吉利自身的"老三样"就基本停产了，而以自由舰、金刚、远景为代表的"新三样"车型成为主导。吉利在4万元以内的车，比例从2007年的32%下降到2008年的13%，而奇瑞在2007年、2008年4万元以下的车的比例为40%左右，夏利60%以上是4万元以下的车。这种价格上的变化是吉利从"造老百姓买得起的好车"到"吉利造安全、节能、环保汽车"的写照。

　　以自由舰为代表的"新三样"，在2008年取得了比较理想的成绩：自由舰成为1.3升细分市场份额的冠军；金刚的市场表现也不逊色于一些合资品牌；远景的细分市场份额还不大，因为吉利当时在销的是1.8升的，动力组合比较单一。从数字可以看到，吉利日益被消费者认可，其动力性和燃油经济性都表现的比较出色，成长的空间还很大。当时，吉利把自由舰放到和夏利三厢同一个细分市场，售价4万元的自由舰和夏利三厢占到了20%的市场份额。

　　刘金良说，从2008年开始吉利就做了大量提升品牌的工作。例如，在"新三样"淘汰"老三样"的过程中，采取了对"老三样"汽车用户进行置换的举措，让更多的消费者尽可能了解吉利"新三样"的状态。吉利在 2008 年推出过吉娃的服务形象,尝试"打造服务品牌"。2008 年,对吉利汽车的营销来讲,有一件大事影响至今,那就是对品牌战略进行重新规划并悬赏 360 万元全球征集徽标,现在吉利六块腹肌的 LOGO 就是当时征集的成果之一。

从 1995 年吉利制造摩托车,到一年销售几十万辆摩托车,当时就采用了多品牌的战略,基本上在重要的城市都有四五个经销商,但是分品牌。吉利制造汽车以后,就采取了按产品进行分网销售的方法,虽然按产品进行分网销售,但吉利人发觉到逐渐不适应这个市场,于是在 2008 年年初,360 万元征集新徽标时就酝酿要逐渐从按产品进行分网销售向按品牌进行分网销售过渡。

随着吉利整体的战略转型,营销也随之转型,造车 10 年的吉利当时赋予自己"造老百姓买得起的好车,让吉利汽车走遍全世界"的历史使命,这种理念指导了吉利造车 10 年,基本上实现了造车初期的战略目标。直到吉利收购沃尔沃之后,2007 年李书福提出转型,实际上就是首先在理念上转型。"造最安全、最环保、最节能的好车,让吉利汽车走遍全世界"。以前"造老百姓买得起的好车",蕴藏着成本的概念,是一个低价的策略。"造最安全、最环保、最节能的好车",要替代以前的理念,要从品质出发、从技术出发,造更好的车,让吉利汽车走遍全世界。这种变化是战略转型的核心。

刘金良回忆说,2015 年的销售目标,是五大技术核心、15 个产品平台、40 余款车,覆盖了A00级、A0级、A级、B级、C级轿车，还包括MPV等。对于国内市场来讲，这要承担六七十万辆的销量。

全新技术平台、全新上市的车、新的徽标。5个技术平台，15个产品平台，40余款车，在品牌个性、品牌特征、品牌性格方面往3个方向培育，从造型的设计一直到配置：属于时尚、激情、充满梦想的，向全球鹰品牌方向发展，例如熊猫采用的就是全球鹰的品牌标志；代表豪华、稳健、体现力量的新产品，用帝豪品牌车标；经典、贵族的产品，用英伦车标。在那段时间，在吉利汽车的母品牌下，一度全球鹰、帝豪和英伦3个品牌并行，并有3个不同经销商的网络渠道形象。

刘金良之后，孙晓东和林杰先后接棒销售公司总经理。2017年出任吉利国际总经理的南圣良，吉利销售副总经理宋军，以及从吉利公关总监、吉利销售副总经理升职为吉利副总裁的杨学良等，构成了吉利销售体系稳定的高管团队。

吉利总裁安聪慧成为吉利再度变革的主导者，沃尔沃对吉利的反哺取得明显成效，吉利的形象也从丑小鸭变成了白天鹅，尤其是随着博瑞、博越、帝豪、领克等一大批车型的逐步推出，有了产品力的吉利款款爆款，2017年、2018年连续实现每年100多万辆的销量，吉利汽车也成了中国自主品牌中首个年度百万辆规模的企业。2019年，吉利控股集团实现汽车销量累计217.8万辆，当年被很多人称为笑话的"2020年200万辆"的目标成为现实。

李书福到底是什么样的人，什么样的汽车人？我问过安聪慧和袁小林。安聪慧说，李书福的格局和商业敏感性无人能及。在袁小林看来，李书福身上有三点令人敬佩。第一点，李书福很有战略高度和远见，在大家还没有看清或看得非常模糊时，他会看到可能性，会找到方向，这是一个非常大的特点，究竟是天生的还是逐渐学习的，袁小林更倾向于后者。第二点，李书福有着非常广阔的胸襟。李书福有很大的包容性，这也是为什么不同的人才，会以不同的形式加入吉利大家庭中的原因。第三点，李书福有极强的学习能力。他孜孜不倦地学习各种知识，永远对这个世界充满好奇。任何事情都愿意与大家一起讨论，同时他提供不同的信息以开阔大家的视野，这都是学习的过程。

袁小林说，李书福的视野、心胸、学习能力是真正的企业家风范，这是一种修炼，与这样伟大的企业家一起工作的好处是自己也会被带入到一个不断修炼的过程中。

浙江吉利控股集团始建于1986年，1997年进入汽车行业，一直专注实业、专注技术创新和人才培养，不断打基础、练内功，坚定不移地推动企业健康、可持续发展。现资产总值超过3300亿元，员工总数超过12万人，连续9年进入世界500强。

吉利控股集团现已发展成为一家集汽车整车、动力总成和关键零部件设计、研发、生产、销售和服务于一体，并涵盖出行服务、数字科技、金融服务、教育等业务的全球创新型科技企业集团。集团总部设在杭州，旗下拥有吉利、领克、几何、沃尔沃、极星、宝腾、路特斯、伦敦电动汽车、远程新能源商用车、太力飞行汽车、曹操出行、钱江摩托、盛宝银行、铭泰等品牌，在新能源科技、共享出行、车联网、无人驾驶、车载芯片、低轨卫星、激光通信等前沿技术领域不断提升能力，积极布局未来智慧立体出行生态。吉利控股集团也是沃尔沃集团第一大持股股东和戴姆勒股份公司第一大股东。

吉利控股集团在中国上海、杭州、宁波，以及瑞典哥德堡、英国考文垂、西班牙巴塞罗那、美国加州、德国法兰克福、马来西亚吉隆坡等地建有造型设计和工程研发中心，研发、设计人员超过2万，拥有大量发明创新专利。在中国、美国、英国、瑞典、比利时、白俄罗斯、马来西亚建有世界一流的现代化整车和动力总成制造工厂，拥有各类销售网点超过4000家，产品销售及服务网络遍布世界各地。

安聪慧：造车是一场没有终点的向上马拉松

"稳如泰山"是吉利战略定力的体现，吉利的战略定力就是造车20多年一路向上的

马拉松。现在,吉利进入中国汽车向上马拉松"领跑者"的第二个阶段,要实现从产品和销量领先到技术和品牌的领先,并跑入世界汽车马拉松的赛道,形成领跑优势。为了做到这一点,吉利唯有一路向上,必须时刻全力以赴。

——吉利控股集团总裁,吉利汽车集团 CEO 安聪慧

安聪慧的演讲

现在随处可见的领克,上市时间是 2017 年 11 月 28 日。在上市会上,安聪慧发表了一场堪比汽车界"国王"的演讲,这是中国汽车工业"新时代、新可能"的分水岭。所不同的是第二次世界大战中"国王"的演讲,鼓舞的是当时的英国军民;安聪慧的演讲,鼓舞的是当下的中国汽车人。

算上"欢迎""感谢"的客气话,安聪慧的演讲不足千字,却分量十足,懂行的人能读懂其中的信息。例如"共同见证领克 01 上市的历史性时刻,领克引领中国汽车品牌进入全新时代,推动中国制造迈向高端领域。从项目酝酿之初,到领克 01 推向市场,卧薪尝胆整整 5 年。感谢每位朋友、伙伴的支持和鼓励,感谢员工们付出的汗水和智慧。"安聪慧特别提到了用户的耐心等待,并加大声音说"你们的等待是值得的""我可以骄傲地讲:We made it,我们做到了。"

安聪慧的演讲犹如许海峰当年在洛杉矶奥运会上夺冠一样,令人心潮澎湃。安聪慧说,制造业是立国之本、兴国之器,在打造自主、强大、具有国际竞争力的汽车工业强国的伟大追求中,吉利汽车责无旁贷。

20 年前,吉利带着创新驱动发展、产业振兴经济的初心进入汽车行业,始终坚持以市场为导向,以用户为中心,整合全球优质资源,不断寻求转型升级的机会。在不断挑

战自我的过程中，愈发自信；在掌握核心技术、形成创新体系、铸就世界品质的探索与实践中，独辟蹊径，初露锋芒。安聪慧表示，要挑战传统、打破常规。欧洲设计、欧洲技术、全球制造、全球销售的领克汽车就是名副其实的造车新势力。领克代表了中国汽车工业的最高水平，参与重塑全球汽车产业的格局，开辟出融入世界、走向高端、引领潮流的领克模式。

夜幕下的灯光把宁波赛车场的轮廓照耀得足够霸气。在属于吉利自己的偌大赛车场上，领克01的上市更像是一个确认的成功仪式，毕竟在捅破价格这层窗户纸之前，领克从诞生之初就已经享受到了其他自主品牌，甚至合资品牌也没享受过的礼遇和关注。人们此时对领克的溢美之词，不仅仅是给吉利的，更是给中国汽车品牌的。其他人不会干、干不了、干不好的事，领克都能完成。

现在的李书福也不再急着往前冲，而是一心一意做谋略。领克01上市当天，当选为全国工商联副主席的李书福从北京飞抵宁波。作为主人的他，此刻更像一名旁观者，或者说是作为客人去参加一场普通活动而已。只是，在时任领克常务副总经理易寒发布完15.88万~20.28万元的价格后，李书福笑称"这么好的车，价格便宜了"。

吉利汽车销售总经理林杰说，领克品牌刚一发布，全国就有上千家投资人在申请做领克的渠道经销商，其中75%都是有合资品牌经验的经销商集团，不乏奔驰、宝马等投资人。当年领克品牌一推出，优先在全国一线城市和二线主流城市发展100家经销商。领克01只是其一，在可扩展的CMA平台，还会有领克02、03，甚至更多。吉利2020年200万辆的"20200"的目标，就是眼前的事。

领克的上市引发了很多人的关注，不仅自主品牌，主流合资车企甚至豪华品牌都很关注，有些人认真看了在各大平台的直播。现在的吉利不再是一款车火不火那么简单了，作为一种现象，吉利可能会长期持续。

安聪慧在演讲前，刚从白俄罗斯回国。吉利投资的首期年产6万辆规模的白俄罗斯工厂正式建成投产，首车是博越。在中国，白俄罗斯驻华大使的座驾就是博越。在白俄罗斯，公务用车优先采购博越，白俄罗斯总统卢卡申科更是身先士卒。把安聪慧当作国宾的卢卡申科拥抱着他说，希望吉利的新能源车也到白俄罗斯投产。安聪慧告诉我，以白俄罗斯为标志，吉利的出口将告别简单的贸易，转而输出技术、品牌。

在宁波正式上市前半年的上海车展前夜，领克在黄浦江畔进行过一场专门的品牌之夜发布会。很国际化的LYNK & CO以"领克"的中文名实现了和中国市场接地气的对接，尽管在公布中文名后在社交平台上不少人帮其出主意用更朗朗上口的"领袖"，但是这丝毫不影响 LYNK&CO 在上海车展受到的追捧。LYNK & CO 引发的关注是自主品牌厚积薄发，确切地说是近20年累积的爆发。前往品牌之夜发布会现场有跑步、游轮、共享单车、公交车等方式，品牌调性所首倡的"城市对立美学"概念及造型设计搭配来自上海城市24小时的光影变化，现场国际化的派对。让人有种恍如隔世的错觉，认为这样的场景应该是豪华汽车品牌，而事实上，打造这一切的正是吉利。

我和安聪慧选择以跑步的形式到达会场，从下午到晚上的发布会，安聪慧时而一身运动装，时而一身休闲装，时而是商务装，魔术般的服饰变换很潮很搭，也符合 LYNK&CO 的品牌调性。领克高级副总裁魏思澜坦言，诞生之前 LYNK&CO 的优势是没有品牌包袱，但问题是"一张白纸"也并不好描绘。中文名被命名为"领克"的SUV只是 LYNK & CO 内部代号的 01，与上海车展同台亮相的还有全球首发的 03，是一款看上去有板有眼的三厢车，而 02 也将择机发布。也就是说，吉利为 LYNK & CO 准备了"一揽子"车型。

与安聪慧边跑边聊时，他说外界所感受到的吉利近两年的"开挂"不是某个环节做好了，而是全方位的。人们率先或直观感受到的营销"开挂"，其背后是从研发、工厂、技术、试验试制全方位的投入和更新，如年产 60 万辆产能规模的工厂仅直接投资就有40多亿元。

欧洲技术、欧洲设计、全球制造、全球销售是 LYNK & CO 品牌的核心四要素。LYNK & CO 03 概念车完美呈现了 LYNK & CO 品牌"都市对立美学"设计理念的精髓，让设计不止于型，更带来触及心灵的共鸣。中文名领克的"领"，寓意领先与引领，以开放的思维、潮流的设计、前沿的技术始终领时代之先；"克"，寓意改变与突破，通过创新科技连接人、车、世界，持续改善并改变出行方式。

造车是一场没有终点的向上马拉松

"造车是一场没有终点的向上马拉松。中国汽车市场目前正处于最艰难的调整变革阶段，我们要做好打持久战的准备，脚踏实地、实实在在地打基础、练内功，以技术和品牌作为核心竞争力，提升规模效应；在控制节奏的同时，拼实力、拼耐力，打开走向全球车企第一阵营的通路。也希望所有中国品牌共勉，一起助力和见证中国品牌的崛起。"安聪慧如是说。

2019年11月广州车展期间，伴随着众多选手争相爬上被称为"小蛮腰"的广州塔，"吉利帝豪向上马拉松2019中国公开赛"圆满收官。此前的一个月中，"吉利帝豪向上马拉松"

先后经过了西安、泰安、郑州、哈尔滨、成都、南京和天津7个城市的比赛。帝豪的向上马拉松虽然在广州车展期间收官，但是吉利品牌向上之路依然继续。与8个城市累计垂直攀登2433.8米的高度相比，吉利帝豪收获了270万名车主的信任。

广州活动现场三位世界级冠军亲临，将世界冠军的"向上"风采传递给每个人，霍尊、S.I.N.G女团等文娱界明星也到场助阵，为选手们登上"小蛮腰"广州塔加油鼓劲。同时，秉承着"体质向上，精神更要向上"的赛事理念，他们也作为"向上图书馆领读者"，现场为大家带来了多本有向上意义的书籍，并呼吁更多人一起加入"向上图书馆"捐书、荐书、读书的公益活动，为更多热爱阅读、有志进取的年轻群体创造阅读空间和条件，助推和鼓励全民阅读，精神向上。

起跑前，苏炳添作为冠军运动员代表，挥舞"向上马拉松"大旗，映衬着选手队伍中传递的"让世界充满吉利"旗帜，使"向上"精神成为更具有生命力的正能量，传递到每个人心中，助力提升整场赛事和选手的激情与速度。经过激烈角逐，刘勤华、塞穆华、蔡战、杨晚霞分别获得男子公开组、女子公开组、男子向上组及女子向上组的冠军，何亮亮、张辉冀和郝鸿鹏三人团队荣获团体公开组冠军。

赛事得到了杭州2022年第19届亚运会组委会的特别支持，成为一次践行"亚运精神"、助推全民亚运的盛事。此前，吉利汽车和杭州亚运会组委会在泰山站正式开启了"我为亚运赋能 争当火炬手"活动报名通道，并推出吉利帝豪"向上亚运版"车型。收官现场，三届吉利帝豪向上马拉松中年龄最小的选手，手握11项吉尼斯世界纪录、三项全国冠军和一项亚洲冠军的"中国最牛小孩"何宜德，获得了杭州2022年第19届亚运会开幕式首张门票，成为中国向上少年代表，将全民助力亚运会和向上精神推向新的高潮。

当前，全球正处于产业格局重塑、市场环境剧变的阶段，中国也正在跑一场"时代马拉松"。每个人的"向上"风貌、每个中国品牌的"向上"奋进，都将是中国腾飞的助力。在此时，没有什么比形成全民族、全中国的"向上"合力更重要。中国品牌"向上"力量在广州汇集，也正体现中国品牌跑入"世界跑道"、与世界竞速的宏伟志向和一往无前的气概。

作为中国汽车品牌,吉利汽车一直以来都以"向上"精神为自己"撑腰"，率先跑入"世界跑道"。近年来，吉利逐步实现产品结构高端化，终端零售价也不断提升。统计数据显示，吉利产品的平均售价由8万元以内上升至以10万~15万元为主，8万元及以上售价产品销量占比超过71.3%。

特别是旗下基石产品——吉利帝豪诞生后10年，从单一产品壮大为"帝豪冠军家族"，始终保持每年升级迭代的频率，以"品质、科技、时代感"实现对市场的领跑；以连续7年中国品牌轿车销量冠军，成为唯一跻身全国轿车前十乃至前五的自主车型，实现销量的领跑；以累计超过270万用户，成为A级/A+级市场多个细分领域的"冠军家族"，实现对中国汽车品牌的引领，更成为中国汽车品牌最坚实的"脊梁"。

面对多变的市场环境、竞争更激烈的"世界跑道"，以及"进入全球汽车企业前十强，同时成为最具竞争力和受人尊敬的中国汽车品牌"的宏伟目标，吉利汽车将始终坚定技术自信、产品自信、品牌自信和文化自信，继续保持战略定力和稳健的高质量发展步伐，保持"总体跟随、局部超越、重点突破、招贤纳士、合纵连横、后来居上"的战略发展方向，继续坚持产品为王，以技术和品牌作为吉利"一路向上"的两大抓手，最终实现在"世界跑道"中的领跑。

2020年，吉利销量领跑，以132万辆位居中国品牌第一。吉利SUV、MPV、轿车和新能源全品类均衡发展，实现对市场的广域覆盖，产品矩阵日益完善。领克、几何、星越、icon等高端化产品接连推出，产品结构高端化，终端零售价不断提升。吉利已实现L2级技术在轿车、SUV与MPV全品类的全覆盖，量产车型L2配置率和市占率已达到第一。坚持"以技术立品牌"，研发创新驱动科技转型。全球化研发体系（五大研发中心、五大造型中心），沃尔沃、路特斯、宝腾等品牌技术协同优势显著；模块化架构（BMA、CMA、SPA和PMA）领先；新能源技术领先（MHEV、PHEV、电池、电芯等）；智能网联技术领先（GKUI系统、L2智能驾驶辅助系统）。

听袁小林讲述"沃"这十多年

"对我来说，让我持续成为一个更好的人，对自己更尊重，是我在沃尔沃汽车最大的收获。"在谈及自己在沃尔沃汽车的十多年心路历程时，袁小林如是表示。

鱼和熊掌兼得

如果对吉利并购沃尔沃这些年所做的事情足够了解，就不会抱怨沃尔沃中国市场不尽人意的销量了。左手向市场要销量，右手是以产能为主的全产业链布局，在鱼和熊掌不可兼得的情况下，沃尔沃做到了"两手均衡发展"。袁小林坦诚：销量重要，但目前不是沃尔沃的全部。与销量几乎同步的是成都、路桥和大庆3个整车厂的建立，以及在张家口发动机厂的投产，完整的产业链布局才是构筑沃尔沃面向未来的压舱石和助推器。

说这话的时候，沃尔沃 2020 年又收获一个不错的业绩：在中国市场以两位数的增幅实现销量超过 16.6 万辆。

沃尔沃汽车集团全球高级副总裁、亚太区总裁兼 CEO 的袁小林，是吉利并购沃尔沃的关键人物，也是 12 名沃尔沃汽车全球管理层之一。

袁小林对 2020 年疫情之下的增长非常满意，既来自自己的深刻体会也来自沃尔沃整体的布局。吉利并购后，把沃尔沃的复兴分为 2010—2016 年战略转型和 2016—2020 年可持续增长两个阶段。而在中间还夹杂着许多"补课"。例如，原来在福特旗下，开董事会的时候，能拿出 20 分钟时间讨论沃尔沃就不错了。吉利并购沃尔沃后，为其构建全新产品战略和车型，进行了沃尔沃品牌 90 年以来最大的投资计划，完成了 SPA、CMA 两款模块化架构的研发，并在产品战略上确定了平台化、轻量化、电气化和互联互通的未来发展方向，XC90、S90 和 V90 组成的全新 90 系等新车相继"放虎归山"。

而在中国市场，几乎同步建设了大庆、成都、路桥 3 个整车工厂和张家口发动机工厂。其间，还实现了成都工厂和大庆工厂生产制造的产品对美国、欧洲的出口。同样难能可贵的是，在这段时间内，沃尔沃一方面对未来有巨大的投入，另一方面保持了盈利。对比数据显示，吉利并购前的 2009 年，沃尔沃年销量是 33 万辆，而在并购 5 年后的 2015 年，销量突破 50 万辆，并在 2016 年达到了 53 万辆。年营业额也从 2012 年的 1250 亿瑞典克朗，增长到 2016 年的 1800 亿瑞典克朗，2020 年的目标为 2000 亿瑞典克朗。而这一切都得益于 2010—2016 年转型期进行的积累和投入。

袁小林说，从吉利并购开始，沃尔沃就没赔过一分钱。

大庆工厂是沃尔沃的一面镜子，遵循沃尔沃全球标准的工艺流程，虽然规划产能只有8万辆，但麻雀虽小五脏俱全，四大工艺门类齐全。尤其在环保方面，其经过处理的污水池能养鱼，这与阡陌纵横的百湖之城大庆的环境非常"搭"，其生产的90系列产品出口美欧，预示着工艺达到了智造的标准。生产60系列和XC40系列的成都和路桥工厂与大庆有着异曲同工之妙。

吉利旗下的沃尔沃，正在从一家根植于哥德堡的瑞典豪华汽车制造商转变为国际化汽车公司。研发、设计在瑞典，轿车的整车独立研发和设计能力在中国，还有美国硅谷研发中心和丹麦哥本哈根研发中心，更多是面向电子电气、互联互通等。对于全球来说，沃尔沃市场主要是欧洲、美国、中国及周边的亚太地区三大板块，并为此进行全球生产基地布局。美国工厂在2018年如期投产。每个工厂除了满足本土市场，还要有能力供应全球其他两大市场，这是沃尔沃全球制造战略的逻辑。

袁小林说，吉利并购沃尔沃没有多少秘密可言，就是一起再正常不过的符合商业逻辑的并购。并购后沃尔沃的发展理念同样遵从商业逻辑，如9款车型谱系的布局，是由于豪华车市场75%以上的目标市场都被这9个车型覆盖。沃尔沃的中期目标是到2020年在全球市场年销量达到80万辆，这意味着公司不仅需要全球所有生产基地释放产能，还需要建设新的工厂以增加产能。当工厂的规模效应出来后，质量、效率、成本都能够得到比较好的控制。把车型放在主要的市场生产，然后供应其他市场，这是沃尔沃实施全球生产战略的商业逻辑。

当然，在品牌塑造上，沃尔沃"以人为尊"的理念还需要"袁小林们"来破题，也不止袁小林这一任，此前的几任都没能将"高大上"的"以人为尊"的理念用接地气的表达方式把窗户纸捅破。好在，袁小林把"以人为尊"的品牌理念已经聚焦在"想你所想、护你所爱和与众不同"三大核心要素上。我认为，安全、环保、健康才是沃尔沃区别其他品牌的根本。例如，所采用的是婴儿皮肤可直接接触的内饰材料。

以中国市场为主的沃尔沃亚太地区市场，当时建立了以袁小林为领导的团队，陈立哲负责最重要的中国市场销量，赵琴负责企业公共事务。"台湾老乡"陈立哲也强调了"稳"的重要性，销量先提速后放量，几乎是豪华品牌发展的必经之路。沃尔沃比其他豪华品牌进入中国市场要晚，在经历了投资打基础的阶段之后，现在进入了以扩大业务规模和提高盈利增长为主要任务的阶段，在提速的带动下销售放量指日可待。

一个充满北欧风情的沃尔沃亚太总部2018年在上海嘉定落成并投入使用。遵从宝马、奔驰、奥迪等豪华车中国市场占全球市场"三分天下"的普遍规律，中国市场目前仅占沃尔沃全球17%的份额，13%左右的差距正是沃尔沃的机会和提升空间。

沃尔沃的中国梦

袁小林说,他的梦想是让所有计划买豪华车的人都能看一看沃尔沃,这样沃尔沃的销量最起码会增加一倍;如果都去店里试了沃尔沃,销量预计会增加4倍。届时,沃尔沃的品牌力和传播力都会相应得到提升。在代表着SUV、轿车和旅行车三大系列的XC、S和V进行产品力更新之后,如何让传播力与产品力匹配也是值得思考的问题。

袁小林除了沃尔沃亚太地区总裁兼CEO的头衔,沃尔沃汽车集团全球高级副总裁的身份使得他的格局更大。他深知无论是吉利集团还是普通消费者,作为中国人对拥有唯一一个豪华汽车品牌的期望。对于沃尔沃在2019年和2020年上半年分别实现的标志性的10万辆突破和18.4%的高于行业的增长率,袁小林谦虚地说"还可以更进一步"。毕竟,在谈到豪华品牌时,除了宝马、奔驰、奥迪的BBA,人们还习惯把沃尔沃与BBA挂在嘴边相提并论。

袁小林和时任中国销售总经理的陈立哲、副总裁赵琴等沃尔沃的高管团队,也想打破这个魔咒。现在,离捅破这层窗户纸已经不远了。李书福和吉利集团并购沃尔沃转眼8年,110亿美元投资所搭建的平台,为沃尔沃输血,换来了令人耳目一新的XC、S和V三大系列的产品,无论是SUV品类的XC90、XC60还是XC40,以及S90和V90、V60系列,凡是看过沃尔沃新车型的人,无不对其产品力竖大拇指。沃尔沃在欧洲和美国市场销量的强劲增长亦是佐证。只是,尽管中国市场在去年取得了标志性的10万辆销量,业界似乎还是"不解渴",人们对沃尔沃的期待显然更高。两个维度,与宝马、奔驰、奥迪动辄一年50万辆左右的规模相比,沃尔沃差距不小;与自身大庆、成都和路桥3个工厂约30万辆的产能相比,销量上有约20万辆的缺口。

解决了产品力的沃尔沃可以借助家门口中国市场的主场优势,完全可以表现得更好,如袁小林和陈立哲坦诚,外界关切,品牌和价格皆有提升空间。为此,沃尔沃进行了不同维度的"号脉、会诊"。袁小林说,沃尔沃内部对半年高于市场平均18.4%的增速是满意的,但的确要思考如何变得更为强大的问题。为此,沃尔沃准备了一系列对症的"药方"。例如,沃尔沃在思考如何重新定义更加具象化的"以人为尊"的中国式表达方式。袁小林说,品牌建设确实充满挑战,这也是从市场、公关、销售,包括公司每个部门,都要持续保持明确状况和方向的"大问题"。如何将品牌价值落地成一个简单明确的概念,并且重要的是要不断输出和强化,包括尝试一些创新的方式。例如,前几天刷屏的"养生车",就是安全概念的延伸。袁小林表示,安全是围绕着人的,这也是沃尔沃的创始人一直强调的。现在所说的安全已经延展到更大的范围,特别是在中国,如健康,在沃尔沃有很好的储备。健康如此重要，怎么进行传播？如很多产品说，沃尔沃安全，我们也安全，在有些分数上还比沃尔沃高呢。一句话就把沃尔沃的优势化为无形；或者对于车内的空气质量，拿出一份报检测机构检测结果达标的报告，就可能又把沃尔沃的优势化解了。所以，在树立品牌形象的同时，要通过接地气的方式表达产品特点，这是今后沃尔沃团队要努力的方向。又如，在零部件售后服务上，有一些误传说沃尔沃的售后服务价格高，但真正拿出行业报告一看，沃尔沃的价格反倒是最有竞争力的。如何把这些价值让客户感知到，并且还能告诉自己的亲朋好友或周围能影响到的人，这些对于沃尔沃来说都需要"补课"。

沃尔沃在欧洲拥有非常不错的市场份额，但要付出更大的努力，才能跟上中国快速的市场发展节奏，这是当前对沃尔沃最大的挑战之一。袁小林说，这就要求沃尔沃必须保持合理的平衡，必须一直保持超过市场平均增速的业绩。只有这样，才能让品牌发展走出一条健康、正确的道路，才能让品牌真正得到市场认可。

身为马拉松爱好者的袁小林，以"跑量的积累"换取成绩的提升，来比喻沃尔沃销量的突破。在中国，沃尔沃很多突破性的发展是可以从物理数据上算出来的，如经销商的数量、所面临的市场竞争环境、产品、潜客的情况、竞争态势等。从这一点看，沃尔沃距离爆发点已经不远了。中国汽车市场很大，豪华车市场年增长能达到两位数，以沃尔沃的品牌、产品力和自身的努力，一定能在市场中取得一定地位。的确，沃尔沃的销量和品牌调性有提升改善的地方，好在最近几年销量一直是稳定增长的，这与其他品牌"东一榔头西一棒槌"的忽高忽低有着根本的不同，稳健是沃尔沃的"DNA"。

对于"眼巴前"的销量和品牌问题，虽然有解决问题的办法，但是拥有深度思考能力的袁小林更看中沃尔沃的势。他说，对市场短期的波动起伏，需要敏锐地注意到其变化背后的动因是什么，要有观察、有思考、有对策。从大势来说，他看好沃尔沃长期的向好性，中国的经济体量及汽车市场体量很明确，社会转型的方向同样非常清楚，特别是汽车工业，正在走向高端化、定制化和个性化，这些都是沃尔沃的机会。沃尔沃所追求的，无论是安全、健康，还是智能互联、电动化、自动驾驶、共享出行，都和社会发展方向，以及人们汽车消费主流的方向相一致。这也是沃尔沃提出的未来十年年销量50%为纯电动车、50%为合约车、1/3是自动驾驶汽车，成为全球汽车行业引领者的依据。

支撑沃尔沃大势的显然是体系能力，这也是袁小林认为的沃尔沃独特优势。沃尔沃一直坚持打造体系能力，不图眼前短期的发展，这就要求一定要想清楚，什么问题是短时间内必须解决的，什么事情是需要在中长期必须做到的，这也是沃尔沃充满希望的原因。沃尔沃在建立体系的同时保持着对外界发展的警惕，从而能够灵活应对。例如，在一次应对进口关税调整时，沃尔沃能够快速反应的背后，涉及全球规划、与总部的沟通、关税调整后的精密计算、短期和长期的影响及相应调整等大量工作，这些是无体系不能支撑的。

每年虚心问道是沃尔沃的必修课，如2020年的安吉问道。很多人知道安吉是"老谋子"拍摄《卧虎藏龙》的那片竹海，但并不广为人知的是安吉还是黄浦江的源头。这次问道，也去了竹海，沃尔沃如同"竹子开花节节高"的谚语，也如安吉是黄浦江的源头，捋顺了品牌定位的源头，沃尔沃会更加可期。

"沃"这十多年

白玉兰广场是上海北外滩地标性的建筑，从25层望出去，黄浦江尽收眼底，三足鼎立的金茂大厦、环球金融中心、上海中心等魔都地标近在咫尺，这些是沃尔沃亚太总部员工每天的工作场景，也是我在2019年年底看到的场景。

袁小林爱喝咖啡，而他不让咖啡撒在白衬衫上的办法，就是把咖啡装进保温杯里。他手握着保温杯刚一落座就自嘲地说："这里面不是枸杞。"和许多车企高管忙碌得没时间不同，同样忙碌的袁小林总是忙里偷闲地跑步，波士顿、伦敦、哥德堡、成都双遗等国内外的马拉松都留下了袁小林的步伐，甚至北极圈都留下了袁小林马拉松的身影。身高一米八多的袁小林谈不上魁梧，却身材健硕、精神饱满，犹如他带领的沃尔沃汽车。

从2009年的吉利集团并购总监，到沃尔沃汽车集团全球高级副总裁、沃尔沃汽车亚太区总裁兼CEO。作为吉利并购沃尔沃伟大事件的见证者，董事长办公室主任、董事会秘书、中国区总裁、亚太区代理高级副总裁等，袁小林经历了沃尔沃汽车所有核心岗位的历练。

起初，对于这个汽车圈的"外行"，多少会有人质疑。然而10年下来，袁小林不仅不外行，甚至很内行。在国际商业运作上他最懂并购，深谙游戏规则；在汽车高管中，他既是"马拉松"的善始善终者，也以外交、能源、并购等多领域的经历带来了更大的格局；在车企管理中，袁小林独树一帜，强调体系建设，以中国为核心的亚太区从仅仅188人，"魔术般"地发展成为一个拥有9000人、能全流程造车的强大体系。尤其是在2019年市场普遍受到挑战的情况下，沃尔沃在中国市场实现了两位数的强劲增长，首次迎来年15万辆的销量。为此，在年底举行的汽势家年华暨2019年中国汽车创新盛典上，把2019中国汽车创新年度人物殊荣颁给袁小林，褒奖这位十年功臣。

沃尔沃汽车花了11年的时间，厘清了战略发展思路，建立起了一个完整的体系，把产品节奏带回到符合市场发展要求、符合消费者期待、符合市场习惯上来，也是目前比较理想的发展状态。

袁小林说，传统车企一款车型的生命周期大概是7年一代，中间会经历一次大的改款，以及每年都会推出一个年款车型，这是汽车行业普遍的操作模式。但是沃尔沃汽车在2010年之前，并没有按照这个节奏来推出新产品；在吉利并购之后，迅速开始对SPA架构进行投入，让沃尔沃有机会调整到一个合理的产品节奏。结果新平台架构上制造出的产品，在细分市场的份额都有7%~10%的提升。这说明，沃尔沃的品牌力，在豪华车阵营有自己的地位和明确的受众群体。特别是在快速发展的中国市场，沃尔沃所坚持的理念和价值诉求被越来越多的人所认可。越来越多的消费者对企业所追求的价值观念和产品所呈现出来的特质产生兴趣。沃尔沃汽车2019年逆势所实现的两位数的强劲增长就是最好的佐证。

这是一个很突出的例子，充分反映了沃尔沃在收购以后，如何以理思路、理结构、建体系为核心，以前瞻的思考为指引，将这个一度遭遇巨大发展危机的品牌带回到符合市场发展要求、符合消费者期待、符合市场习惯的良性轨道上来。

"能够从188人的销售公司发展成为一个规模9000人的区域总部，并且真正地在产品领域有领导权和主导能力，这个不是简单地说卖了多少车能够体现出来的，这是一种体系能力。"不过，袁小林对沃尔沃的体系能力满意但不满足。

袁小林表示，沃尔沃从2010年开始，不仅在销量开始增长，销售网络快速成长，而且产品的研发生产、供应链和各职能部门都有飞速的发展。十年下来，沃尔沃亚太完全有能力来设计、研发、生产和销售，并运行维护这样一个庞大的体系。目前沃尔沃亚太有9000多名员工、3个整车厂、1个发动机厂和1个研发中心，还有600多家直接物料供应商和1000多家间接服务商，形成了一个完整的体系。

这中间，亚太区研发中心是沃尔沃全球研发的有机组成部分，更在轿车开发、电气化、智能化等领域领导和推动着全球研发的发展。袁小林强调，沃尔沃亚太在整个沃尔沃汽车集团中，承担了全球轿车的领导任务，未来轿车领域的开发和商务都将由亚太区主导。

当然，对于这些，袁小林"满意但不满足"。他强调，必须时刻保持危机感，必须时刻总结：在品牌战略实施前，是不是可以规划得更好一些；在各部门的协同上，是不是可以更顺畅一些；花的每一分钱从中长期来看，是不是实现了效果最大化，"静静地把自己的事做好，结果才能一步一步显现"。

与此同时，体系建设也必须知道"根"在哪里，"魂"在哪里，市场是变化的，体系是变化的，但是一家企业要知道什么是不变的。行业都在求新求异，从有故事的角度做事情，才能吸引注意力，因为聚光灯只能照在一点上，但是如果只盯着聚光灯不断地出故事，这是否能够支撑一个企业？是否能够支撑消费者对它的信任？作为一个有远大理想的品牌，必须沉淀下来，必须清醒地认识到，品牌最核心的价值，才是大家最终愿意去选择它的原因，而这个核心对于沃尔沃而言就是安全和健康。对沃尔沃来说，90%的工作是把握这样一个复杂的体系，然后把自己的强项——基于价值观的东西做出来，这是必须静下心来实实在在去做的工作。

"对我来说，让我持续成为一个更好的人，对自己更尊重，是我在沃尔沃汽车最大的收获。"在谈及自己在沃尔沃汽车的10年心路历程时，袁小林如是表示。

沃尔沃汽车从1927年成立，对于安全的坚持，对于人和生命的尊重是这个品牌始终传承的核心精神。袁小林说，他没有任何一刻对沃尔沃品牌所坚持的理念、追求的价值观有过任何怀疑。从他参与并购开始，对沃尔沃的了解就一步一步加深。"到真正进入到沃尔沃汽车之后，我每天生活在其中，会有更立体的理解，尤其当我接触到这个企业方方面面的时候，更清晰地了解到什么是安全、健康、可持续"。

沃尔沃从瑞典发源，相当长一段时间以欧洲作为运营的核心。吉利并购沃尔沃10年后，沃尔沃成长为一家真正的全球化企业，在欧洲、亚太、北美都建立了完整的体系，在这个过程中不同的价值观和沃尔沃的品牌核心精神不断融合，这是一个在坚持中不断兼容并蓄、不断发展的过程。以沃尔沃全球董事会为例，成员来自多个不同的国家，拥有不同的经历和背景，当这些人聚集在一起时，一定会在做任何决策的时候反映出企业的价值观与它的包容性和发展性，这是一个相互丰富的过程。

而这种文化也深刻影响着置身于其中的每个人。袁小林说，他的幸福时刻和感动瞬间，就是想到女儿的情形。有了女儿之后，让他看世界的眼光很不一样，女儿让他对生命感悟更加丰富，更加直接触摸到内心的部分，也会让人更有使命感，这和沃尔沃的核心追求是高度一致的。每每想到这些，就让人有动力，一定要追求更好，一定力求做到完美，一定要尽量达到最佳。就像高晓松说的：永远轻盈，永远滚烫，永远热泪盈眶。

袁小林说，没想到会因为沃尔沃在2017年宣布全面电气化战略，而被《财富》杂志评为"改变世界的50家公司"之一。这使沃尔沃成为全球第一家宣布汽车电气化的企业，也使得电气化成为沃尔沃的核心战略。

中国和欧洲是沃尔沃汽车电气化发展的战略支撑。在中国，有得天独厚的条件推动汽车电气化，政府有政策支持，消费者有消费意愿。而在欧洲，柴油车是否应该继续被大规模使用受到质疑，电气化成为重要的解决方案。为此，现在欧洲很多国家，从政治讨论、立法、政策及税收方面都不断推进。从全球发展趋势上看，电动化已经是明确的共识。

沃尔沃汽车作为一个全球企业，每提出一个技术方案，背后都已经做了很多年的技术储备，包括弱混、中混、强混、插电等一系列的解决方案。这些解决方案适用于不同的场景、不同的基础设施和消费习惯，也需要平衡所在市场的政策和发展情况，以及厂家本身在自己实现可持续性发展等方方面面的考虑。例如，挪威已经全部实施纯电动化了。而另一个极端是一些新兴市场，不要说电动汽车，就是电的普及都是一个问题，对于这些国家和地区是不是更应该提供成熟的内燃机产品？袁小林说："不能把电气化当作一个非黑即白的事情来讨论，它是一个非常现实的选择，作为一个公司、一个企业，可以提供技术和产品，但电气化始终需要全社会各方的参与。"

"收入提高，成本降低，是企业获得更好回报的根本。以客户为中心，始终给消费者带来价值，是核心原则。"袁小林强调，企业再怎么运营，都只是中间环节，最终客户愿意购买，这才是根本。

研发方面要符合潮流，如何让车更智能，更了解客户，以客户的需求作为研发的依据，并且把这个需求满足的过程依靠产品和服务不断地反馈给客户。

在设计、生产等方面要审视哪些动作可以最好、最直接地反映出给客户带来的价值；销售公司在市场、销售、售后等所有环节上如何打通和优化，必须考虑如何才能让客户花同样的价钱，获得更大的价值。企业和经销商之间要协调、配合，流程上更加顺畅，资源分配上更加紧密，最终的目的是要客户对价值有感知。

在成本控制上，一方面是效率的提升，如在电动化领域，如何做到电池、电机、电控等效率的优化；另一方面要考虑成本和投入的优化，如最近沃尔沃汽车和吉利集团所探讨的合并传统内燃机业务，就是希望用更大的协同效应实现投入的优化。

袁小林同时强调，反应力和执行力是从卖方市场到买方市场的必备能力。2018年沃尔沃应对国家"下调关税"及时做出反应，让袁小林印象深刻："进口车是有周期的，进来已经是上完税的，有在经销商库里的，有在沃尔沃库里的，还有上完税还在海关库里的，一般而言决定是不是要跟随关税下调来下调售价，这是一个很耗时的计算和决策过程。但我们只用了5分钟做了决定。"袁小林说，"关税下调"这件事本身2017年就在讨论了，沃尔沃不断地在设想什么时候出现，应该制定什么样的策略，以及所有的选项影响是什么，信息一直在更新。

袁小林说，事情真正发生的时候，他刚到印度，落地即接到电话，又马上买机票连夜飞回来。回到中国后第一时间向沃尔沃全球更新了情况，随后立即做出决策，当天就对外进行公布。袁小林表示，面临激烈变化的市场，可以迅速做出反应并且执行下去，让合作伙伴、客户可预期、可信赖，这才是沃尔沃想要的结果。

第四章　奇瑞风云人物

走进尹同跃的汽车理想国

2017年9月举行的第67届法兰克福车展上,来自中国的奇瑞汽车和长城汽车高端品牌WEY引发了欧洲市场的高度关注,两家车企均拿出了即将在中国投产的新车型和概念车型,此次参展引发了CNBC、YAHOO FINANCE、The Drive等多家权威媒体竞相报道。其中,Automotive News(欧洲汽车新闻)报道称,奇瑞将在法兰克福车展上打开通往欧美市场之路。奇瑞汽车和长城WEY所在的法兰克福展览中心成为名副其实的中国馆,尹同跃和魏建军每个人脸上都洋溢着笑容。时任奇瑞汽车总经理的陈安宁全程英语的开场演讲令人印象深刻,欧洲媒体也多用国际化描述奇瑞和陈安宁。

把中国汽车送到汽车发明国的德国参展,效果轰动,过程曲折。奇瑞汽车展示了两款代表未来设计语言(后来在中国以星途品牌销售)的全新车型。中国驻德国大使馆官员孙国旺专程从柏林坐了3个半小时火车赶到法兰克福为奇瑞汽车助阵。在2016年的柏林马拉松期间,我曾经做客中国驻德国大使馆。位于施伦普河畔的中国驻德国大使馆门口竖立着狮子、华表等具有代表性的中国标志,使馆面积在中国驻外使领馆中数一数二,有专门的大使会客厅,偌大的剧院规模不比普通电影院小。曾是一汽-大众总经办主任的孙国旺在使馆负责中国制造2025与德国工业4.0的对接,工作职责涵盖汽车,却不局限于汽车。

尹同跃和孙国旺都是一汽-大众的青年才俊,两人一起参与并见证了一汽-大众的创立、筹备的过程。由于工作原因,尹同跃成了奇瑞的董事长,孙国旺也从一汽-大众离开,但是两人是亲密战友,是睡过上下铺的兄弟。法兰克福车展开幕当晚,尹同跃宴请几个中国媒体,席间孙国旺非常激动,没想到会有这么一天,中国汽车会参加世界汽车鼻祖所在国的车展,个中滋味百转回肠。

中国汽车的不容易一直以照片的形式保存在尹同跃的手机里,尽管有些照片是尹同跃通过翻拍才保存到手机里的,但是里面的每一张照片都是一个中国人关于汽车的故事。尹同跃是安徽人,从合肥工业大学前身安徽工学院汽车制造专业毕业后,青春年华是在地处东北黑土地的一汽度过的。从1984年大学毕业进入中国第一汽车集团公司红旗轿车厂任工艺员,到1996年离开一汽-大众创立奇瑞,在一汽集团的12年时间里,除了一汽-大众总装车间主任、物流科科长等诸多头衔,以及一汽"十大杰出青年"的殊荣,最让尹同跃难忘的激情岁月是1989年10月—1991年10月参与一汽-大众成立前的准备工作:到德国大众汽车集团是名副其实的技能学习;而去美国所谓的学习实际上是拆工厂,体力活儿的成分更多。

尹同跃格外珍视在一汽-大众的"德美"那段经历。

汽车面孔：黄金一代汽车人

一汽-大众正式成立前，一汽以2万辆奥迪CKD配件的方式获得了大众在美国宾夕法尼亚州威斯特摩兰淘汰工厂的设备，后来又把设备当作与德国大众合资股权的资本。一汽与大众之间的这桩买卖，至今都堪称商业上的经典案例。

尹同跃是去美国威斯特摩兰拆装大众美国工厂设备的百人之一。始于1989年，整个工厂拆迁前前后后历时一年半之久，拆解过程劳神，主要的不只是拆，而是拆后还得按序编号，运回国内还要组装上。为此，一汽采用了谁在美国拆谁在国内负责安装的分工策略。被一汽选送到美国进行拆解的员工多是有头有脸的人，尽管在美国的日子非常艰苦，但一听说是去美国拆解工厂，大家都兴奋得不得了。

现在很难想象当时的情况，去美国拆解每人每月补贴7美元，这样的结果就是连剃头都得同事之间互相剃，理发店是去不起的。即使每月只有7美元的补贴，包括尹同跃在内的很多员工，也催生靠积攒补贴买冰箱、洗衣机等大件的想法。

尹同跃说，美国人并不干活，类似于监工，但是看到这帮中国人如此玩命又很心疼。在美国拆设备期间，头脑灵活的尹同跃短时间内和美国人打成一片，成为称兄道弟的"哥们"。由于工厂在宾夕法尼亚州，毗邻五大湖区。每逢周末，美国人就会开车去湖区钓鱼，并盛情邀请尹同跃一同前往。尽管是周末休息时间，但是出门还是有纪律的，尹同跃在请示领导获得批准后，才可以和美国人一起去钓鱼。美国人钓鱼很先进，会根据湖底鱼群的活动空间进行定位，小的钓上来后放生，结果没用多长时间，就钓得三五百斤鱼，美国人不吃鱼头，整条的鱼掐头去尾，只剩下鱼肉。与美国人混得不错的尹同跃，分到了很多鱼。

对于在美国拆设备的百十口子中国人来说，能填饱肚子就不错了，吃鱼那是非分之想。带鱼归来的尹同跃回到工厂后，迅速找到领导，领导还比较正式地开了如何分鱼的协调会，最终的方案是以班组为单位，每个小组都分得20斤左右的净鱼。回想起30年前的分鱼、吃鱼时大快朵颐的场景，至今尹同跃都津津乐道。

后来，美国人钓鱼的时候，大多叫上尹同跃；偶尔不叫，同行的中国人反倒不高兴了。而且尹同跃周末出门不仅不需要再向领导请假，反倒是工友们看到周末尹同跃没出门不习惯了，并催促尹同跃和美国人一起去湖区钓鱼。随着和美国人越来越热络，尹同跃也"得寸进尺"起来。有一次，又照例钓了不少鱼，正当美国人按照惯例将钓上来的鱼掐头去尾的时候，尹同跃说鱼头不能扔进湖里了，美国人哪里懂得中国人吃鱼贵在鱼头的习惯。在沟通之下，美国人把鱼头全部给了尹同跃，回到宿舍的尹同跃兴奋极了，这回带回来的是个顶个的大鱼头，每个班组的伙食由打牙祭的吃鱼肉升级为味道鲜美的上等鱼头汤。

没多久，美国人请与他们关系愈加密切的尹同跃去打猎，当尹同跃像往常一样向领导请假时，得到的是不被允许的命令。领导的原话是，钓鱼还可以，没多大风险；狩猎则不同，那得动枪，这都是真枪实弹的真家伙，万一擦枪走火，后果不可想象，万一出点事情没法向父母交代。虽然没能与美国人一起打猎，但是仗义的美国人还是给尹同跃送来了战利品——鹿肉，由于鹿肉很柴，受欢迎程度远不及鱼头。

那是一段艰苦却非常难忘的日子。虽然去美国拆解设备的人来自五湖四海，但是长期在东北生活养成了吃米的习惯，拆解又是体力活，为了节约开支，他们就四处买便宜的大米。当他们从台湾人手里廉价买到临近过期的大米的时候，每个人如获至宝。

这些故事一样的事实从尹同跃口中讲述出来的时候，每个中国人都能感受到中国汽车工业体系的不易。经过历时一年半的拆设备并对每个零部件进行标定之后，所拆设备以集装箱的形式漂洋过海，辗转运送到长春。与拆设备的时间几乎差不多，这百十口子人又用了将近一年半的时间把设备安装、调试完毕。后来才是大多数人熟知的一汽－大众的正式成立和捷达作为首车的下线仪式。

有更大抱负的尹同跃在一汽－大众做到厂长级之后，被时任芜湖市市长的詹夏来在一次长春的公差中赏识，挖到了奇瑞，并成为奇瑞汽车的创始人之一。

2020年60岁的尹同跃执掌奇瑞汽车22年，看得见的数字是累计900多万辆的保有量，一个堪称自主品牌天花板式的里程碑。而人们时常看见却容易忽略的是尹同跃日渐增多的白头发，尽管他始终保持着娃娃脸上的微笑。当然，白也没那么夸张，而是黑中带些银丝的白，也犹如黎明前的黑暗中的那种鱼肚白。时尚圈的人把带有青丝白的男人称为潮男。据说,为了成为潮男,去理发店专门漂染青丝者大有人在。尹同跃的青丝白,可不是去理发店漂染的,他既没有那闲工夫,也没有如此雅兴。这个潮男的青丝白是熬出来的。对于奇瑞汽车,他每天一睁眼,考虑的就是几万人的吃喝拉撒睡;对于中国汽车工业,他所做的每一步,终极目标都是在世界汽车工业的历史上有中国汽车的好声音。对于他个人,除了他扮演的奇瑞汽车掌门人的商业角色,我们也应该站在一个中国汽车人的角度去看待。

2020年,奇瑞的保有量超过900万辆,并有望成为第一个保有量破千万辆的自主汽车品牌。尹同跃是全国人大代表,2020年"两会"受新冠肺炎疫情影响,我和他虽没能像往常那样见面,但还是以电话连线的形式,和正在参加"两会"的他聊了半天。2015年,奇瑞第500万辆汽车下线之际,我曾写过一篇拙文,说了说这些年我所接触的尹同跃。

初冬的大连寒意尽显,海风吹面相当刺骨,全新瑞虎5在号称辽宁省省长一号工程的大连工厂上市。当晚,当满载着媒体和经销商的大巴返回酒店休息的时候,很多人并不知情,刚刚在台上讲话的尹同跃从工厂直奔机场,搭乘了最后一个航班从大连返回北京,第二天一大早等待他的是一个很重要的会议。而在当晚的发布会之前,尹同跃才坐乘火车抵达大连。

这样的桥段是尹同跃主政奇瑞多年的一个缩影。1996年成立的奇瑞与1998年创刊的《北京晨报》年龄相近,长期从事汽车产业报道的我,从奇瑞首车下线(还没有拿到被人们称为"准生证"的目录)的时候起,就接触奇瑞和尹同跃了。那时的奇瑞只有几间如今看来堪称文物的茅草屋,当时的很多决策是从芜湖铁山宾馆诞生的。我与尹同跃的接触便始于此。

尹同跃有一张"招牌式"的娃娃脸,笑声非常爽朗,但严肃起来不怒自威。当时一心想干汽车行业的安徽省领导,攀亲戚般地找到时任一汽－大众车间主任的老乡尹同跃。在今天看来,没有了尹同跃的一汽－大众会"山不转水转",但是没有尹同跃,肯定就不会有奇瑞的今天。官至安徽省常务副省长的詹夏来,在芜湖市长助理任上带队去一汽集团取经,想干汽车行业的雄心同时打动了同为安徽人的一汽老厂长耿昭杰。各种机缘巧合,让尹同跃放弃了效力12年的一汽,回到了家乡安徽,作为创始成员加盟奇瑞。

我曾问过尹同跃当时放弃一汽加盟奇瑞的根本原因,性情中人尹同跃回答:"在一汽－大众干得再好,说到底是给洋人打工;而自己干,干得再差也是长中国人的志气。"

尹同跃的志气,有"干不成,跳长江"的名言为佐证。为了生产首款轿车,奇瑞花2500万美元从英国福特公司引进一款发动机和一条生产线,引进合同是按"交钥匙工程"签订的,英方派来负责安装工作的20多名工程技术人员,干活松松垮垮,加上工程技术复杂,后来几乎做不下去了。在这种情况下,要么继续让他们晃晃悠悠地做下去,要么干脆让英国人提前回国。但是,自己干风险太大。尹同跃实在忍受不了还是未知数的等待,他权衡再三,决定大胆地冒一次险。时任芜湖市委书记的詹夏来表情严肃地问尹同跃:"干不成怎么办?"尹同跃义无反顾地回答:"干不成,跳长江!"

不久,生产线成功组装并首车下线,自然让人对倔强的尹同跃刮目相看。尽管在奇瑞挂靠上汽集团拿到生产目录的过程中,发生了不少故事,但都能化险为夷。

外国人造轿车,中国人只能干卡车的历史在奇瑞"寿终正寝"。而奇瑞给消费者带来最大的实惠也是应该被载入史册的:一款和捷达相差无几的奇瑞,价格却比捷达便宜近3万元。正是奇瑞捅破了合资高价格的窗户纸,奇瑞新车甚至在投放市场两三年的时间里,在华北、东北地区的销量逼近捷达。

芜湖奇瑞总部办公大楼的会议室内,尹同跃在黑板上写下了这样的一段话:"从芜湖到合肥,坐奇瑞和坐宝马一样能够到达,但是心里的感受不一样,别人看你的眼光和感受也不一样。宝马的性能和品牌构成了金币,包括奇瑞在内的中国企业现在处于饭票阶段,奇瑞需要通过体系和理念的转变把'饭票'变成'金币'。"这段话写于2012年8月底,这一年被称为奇瑞的变革之年。

经过多年的快速发展之后，2012年成为中国车市急踩刹车的分水岭，尤其是自主品牌与合资品牌泾渭分明的迹象更加明显。奇瑞也难以独善其身受到了波及，销量放缓的背后是产品、体系的不完备。尹同跃说，企业内因和市场外因缺一不可，使得奇瑞必须主动变革。我特别记得，在解释企业自身的问题时尹同跃并不护短甚至说得很深刻：经过15年的自主创新、快速发展，奇瑞已经成功突破了合资品牌的封锁；然而，品牌溢价能力弱、产品线过多过杂、管理粗放等，对奇瑞的可持续发展也造成过多限制。为了更好发展，奇瑞需要"二次创业"。导致奇瑞必须变革的市场外因是，国内汽车消费升级，低质低价产品在一二级市场逐渐萎缩。当时的数据显示，伴随着市场消费的逐渐升级，自主汽车品牌所占的市场份额从2005年的35%，陡然下降到当时的27%。尽管自主品牌所占市场份额逐年缩小，然而其竞争却是最激烈的，55家自主品牌企业争夺这27%的市场份额，这种市场的实际情况导致当时的自主品牌普遍困难。合资企业产品和价格的双下探，更加挤压了自主品牌的生存空间。

变革的目的是突破品牌的天花板。尹同跃认为，中国汽车的发展最终必须依靠品牌，因为品牌是垄断资源，只有品牌才能带来溢价，企业的发展才能良性循环。要打造品牌，产品的品质是基础，但是对于一个拥有上万个零部件的汽车产品来说，品质只能依靠体系，所以奇瑞变革动静最大的就是打造一个体系。尹同跃说，以前开瑞、旗云、奇瑞各自为政的研发体系不仅造成了开发资源的浪费，而且使得产品也没有一致性。例如，有些产品参考日系车，油箱盖在右边，有些参考欧系车就设计在了左边。过去这种产品之间没有共享的做法，既造成了资源的浪费，又不利于把产品做好。

变革后，由各自为政的横队变为纵队，做车身的集中精力在一起做车身，做电器的集中精力在一起做电器，做底盘的集中精力在一起做底盘。以前 10 个人做 8 个油箱，现在是 10 个人做一个油箱并把它做好。这种横队变纵队的体系还延伸至采购、销售、制造等全产业链上。为此，奇瑞专门组建了正向开发体系的技术梦之队：奇瑞汽车研究总院院长陈安宁博士效力福特多年，曾主导过福克斯项目；上海研发中心负责人是前泛亚总裁 RAY……这些上百人的专家型研发团队助推和增强了奇瑞正向开发，并形成了强大的体系能力。

尹同跃亲自操刀自奇瑞成立以来最深层次的变革，为奇瑞的可持续发展清障扫雷。现在看到的艾瑞泽系列和瑞虎 SUV 系列，所呈现出来的产品力、竞争力和品牌力，就是当年变革的结果。

在那年春夏之交李克强总理的拉美之行中，奇瑞巴西工业园项目扮演了中国装备制造业走出去的重要角色。陪同出访的尹同跃称，为了适应巴西的路况特点、油品及消费者的驾驶习惯，奇瑞做了大量的产品适应性开发和改进工作，如为了适应巴西特殊的油品需求，专门设计开发了 Flex Fuel 发动机等。而在人员本土化方面，巴西籍员工占比70%，最终将实现研发、采购、制造和人员管理的本土化。

"墙内开花墙外更香。"在国内市场立稳脚跟后，打造"国际名牌"也就成为奇瑞的战略目标。在"无内不稳，无外不强"的发展理念的推动下，奇瑞在发展初期就注重开拓国内、国际两个市场，积极实施"走出去"战略，成为中国第一个将整车、CKD 散件、发动机及整车制造技术和装备出口至国外的汽车企业，引领自主品牌走向海外市场。

截至 2020 年，奇瑞汽车累计出口超过 150 万辆，覆盖海外 80 多个国家和地区，出口量连续 18 年位居全国第一位。在海外建立了 1100 余家经销网点和 900 余家特约售后服务站，覆盖亚、欧、非、南美和澳大利亚五大汽车市场。同时，在海外建立了 14 个生产基地，通过这些生产基地的市场辐射能力，形成了较完备的海外销售和售后服务体系。

做好奇瑞品牌和做大奇瑞汽车集团并不矛盾。只有走进尹同跃内心的人，才知道他心中有一个理想的汽车王国：一个长中国人志气的奇瑞品牌和一个多元化的奇瑞汽车，且不是一个公司，而是集团。

对于聚焦一个奇瑞品牌，尹同跃的梦想是产品力、体系力和品牌力三部曲，这是塑造奇瑞品牌的纲领，奇瑞后续的产能、产品、规划的产业链都按照这个思路布局。奇瑞的多元化，则由不同品牌构成。在尹同跃看来，多元化的奇瑞汽车需要有不同的品牌分工和功能语言：豪华品牌 ABB（奥迪、奔驰、宝马）的目标客户，用奇瑞、捷豹、路虎品牌去打；中高端的客户，用观致品牌去打；中低端的客户，用奇瑞品牌去打；其他的诸如新兴市场，用凯翼品牌去打；年轻、环保的客户，用新能源品牌去打；全新的新兴需求的业务用捷途去打。

在奇瑞汽车500万辆下线的历史性时刻，尹同跃在写给用户的公开信中，描绘了奇瑞汽车的未来：我们从500万辆起再出发。未来5年，是中国品牌汽车发展的重要机遇期，能源问题、环境问题、交通问题日益突出，互联网技术与新能源技术的结合也必将给汽车行业带来新一轮的变革。奇瑞将坚持"技术、品质、国际化"发展战略，以更新的技术、更高的品质，为大家生产出更安全、更节能、更环保的汽车。

在奇瑞汽车累计500万辆下线仪式上，我曾经如是写道：500万辆是中国自主品牌的里程碑，更是一场青春接力。今天纪念第一个500万辆，是为了迎接第二个500万辆和更多的500万辆。对于尹同跃和奇瑞，我们需要跳出奇瑞去看奇瑞、看尹同跃，更需要跳出一家企业的商业行为看奇瑞，在企业和商业之外，奇瑞的对与错，都是中国自主汽车品牌的探索之路。

孙勇：18年前就吆喝半年工资买辆车

孙勇有过很多角色，也有过很多光环。《汽车商报》总编辑、中德诺浩（北京）教育投资股份有限公司总裁兼首席执行官、《中国汽车报》副总编辑、国机汽车（中进汽贸）董事、副总经理《经济参考报》汽车周刊编辑部主任。这位来自潇湘大地的高材生还在中国最基层的"街道办"工作过，还是我们《北京晨报》"北京人心中最有价值汽车品牌"评选的评委，也担任过两家汽车公司销售的"一把手"，奇瑞在前，南京菲亚特在后。现在看他的"老黄历"，也是一段不可跳跃的历史。尤其是在2003年担任奇瑞汽车销售公司总经理的时候，孙勇就前瞻性地有过"半年工资买辆车"的车价底线论。

《经济参考报》汽车记者的背景，使得孙勇在奇瑞销售总经理任上，与媒体的沟通异常顺利。就职刚一个多月的时间，孙勇就快人快语：奇瑞的目标是让消费者少花钱就能实现轿车梦。深知汽车行业暴利的孙勇甚至想，在保证质量和安全的前提下，奇瑞打破轿车的高价格。他认为，等消费者用半年工资就能买辆车的时候，中国的汽车价格才能让人相信是真的。

奇瑞是名副其实的中国自主品牌，那年上海车展却一头扎进了与宝马、法拉利并肩的国际展馆。孙勇说，之所以做这样的考虑，是考虑奇瑞公司和现在合资的轿车不一样，它是独立自主的中国汽车生产企业。它不是跨国公司在中国的一枚棋子，尽管奇瑞那时还很弱小，但是将来能长成参天大树，能找到自己的位置。奇瑞推出的"东方之子"B级车，改变一款车打天下的局面。奇瑞上海车展的活动也别出心裁：邀请奇瑞第1位、第100位、第1000位、第1万位、第10万位朋友到现场，把拍卖的奇瑞车卖掉，捐给中国青少年基金会建一所希望小学。

孙勇说："奇瑞轿车的目的就是品质与世界同步，价格与国际接轨。"奇瑞有一套完整的成本控制体系，在研发方面以我为主，整合世界资源，像通用、福特都是与国际上的一些公司合作，奇瑞也按照这样的方式运作。近两年实践下来，结果发现开发一款汽车并不像想象的那么困难，需要几百亿，或者更多资金，而且孙勇发现，跨国公司向中国合资企业的技术转让费，都会超过开发的整车费用，自行开发成本比跨国公司向合资公司转让技术费还低。

当时的环境下，孙勇承认中国汽车确实是暴利，但是某个合资企业究竟是不是暴利，其中情况不太一样。应该说，整个汽车产业中整车厂和零部件获得的肯定是暴利，但是中间区分也不太一样，有的可能是整车厂的暴利多一些，有的是配件、配套系统的暴利多一些，总体看利润都是比较丰厚的。

奇瑞一直关注如何让中国老百姓买车少花钱，通过下调产品价格，提高性价比。奇瑞售价10万元的车普降15%就是孙勇任上的代表作。

李峰：简单降价不是一招鲜

2021年，奇瑞24岁，正值青春年少。这对于志在打造百年老店的奇瑞来说只是序曲，在奇瑞汽车波澜壮阔的发展进程中，有很多人、很多事值得回味。偏居芜湖，却闻名四方，很长时间是中国自主汽车品牌的旗手。奇瑞的车子与赵薇扮演的小燕子和傻子瓜子并称为"芜湖三子"。不少汽车人都有过在奇瑞的经历，如孙勇、李峰、郭谦、陆建辉、秦力洪、杨洪泽、马德骥、高新华、贾亚权、金弋波、郑兆瑞、刘宏伟等，可谓"铁打的奇瑞流水的兵"。

有的人成就了奇瑞，奇瑞成就了一些人也是事实。

李峰的辞职，比他当初加盟奇瑞时更令人印象深刻。加盟时他低调得不行，而请辞时轰轰烈烈。尤其是辞职的时间节点巧妙到犹如一次精心的策划，奇瑞汽车副总经理兼销售总经理的李峰特意选择在2008年8月8日北京奥运会开幕那天，以微博的形式和奇瑞说再见，开创了微博辞职的形式。也有人戏说，那天是因为"喝大"了。可见，从骨子里看李峰是有想法的人。

这个有想法的人，在 2017 年临近年底，再次迈出人生职业新旅程，这一次从传统车企的北汽集团任上，跳槽到被宝能收购的观致汽车，出任观致汽车常务副董事长兼 CEO。时间似乎是一个轮回，10 年之后，李峰从某种程度上与奇瑞汽车再续前缘。毕竟，观致是奇瑞和以色列一家投资公司联合创造的汽车品牌。

当然，李峰加盟观致出乎不少人的意料。加盟观致的消息坐实之前，蔚来也曾是李峰的"绯闻"对象，还讲得有鼻子有眼的，说是加盟蔚来后将出任联合创始人。尽管是"绯闻"，但似乎并非空穴来风。在 2017 年 12 月初蔚来汽车在东方广场的蔚来品牌体验中心落成仪式上，秦力洪就聊到了李峰，我和他俩的认识都始于奇瑞，李峰是销售总经理，秦力洪是公关副总经理，两人先后离开奇瑞。李峰去了北汽，秦力洪在加盟蔚来之前还有过在龙湖地产的履历。秦力洪当时说，向李峰总经理这样的老领导没准儿哪天也就换地儿了。现在看来，李峰虽然加盟的是观致，但是很显然李峰和这位老部下很早就聊过了离开北汽的话题。观致之后，李峰以千万年薪的身价转会至东风悦达起亚，成为代表韩方的首个中国人。

说是奇瑞汽车副总经理，我理解更多的是因销售岗位重要的一种高配，从奇瑞母公司层面上说，也为了显示对销售公司的重视。从奇瑞辞职的李峰也由此开启了在北汽近 10 年的新职业生涯，在执掌北京现代多年后，北京现代常务副总经理任上超期服役的李峰在 2013 年 7 月升任北汽股份总裁——一个在北汽集团排位名列前茅的职务。北汽股份的业务单元涵盖了北京奔驰、北京现代及北汽绅宝等重要板块，北京奔驰不仅长期是北汽集团的赚钱机器，还为提升北汽集团的品牌形象镀金不少。

稍微扯远一点，北京现代和奇瑞还是挺有缘分的，除了李峰从奇瑞跳槽至北京现代，曾任北京现代常务副总经理的郭谦却是从北京现代辞任后去的奇瑞，并成为奇瑞与以色列合资的观致品牌的掌舵者。2017 年年初李峰被人称"老徐"的北汽集团董事长徐和谊委任为汽车研究院的高管，负责北汽面向未来的产品规划、研发等前瞻性研究。

现在北京正如火如荼地为举办 2022 年冬奥会快马加鞭，又一个奥运周期来临，我却忘不了李峰选择在北京奥运会开幕式那天辞职，直到今天我都认为李峰的辞职有特点。这与李峰从北汽辞任加盟奇瑞时又有着很大不同，当时奇瑞在济南有经销商开业，并推出东方之子的改款车型，刚刚走马上任的李峰在山东大厦和媒体简单寒暄后，李峰对其他问题总是笑而不答。李峰在奇瑞任上一度推崇过奇瑞汽车城的营销理念，就是在一个地区、一个市场，扶持一家大的经销商，从而保证奇瑞在当地市场的占有率能够"大差不差"。我参观过这种模式下的黑龙江哈尔滨哈德利和陕西西安的奇瑞汽车城。当时,这些李峰管理下的奇瑞销售商业模式也的确发挥了很大作用。除了黑龙江哈尔滨和陕西西安,在全国每个省的重点市场,都有与此类似的奇瑞汽车城。

进入角色的李峰也逐渐知无不言,言无不尽起来。最近合资项目已经挂牌一个,即奇瑞与以色列量子的汽车合资。量子出钱,奇瑞出技术。同时进行的另两个项目是奇瑞与美国克莱斯勒及和意大利菲亚特的合资谈判。那时的克莱斯勒和菲亚特还没成为人们熟知的"菲克"汽车集团。尽管最终没有谈成,但是对于和克莱斯勒、菲亚特的合资,奇瑞接触过,也认真过。时过境迁,奇瑞与量子的合资公司观致汽车虽然当时"瓜熟蒂落",但最后卖给了地产行业的宝能。而与克莱斯勒和菲亚特的合资再无下文,甚至很多人并不知道这段历史。当时流行一种说法,之所以和克莱斯勒没能谈拢,是从通用汽车投奔克莱斯勒的墨菲从中作梗,其中的过节在于当时奇瑞生产的QQ与被通用汽车收购的韩国大宇的SPARK大同小异,打过官司。韩国大宇在破产之前把部分技术卖给了奇瑞,奇瑞生产了一度风靡全国的QQ,而在通用收购大宇之后,把SPARK车型引入上汽通用五菱生产,由于两者"公说公有理,婆说婆有理",还闹得对簿公堂,最终判决是奇瑞QQ不构成对SPARK的侵权。

双方的过节成为克莱斯勒没能和奇瑞合资的绊脚石,那时的墨菲在通用汽车中国总裁任上退休后出任克莱斯勒分管中国业务的负责人。不过,历史也总是惊人的巧合,和奇瑞在通用汽车任上"结过梁子"的墨菲,后来一度出任奇瑞汽车公司观致汽车的"一把手",虽然时间短暂,却说明"不是冤家不聚头"。

在那次无话不谈的沟通会上,针对外界所说的奇瑞推出新车速度放缓,对销量是否有影响的担心。李峰解释说,对于企业发展,很难用单一的因素衡量。销量、技术研发、服务等属于客观原因,对于企业竞争方向的引导还是要从全方位、综合角度考量。

奇瑞汽车成立时间不久,基础差,需要靠勤奋,其发展不允许出错,必须步步为营,因此奇瑞更强调"内功"。目前自主品牌与合资品牌的竞争很激烈,降价不是"一招鲜",也不是不打价格战,而是需要根据企业与产品情况采取具体措施。对于情感诉求弱的企业,利益诉求需要强大,因此品质仍是基础保障。当年的数据显示,一季度奇瑞销量10.8万辆整体完成较好,位列前四,其中2~3月销量排行第三。那个阶段的奇瑞以小车市场为基础,做稳小车,循序渐进;随着市场的成熟,"一招鲜"已经没有机会,要做好的话,必须扎稳"内功",不能急于求成。虽然那两年小车市场整体下滑,但奇瑞小车占有率却有所提升。在奇瑞出口的车型中,主要以A5、瑞虎等车型为主,小车所占份额不多。目前奇瑞市场份额较大的车集中于 6 万~7 万元。例如，A5 是奇瑞近年的主流车，月均销售近 7000 辆，奇瑞对 A5 的理想销售目标为月均过万辆。

在奇瑞 24 年的历史上，李峰、孙勇、马德冀、金弋波、郑兆瑞、高新华、贾亚权等，都或长或短担任过奇瑞销售公司总经理，不过有影响力、有特点的还是李峰。

鲍思语的捷途现象

不管宝骏瞧得上瞧不上，一个把宝骏视为榜样的对手来了，这就是捷途。捷途是谁？怎么还瞄上了宝骏？

2017 年年底，在北京东郊中国电影导演中心亮相的捷途 X70 和 X70S，有板有眼，车长皆超过 4.7m，属于典型的中大型 SUV，以 7 座为主。黄健翔担任主持，捷途与央视《走遍中国》的战略合作等生态化场景，无不说明了同为 SUV 的捷途的与众不同，用行动定义旅途的捷途一出生就把自己的定位说得很清楚。在定位之外，为捷途助阵的尹同跃并不回避捷途对标宝骏的使命。

尹同跃的站台助威，让有的人想多了，担心捷途会不会抢奇瑞的戏，毕竟费了九牛二虎之力的转型好不容易回归到一个奇瑞。我的理解，捷途不是抢占奇瑞品牌既有的市场，而是为奇瑞品牌触及不到的市场"捡漏儿"，类似于上汽通用的五菱和宝骏，泾渭分明，也是井水不犯河水。

捷途首次亮相刻意强调的是一个全新的产品序列，而不是打造一个新品牌。从架构上，来自开瑞的捷途是奇瑞控股集团的商用车公司，奇瑞商用车目前有开瑞汽车、开瑞绿卡、客车三大子公司。说得俗一些，捷途与奇瑞汽车之间的关系属于同一集团旗下的兄弟公司。捷途属于奇瑞商用车的独立市场布局，与奇瑞汽车不是一回事，但亲兄弟之间也要明算账。奇瑞商用车与奇瑞汽车、奇瑞、捷豹、路虎同为奇瑞控股集团的板块之一。奇瑞汽车主攻乘用车市场；奇瑞商用车主攻商用车市场，属于奇瑞商用车的开瑞以超过 10 万辆的销量，在行业崭露头角。

捷途和奇瑞的关系并不重要，重要的是和市场的关系。在这一点上，捷途想得很清楚，也很执着。随着中国市场城镇化的提速，以及家庭用车需求的不断增多，一辆大空间、够安全且性价比优的多功能乘用车，很快将成为部分四五线城镇用户的购车"刚需"，而把市场瞄准"旅行+"，捷途显然有备而来。捷途将专注于 SUV 和 MPV 领域，规划了 4 款 SUV 和 3 款 MPV 的产品布局，X70 将作为首车在 2018 年 6 月打响头炮。在尹同跃看来，即便有奇瑞汽车和凯翼，特定细分市场仍有大片"蓝海"亟待发掘，捷途算是应运而生。为此，捷途是奇瑞商用车历时多年打造的一个瞄准升级用户自驾旅行"刚需"的全新产品序列，也是奇瑞集团提振未来销量的关键发力点。

如同黄健翔"他不是一个人在战斗"的金句，捷途有一个由个顶个的好手组成的团队在战斗。身为奇瑞控股副总经理的鲍思语是奇瑞集团的少壮派代表，营销总经理李学用在销售领域多个战线征战十多年。而捷途的合作伙伴、供应商也都是行业翘楚，中国移动、百度、科大讯飞、博世等合作伙伴把捷途武装到"牙齿"。鲍思语说，背靠奇瑞集团20多年的造车经验和600多万用户的保有量，捷途前景可期。而在营销上，捷途将从触点、体验和分享3个方面带动客户旅行生态圈的转动。例如，通过大数据平台充分了解用户，建立标签，线上通过智能交互与用户进行沟通，线下拓展和深化城镇购车圈，拉近与用户的距离，让更多人认识捷途。

有人说，凯翼没做好，又出了个捷途。殊不知，凯翼诞生时，奇瑞只投了20亿元；而凯翼售出的时候，卖了50多亿元。从投资经济学上看，奇瑞并没有输，反倒是干得漂亮。

4年之前我判断，从每年2000万辆规模的市场来看，车市多了个捷途，没什么不好的；3年之后，捷途每年的年销量超过10万辆。鲍思语、李学用、王磊等构筑的捷途成为汽车行业的一种现象，他们独辟蹊径开创的旅行+定位，在中国汽车市场大行其道。

第三部分
中西合璧

与全球大多数车企独资建厂不同，中国合资的模式很独特。外方有品牌和技术，中国有市场和资源成本优势。三十多年的合资合作经验说明，应该发挥各自优势，"合则两利，斗则俱伤"。

第五章　奔驰人物

奔驰在中国的成长是一种传奇，这种传奇是从两起事故开始的：一起是2001年一辆奔驰在浙江杭州的高速公路发生交通事故，因为种种原因安全气囊没有打开，舆论哗然；另一起是2002年因为质量问题武汉车主"牛拉大奔"的事件。应该说，奔驰在中国的开头并不完美，但是经过近20年的"拳打脚踢"，曾经的事故只是插曲，反倒是很多励志的人和事成就了奔驰在中国市场的传奇。

2017年初秋，在毗邻国家科技馆南侧的空地上，人们发现往昔空旷的平地起了"高楼"，严格意义上也不是楼而是临时建筑，但是造价和盖楼的成本差不多，被人们调侃。夜幕下的奥运核心区，耸立的奔驰三叉星徽标识与不远处的鸟巢、水立方、玲珑塔交相辉映。

这个造价不菲的临时建筑成为第十代奔驰S级及奔驰S级迈巴赫新车发布的场地，场地不仅深邃，而且被装扮得科技感十足。当时上百辆奔驰鱼贯而入，在可旋转的舞台上分立两侧，全新一代奔驰S在气势恢宏的交响乐中驶向舞台中央，林忆莲、周华健、李云迪、大S等知名艺人纷纷献艺。似乎只有这样的场景才配得上奔驰作为汽车发明者的鼻祖地位，也似乎只有这样的阵容才配得上奔驰是汽车第一品牌的殊荣。我甚至觉得，这个临时搭建的建筑用不了几天就被拆掉的范儿，也是奔驰品牌骨子里的气质。经过多年的磨合，北京奔驰已经成为国内豪华车市场最炙手可热的豪华品牌，一如奔驰S发布会当天的盛景。

时间过得真快，当我置身第十代奔驰S发布会现场时，想起了和奔驰的很多往事，2013年时已经产品力很强的第九代奔驰S发布会是在加拿大多伦多进行的，第一次去奔驰总部斯图加特更是20年前的老黄历了。

因为笔误，我和奔驰闹过笑话。那是2003年的上海车展，奔驰除了带来不少量产车型，还特别把旗舰品牌迈巴赫带到了中国，我对奔驰中国总裁韩力达的采访随即刊登在第二天的报纸上，时任奔驰公关经理的王燕一大早就给我打电话说"出事了"。原来，我把迈巴赫在中国一年近200辆的销售目标的计划，因为笔误多写了一个"0"，200辆变2000辆。由于包括《中国日报》在内的媒体把文章翻译后被外媒快速转载，文章很快引起了时任戴姆勒集团总裁施伦普的关注。施伦普打给韩力达的电话有些严厉又有些玩笑："祝贺你，韩力达先生，感谢您把迈巴赫一年的销量全包了"。那时，迈巴赫一年全球的销量也不足2000辆。

迈巴赫初到中国市场，迅速开了两家专卖店，一家开在北京东三环毗邻凯宾斯基饭店的燕莎商圈，另一家在香港的浅水湾。香港的迈巴赫展厅我去过两次，建在半山腰，展厅门面对大山，通透的玻璃展厅面朝大海，视野极好。偌大的展厅分别重点展示了迈巴赫57和迈巴赫63各一辆，展厅之大在寸金寸土的香港非常奢侈。有"八卦"说，张曼玉的别墅离迈巴赫展厅不远。只是，随着迈巴赫业务的日渐萎缩，迈巴赫香港展厅没能逃离关门的命运，再后来迈巴赫不再作为一个独立的品牌，而是逐渐过渡为奔驰S级旗舰车型。

给韩力达打电话的施伦普，他在戴姆勒集团总裁任上广为人知的趣事儿也令人忍俊不禁。自称奔驰绝对安全的施伦普没想到，奔驰被盗了，且被盗的就是他自己的座驾。后来GPS定位系统在俄罗斯发现了施伦普的座驾。所以有一种说法是，俄罗斯黑社会干的。

在奔驰作为世界公认的汽车发明者135年的历史长河中，有过很多总裁，蔡澈可算其中翘楚，在接替施伦普出任戴姆勒集团总裁之后，留着大胡子的蔡澈任期超过十年，且跌宕起伏，其间两次在争议中延长任期。最令人佩服的是，在奔驰进入低谷时，蔡澈一直强调奔驰重回第一的信心，并把时间表锁定为2020年。凭借强大产品力的爆发，奔驰在2017年超越宝马、奥迪，提前三年完成重回豪华车之巅的目标。不过，两度延长任期的蔡澈终究有退位的时候，在2017年年初的底特律车展和2019年9月的法兰克福车展上，康林松——一个看上去干练的大个子年轻人成为蔡澈的接班人。

北京奔驰作为奔驰在中国业务的主体，是戴姆勒集团与北汽集团的合资企业，蔡澈和徐和谊是双方合作的关键人物。奔驰在中国发展的进程中，费若铭、韩力达、赫博、麦尔斯、华立新、倪凯、唐仕凯、杨铭等外方人员，以及蔡公明、段建军、李宏鹏、付强、司卫、陈宏良、张焱、杨林、毛京波、王燕、官少卿、周娟、张孝菊等，北京奔驰销售服务有限公司或者北京奔驰生产厂的很多人，都为三叉星徽的熠熠生辉留下了深深的烙印。

韩力达：眼馋"北京户口"

初来乍到的韩力达把自己的履新称作和2003年4月开幕的上海车展一样新鲜，说这话的时候韩力达履职奔驰中国公司总裁刚刚两个月。不过，韩力达带来的都是些猛料，国产奔驰已经被提上了议事日程，而宝马在中国生产的事实或许能进一步加快国产奔驰落地的可能性。韩力达的原话是："我们正在就奔驰在中国生产的可能性与相关部门进行协商。"

"韩力达"是这位幽默德国商人的中国名字，Peter Honegg才是他的真名。韩力达希望奔驰在中国市场的表现能像他的名字一样"拥有力量，并且发达"。从事了多年亚太地区销售工作的韩力达出生在奔驰世家，其祖父和父亲在奔驰公司都工作了整整44年，而大学毕业后加盟奔驰的韩力达在奔驰工作的时间也超过了27年。虽然工作时长不及长辈，但中国公司总裁的职位在韩力达家族中已经是最高的"官儿"了。

"中国是世界上任何一个汽车厂商都不能忽视的市场，这正是奔驰为何要考虑在中国生产的原因。"韩力达说，2002年奔驰在中国的销量达到了史无前例的1万辆，中国市场之大还体现在目前中国市场已经拥有了12万用户，尽管这个数字只占奔驰在全球市场份额的1%，但是在未来中国将是奔驰在全球最重要的市场，这也正是奔驰在上海车展大手笔投入的原因。当年上海车展，奔驰仅在展台的搭建费就花掉400万元。那时，400万元的含金量不比今天的4000万元少。

用"兵马未动，粮草先行"形容奔驰中国公司的情况恐怕再恰当不过了。按照韩力达的说法，在中国正式生产奔驰以前，奔驰中国公司当前最重要的是在中国市场强化服务体系。按照规划，2003—2006年奔驰的销售专卖店将从33家增加至100家，地域分布遍布全国。这样，既为将来销售国产奔驰提供了可能，也给已有车主吃了颗定心丸。

韩力达在描述未来中国高档车市场的情形时说，高级车市场不会像经济型车市场发展得那样快，但是其市场容量应该是最大的。而在中国市场能够占据主导地位的恐怕只有奔驰和宝马。作为被全世界汽车爱好者公认能够提供高品质豪华车的品牌，梅赛德斯-奔驰自2002年开始即向中国市场的消费者提供其全系列产品，包括特种车型。

司卫任上规划30万辆产能

每天进步一点点是长城汽车的理念，也符合北京奔驰。

"在2010年取得5万辆销量后，北京奔驰谋划了一个更大的阶段梦：2011—2015年的规划，至少推出4款全新车型，并形成年产30万辆的规模。当年，北京奔驰GLK成功植入到冯小刚的贺岁电影《非诚勿扰2》。"时任北京奔驰执行副总裁的司卫在2010年年底接受采访时如是说。为了和奔驰品牌的调性相得益彰，奔驰特地把采访安排在北京国际俱乐部饭店二楼的一个会议室举行。北京国际俱乐部的分量够重，美国总统小布什任上访华时就下榻于此。

从每年不足7000辆的销量到2010年的5万余辆，对北京奔驰来说是历史性的跨越。司卫说：由于克莱斯勒品牌的业务2008年从北京奔驰中剥离，戴姆勒提出了一个将近67亿元的业务终止补偿计划。2010年北京奔驰依靠超额完成销售收入，实现了不再需要戴姆勒现金支持，使补偿金降低到38.72亿元。北京奔驰成立的最初几年，年产不足7000辆，连年亏损，年度目标仅仅为减亏。2010年北京奔驰第一次不依靠戴姆勒的补偿款，而单纯依靠自身业务发展而实现真正意义上的扭亏为盈，从过去依靠别人"输血"，转变为实现自己"造血"。

在奔驰2010年5万辆销量中，北京奔驰的国产奔驰占比超过35%，中国市场在戴姆勒集团的全球排名提升至第三名，其中C级车以3万辆的销量排名全球第三，E级车以超过2万辆的销量排名全球第二。北京奔驰的贡献，让中国市场成为戴姆勒集团全球最重要的区域市场之一。

合资企业中普遍存在的中外双方话语权问题，在北京奔驰并不是一个严峻的问题。司卫表示："在北京奔驰这个合资企业中，无所谓话语权大小与否，关键是看哪方所阐述的理论、事实是正确的。在技术方面，奔驰品牌必须得到尊重，这也是合资公司的骄傲；相反，在市场层面，中国人更加了解中国人的需求与喜好，所以外方同样尊重我们的建议。"

　　司卫的外方搭档后来由布切克更换为戴斯。北京奔驰合资生产业务一直采取外方任正职、中方任副职的搭档模式。布切克在北京奔驰工作将近6年，在北京奔驰任上退休的老同志不多，他便是其中之一。2011年出任北京奔驰总裁兼首席执行官的戴斯，曾负责戴姆勒集团全球采购，且在总部斯图加特长期任职，在戴姆勒集团内部拥有丰富的资源及工作经验，他可为北京奔驰未来的快速发展争取到更多的资源。

　　2010年是北京奔驰具有分水岭意义的年份。1月26日，原"北京奔驰－戴姆勒·克莱斯勒汽车有限公司"的招牌"寿终正寝"，正式更名为"北京奔驰汽车有限公司"。克莱斯勒的业务彻底剥离，北京奔驰全部重心转为奔驰业务。

　　在北京奥运会结束两年之后的2010年，北京市为"治堵"实施尾号限行和摇号购车政策。司卫表示：对整个行业来说，短时间内会有影响，尤其是对低价车型；但对高端品牌来说是机会。未来中国汽车发展速度，会相对趋于平稳，准确地说，是发展到一个正常增长的状态，前几年有些过快；但虽然每年增速将会有所放缓，其绝对值还是很大的，尤其是在二、三线城市。另外，随着人们消费习惯的改变，不同细分市场增长幅度也将不一样，特别是豪华车，中国豪华车市场较欧美等汽车发达国家还有很大的差距，因此，未来豪华车市场的增幅将会远远大于整个汽车市场的增幅。

　　根据当时的规划：到2015年，国产奔驰与进口奔驰在中国的销量比例，将从30%：70%转变至70%：30%；北京奔驰的年产能将扩大至30万辆。北京奔驰中外股东同时达成协议，戴姆勒投资2亿欧元在中国建设年产50万台的发动机工厂和研发中心，这是奔驰首次在欧洲以外的地区生产发动机。

和麦尔斯说再见

　　我们就要和那个身高超过180cm的大个子总裁说再见了！总戴着标志性黑框眼镜却笑容可掬的麦尔斯，在2011年12月1日卸任长达6年的奔驰中国总裁兼首席执行官。他留给中国市场的是一个从年销量2万辆增长到近20万辆的成绩单……

　　麦尔斯是奔驰继费若铭、韩力达之后的第三任中国总裁兼首席执行官，也是执掌中国市场业务时间最长的高管之一。麦尔斯的上司戴姆勒东北亚投资有限公司董事长兼首席执行官华立新这样评价其在中国的6年职业生涯：在麦尔斯先生的领导下，奔驰在中国的销量实现了从2006年的2万辆至2011年近20万辆的迅猛增长。奔驰在中国的经销商网络也以稳健的步伐持续拓展。

麦尔斯卸任的消息,引起汽车行业广泛关注,甚至有猜测说麦尔斯的卸任与中国业绩不佳有关。所谓的业绩,是放大到与奔驰的两个主要对手宝马和奥迪相比较的:宝马当年销售24万辆,奥迪近30万辆,而奔驰为15万辆出点头。奔驰高层把麦尔斯的卸任解读为正常的人事变动。"其实麦尔斯的任期早在2010年就已经到期,2011年是续约。当初续约只是到2011年3月,后来表示最晚不到2011年年底。所以此次人事调整并不令人感到意外,而只是一次周期性的人事变动。"奔驰中国特别解释说。例如,在麦尔斯任上,奥迪已经更换了唐迈和薄石两任外方总裁,只有宝马的史登科在任宝马中国总裁将近9年。不同的是,史登科是职业经理人,而麦尔斯是奔驰体制内的人。按照德国公司的惯例,中国区总裁职务一般为4年一个周期,麦尔斯已经超期两年了。当然,有人把麦尔斯的超期服役解读为奔驰中国与北京奔驰整合的需要,当时的奔驰中国来说,处于微妙时期,在奔驰中国、北京奔驰和利星行复杂的三方博弈中,再平添奔驰中国总裁换人一事,时机的确不合适。为此,麦尔斯超期续约对于当时的境况来说是周全之策。

对于麦尔斯的卸任,有奔驰中国员工客观地说:"奔驰在中国有今天,离不开这个虽然不会说中文,但比任何人都爱中国、懂中国的德国人。"麦尔斯任上,不仅实现了年销量从2万辆到近20万辆,大约10倍业绩的提升,还主导了奔驰年轻化的品牌定位及赞助世界自然文化遗产等体现奔驰企业社会责任的大事。

蔡澈吆喝重回世界第一

一场突如其来的大雪,让美国汽车工业重镇底特律更萧条了,大街上热力管道冒出的热气是唯一的热度。通用汽车(Generel Motors,GM)总部楼前那条美国与加拿大的界河虽然没有结冰,站在河边,不大的风吹来,依然刺骨。2012年年底的底特律,除了天气的寒冷,还有金融危机对美国汽车巨头的冲击。

诞生了通用汽车、克莱斯勒和福特的底特律显然是美国汽车大佬的主场。不过,底特律对于蔡澈来说并不陌生,他甚至在2006—2007年还是这里的主人——分拆之前的戴姆勒–克莱斯勒的总裁。因此,与奥迪董事长施泰德和时任宝马总裁的雷瑟夫等德国同行相比,蔡澈显然对美国国情的了解更胜一筹。

汽车面孔：黄金一代汽车人

依然是戴着小圆眼镜，标志性的浓密的八字胡，和蔼可亲的形象像极了中国的教书匠或账房先生。除了身兼戴姆勒集团董事长和奔驰总裁的头衔，很少有人知道，59岁的蔡澈还是欧洲汽车工业协会（ACEA）的主席。在底特律车展上，蔡澈和戴姆勒董事、奔驰集团技术研发负责人韦伯，以及奔驰集团销售及市场营销执行副总裁施密特，三位巨头与记者有过一次难忘的对话。

蔡澈在接受我采访时说，的确有中国资本对戴姆勒表示了浓厚的兴趣。蔡澈的原话是："我们前一段时间是和CIC（中投公司）进行了一些接触，双方之间的讨论是积极的、建设性的。戴姆勒欢迎中国的投资。"戴姆勒吸引中国投资与当时欧洲经济不景气有关。根据双方之间已经进行的商谈，中方或将在未来持有戴姆勒5%～10%的股份。中投公司约2000亿美元的注册资金，是财政部通过发行特别国债15500亿元人民币的方式筹集的。

2011年并不是奔驰的好年景，与宝马和奥迪两个主要对手相比，素有豪华品牌"No.1"之称的奔驰有史以来首次被奥迪超越，从第一名沦为第三名。知耻而后勇的蔡澈明确表示，2020年奔驰将重返世界第一。

蔡澈在解释不到十年内被宝马和奥迪先后超越的原因时称，奔驰在1995年左右发起了第一次产品攻势，当时的目标是用A-class、SLK和M级这些车型将销量从60万辆提升到100万辆，奔驰取得了巨大成功，超过宝马实现了销量领先。但是，随后的第二轮产品攻势没有达到预期效果，在一些关键因素（如质量方面）上竞争力减弱，失去了领导者的地位。过去 5 年，奔驰始终专注质量的提升，又把局势扭转回来，现在奔驰又成为客户最满意的汽车厂商，这也为 2020 年重新回归领导地位打下了一个坚实的基础。

对于 8 年之后重返世界第一，蔡澈目标明确："我所说的 2020 年重新回归领导地位，是指已经取得过很大成功的一些领域，如奔驰的质量、安全、技术，以及设计、渠道、品牌力和产品线，奔驰在各方面都能重夺领导地位。"

当时奔驰中国与北京奔驰的整合在中国国内闹得沸沸扬扬，为了说清楚整合的最新进展，蔡澈还现场画起了示意图。蔡澈表示，奔驰中国和北京奔驰整合是大势所趋。当前的整合是在销售和市场层面，并没有在公司架构和法人层面进行整合。奔驰希望通过整合，能够先行看到奔驰品牌在中国的良好发展。令人欣慰的是，最近两个月国产车的销量有了很大攀升，看到了整合带来的希望。"整合后的新机构既能卖国产车，也能卖进口车，双方都能受益。至于公司、法人、股权、架构的问题先缓一步，最重要的是把业务层面的东西解决了。"不过，在股权变更的问题上，蔡澈当时并没有给出明确的时间表，更没有对作为奔驰中国股东之一的利星行今后是否退出进行表态。

奔驰虽然钟情于和北汽集团的合资，但是在北汽之外，也和比亚迪建立了合作关系，并出资和比亚迪成立了戴姆勒比亚迪技术有限公司。对于比亚迪当时在国内遭遇的业绩下滑，了如指掌的蔡澈甚至力挺比亚迪。奔驰与比亚迪合资的首款电动汽车腾势在 2013 年推向市场。蔡澈在评价比亚迪时称，比亚迪在过去多年发展的速度很快，特别是在进入汽车行业之后，取得了非常出色的成绩，令人赞叹。确实，他们在过去一段时间遇到了一些困难，但这也是非常正常的，因为对于任何一个快速增长的公司来讲，在增长期间都可能遇到各种各样的困难。奔驰与比亚迪合作研发生产电动车的正在稳步推进，并在 2013 年把续航里程达到 400km 的腾势推向市场。

蔡澈希望奔驰 2015 年在中国实现 30 万辆销量的目标中，销售额的 2/3 来自国产奔驰。面对中国市场出现放缓的迹象是否会波及奔驰的目标，蔡澈说："低增长可能是针对中国市场过去几年的高速增长而言，但和全球市场相比并非如此。"一直到 2010 年，奔驰的增长速度都比较快，销量也几乎赶上了宝马。但是 2011 年宝马的增速又超过了奔驰，造成这种现象的原因是宝马的销售渠道优于奔驰，奔驰今后在此方面将进一步加强。

在底特律车展上，全球首发的奔驰 E400 HYBRID 先期在美国上市，随后登陆中国和日本市场。奔驰集团技术研发负责人韦伯称，混合动力电池今后将应用到 C 级以上的奔驰全系车型上。与此同时，韦伯为奔驰在车身轻量化方面制订了区别于奥迪、宝马的解决方案。在车身轻量化方面，奥迪实现车身轻量化主要是应用高强度的铝质，宝马实现车身轻量化则是大量应用碳纤维材料。奔驰认为，最好的解决方案是把各种材质混合应用，也就是把铝制品、碳纤维和其他材料混合在一起的车身结构。最新的 SL 级，90% 车身结构采用铝质铸造，发动机盖采用镁合金后，车身结构重量减少 110kg，整车重量比上一代车型减少 140kg。此外，轻量化后减少了 8g 二氧化碳排放量。

车身重量"瘦身"和混合动力技术的运用成为奔驰面向未来的左膀右臂。韦伯说，奔驰在通往零排放的道路上有 3 个清晰的发展方向：一是继续发展高效的内燃机；二是在高效内燃机的基础上，发展混合动力；三是实现真正零排放的燃料电池技术。

始终对奔驰在中国保持两位数增长抱有坚定信心的奔驰汽车集团销售及市场营销执行副总裁施密特称：2011 年，奔驰在中国增长 35%，而在此之前曾经达到过 90% 甚至更高。当时奔驰在中国市场的基数小，因此大幅度增长就容易一些。不过，奔驰的目标还是两位数的增速。支撑施密特奔驰在中国两位数增长的糖衣炮弹是在 C 级、E 级和 SUV 车型 GLK 已经生产的情况下，把奔驰 MFA 平台上 5 款紧凑车型中的 3 款陆续引入北京奔驰。施密特认为，奔驰在全球市场的主要增长点来自"中美欧"，其中中国市场的增长速度应该是最快的。

"倪李配"唤醒奔驰

每当我驾车路过望京方恒假日酒店时，总会抬头多看一眼。2013 年 7 月 3 日，我清晰地记得是个周三。

当我抵达望京方恒假日酒店停车场时，已是华灯初上，与酒店几个街区之隔的奔驰三叉星徽格外引人注目。原本的奔驰中国汽车销售公司，已经更名为北京奔驰销售服务有限公司，就连主人都换了新的。

专程来这里，是倾听履新 4 个月的北京奔驰销售服务有限公司总裁兼首席执行官倪恺的施政演说，同行的有时任高级执行副总裁李宏鹏等。北京奔驰销售服务公司的新主人在相当长的一段时间内，形成了代表外方的倪恺和代表中方的李宏鹏的"倪李配"。2020 年，当我写下这段文字时，北京奔驰已经由当时的问题企业变为车企模范。在"倪李配"的主导下，北京奔驰销售公司先后建立了由张焱、段建军、杨林、毛京波、王燕、王芳、官少卿、周娟等组成的稳固的团队班底。尽管李宏鹏后来任期届满离开北京奔驰，公关总监官少卿成为戴姆勒东北亚的智囊，但是北京奔驰销售公司始终在为追求第一品牌而相互接力。

倪恺是在奔驰工作的英国人。"佩戴中国国旗，说中国话，吃中餐"，犹如于谦喝酒、烫头、抽烟一样，是倪恺的招牌动作。当然，后续随着对中国文化的更深了解，倪恺还盘起了佛珠。李宏鹏治下的经销商管理，其厂与商的鱼水关系成为行业管理的经典案例。

记者：在奔驰总部派您负责中国销售业务的时候，提出的要求是什么？在走访经销商的过程中发现了一些问题，并通过措辞严厉的电子邮件对经销商提出了更高的要求。您认为奔驰在中国当前存在的主要问题是什么？

倪恺：我们首先是一个汽车销售公司，然后才是其他。重中之重就是要销售汽车，卖车就需要让客户满意。奔驰在中国2012年停滞不前，而竞争对手在快速前进，这对奔驰来说是一个巨大挑战。

奔驰在中国市场业绩不理想的原因有几个。第一，两个销售公司通过同一个经销商网络卖车的方式不但在中国行不通，而且在全球其他任何地方也行不通。所以，必须整合为单一的销售公司，以同一个声音和经销商打交道、和客户打交道。第二，销售业绩还受到前几年遗留下来的问题的影响，如车型的引入计划等。第三，奔驰并没有完全理解中国市场，没有完全明白中国市场的需求和变化，同时奔驰没有真正体会到中国市场对于奔驰的需求是什么。第四，网络渠道无论是规模，还是数量，除了"北上广"及其他一级城市，二三线城市的渠道拓展落后于竞争对手。

倪恺更认为，奔驰没能确认自己在中国市场的位置，过度依赖品牌魅力。所以，为在中国成功地卖车，采取了一些行动。

第一，戴姆勒总部已经有了代表中国声音的董事会成员唐仕凯先生，中国市场在戴姆勒的最高管理层有了声音。

第二，奔驰要把重点放在产品上，更多地了解中国市场，推出符合中国消费者需求的产品。最近在中国成立了一个研发部门及设计室，针对过去做得不足的方面进一步改进。

第三，经销商网络的问题。2012年的销量。无论是对于奔驰中国，对于北京奔驰销售服务有限公司，还是对于经销商，都是比较困难的一年。电子邮件的初衷只是作为内部沟通用的，所要传递的信息是要唤醒大家，现在不是说你随便做什么中国市场都能够接受，邮件不是在责怪任何人。

要做到最好就需要改变，必须把重点放在满足中国的客户需求，保证在中国取得好的销售成绩上。要想在中国取得成功，仅依靠三叉星徽的力量是不够的。奔驰所有的人，致力于同一个事业、同一个目标，需要彼此的支持，离开任何一方都不能成功。

记者：如何把一个优秀品牌的高傲转化成唤醒大家？

倪恺：2013年6月份的销量比2012年同比增长18%。自3月份以来，每个月的销售都比2012年同期的销售量有所增长。奔驰的成功并不由自己定义，客户认可才是真正的成功，这也是我们在改变中的应对方式。虽然6月份的销量不错，但是和竞争对手相比，还是落在了后面，不能居功自傲，这不是奔驰应该所处的位置。

李宏鹏：作为新销售公司管理层的一员，也是作为中方派驻到销售公司的代表，外界在猜忌新的销售公司是不是有内战？我可以负责任地说，从我和倪恺、中方的团队和戴姆勒的团队以及我们新销售公司组合到今天，彼此处于一个非常好的磨合状态。

我在北京奔驰已经工作了5年半，最近半年又在新的销售公司工作。销售公司在仅半年的时间内，能够达到中德双方合作的态势，我们做得非常好。

记者：2013年最重要的目标是提升销量。2012年奔驰全年销量超过20万辆，对未来几年销量的期望是怎么样的？

李宏鹏：奔驰的网络从数量和布局上，能适应以前业务的需要，但对未来的业务发展还有很大差距。奔驰网络布局在一线城市和一些热点城市比较多，在一些二三线城市还没有真正发展起来。从中国经济发展来看，未来真正的经济推动力可能来自二三线城市，甚至三四线城市持续的发展。

新销售公司成立后，奔驰将网络发展视为与销售同等重要的一个课题。我们已经开始实施一系列措施。由于去年特殊的状况和管理上出现一些不适应市场的做法，造成在经销商层面出现了亏损的现象。我专门有一个课题就是解决如何确保投资人、经销商的投资回报，并提升销售效率。我们要从内部管理上更好地支持经销商、赋能经销商。

引经据典段建军

干汽车操心，容易早生华发。奇瑞的尹同跃和奔驰的段建军被称为为汽车操碎了心的"南尹北段"。

在《北京晨报》诸多的品牌活动中，由我主导的"北京人心中最有价值汽车品牌"评选，有着"北京人汽车奥斯卡"之称，在读者和行业中影响不小。在这个每年一届、连续长达十年的品牌评选活动中，紧紧围绕"北京人"和"汽车品牌"两大要素"搞事情"。其中，有一个"北京人心中最有价值汽车风云人物"的奖项，每届只有一个人物，当选者必须是一年来影响行业深刻的汽车人。

段建军是 2014—2015 年第八届"北京人心中最有价值汽车风云人物",他是北京奔驰销售服务有限公司销售与市场营销执行副总裁。我在颁奖词中这样写道:这是北京人心中最有价值汽车品牌评选进行 8 年以来,始终最为核心的一个奖项,虽然名义上叫"北京人心中最有价值汽车风云人物",实质上是对一个最出色团队的集体褒奖。段建军将 18 年来在汽车行业所积累的丰富品牌与市场营销经验,炉火纯青地运用在梅赛德斯－奔驰品牌上,尤其是在执掌北京奔驰销售与市场团队后,带领团队把中国汽车市场的发展规律与奔驰自身品牌建设进行了完美融合。北京奔驰销售服务有限公司成立以来,已经实现了连续 22 个月的稳步增长,成绩斐然;奔驰品牌不断向外界传递强烈的扎根中国市场的雄心。谋势、聚势、成势,成为他带领的销售与市场团队的"奔驰三部曲",并为外界勾画出作为汽车销售者在中国美好的未来。

段建军此前参加过《北京晨报》的"北京人心中最有价值汽车品牌"评选活动的颁奖典礼。不过,那时他从菲亚特转会宝马不久,代表华晨宝马领取过产品大奖。宝马还十年如一日为参加汽车评选的读者提供精美的车模。

此次领取人物奖项对他来说意义不同。段建军关于品牌和营销的最深刻的体会是聚"势"。无论是品牌建设还是营销都需要花时间"养",销售数字的涨跌是市场规律,但是"势"做好了,遇到的其他问题便迎刃而解。与葛优那句"人心散了,队伍不好带了"的经典电影台词相对应,品牌经营犹如煲汤,小火慢炖才能煲出上等的好汤。段建军的品牌经营哲学是,把"势"聚好,其他的自然而然就好了。

同在汽车行业,也一起参加过奔驰在各地举办的活动,多次与北京奔驰销售高管同机。

像李宏鹏、段建军这样的高管，出差几乎是清一色的经济舱。有一次我和段建军毗邻而坐，在登机后起飞前的半个小时里，段建军一连打了六七个电话布置各种工作。起飞后他以略带抱歉的口吻说："要是不布置下工作，关机后这3个小时的时间就浪费掉了。"若不是亲眼所见，很难想象，作为北京奔驰销售公司的高管，坐着经济舱不说，还忙得像热锅上的蚂蚁。

段建军是汽车行业中为数不多的、较早位居豪华品牌高管的华人。在北京奔驰高管团队中，尤其是成立北京奔驰合资销售公司后，代表外方的倪恺、代表中方的李宏鹏和代表外方的段建军，堪称北京奔驰销售公司的"铁三角"。

《北京晨报》为段建军准备的"奖品"是一张惟妙惟肖的肖像漫画，为其颁奖的李安定说："我觉得这张肖像，画得非常精彩的就是他的花白头发，其实他非常年轻，但是作为合资企业销售团队的领导人，他顶住各方面压力，把奔驰品牌做得这么好，花白头发说明了一切。"

获评北京人心中最有价值汽车风云人物，恰好是段建军履新北京奔驰销售公司销售与市场营销执行副总裁一职一年出头。拥有清华大学工商管理硕士（MBA）学位的段建军，先后曾任菲亚特（中国）商务总监和华晨宝马销售公司副总裁等职务，将汽车行业18年积累的丰富经验炉火纯青地运用到现在的北京奔驰品牌之中。例如，受豪华品牌增速放缓等诸多原因影响，不少品牌的主机厂与经销商关系交恶，但与其他品牌给经销商的补贴不同，奔驰以"特殊销售质量奖励"的名义给予奔驰经销商主动补贴10亿元，这10亿元额外奖励并不包括此前正常的奖励。尽管这个额外补贴是奔驰的集体决策，但是很多人并不知情，这与段建军的主导密不可分。段建军在去宝马和菲亚特任职之前，曾有过一段在经销商集团工作的经历，先后担任过丰田中国的经销商总经理、北京亚之杰投资有限公司副总裁、北京运通集团总经理等，对于渠道网络和经销商的作用，非常了解。为此，在多个品牌经销商纷纷"起义"的情况下，北京奔驰的经销商则是"平安是福"。

段建军主政北京奔驰销售与市场营销一年：销量与市场份额方面，奔驰品牌2014年累计销量28.15万辆，同比劲增29.1%，虽然量级不及宝马和奥迪，但增幅取得名副其实的领先；中国市场在奔驰全球销量的占比也从14.9%提高到17.1%；车型方面，当时北京奔驰C级轿车、E级长轴距轿车和GLK这3款国产车型的销量占比逐渐提高，并引入迈巴赫等多款进口车型，向中国市场诠释了一个更加多元化的奔驰；在品牌塑造上，多项调查显示奔驰依然是中国人心中最有价值的豪华第一品牌。

段建军发表获奖感言称：非常感谢《北京晨报》和评委老师们对奔驰品牌的认可，

奖项虽然是最有价值的汽车人，但实际上是对整个团队的褒奖，我只是这个团队中的一员，有机会代表团队领奖。当然这个奖项也得益于中德双方的股东、投资方的支持，以及全体员工的贡献。2014年用一句话来描述，可能需要我们做的是"事到盛时须谨慎，境当逆处要从容"。奔驰有机会实现连续22个月的增长，一切得益于产品。

段建军说，对于干销售的汽车人而言，新年的钟声一敲，所有的成绩就代表过去了。在展望2015年前景时段建军借用毛主席的诗词"雄关漫道真如铁，而今迈步从头越"许愿望、表决心。

每年一个大台阶的北京奔驰，在较短时间内，从豪华品牌的追赶者迅速成为领先者，从豪华品牌的第三名成为与宝马、奥迪并驾齐驱者。风光背后，镌刻着每个汽车人的艰辛。关于段建军，有个听起来特别令人心酸的桥段：段建军的手机坏了，就让助理帮忙去修，维修手机的人对机主满脸好奇，并质疑这是一个什么样的人？手机上的闹钟每5分钟就上一次，生怕上班迟到，生怕起不来床。关于段建军，还有个细节令人唏嘘：周末两天时间，段建军总有一天会在办公室加班度过。

倪恺深情告别：过去所有时光都是为了在中国相聚

7年是一个轮回。更巧合的是，这种轮回发生在同一个地点。2012年12月，倪恺来到中国，出任北京奔驰销售服务有限公司总裁兼首席执行官；7年之后，倪恺将告别中国，履新梅赛德斯-奔驰美国及北美公司总裁兼首席执行官。2019年，在"六一"举行的深圳车展，倪恺向中国市场深情告别："我无法在中国亲眼目睹全新腾势X量产车型的推出，在深圳完成我在中国的最后一个车展，其实是一个轮回的巧合。"

"7年之前，就是在这里，初次踏上中国这片迷人的热土。在这里，我想衷心地说一句感谢，感谢在中国遇到的每个人，感谢每次相遇所饱含的善意。在这幅伟大民族和国家所书写的鸿篇画卷中，我也留下了自己的微渺印记。而这份贡献绵力的拳拳心意，曾令我每日每时都常怀欣喜。"

并不算长的告白，引得包括负责大中华区业务的戴姆勒董事会成员唐仕凯在内的所有人起立，长时间地鼓掌。这其中也包括比亚迪股董事长兼总裁王传福等。虽然还有着介绍车展的工作，但是说到动情处，倪恺有些哽咽，更感动了在场的人。虽然即将离开中国市场，但是倪恺依然像老顽童般幽默，他开玩笑地告诉奔驰的设计师瓦格纳："如果不是你和我同时登台，我是完全可以用中文表达的。"过去7年，倪恺的中文功夫了

汽车面孔：黄金一代汽车人

得，时常在各种开场白中用中文引经据典。当倪恺在台上用中文致辞时，我偷偷回头看了一下提示器，屏幕上满是标注了标点符号的拼音。此情此景，比写满中文更令人感动，这是倪恺融入中国市场的缩影。倪恺对中国市场极度融入和尊重的桥段还在于：作为一名具有典型特征的老外，他胸前始终别有一枚中国国旗徽章。倪恺说，这枚国旗徽章，每次在他回到斯图加特总部出差时，都能令人昂首挺胸。在倪恺看来，这是来自全球最大海外市场和全球最大单一市场的标志。而他胸前的那枚国旗徽章，成为中国汽车人对他最为明显的标签。

毫无疑问，倪恺值得享受所有人这种发自内心的掌声。从接棒到离开，奔驰从 7 年前在豪华车领域的排名第三，到稳定在豪华品牌年销量第一。从刚刚履新中国在北京望京方恒酒店整顿经销商渠道的新官上任三把火，到深圳车展深情告别，2000 多个日日夜夜，倪恺留下的不只是销量的提升。

他在谈及在中国这些年的心得体会时表示：过去 7 年是一个百感交集的过程，当事情没有按照期待的方向发展时，也难免有失望和挫败感。倪恺坦承，在中国的这些日子是他人生中的一个高点。在过去这些年里，他极其珍惜在中国的收获与感悟。他说他作为总裁兼首席执行官发挥了一定的作用，也取得了一定的成功；但最重要的是，他有幸来到了一个之前没有预料到的国家，并发现这里到处都是友善的人。倪恺说："我在中国感受到的只有善意和包容。这几年来与合作伙伴和同事的相处给我带来非常温暖的感觉，以至让我觉得，过去所有的时光都是为了来到这里跟大家相聚。"

倪恺说，他对中国有着极强的认同感，对中国的发展、雄心和远景极为赞赏。所以，无论市场怎样高低起伏，他都非常骄傲能够与中国产生交集。例如，从 2014 年之后倪恺就一直在胸前佩戴中国国旗徽章，包括去斯图加特总部时。这样做是因为，他以成为奔驰品牌中国大家庭的一分子而自豪，为有机会成为奔驰品牌中国故事的一部分而高兴。关于中国国家和民族的发展与期冀，他认为这是当今全球最精彩的故事。能够在这里与挚爱的同事共命运，是他在过去7年来最欣喜的一件事，他将会非常想念大家，想念这里的一切。"无论我走到哪里，我的心都牵挂着中国"，倪恺表示。

即便是马上就要离开中国市场，但是倪恺心中仍然满脑子工作。对于当下中国车市，他依然有话要说，甚至针对性很强。例如，他注意到最近两年来中国市场发生的两点变化值得注意。第一，整个汽车市场不再只是关注车辆本身，而是更多地开始关注智能互联，以及它对汽车行业带来的全新变化。目前，中国汽车市场的发展已经成为全球的标杆，如车载娱乐系统、导航系统、车载互联系统等。第二，中国汽车厂商现在已经慢慢向高端市场发力。虽然目前中国本土厂商更多的是关注本土市场，但是奔驰已经看到了他们的潜力，这些中国车企有可能成为我们在全球的潜在竞争对手。倪恺说，刚到中国市场的时候，豪华汽车市场的品牌并不多，但现在，奔驰已经看到本土车企在许多领域走得比较超前，他们的运营方式值得奔驰借鉴。

倪恺说，奔驰在中国的成功，源于整个团队持续多年的"深耕细作"，奔驰不仅仅是关注中国市场的发展，更在于从总部层面就意识到应力求推出满足中国客户需求，甚至超越中国客户期待的产品。包括戴姆勒股份公司首席设计官瓦格纳亲临深圳车展现场，都是梅赛德斯－奔驰对中国市场重视的体现。在倪恺看来，中国对奔驰来说有着至关重要的地位。中国不仅是全球最大的汽车市场，还是奔驰全球最重要的市场。截至目前，中国市场在梅赛德斯－奔驰整体市场表现中已占到30%左右的份额。当然，倪恺也时刻关注当下中国豪华车市场的变化。"现在的市场环境是非常艰难的，今年前4个月乘用车市场负增长。跟去年同期相比，奔驰所在的豪华车市场增速大概在5%～6%。虽然是个位数的增长，但也应该意识到，现在所保持的缓慢正增长是基于一个已经非常高位的体量所取得的。"

与此同时，中国市场也已经成为全球最重要的新能源汽车市场，虽然欧洲、美国等市场的新能源汽车领域也在持续发展，但是均在中国市场之后。电动化是未来必然的出行趋势之一，纯电动车型和插电混动车型都是奔驰电动化之路的重要一环。如果奔驰想在全球新能源领域取得成功，首先必须在中国市场取得成功。奔驰销售公司过去的努力，也是梅赛德斯－奔驰重视中国市场的例证，中国市场已经是全球最重要的市场，未来也将继续如此。即将告别中国市场的倪恺说，他一直跟同事强调，如果想要在全球取得成功，就必须在中国市场取得成功。对于过去所取得的成绩，倪恺表示："奔驰为自己的成就感到自豪的同时，一定要保持谦虚的心态。明天可能是一番完全崭新的景象，不要把成功或幸运当作理所应当，现在已经取得的成就仅仅留在昨天的功劳簿上"。

北京梅赛德斯-奔驰销售服务有限公司高级执行副总裁张焱对倪恺的评价是"一个非常真诚、幽默、重感情的人，无论在工作和生活中都很有感染力。"在倪恺的带领下，公司团队非常团结、高效和务实。一方面，他和团队不断追求务实、高效和团结的工作方式；另一方面，这种状态也在一定程度上感染着双方股东，让彼此能够更好地交流、风雨同舟。

张焱说，以倪恺的宝贵经验，奔驰销售公司会更加注重提供满足客户期待的产品与服务。任何一个行业都有它发展的法则，奔驰销售公司不回避市场中的竞争，也不回避市场的发展。虽然存在汽车市场增速放缓和发展瓶颈的问题，但对奔驰销售公司来说，还是要坚持以正确的方式做正确的事，尤其是最近努力深化的客户为先理念。奔驰销售公司在2020年5月推出了要求整个经销商体系遵守的《服务公约》。该公约进一步强调了奔驰要以"客户为先"的基本服务原则，也强调了要对客户以礼相待，遵纪守法做好日常经营工作的基本原则。当然这中间也强调了经销商的合法经营、不捆绑销售、不以假件欺骗客户，提倡了倾听客户内心的诉求。这是奔驰发自内心对待客户的基本原则。奔驰之所以成为奔驰，除了行业的约定，奔驰销售公司自己还树立了奔驰的标准。"欲戴王冠，必承其重"。张焱表示，许多年来，大家给予奔驰很多的关注、赞誉和支持，奔驰必须承担责任并以身作则。如果奔驰的《服务公约》能够对汽车行业有良好的促进作用，那么奔驰会感到更加欣慰。

说中文、佩戴中国国旗徽章、把玩佛珠，成为倪恺在中国的三部曲。当然，把玩珠子是这两年新增加的嗜好。谈及把玩珠子的寓意，倪恺说，主要是为了戒烟，因为他想再活20年。说完哈哈大笑的倪恺继而说，珠子是他太太买的，对他来说只是一个小习惯而已。倪恺说，他跟唐仕凯开会的时候，唐仕凯问他为什么你又盘这个东西？倪恺说这让他感到很平静，但是唐仕凯说只是你平静，别人一点儿都不平静。说完这个桥段的倪恺又是一阵爽朗的笑声。他就是这样一个风趣的"老头儿"。

倪恺常说，天佑你我，天佑中华。当他履新走向美国岗位时，值得向他说一句，天佑倪恺。一个生于英国、效力于奔驰、有着深深中国情结的最棒的"老头儿"。

杨铭：400万辆之上的奔驰先生

心之所向，为爱奔驰。杨铭说，他在中国感到的都是人们满满的善意和友好，他很高兴参与到中国令人充满期待的进程中。

2019年9月履新北京梅赛德斯－奔驰销售服务有限公司总裁兼首席执行官的Jan Madeja，取了一个很中国的名字——杨铭。杨铭正在以极大的热忱快速融入中国本土化的市场中，2020年农历小年举行的梅赛德斯－奔驰新春茶叙上，杨铭置身充满浓厚春节气氛的Mercedes me Store三里屯体验店，说中文、包饺子。尽管2019年的汽车行业高低起伏，但是奔驰以70.2万辆的销量（含smart）完美收官，梅赛德斯－奔驰在中国的累计销量已超过400万辆。

70.2万辆这样的数字，意味着奔驰在全球每销售3辆就有1辆来自中国，三分天下有其一的市场份额在奔驰看来属于黄金比例。面对继续展现增长潜力的2020年，奔驰备足了比2019年还丰富的超过18款产品阵容。杨铭告诉我，他和奔驰销售公司团队2020年的小目标是与豪华车市场整体增速、一同奔驰。在奔驰效力30多年并在全球多个市场历练过的杨铭同时表示，奔驰不会只将目光聚焦到单一的销量指标上，对奔驰而言，各种事情做到位，销量便水到渠成。

如果说，2019年超过15款全新及改款车型，让奔驰收获了在中国市场的第一个里程碑意义的年度销量，那么2020年超过18款全新及改款车型，给奔驰带来了更为显著的高光时刻。

杨铭说，中国已经远远不是梅赛德斯－奔驰全球最大单一市场那么简单，更是奔驰品牌洞悉年轻化、多元化客户群体的战略阵地。而在产品数量之外，从2019年开始人们就感受到了一个多元化的奔驰。以SUV产品为例,覆盖从新生代到大型豪华SUV、从传统燃油车型到纯电动车型的丰富选择。其中,作为中国市场首款国产豪华纯电动车型,全新EQC纯电SUV在2019年年底上市,在"电"亮2019年的同时,开启了奔驰"从此,电动+豪华"的出行新格局。

2019年奔驰国产阵容在取得了新能源汽车领域同时的突破,迎来了更多针对细分市场的创新产品。其中,梅赛德斯-AMG A 35 L 4MATIC的国产上市,为更多热爱性能座驾的客户打开了"非凡驾驭"的大门。同级细分市场中首款新生代"5+2"座豪华SUV——全新GLB SUV登陆中国市场,为中国客户带来"就是这么大才大用"的丰富出行选择。汽势Auto-First得到的数据,目前在北京奔驰进行国产的奔驰乘用车已达8款。

中国客户数字化、年轻化、多元化的前沿生活方式,也为梅赛德斯-奔驰的产品部署带来了更多灵感。2020年,梅赛德斯-奔驰在中国市场推出超过18款全新及改款车型,包括全新CLA四门轿跑车、全新CLA五门猎跑车、全新GLA SUV、全新GLE轿跑SUV、新一代E级车、梅赛德斯-迈巴赫GLS等精彩产品。与此同时,梅赛德斯-奔驰持续强化C级车、E级车、S级轿车、GLC SUV等经典车型的产品力,并探索全新EQC纯电SUV、全新GLB SUV、全新AMG A 35 L 4MATIC等"新秀"的市场潜力。

值得一提的是,自2019年7月1日奔驰销售公司正式运营腾势部分业务以来,首款凝聚"梅赛德斯-奔驰 型·格"(Styled by Mercedes-Benz)的量产车型——全新腾势X,通过奔驰销售网络正式启动交付,进一步满足中国客户对优质新能源产品的需求。

长久以来,梅赛德斯-奔驰秉持汽车发明者的造车初心,始终将客户置于业务发展的核心地位。2019年,梅赛德斯-奔驰继续践行"客户为先"的经营理念,并与经销商合作伙伴共同推出《服务公约》,以公开、透明,尊重客户知情权、选择权为基本原则,率先实行一系列坚决维护消费者利益的具体措施,树立全新服务标准,在践行可持续发展方面做出表率。与此同时,梅赛德斯-奔驰从客户的真实用车场景出发,推出多项升级客户体验的创新举措。2019年5月,梅赛德斯-奔驰推出优于行业标准的新车质量保障政策,自开具购车发票之日起60天内或行驶里程3000km(以先到者为准),如因产品质量问题导致需要更换主要零部件,消费者可直接要求免费更换同款、同型号新车。2019年7月,梅赛德斯-奔驰推出其全球首个保修到期前检测项目,为用车34～36个月、保修即将到期的客户,提供36项爱车检测服务,保障客户的切实需求。轮胎一键换新服务在全国范围内进一步推广,带来线上线下无缝连接的便捷服务体验。此外,梅赛德斯-

奔驰于授权经销商店设立了行业首创的"客户权益官"职务，专职负责客户反馈和相关服务标准的落实工作，从客户的视角出发，聆听客户的真实需求。

在升级服务体验的同时，着力强化全渠道实力，确保客户在所有体验触点均可享受三叉星徽的豪华品牌体验。在线下，从 2018 年起，与经销商合作伙伴开始探索"销售网点"向"体验触点"的转型。经过先期的试点工作，经销商"2020 网络升级计划"于 2020 年全面正式启动。通过全新的展厅设计、领先的数字科技、高效的服务团队及灵活便捷的服务方式，经销商"2020 网络升级计划"为"智慧网络"建设带来品牌呈现及运营模式上的突破。在线上，早在 2016 年，梅赛德斯 - 奔驰就在中国开始数字化时代客户体验解决方案的探索，并建立了一个具有数字化思维的运营团队。目前，奔驰已建成依托网站、微信、应用、车机的线上数字平台，客户只需使用同一梅赛德斯 - 奔驰账户（Mercedes me ID），便可登录梅赛德斯 - 奔驰所有数字平台，享受覆盖整个客户旅程的无缝、顺畅体验。

奔驰持续关注在人才培养上的投入，力求在每次的客户互动中体现专业、细致的豪华品质。立足与经销商合作伙伴共谋长远发展，梅赛德斯 - 奔驰 2019 年为经销商提供了 10 万人 / 天的线下培训、60 万人 / 天的线上培训，为经销商网络的人才提升提供了系统、全面、有针对性的支持。结合中国客户日新月异的用车需求和生活方式，梅赛德斯 - 奔驰的体验触点也在进行与时俱进的升级迭代，并融入更多时代主题。目前，在上海率先开设两家 EQ 体验站，为客户打造一个全方位的电动生活服务社区；Mercedes me 体验店已先后入驻北京、上海、成都三大城市，让奔驰的品牌魅力触及更多用户；同时，She's Mercedes 平台已吸引逾 21 万女性用户，并通过首个世界遗产地女性发展计划"巾帼梦"，创造更多的社会效益与公益价值。

进入中国市场以来，奔驰在积极参与中国汽车产业发展的同时，将企业社会责任视为深耕中国的重中之重。通过紧密关注国家大的政策方针，与中国文化进行深度融合，在环境保护、驾驶文化、教育支持、艺术体育、社会关爱领域开展了丰富的公益项目。

在"可持续发展之道"的探索中，奔驰星愿基金携手敦煌研究院、中国敦煌石窟保护研究基金会正式开启敦煌莫高窟文化遗产保护和文化教育扶贫项目；同时，世界遗产地可持续生计项目下的赤水竹编、松桃苗绣以其扎实的扶贫基础和广阔的发展前景得到认可，由文化和旅游部纳入"非遗 + 扶贫"重点支持范围；此外，奔驰星愿基金直接参与和支持国家级公益项目，成为共青团中央全国青年社会组织"伙伴计划"独家公益合作伙伴。凭借多领域、多维度助力脱贫攻坚的不懈努力，以及"巾帼梦"等创新项目，梅赛德斯－奔驰在企业社会责任领域的努力也得到了国家政府部门的认可。2019年，梅赛德斯－奔驰连续两年获评国务院扶贫办《企业扶贫蓝皮书》优秀案例，并入选扶贫办《2018中国企业精准扶贫50佳案例》。

2020年，奔驰星愿基金开启第二个10年。立足中国市场，奔驰以"扶贫攻坚""乡村振兴""文化强国"为重点，以"可持续发展之道"为路径，以更广泛的公益群体、更创新的公益模式，与经销商合作伙伴积极承担社会发展使命，助力我国社会的可持续发展。

不论对全球还是中国市场来说，汽车行业当下依然面临种种挑战。杨铭说，挑战中往往孕育着机会。矢志追求"最好"一直是奔驰品牌的核心基因，他和中国团队将坚定不移，努力实现这一品牌愿景。在杨铭看来，奔驰具备在中国市场继续向上的优势条件：引入超过18款独具魅力的新车型的强大产品攻势；强有力的合作伙伴；敬业、勤勉的经销商伙伴；优秀的员工团队……

在"2039愿景"的指引下，奔驰正在全球范围内探索可持续的宏伟图景，并致力于打造美好的未来出行。立足中国这一战略市场，奔驰将继续秉持"客户为先"的经营理念，与经销商合作伙伴持续推进核心业务的稳步提升。面向未来，奔驰将继续积极参与到中国的社会及经济发展中，并以更为强大的产品阵容、更为优质的客户服务、更为卓越的品牌体验满足甚至超越中国客户的期待，以此为在中国长期、健康、可持续的发展打下坚实基础。

唐仕凯：北汽、比亚迪、吉利三个伙伴一个都不能少

戴姆勒大中华区总裁兼首席执行官唐仕凯（Hubertus Troska），也是戴姆勒股份公司董事会成员，坐镇中国市场7年，督战戴姆勒在全球最大的中国市场。唐仕凯说，北汽集团、比亚迪、吉利都是戴姆勒在中国市场的好伙伴，3个伙伴一个都不能少。

唐仕凯称，戴姆勒非常幸运能与中国的北汽集团、比亚迪和吉利三家最强劲的本土伙伴进行合作，三家合资合作伙伴在新能源汽车领域尤其具备强大的竞争力。在奔驰全面进入电气化发展目标的"2039年愿景"中，至2030年，插电混动及纯电动车型将占据新车销量一半以上的份额，至2039年，着力实现乘用车产品阵容的碳中和。

同时，戴姆勒在未来几年中会推出10款以上纯电动汽车产品，而且大多会引入中国。奔驰EQC纯电动SUV是长远规划的第一步。在奔驰全面进入电气化的过程中，本土化生产是戴姆勒非常重要的战略。

在奔驰品牌的未来发展及电气化进程中，戴姆勒会继续深化与北汽的合作。在腾势所在的新的细分市场，会和比亚迪一起，继续推动本土新能源汽车品牌腾势的发展。此前与吉利宣布的在未来共同推出纯电动 smart 品牌，也在序推进之中。戴姆勒本着多元化的合资关系和品牌阵容，以期最大化地实现新能源汽车的战略部署。这其中，与多家本土伙伴的合作，让戴姆勒得以推动各自企业及汽车行业的进一步发展。

戴姆勒是在共享出行领域提供服务的先锋企业，共享出行是戴姆勒"瞰思未来"战略（C.A.S.E.）的四大支柱之一，作为一家拥有悠久历史的汽车企业，不能一直遵循固有的商业模式，也希望随着行业的变化进行转型。十多年前推出的即行 car2go，恰恰印证了这家企业的开创精神。当然，与合作伙伴共同发力只是其中一个思路。戴姆勒推出共享出行服务是想要对客户有更加深入的了解和洞察，如他们什么时候想要购买一辆车，什么时候想要共享一辆车，这是共享出行带来的价值之一。因为商业本质是要盈利的，和吉利推出高端出行服务也是在实现另一种探索，从戴姆勒在中国布局"遍地开花"的态势来看，他们希望通过不同的尝试，在不久的将来，实现这种商业模式的盈利。

戴姆勒和比亚迪的合作正在进入全新的第二个阶段。2019 年广州车展上推出的全新腾势 X 结合了比亚迪的竞争优势，以及戴姆勒在设计领域的强处。这款产品也会在梅赛德斯－奔驰经销商网络进行销售，因为不仅仅要有好的产品，更要在好的经销商网络为客户提供优质的服务，这样才能铸造强大的品牌竞争力。对于未来的发展，唐仕凯表示会持续投入腾势品牌在中国的发展。"7 年前，戴姆勒和比亚迪最早成立了在新能源汽车工程领域的合资公司，在此期间获得充足的经验，更取得了双方牢固的信任关系。"唐仕凯说，"戴姆勒一直相信比亚迪是全中国最卓越、最强劲的新能源汽车企业之一，戴姆勒对和比亚迪的合作感到很幸运。"

与此同时唐仕凯表示，戴姆勒不仅是一个电池、电芯的生产商，还是一个汽车制造商，对戴姆勒来说最重要的是，"我们不一定要生产它"，而是选择最好的合作伙伴生产它，实际上戴姆勒在中国、德国都有自己的电池工厂，戴姆勒想要的是电池、电芯的核心能力，这种能力不一定是通过自己打造来实现的，所以可以寻求比较好的合作伙伴。

从长远发展来看，奔驰有独特的竞争优势：以奔驰为例，小到紧凑车型，大到在中国全球首发的迈巴赫 GLS，奔驰覆盖每个细分市场的强大产品阵容，同时拥有涵盖奔驰 EQC、腾势 X 及未来电动 smart 的多元化新能源车型。杨铭相信，奔驰就像用钢琴演奏乐章一样，希望拥有自己的节奏，增长多少不重要，重要的是能够持续不断地保证增长能力。

听康林松说"2039愿景"

49岁的康林松（Mr. OlaKällenius）给戴姆勒和奔驰规划了一个直到他退休后才可能完成的任务——"2039愿景"：至2022年，在欧洲实现车辆生产的碳中和。在德国，几乎所有工厂将使用100%来自可再生资源的电力；至2030年，电动车型将占据新车销量一半以上的份额；至2039年，着力实现新车产品阵容的碳中和。显然，上述3个关键目标构成的"2039愿景"，是康林松接棒戴姆勒股份公司董事会主席、梅赛德斯－奔驰汽车集团全球总裁4个月后的施政纲领。借机在法拉克福车展脱口而出的施政纲领，虽初露端倪，却是对观察和期待康林松会把戴姆勒和奔驰带向何处的一种回应，甚至是老实交代。

9月10日开幕的2019法兰克福车展，成为戴姆勒进入康林松时代的标志，还是在占领整个法兰克福展馆C位的1号馆，还是"包馆"的阵势参展，只是主人由"八字胡"爷爷蔡澈换成了"大个子叔叔"康林松。这位1970年出生的瑞士人，不仅创造了戴姆勒历史上首位外籍总裁的纪录，还创造了戴姆勒历史上"海拔"最高的CEO纪录。有一种说法，康林松身高一米八五。

很多人并不知情，被人们习惯称为1号馆的展馆，还有个"节庆大厅"的别名，无论是车展还是书展，1号馆是绝对的C位。可见，奔驰在德国汽车工业的绝对分量。一个过目不忘的桥段，当天奔驰的发布会，除了主持人必须的串场流程，全程登台的只有康林松一个人，德国企业更讲究顺序、排位的印象令人深刻。可能是为了给康林松留出足够的独角戏时间，包括负责市场与营销董事贝思格在内的其他5位董事会成员与媒体的沟通，特别放在头一天的预展上进行。开幕前的预展是很多车企的传统，但是戴姆勒5位董事集体错峰"提前发言"并不多见，很大程度上在给康林松"让路"。

"2039愿景"首先是一道数学题，然后才是其他。"2039愿景"等于是今年49岁的康林松为戴姆勒做了未来20年的愿景规划，从2019年到2039年，正好20年；从2019年接棒到2039年，康林松任职刚好也是20年。只是，到那时，1970年出生的康林松已经69岁了。长达20年的愿景规划，可看作是即将迎来知天命的康林松，带领"百年老字号"的奔驰进行的一场更为久远的修行。按照中国的俗话，知天命更像是完全建立自己人生观、价值观的追求。显然，这种追求不仅仅是康林松个人的，更是对戴姆勒和奔驰的。

如果把"2039愿景"看作是康林松施政纲领的时间表，"可持续发展"和"新豪华主义"就是康林松把奔驰带向未来的路线图。例如，在未来能源结构上，奔驰不会押宝哪一个，也不会放弃哪一个，插电混动、纯电动和燃料电池，多种能源结构和路径并行。未来5~10年，奔驰将多个技术路径同步发展，纯电动车型、拥有更长综合行驶里程的插电式混合动力车型都非常重要，会向包括中国市场在内的各个市场同时推出两种技术路径以上的产品。在奔驰2030年能够实现乘用车销量50%为电动车型的目标中，包括纯电动和插电式混合动力车型。同时，配备48V智能电机系统的"轻混"将成为燃油车的标配。以"组合拳"的形式实现整个车型阵容的电气化。当然，已经拥有20年经验积累的燃料电池也是奔驰的选项。

那年法兰克福车展上，戴姆勒推出了一款基于奔驰GLC为原型车的"氢燃料+插电"的车型，两种能源结构相加续航里程约为500km。康林松说，"2039愿景"中提到的至2030年，戴姆勒力争使电动车型销量拥有50%以上的占比，指的是纯电动和插电式混合动力车型。他坦诚，汽车行业正经历转型，碳中和产品需要大量的投入，成本明显高于传统内燃机。对戴姆勒而言，在加大研发投入的同时，更要不断提升全领域的工作效率，实现持续投资与成本管理的平衡——恰如行车一样，既需要在合适的时机踩油门，也需要在合适的时机踩刹车。

把奔驰带入新豪华也成为康林松任上的大事。他以在法兰克福车展上全球首发的 EQS 概念车为例说，奔驰的豪华不仅是一辆护送乘客从 A 点到 B 点的躯壳，而且是与时俱进，不断建立新的衡量标准。EQS 概念车大胆采用"弯弓式设计"，一条简洁线条、一条弧线即可定义整体造型。"新豪华主义"不是繁复，而是化繁为简。从 EQS 概念车开始，奔驰的量产车型将全部采用全新的设计语言，从设计到内饰，从动力到智能，全方位实现从豪华到新豪华的切换。

康林松在隔空回应同样换新 CEO 的宝马、奥迪，均把超越奔驰当作首要目标时表示，对奔驰而言最重要的不是销量或排名，而是为客户提供更好的体验。他坦诚豪华品牌在销售方面的竞争的确非常激烈，但是奔驰目前仍保持领先优势。稳定的价格和盈利水平等指标比单纯地追求销量更重要。目前奔驰仍然是全球豪华品牌销量第一，未来也希望保持这样的地位。

由于是接棒戴姆勒和奔驰"双料"CEO 后的首次中国媒体专访，康林松说，他对中国市场的重视超过了法兰克福车展。先于法兰克福车展，作为德国经济代表团成员的康林松刚刚陪同默克尔总理访华。一直以来，中国对戴姆勒的影响都非常大，去年奔驰在中国市场销售了超过 67 万辆新车，比全球第二大市场美国的 30 万辆多出一倍还多。康林松说，过去奔驰常说"中国制造，专属中国"，而现在奔驰与一些在中国供应商一道，在全球其他市场探索合作的机会，戴姆勒与中国不同合作伙伴之间的关系，提供了这种可能。

北汽集团是戴姆勒在中国的长期合作伙伴，双方的合资公司北京奔驰是奔驰在中国发展的基础；而与戴姆勒有 7 年合作经验的比亚迪，推出了中国首个专注于新能源汽车的合资品牌 DENZA 腾势，2020 年年初投放市场的腾势 X 将是奔驰在中国新能源产品的有效补充；吉利自 2018 年起成为戴姆勒的股东之一，双方选择在合适的领域开展相关合作。戴姆勒与中国多个合作伙伴的合作有助于戴姆勒在未来"立足中国，放眼全球"。

第六章　宝马从贵友大厦种下480万辆的种子

北京贵友大厦的一个城市展厅是宝马累计480万辆的种子。最初的商务代表处只是形式上的，宝马的很多推广活动都是在贵友大厦角落的展厅开始的，这里既是宝马进入中国市场的敲门砖，也是人们对宝马品牌认知的启蒙地，燕莎的展厅及遍布全国的经销商都是后来的事。当然，在没有商务代表处之前，BMW的英文没有被翻译成宝马。宝马在中国最早的名字是"巴依尔"。

宝马在华商务代表处首席代表是昆特·席曼，长相和德国总理施罗德看上去像失散多年的兄弟。当然，两人之间并没有任何血缘关系。再后来是孔安德，名字很中国，却是地道的瑞士人。宝马的大投入当然需要匹配大人物压阵，庞克、雷瑟夫、科鲁格、齐普策、罗伯森、萧绅博、彼得、史登科、戴雷、陆逸、朱江、安格、许智俊、康思远、魏岚德、高乐、刘智、邵宾、梅晓群、孙玮、杨美虹等，诸多人物一棒一棒地接力，操持着宝马在中国市场进入一个又一个的时代。

宝马大拿雷瑟夫

宝马董事长诺伯特·雷瑟夫（Norbert Reithofer）任上两届 8 年，董事长任上功成名就之后，2016 年转任宝马监事会主席，也 4 年有余。在宝马百年基业长青的历史上，雷瑟夫在任时间长达 14 年之久，绝对是个大拿。

没想到的还有 2015 年 59 岁的雷瑟夫在"耳顺之年"已经功成名就。那年 3 月 18 日在慕尼黑地标性的宝马世界会议中心，面对全球 150 名记者，雷瑟夫最后一次以宝马董事长的身份述说宝马汽车集团的 2014 财年。半个小时左右的"述职报告"时间并不长，却是一连串的干货：集团历史上首次销量突破 200 万辆并达到 211.79 万辆（宝马品牌 181.17 万辆，MINI 超过 30 万辆，劳斯莱斯 4063 辆）；集团财政税前收益 800 亿欧元，增幅 5.7%，盈余 8.7 亿欧元，税前收入翻一番的新纪录意味着宝马普通股上涨 4 倍；i3 和 i8 组成的新能源双子星布局首年初战告捷，销量 1.6 万辆……一系列看似枯燥的数字汇成一句话，宝马在 2014 年提前两年完成了 2016 年的愿景目标。

心情不错的雷瑟夫始终满面笑容地在报告中坦言："今年的资本年会是我在宝马董事长任上的第八次报告，也是最后一次。5 月，我将离开这个岗位，交接给企业的下一代领导人。"坐在雷瑟夫左侧的生产董事、50 岁的科鲁格将带领宝马开启新的未来。此前，宝马集团已经确认，科鲁格将接替雷瑟夫出任宝马集团董事长。

雷瑟夫的报告获得全球媒体的掌声，雷瑟夫治下的宝马在两方面获得了历史性的成就：一是任上确立了宝马汽车集团第一豪华品牌的领导地位，主政 8 年销量增长 40%；二是带领宝马开启了以 i 品牌为未来的新能源时代。在这一点上，雷瑟夫超越了他的前任庞克。

可以想象，两个月后雷瑟夫与科鲁格的交接，并非是简单的职位交接，而是对宝马未来的交接。无论是作主旨报告的雷瑟夫还是财务董事艾希纳博士均表示，会从技术研发、车型结构和企业文化 3 个维度保证宝马的未来，如 2015 年在研发领域投资 61 亿欧元，用于新工厂的扩建、新技术车型的更新，并将在车联网、新能源和高效动力上进行持续投入。体现在具体车型上，即将投放的全新一代 X5 的混合动力车型百公里油耗仅 3.3L，让客户从宝马持续得到的驾驶乐趣、舒适与安全，在未来不会有丝毫的妥协。宝马对未来前瞻性技术的投入有些已经开花结果，在汽车行业率先用于车身轻量化的碳纤维技术，不仅仅是汽车行业的领先者，更占据了全球碳纤维市场六成的市场份额，也就是说，汽车之外的行业，用碳纤维也得找宝马。

宝马的董事会习惯把宝马在2014年所取得的210余万辆史无前例的销量称为均衡发展的哲学。中国、美国和欧洲被销售董事罗伯森称为宝马前行的三驾马车：中国市场45.6万辆，美国市场50万辆左右，欧洲市场与美国接近。用雷瑟夫的话说，中国市场是宝马最大的单一市场，美国市场是宝马的第二故乡，欧洲市场是宝马的本土主场。对于中国市场的高速增长逐渐回落到今年前两个月7%的常态增长，宝马做好了足够的准备。宝马会适应中国市场回归个位数的增长，但是不会为此减少对中国的持续投入。

时间拨回到15年前的2006年9月1日，诺伯特·雷瑟夫，正式成为宝马公司董事长兼首席执行官，而年满60岁的赫尔穆特·庞克（Helmut Panke）正式退休。

在雷瑟夫执掌宝马后，在高效动力和可持续发展两大战略的指引下，稳健地度过了全球金融危机的考验，面对激烈的市场竞争，更是多次化险为夷，领跑全球豪华车市场。随后，雷瑟夫又带领宝马在中国市场急速发展，令宝马利润率暴增，领先于同为豪华汽车品牌的奔驰与奥迪。同时，在雷瑟夫执掌宝马集团期间，带领集团连续4年取得豪华品牌全球销量排名第一的好成绩，并将i系列作为自己的"谢幕曲"。

谢幕之年的2014财年，宝马各项业务达到历史最佳水平，全球销量突破200万辆，同年奥迪全球销量174.1万辆，奔驰全球销量165万辆；宝马集团税前利润增长10.3%，达87.07亿欧元；净利润增长9.2%，达58.17亿欧元，提前两年完成了2016年的愿景目标，并实现了雷瑟夫对宝马的财务构建理想，即让集团的销量和利润同时保持高速增长。

雷瑟夫在做了两届董事长后，转任监事会主席。不过，对于中国市场而言，最重要的宝马掌舵人则是雷瑟夫的上任老将赫尔穆特·庞克。1996年进入宝马董事会的庞克，2002年被任命为董事长。他一方面加大新车的研发力度；另一方面加大了量产化进程。更为重要的是，庞克开创了宝马的国际化时代。庞克在任期间，使宝马在全球12个国家建立了生产工厂，在37个国家设有销售网络。整个宝马集团在140个国家有了一定的影响力。特别是在2004年，庞克推动了宝马与华晨中国合资，是实现宝马中国战略第一步的奠基人。

科鲁格：从12岁小男孩到宝马董事长

每当我在北京家门口的奥林匹克公园跑步时，也时常想起万里之遥的慕尼黑也有个奥林匹克公园，两个国度的"奥森"都留下过我作为一个跑者的步伐，我还在慕尼黑的奥林匹克公园观看过拜仁与阿森纳的欧冠四分之一的半决赛，在著名的安联体育场落成前，"拜仁"及"1860"的主场都在慕尼黑"奥森"的体育场进行。

当然，令人更加印象深刻的是2016年宝马品牌百年盛典也是在慕尼黑"奥森"举行的。与"奥森"毗邻的宝马总部时常把一些大活动放在此举行，因慕尼黑奥运会诞生的奥林匹克公园与宝马四缸大厦同为慕尼黑的地标。慕尼黑是一座森林之城，与世界上不少城市在"城市建森林"不同，慕尼黑是在"森林中建城市"。

拉尔德·科鲁格（Harald Krueger）接棒雷瑟夫出任宝马集团董事长就是在四缸大厦的宝马世界交接的，2015年第六代宝马7系更像是科鲁格的接力棒，这也是科鲁格执掌宝马后的首秀。

"当时我只有12岁，但依然记得在路上看到第一代7系翩然驶过的样子。"那个当时在街头看见宝马7系便过目不忘的小男孩，此刻正站在全新一代7系身边侃侃而谈，"今晚，我们将在此开启宝马集团历史上一个新的篇章。全球超过11.8万名宝马人都是这一历史性时刻不可或缺的一分子。"倾听者除了全球200名记者，还有宝马新一届董事会成员。恍如一瞬的时光，那个名为科鲁格的小男孩已成为今天宝马集团的董事长，而他在街头看见的那辆惊鸿一瞥的宝马7系也从1977年的第一代传承到2015年全新的第六代。

在2015年6月10日慕尼黑地标性建筑的宝马世界内，这个往昔用来对世界各地公众全方位展示宝马的建筑短暂闭门谢客，变成了7系全球首秀的专场，前5代车型以时间为轴，优雅而从容地排列在相应的位置，行走其间就是一部宝马7系的历史，脑海中突然间蹦出7系曾用过的"每一代都在引领时代"的广告语。科鲁格为全新一代7系的致辞更像是施政演说，尽管堪称宝马"老人儿"的科鲁格此前在多个岗位历练过，但此时履新宝马集团董事长仅四周时间。面带微笑的科鲁格说，早上他刚拜访过丁格芬工厂，毗邻慕尼黑机场的丁格芬工厂是7系唯一的生产基地，从第一代开始，每一代7系都是在这里生产的。

全新一代7系在宝马"文工团"现场演奏的乐曲中揭开神秘面纱。面向未来的全新7系满身黑科技，首先引人注目的一个技术亮点是自适应驾驶体验控制模式，此模式下车辆可以实现自动调校，以匹配驾驶者的驾驶风格和路况。在安全性方面，工程师将驾驶者辅助功能提升至一个全新的高度，如转向及车道跟踪辅助功能，可以在时速210km范围内实现半自动驾驶，还可以识别限速标志并且自动调整车速。作为全球首款具备遥控泊车功能的车型，全新一代7系可在驾驶者不在车内的情况下，自动驶进或移出车库，实现这个功能的则是一把神奇功能的新型智能触控钥匙，这把钥匙还能显示续驶里程、锁车状态和保养提醒等信息。

宝马始终认为，悦享"纯粹驾驶乐趣"与履行环境保护密不可分，全新 7 系的解决方案是轻量化和高效率。例如，将碳纤维与钢、铝、镁和塑料等材料的结合使用，使得 750i xDrive 相比前代"减肥"130kg。又如，最新一代发动机和经过优化的 8 挡 Steptronic 手自一体变速箱，让全新 7 系成为同级别最高效的车型，全新 xDrive 的百公里油耗仅 8.1L，1km 二氧化碳排放量仅为 189g。车主甚至还可以选择不同的方式控制车辆：除了 iDrive 触摸控制、按键控制和语音控制，还新增智能后排触控系统，以及另一项全球首发技术手势控制系统，车主可通过简单的手势来调节收音机的音量或接听电话。全新 7 系的豪华不仅专属于驾驶者，选装的头等舱级后排座椅能够为后排乘客带来极致的舒适体验，后排乘客还可以通过一个平板电脑调整座椅位置，或者控制各种娱乐功能……

全新一代宝马 7 系不仅仅是将卖到 2022—2023 年的一款车，更是一款面向未来消费趋势的豪华旗舰座驾。被汽车圈称为"安大大"的时任宝马大中华区总裁兼 CEO 安格说，当他三年前看到定妆的全新 7 系时，就觉得这款车在中国市场"有戏"。智能触控钥匙和手势控制系统等技术的运用，与中国人领先全球的互联网思维非常搭。外观不夸张，配置有内涵，也符合"富而不外露"的年轻精英人群的生活方式。

2015 年 9 月在法兰克福车展全球首发的全新一代 7 系，成为当年法兰克福车展上的焦点车型。中国市场向来是 7 系最重要的市场，第六代 7 系中国市场的上市时间与全球几乎同步。中国市场的上市会选在京郊怀柔，那里因刚刚举行过 APEC 而蜚声海内外，红色的圆形会址与碧波荡漾的雁栖湖水相得益彰。APEC 会址被装扮成 7 系博物馆，从第一代 7 系到最新一代 7 系，在椭圆形的 APEC 会址一字排开。上市仪式的主持人是央视"大腕小萨"撒贝宁，发布会以马灯为主线，串起整个 7 系的历史与传承，为了生动诠释碳纤维的轻、硬，功夫巨星赵文卓白衣白裤一副太极扮相，以中国独有的太极的形式倾情演绎全新一代 7 系碳纤维的轻如发丝硬赛钢铁。时隔近两年后的 2017 年 3 月，宝马在中国累计实现第三个 100 万辆的销售，并在南京举行了第 300 万辆车主的交车仪式，第 300 万辆车主恰巧就是一辆全新 7 系车型，时任宝马中国贸易公司总裁刘智专门飞赴南京将车钥匙交到低调的车主手中。2020 年年初，在北京鼓楼附近的时间博物馆举行的宝马年会上，宝马大中华区总裁兼 CEO 高乐称，宝马在中国市场的累计保有量突破 400 万辆。

有些可惜的是，任期满一届的科鲁格在 2019 年 7 月宣布"不再谋求第二任期"的董事长职务，此举意味着科鲁格是为数不多的没能"获得连任"的宝马"一把手"。"27 年来，宝马集团一直是我的职业大本营。在经过十年多的董事会管理，以及超过 4 年的集团首席执行官经历后，我将追求新的职业生涯，并将利用我多样化的国际经验实施新项目、开启新挑战。"科鲁格先生说。"在过去几年中，汽车工业正在迎接全面革新，这带来的变化远超过去 30 年所带来的变化。这要求公司的每位员工都付出巨大的努力。我要感谢你们每个人杰出的工作。在这个行业最重要的转型时期，非常荣幸我能够与这个强大的团队一起，带领宝马集团走向成功的未来。"

宝马公司监事会主席雷瑟夫说，在科鲁格的领导下，宝马集团提出了全新"第一战略"，使宝马集团能够积极地从传统汽车制造商向高档出行服务提供商转型。随着公司历史上最大的产品攻势，车辆交付量实现历史新高。在近期的未来峰会上，宝马集团宣布加速电动汽车战略，到 2023 年，宝马集团将拥有 25 款电动汽车，提前两年完成既定目标。

作为董事长，科鲁格进一步加强了全球战略伙伴布局，特别是在自动化驾驶，智能网联和共享出行服务等突破性创新领域。此外，宝马集团已经成功地将移动出行服务整合至 YOUR NOW 公司旗下。宝马集团是一家具有悠久传统、富有开拓和创新精神的公司。在过去的几年里，公司制定了清晰战略方针，成功地引领宝马集团走向未来。世界各地的员工都是宝马集团最强大的力量。科鲁格说："我深信我们的员工将成功塑造行业的未来。"

分析认为，科鲁格不谋求第二任期的决定和投资人的利润预期有关，这让科鲁格承受了巨大压力。全球经济的不确定导致消费者对豪华品牌汽车的需求减弱，而新能源面向未来的投资又使得包括宝马在内的豪华品牌处在投资规模最大的时期。科鲁格任上提出的"2020 第一战略"，正处于开花结果的阶段。宝马在北美市场已经超越奔驰成为第一，而在最重要的中国市场，宝马已经超越奔驰、奥迪，实现了两位数的强劲增长。

科鲁格的继任者为生产董事齐普策。

离职宝马集团董事长后的科鲁格，选择和汽车行业说再见。据说，科鲁格设立了一家创新类公司延续自己的多样人生。

汉语哥史登科

宝马现在每卖出一辆车都是超额的，总部当年给中国市场下达的 12 万辆的销售指标，史登科在前3个季度就完成了。宝马在中国赢得巨大的销量增长，不应该忘记汉语哥。

被称为汉语哥的是宝马大中华区总裁史登科博士，在2006年9月履新之前，宝马在中国的机构还为代表处，最高的职位是首席代表。史登科的前任是孔安德和昆特·席曼。

史登科是典型的德国人，高个头、大鼻梁。与其他跨国公司总裁相比也非汽车科班出身。能够讲一口流利的汉语，吃中餐的习惯和用筷子的熟练程度不逊色于中国人。曾两度在"北大"学习汉语，在中国生活了将近20年。每次在宝马举行的发布会上，汉语流利的"老史"都能说得十足京味京韵。以至在他讲话时，德国同事需要借助翻译来个"汉译英"，而不是传统上的"英译汉"。以至有媒体搞笑般把他简历中的民族直接写为汉族。

2011年年底，来自江南沪、浙、闽、粤三省一市的濒临失传的非物质文化遗产正在首都博物馆免费展出，如厦门的漆线雕工艺、晋江的布袋木偶表演、梅州的民间歌手等传承人，均在现场迎接每位参观者。要不是展览的背板上印有宝马的LOGO，很难想象，把这些濒临失传的非物质文化遗产汇聚在一起的居然是宝马。

这个被称为"宝马文化之旅"的主题活动已经举办了12年，行程超过数万里，足迹遍布十多个省市，寻访各类物质及非物质文化遗产百余项，捐助非物质文化遗产几百项，车队每到一站宝马的角色似乎变成了"花钱之旅"，对于那些面临失传的非物质文化遗产，宝马就不同程度地对传承人进行资助，十多年累计捐资超过千万元。

宝马资助非物质文化遗产的操盘手就是"老史"。尽管受资助的传承人可能不会成为宝马车主，但是史登科说宝马有责任避免中国的传统文化消亡。

如果把史登科看作只会说汉语就错了。宝马团队的人说，史登科是典型的中国通，宝马的决策都来自这位汉语哥对中国给力的把控。例如，"老史"任上赶上过全新一代5系长轴距车型的推陈出新，在上海黄浦江畔举行的上市仪式在今天看来依然经典：黄浦江畔起高楼的会场内，与5系40年历史中每代车型相对应的，都是中国当时的重大事件。就连用于5系发布的背景板上，都是中国山水画和荷花，甚至找不到车的身影，十足的中国味儿，典型的史登科式手法。而宝马还成为把鸟巢变成第一个商业演出舞台的始作俑者，邀请罗大佑、黑豹、唐朝、郑钧、许巍、陈奕迅、张靓颖等不同时期华语歌坛的代表人物，演唱最具时代特征的作品，而这一切都是为了宝马3系诞生40年。又如，宝马7系当年在中国的销量轻松超过万辆，成为豪华车市场中无可争议的第一，于是宝马就把"第一"和海拔最高的西藏结合起来，在拉萨玩了一把"巅峰之悦。"

史登科做的"一横一纵"的两件事情对于宝马在中国的未来至关重要，一横就是淡化宝马的年龄定位，不再仅仅局限于商业大鳄或艺人大腕，各行各业的高端人物都是宝马的适用人群，不以特定年龄进行品牌定位；一纵是通过开展诸如汶川地震踊跃捐款、资助中国非物质文化遗产等"功夫在车外"体现企业责任CSR的项目，从而带动所有宝马车主的责任，提升品牌形象。宝马虽在驾驶乐趣上一向"决不妥协"，但在中国文化上又非常妥协。

我曾经写过一篇"宝马：无法复制的品牌样板"的文章，讲述了史登科和时任宝马中国副总裁的陆逸及华晨宝马副总裁戴雷"铁三角"是如何做的，那些今天看来的旧闻，数据虽然过时了，但是运作手法对今天的企业和汽车人仍然有启迪。

当时的背景是，始于美国的金融危机的传导效应在2009年中国豪华车市场得到反馈，奥迪、奔驰、雷克萨斯等豪华品牌的增幅都明显下滑，只有宝马独善其身并丝毫感受不到放缓的气息。当多数品牌为完成年初的目标想尽各种办法时，而宝马为最大可能满足市场需求而加班加点。当年前8个月，宝马在中国实现销售近16万辆，增幅高达48%。这一数字与乘用车市场总体3%的增幅相比高出了45%，即使与豪华车市场30%的增幅相比，宝马也比奔驰、奥迪等主要竞争对手高出了18%。那年国庆前夕，宝马大手笔邀请700多名7系车主在云南的丽江、香格里拉体验"巅峰之悦"，高海拔之上要的就是巅峰的感觉。杨丽萍还带着高徒专程赶到丽江，为宝马助兴演出。在丽江，史登科、陆逸和戴雷道出了宝马逆市飘红的背后的思维。

地处沈阳的华晨宝马与宝马总部慕尼黑有近万里之遥，在宝马的影响下，德国汉莎航空还开通了从慕尼黑至沈阳的航班。沈阳工厂在宝马的全球海外工厂中，投产时间最晚，品质却全球最好，这在一定程度上体现了宝马企业的管理哲学和全球统一品质的把控能力。戴雷说，宝马5系上市一年，销量增长90%，几乎翻倍，占总销量的30%左右。而这个细分市场的增长率只有10%~15%，面对当时每月6000辆几乎饱和的产能，市场上消费者购买5系还要排队3个月左右时间。5系能够快速占领市场，第一是产品力在这个细分市场最强，驾驶和舒适方面最好；第二是质量，上市一年零缺陷；第三有很好的价格性价比。

沈阳是宝马的大本营，长春是奥迪的主要生产基地。比宝马更早进入中国市场的奥迪，一直雄踞中国豪华车市场第一的宝座，奥迪在业界一直把自己在中国的成功称为"全价值链的本土化"商业模式。不过，在史登科眼中，宝马的本土化和奥迪有着明显不同。宝马在中国市场的本土化一直聚集两个层面：一方面是全方位的本土化，在所有的方面，包括供应环节、生产环节、研发、技术、管理、市场营销，开发商和经销商网络的发展；另一方面是所有的工作都将客户置于中心。宝马认为汽车产业是以人为本的产业。宝马需要一个强大的客户基础，尽可能地在各个方面有非常近的关系，包括最终用户的关系。宝马的本土化战略：一是不断地从市场和客户出发，做业务不是媒体说好就好，也不是老板讲好就好，还是要客户讲好；二是根据市场的反馈和客户的需求，宝马会形成一定的方向，然后为此去努力，产品战略、宣传战略、布点战略、培训战略等。

当时，奥迪、宝马和奔驰都在中国市场铺了很大的摊子，华晨宝马、一汽-大众奥迪和北京奔驰，在市场上"短兵相接"，竞争愈加激烈。史登科说，豪华品牌的竞争是长跑，不要简单地看几个月或一年的销量，宝马建立竞争优势还是有一套的。史登科说，近几年的国际金融危机，应该说豪华品牌在摆脱危机方面表现最强劲，而且危机后的发展水平超过了危机之前。取得成绩的原因有两方面：一方面是重视成本的管理，能够使投入产出更有效；另一方面在新技术开发等各个方面要做到更好。对宝马来说要比别人领先，唯一的方式就是在各个方面要比别人先行一步。例如，BMW i3、i8 车型，是在金融危机之前的 2007 年就开始进行研发的，要取得领先地位，就要有长远的眼光。同时，很多事情在别人没有做的时候，就要开始行动。宝马在客户服务方面最早推出预约快速通道、全国统一价格、透明的机制、售后品牌战略、5S 经销商策略等。快速的发展使得史登科任上面临最大的挑战就是产能不足，年产 30 万辆的第二工厂就是那时规划的。

同时，渠道始终是品牌的支撑，在渠道认知和方法上，宝马的确高人一等。戴雷说，按照等级，宝马把中国市场划分为五线城市。一线城市包括"北、上、广、深"，二线城市的概念多是省会级别的城市。戴雷还把超过 100 万人口的城市细化为五线市场，如四川的南充、泸州、乐山等，浙江的海宁虽然是嘉兴下面的县级市，但因经济体量足够纳入宝马重要市场。

宝马在区域的分析方面花了很多时间和精力。在中国看来的小城市，人口随随便便都超过慕尼黑。按照当时的统计，中国有 272 个城市人口超过 100 万。当时未能建立 4S 店的城市只剩 15 个，不过宝马在这些城市建立了灵活的小型 4S 店。这种做法参考了德国市场，有一些规模很小的店，一年卖 50～100 辆，只有几个工位，但是服务水平和产品质量全球统一。

戴雷还把宝马经销商渠道放到中国、美国和德国的格局进行分析研究，德国大概有 600 家，美国大概是 400 家，所以宝马能看到中国平均每个网点销量完全超过美国和德国，但是从售后的考虑还是应该扩大网络，满足售后的需求。德国的面积与河南省相近，德国 8000 万人口，河南省超过 1 亿人口，按理来说一个河南省就是一个德国的量，但宝马在河南省只有 5 家经销商。

JOY"宝马之悦"成为宝马在中国市场区别竞争对手的独特标签,也是车企近几年来少有的品牌塑造案例。陆逸说,"宝马之悦"有很多层含义,爱心之悦、时尚之悦、梦想之悦、巅峰之悦、服务之悦等。围绕"悦",宝马每年都会做出不同的阐释和营销。有一年"悦"的广告分两轮:第一轮对"悦"的解释是"服务之悦",把客户服务作为重点;第二轮宣传宝马对未来新能源的展望、与宝马在全球推出的i品牌战略相符合。在品牌塑造上,宝马希望打造一个可以被区分、有一定高度、符合人类生活追求的品牌。希望大家看到宝马品牌后,会觉得它很年轻、很动感、很时尚,同时能觉得它非常有爱心,这是JOY品牌终极营销的目标。

好人安格

前一天还准时出现在上海为获得马拉松冠军的运动员颁奖的宝马大中华区总裁兼首席执行官安格,卸任返回德国总部。从2015年12月1日起,时任华晨宝马总裁兼首席执行官康思远接替安格,出任宝马集团大中华区总裁兼首席执行官。

时任华晨宝马技术及生产高级副总裁的海森博士,短暂接替康思远担任华晨宝马总裁兼首席执行官。华晨宝马"一把手"的职务在海森兼任半年后,由魏岚德接任。

时任宝马集团董事长科鲁格对安格的评价是:"安格先生凭借其丰富的亚洲地区工作经验,在过去的几年间成功地推进中国业务,为宝马集团在中国市场的未来发展夯实了基础。"安格2012年年底接替史登科,出任宝马集团大中华区的管理职位。任上3年,宝马在中国的产品线和服务范围不断拓展,电动出行战略也随着BMW i产品和服务引入中国市场。同时,安格进一步强化了宝马和MINI的品牌力,尤其深化了在年轻消费者中的品牌影响。宝马集团专门为安格举行了告别中国市场的晚宴,并委派一位董事出席,以此褒奖安格对中国市场的贡献。

从2012年年底到2015年年底,安格在中国市场任上的1000多天,虽不及前任史登科时间长,但是安格融入和尊重中国市场的程度决不逊色于任何人。全新一代7系上市会上,一袭中山装亮相的安格体现了对中国市场的格外重视。安格任上,宝马集团2015年在中国销售了超过45.5万辆(含MINI)。在豪华车市场整体低迷的时候,宝马也实现了2%的微增长。

与其他德国车企总裁"严肃有余,活泼不足"的风格不同,安格相对内敛却不失幽默。与他打过交道的人都说"他是一个好老头儿。"当然,也有人分析,认为在宏观经济普遍不景气尤其对豪华车市场产生冲击，宝马似乎首当其冲。虽然奥迪、奔驰的增速也出现明显放缓，但是都好于宝马。

"继任者康思远执掌华晨宝马超过6年，谙熟汽车业务，了解中国市场，这些特点都将有助于延续宝马集团在中国的成功轨迹。"时任宝马集团企业财务的董事艾希纳博士如此点评康思远。宝马集团针对中国市场的人事调整，不是一个人的调整，而是宝马立足长远的战略抉择，因为中国是宝马集团在全球最大的市场。

有缘人总会再相见。在安格离开中国市场一年后的宝马百年品牌庆典上，我再度和安格相遇，给了彼此一个结实的拥抱。安格在执掌中国市场之前，是宝马德国市场的总经理，无论销量还是地位，"德""中"两个市场都举足轻重。只可惜，在中国市场总部看来糟糕的表现让安格成了"背锅侠"。返回德国不久，安格出任东南亚一个地区的"一把手"。

安格身上也有中国人重情重义的影子。例如，2015年上海马拉松，由于宝马是主赞助商，作为主赞助商"一把手"的安格需要为冠军运动员颁奖，在已知明天就要打道回府的情况下，安格依然如约从北京飞赴上海。为运动员颁奖之前，一身运动装扮的安格还全程出席了孙玮张罗的宝马媒体跑团的赛前热身，这种职业操守不失为所有人的榜样。又如，有一年巴黎车展，宝马在展台为安格安排了媒体专访，由于工作人员的疏忽，忘了给安格安排从酒店到展馆的车，等工作人员联系安格提醒采访时间时才发现他还在酒店，此时距离专访只有半个小时。后来，只见西装革履的安格从酒店跑步到了展馆。对于工作人员的歉意，安格非常宽容，并开玩笑说，从酒店到展馆5km的距离自己的配速还可以。

2018年2月，中国狗年的传统春节前夕，效力华晨宝马和宝马中国9年的康思远功成名就，其宝马集团大中华区总裁兼首席执行官的职位被高乐接任，70后的高乐此前为华晨宝马营销高级副总裁，这是一次鲤鱼跃龙门的升迁。人们会习惯地认为，接替者应该按序由华晨宝马总裁兼首席执行官魏岚德博士接任。同年3月1日起履新的高乐很快进入角色，半个月之内"拳打脚踢"，先是把高翔、鲍一鸣和邵宾三位70后，提升为宝马或华晨宝马的副总裁；继而是请来董事长科鲁格为其站台，在举行过APEC的雁栖湖畔，"三年五访"中国的科鲁格为经销商年会加油助威。一个豪华品牌的"一把手"不远万里专程出席经销商年会，无论对对宝马自身还是其他豪华品牌也不多见。

宝马"老干部"康思远

被清一色中国人围在中间位置的康思远（Olaf Kastner）说，他丝毫感受不到孤独，而是满满的信任，一如坐在他身边的宝马中国总裁刘智和企业社会事务副总裁孙玮。刘智补充说，宝马中国5个区域的副总裁都由本土化人才担当。不苟言笑的康思远难得开玩笑说，在中国市场7年的他，也被本土化了。

先后担任过华晨宝马总裁和宝马大中华总裁的康思远，其资历属于宝马政治局委员级别的"老干部"。在史登科和安格两任宝马大中华区总裁任期结束后，康思远从华晨宝马总裁任上接棒宝马大中华区总裁兼首席执行官。

2016年北京车展，宝马展台不只产品多，品牌也多，有MINI、劳斯莱斯和宝马3个品牌，还有i和M品牌、摩托车以及华晨宝马之诺。面对会不会出现产品线分散难以管理的问题，思维缜密的康思远说，看上去好像有各种各样的品牌，但是宝马有一整套非常明确针对不同细分市场的品牌战略。核心品牌是宝马，i和M是两翼。左翼M代表纯粹运动的基因，将赛道中最动感的科技转移到道路上可以合法行驶的汽车。M本身就有金字塔式共三层的产品战略。其中，金字塔底层是M套件，普通车主想让车辆更运动一点，但又不想买一辆纯粹的M，可以选购M套件或配件加装到车型中。顶端是代表纯粹动力和激情的M，介于两者之间的是M Performance系列，也就是M运动性能车型，消费者可根据喜好选择相应的产品。宝马i品牌代表的是最新科技和可持续发展的先锋，基本涵盖了宝马集团新能源方面的科技，包括插电式混合动力科技。2016年宝马就有740Le插电式混合动力和宝马X1两个新产品，全新X1长轴距版也推出插电式混合动力车型。MINI也有自己的特定消费群体。看上去好像有很多不同的品牌，但其实品牌战略的思路和逻辑非常清晰，只要客户走进展厅，总能找到一款适合自己生活方式的产品。

节能减排成为行业大势所趋，国家也提倡采用相对来说排量较小的发动机。为了顺应潮流，宝马7系和X5推出了2.0T的车型，对于宝马这样强调运动的豪华品牌，市场能否接受，是很多人格外关注的。宝马中国总裁刘智说，宝马在X5和7系中先后推出了装备2.0L涡轮增压发动机的车型，最新一代的2.0L涡轮增压发动机，不管从功能、扭矩、车辆调校，还是加速性能，都不逊色于此前的3.0L自然吸气发动机。宝马认为，节能环保的小排量发动机，是将来传统内燃机必然的发展方向，而消费者也对宝马理念的接受度比较高。当时，xDrive28i车型占到X5销售比例的半壁江山。

人才和产品本土化是康思远时代宝马的"DNA"。康思远说，宝马在本土化方面有更多规划，宝马在很久以前就明确了在中国本土化的长期战略。2009年，世界还没有摆脱金融危机的影响，宝马就在中国采取了非常大胆的行动，在沈阳铁西投资新建整车厂。当时很多人问，宝马为什么在这个时候投资？康思远说当市场起飞时再投资就来不及了，只有这时候投资才能做好准备。果然，当市场快速发展时，宝马充分利用了这样的机会。同样，在整体中国经济放缓的新常态背景下，宝马在沈阳的新发动机工厂投产。这是欧洲以外世界上唯一一个包括铸造车间在内的完整的发动机厂。在发动机工厂的支持下，宝马推出了2系旅行车。未来两三年内，还会有1系三厢、全新X1、全新一代X3等车型按序在中国生产。

宝马战略的中国本土化，从本质上讲，就是让宝马融入中国，深深地植根到中国社会中。宝马是中国的一部分，在为GDP做贡献的同时，要为中国整个社会的发展做出贡献。在这样的过程中，必须要有真正了解本土文化的人才领导和管理企业。康思远称，宝马集团在中国没有人才晋升的玻璃天花板，任何优秀人才都有可能到一线的管理岗位。例如，华晨宝马沈阳大东工厂除厂长，所有一线管理人员都是本土人才。宝马本土化战略的最终目的是让宝马这样一家跨国企业成为中国文化、社会、经济发展的重要组成部分。宝马5个区域副总裁都是中国人，更有90%的员工是中国人。

陈政高省长任上喊话7系国产

华晨宝马是辽宁省的明星企业，多年来，一直是沈阳市排名第一的利税大户，辽宁省的经济支柱之一。

"由于参观工厂和发动机厂大概需要2小时10分钟时间，请穿平底鞋。"成为2012年5月24日华晨宝马铁西工厂"要有多大就有多大"的场景。这家地处东北腹地的工厂还是国家旅游局颁发的第一个4A级旅游工厂。赴沈阳之前，媒体都收到了宝马一条这样的短信提醒。

投资15亿欧元的铁西工厂，总面积超过200万m^2，一期产能年产10万辆，是宝马在全球的第25家工厂。2009年11月签约的铁西工厂2010年6月破土动工，历时24个月建成。合资双方在最初10亿欧元的投资上又追加了5亿欧元。新工厂拥有冲压、焊装、涂装和总装四大工艺以及一应俱全的附属设施。车身车间和总装车间在2012年投入使用，当年就攀升至年10万辆的产能。到2013年时形成年20万辆的产能，并具有根据市场发展状况进一步提高产能至30万辆的潜力。宝马X1作为首款引入国产的车型,全新一代3系是第二个系列产品,其中2012年投产的3系长轴距是专为中国市场开发的车型,3系标准轴距也在2013年年初实现国产。

铁西工厂投产后,大东工厂全力生产宝马5系长轴距车型,并冲击年10万辆的产能。当年前4个月,宝马集团在华销售超过10万辆,增幅超过35%。宝马在沈阳两个工厂的产能在2013年时就达到36万辆,产能规模超越奔驰仅次于奥迪。与宝马扩产相对应的是德国在沈阳设立领事馆,开通了从法兰克福到沈阳的直飞航线。携众多高管从德国包机参加铁西工厂开业的时任宝马集团董事长雷瑟夫表示,中国已经成为与美国、德国本土并列的全球最重要的3个市场之一,并且呈现出巨大的增长空间。未来宝马可以根据市场发展将总产能扩充到每年40万辆。

时任华晨宝马总裁兼首席执行官的康思远,在此后召开的新闻发布会上"避重就轻",明确目前的主要任务是把3系和X1做好,保障本土化的质量。宝马集团董事长雷瑟夫则公开回应"宝马7系不会在中国国产",宝马7系和MINI的国产化进程,仍将会有一段"落地距离"。

在2018年年初,华晨宝马在沈阳迎来了标志性的累计第200万辆的下线。继轿车的1系、2系、3系、5系之外,SUV车型X1和全新一代X3等更多车型在沈阳实现了国产。2020年,宝马在中国的累计保有量超过400万辆。

与高乐在京城大厦50层的对话

与高乐履新后的见面约在了使馆林立的京城俱乐部最高层——50层,一个与宝马当年在中国整体销量近60万辆相差无几的高度。透过窗户,半个北京城若隐若现如海市蜃楼般被笼罩在雨雾里。那天,北京刚刚下过一场雨。我的日志本上清晰地写着这次见面的时间:2018年7月,高乐履新宝马大中华总裁兼首席执行官4个月。

因前一天大雨,我的航班直到与高乐见面前的4个小时才落地北京,而高乐与总部的电话会议也开到了见面之前的凌晨2点。我们都是遵守约定的人，当我按约定时间到达京城大厦时，几乎半宿没睡的高乐已经在那里等候了。他的公文包再次引起了我的注意，每次他的公文包总是鼓鼓的，有时甚至会有文件的边角露在外面，几乎撑破的公文包似乎装满了宝马在中国的一切"锦囊妙计"；或者是销售出身、时常在市场一线的缘故，高乐的包与很多车企同行"不一样"，与他的前任从不带包和其他同行有助理拎包不同，高乐总是包不离身。

从2018年3月1日出任宝马集团大中华总裁兼首席执行官到此次见面，既非高乐履新百天，也非半年。如果一定要找个"话茬"，恰逢车市半年。履新宝马集团大中华总裁兼首席执行官4个月的高乐，属于名副其实的升任，在执掌宝马集团大中华区之前，为华晨宝马营销高级副总裁，他的升任不仅仅是接替了功成名就退休的康思远，更是越级华晨宝马总裁魏岚德，成为执掌宝马集团最大单一市场的"一把手"。这对于当年52岁的高乐来说，按照宝马60岁退休的惯例，高乐在宝马集团大中华区总裁兼首席执行官任上至少还有近"两届"的时间。更何况，在宝马集团工作28年的高乐经过了宝马和MINI两大品牌多个岗位的历练。除了MINI全球高级副总裁的头衔，还担任过2004—2009年宝马集团和宝马中国市场副总裁及2015—2018年华晨宝马营销高级副总裁，这两段中国经验的履历更为独特，8年中国市场经验为其出任宝马集团大中华区总裁兼首席执行官成为可能，这符合宝马人尽其才的用人传统。

履新仅4个月时间，高乐促成和推进了不少大事，与时间赛跑的他甚至把一个月当作一年来"过"。对高乐的访谈是坦诚和高效的，这也是高乐这位宝马集团大中华区的"一把手"首次向外界阐述施政纲领。高乐说，无论是在汽车电动化还是数字化及自动驾驶方面，中国均处于领先和创新的重要地位。提升中国市场在宝马集团的战略地位，占领引领未来发展趋势的关键阵营，投资未来，提升中国市场战略地位是他就任以来的重中之重。对内，高乐是如此积极推进的；对外，人们也深刻感受到了宝马从集团层面对中国市场变化的重视。

对内，在集团领导决策层的职权规划上加强对中国市场的重视：年初，集团财务董事也就是集团"二把手"的彼得博士直接负责中国市场，中国市场由此成为宝马唯一一个由专职董事会成员负责的市场；过去4个月中，董事长科鲁格率领董事会成员多次"加持"中国市场，在生产、研发、新能源等多维度加大投资力度；2018年6月，宝马位于北京和上海的研发中心先后迁入面积更大的新址，中国由此建成宝马在德国以外最大的研发网络。

对外，宝马频频与中国创新公司加强合作：2018年4月，宝马携手阿里巴巴优化数字化服务，通过与天猫精灵智能语音助手互联，为 BMW 云端互联引入"家车远程服务"；2018 年 6 月，宝马与百度签署协议，宣布将与百度联网开展"家车远程服务"；2018 年 7 月，宝马宣布以理事会成员身份加入百度的"阿波罗"计划共同推进自动驾驶在中国的发展；最近，宝马宣布与宁德时代就电芯供应签订价值 40 亿欧元的采购意向。

对内与对外的持续发力是宝马对于未来交通出行的战略布局，也是新一届管理层应对日益激烈的市场竞争及变革挑战的应对之策。如高乐所言，"创新、开放、共享、绿色已成为目前中国社会经济发展的核心理念，中国将在出行变革中扮演领导角色。只有携手中国领先企业，才能在中国和全球引领行业变革。"高乐说，纵观今年以来的一系列动作，宝马内部和外部正在共同转变，将全球的创新重心转向中国。

很多媒体也注意到了这样一个现象，李克强总理 2018 年 7 月对德国的国事访问所签署的一系列商业合作中，汽车成为访问的重中之重，其中宝马成为汽车合作的重头戏。在李克强总理和默克尔总理的见证下，宝马一口气签署了 3 个重要合作协议，宝马集团先后与华晨宝马、长城汽车和百度签署了合资合作协议。其中，与长城汽车合资生产 MINI 的协议，被称为中国宣布进一步扩大开放后签署的最大的中德合资合作协议。与华晨集团签署的框架性协议中，明确指出沈阳制造的宝马 iX3 将面向全球销售，这意味着股东双方将突破"在中国、为中国"的格局，并拓展到合作开发第三方的新高度。

在德国总理府见证宝马与 3 个合作伙伴协议签署的高乐披露，在柏林老机场专门体验过宝马自动驾驶的李克强总理是个技术控，从产品的可靠性、耐久性、安全性等多个层面提问，问得非常详细。不久前在北京出席中欧企业家圆桌会议开幕式时，再次见到李克强总理的高乐说起默克尔总理问他，宝马能不能把在柏林老机场的自动驾驶演示也带到中国来。

宝马对未来的思考，在中国正在变为行动。对宝马而言，被汽车行业称为"四化"的自动化、互联化、电动化和共享化，是成就未来出行业态和格局的 4 个决定性因素。为此，宝马正在中国加速推进 ACES 战略落地，逐步落实相关研发工作，并与国内的创新企业、相关政府部门和行业专业机构展开广泛合作。在 A 自动驾驶方面，宝马已经在中国完成了 20 万公里的模拟道路测试和近 3 万公里的实际道路测试。宝马不仅是第一个在中国实景演示高度自动驾驶的豪华汽车厂商，还是第一家在中国获得自动驾驶路试许可牌照的国际整车制造商。在 C 互联科技方面，宝马云端互联在中国的用户数量已经接近 100 万个。在 E 电动化方面，位于沈阳的华晨宝马动力电池中心已经启动了二期建设，为未来更多电动车型的投产提前做好了准备。

高乐说，以销售为主导的核心业务高质量发展，是对未来的投资和布局的保障，创新、销量和利润三者需要结合在一起并达到平衡，才能实现公司的可持续发展。高乐的逻辑性很强，一个半小时的访谈，谈成绩实事求是，说问题公正客观，说挑战勇敢面对。高乐又是忙碌的，每天的时间精确到以分钟计算，外界很难理解一个操持着一年60万辆左右规模的"一把手"的心路历程和强大的内心世界。

　　采访结束，高乐习惯性地拎起他那个用了许久，几乎满得要撑破的公文包转身而去。20分钟之后他将参加另一个会议……而他那装着"锦囊妙计"的公文包，换来的是宝马2019年72万辆，以及宝马在中国市场累计480万辆沉甸甸的成就。

第七章　奥迪人物那些事儿

从1984年在上海大众组装那100辆奥迪100算起，奥迪在中国的业务已经开办了37年。一汽－大众奥迪在豪华车市场独领风骚30多年后，奥迪作为领先者的优势受到挑战。我曾经"豪车三分天下"的预言在2016年出现拐点，自2017年起逐渐成为趋势和现实，伴随着另外两个"老乡"宝马和奔驰的崛起，独领风骚的奥迪开始变得和宝马、奔驰轮流坐庄。宝马和奔驰此前一直扮演追赶者的角色。早到中国市场的奥迪比任何一个品牌都享受到了改革开放和中国汽车市场持续、快速增长的红利，并为中国汽车工业贡献了独特的一汽－大众奥迪"全价值链本土化模式"。

轮回似乎是一种必然，奥迪与上汽2016年曝出"再续前缘"。奥迪从最初与上汽大众成立对等的合资公司，到因为一汽奥迪经销商"反水"，奥迪与一汽－大众和上汽大众成立三方合资销售公司的折中方案。这样的结果对奥迪和上汽来说都有好处，事实也是如此，在外界公认为成立三方合资销售公司是最终方案之后，奥迪和上汽双方一直没有中断联系,三方合资销售公司的框架,依然充满各种未知。但是,上汽奥迪已箭在弦上。对一汽-大众而言,他们不是不能接受上汽奥迪的合资合作,他们更需要奥迪对一汽的尊重。在2020年年底峰回路转,上汽奥迪获得官宣,在2021年4月上海车展上,上汽奥迪正式对外运作。

奥迪在中国市场辉煌了30多年的主体是一汽-大众,未来也包括上汽大众。期间,我与奥迪总部、奥迪中国、一汽-大众奥迪等机构,以及其中的不少人打过交道,也深入进行过采访。

施泰德:从奥迪 CEO 到"阶下囚"

要不是沾上尾气造假的恶名,要不是让德国检察院掌握了与技术人员串通的证据,施泰德原本有着更好的仕途,除了继续执掌奥迪,已成为大众汽车集团董事会成员多年的他有着更好的未来。但是,这一切伴随着德国检察院对他的逮捕而寿终正寝。事情发生在2018年的6月的前一周,施泰德还以奥迪董事长的身份访问中国,参加在深圳举行的奥迪全球品牌峰会……

中国作为奥迪的第二故乡,双方往来频繁。无论是来华商谈业务、参加车展,还是中方去慕尼黑附近的小城英格尔斯塔奥迪总部试车、参加年会。在中国和德国,我数次专访过施泰德。2015年大众汽车的"尾气造假"事件打乱了施泰德的阵脚,原本有望接替文德恩出任大众汽车集团董事长的施泰德,不仅丢了奥迪董事长的宝座,还成为德国检察院的逮捕对象,原本二度连任的施泰德在奥迪董事长的任期止于2020年。"尾气造假"事件的影响,奥迪一口气更换了包括销售与市场董事冯德睿在内的4名董事,德国媒体甚至用措辞严厉的"滚蛋"来形容他们被母公司大众汽车集团的扫地出门。

2011年:押宝第二故乡

每年的3月是奥迪上一年业绩的年会月,2011年奥迪全球新闻年会刚在总部英格尔斯塔结束,施泰德快步来到二楼一个不大的房间,在时任奥迪中国总经理冯德睿的陪同下,接受中国记者代表团专访。当然,施泰德并非每次都会接受不远万里而来的中国记者的专访,中国市场业绩的好坏是其是否接受专访的"晴雨表",业绩不好的时候,往往是被安排哈肯贝格这样的技术董事打圆场,奥迪中国总裁冯德睿也应付过。也好在,中国市场业绩的好时候多于坏时候,2015年之前的施泰德时常是中国记者专访的座上宾。

对施泰德的专访,为保留原始性,基本上通过年份台账的形式,这面"小镜子"也多少折射出奥迪在中国市场的大变化。

记者：2011年到2015年奥迪投资116亿欧元，其中50亿欧元会用在德国。中国能占到多少？2015年150万辆的目标里中国市场占比多少？

施泰德：奥迪在未来几年中116亿欧元的投资，80%的投入是产品、新的技术改进、动力总成更新，同时有车辆车身、减少能耗方面的改变。80%的投入涵盖了全球各个国家，是全球化的一种战略。所以，对中国同样具有长期效应，并用于在将来要生产和带到中国的产品中。

未来三年100万辆的销量目标中，目前中国市场的销量为25～28万辆。而在未来150万辆的目标中，中国市场肯定要起到积极正面乃至事关全局的作用。下一步在中国要完成30万辆的销售目标。

奥迪在中国的下一个大项目就是刚刚发布的新A6，在中国国产的新A6自然要把轻量化车身的技术带去，也要在中国就车辆的准备做相应很多技术的开发和研发投入。奥迪一直做的就是在中国的电动化、电气设备、信息娱乐设备的研发测试中心。例如，全中文的导航系统已经与奥迪车辆进行匹配。中国的信息测试研发中心，还要辐射韩国和日本开发的整个亚洲业务。

记者：奥迪在中国的产能一直比较紧张，长春工厂也要进行改造。仅仅改变也满足不了将来销量的目标，奥迪有没有在中国建设新工厂的计划？

施泰德：奥迪与一汽－大众在最大化挖掘新的产能。已经规划了一个最大化产30万辆的目标。奥迪未来三年100百万辆的目标，如果长春能最大化挖掘到30万辆，就基本能保证未来三年的需求和想法。同时，在思考下一步有没有更新的计划。从现在整个工厂的地形和面积来看，是有扩建可能性的。

记者：年报里面奥迪从一汽－大众得到的利润大概是2.5亿欧元，按照在一汽－大众10%的股比，这是非常小的。这也是一直存在的问题，奥迪是不是有计划成立一个一汽－奥迪新的公司？

施泰德：一汽－大众是由大众汽车集团和一汽集团合资的一个公司，分别持有40%和60%的股份，合同签订得很详细。而且按现在的行业规则、国家法律规则，奥迪也没有看到自己再单独成立一个公司或其他的可能性。对于奥迪来说，唯一想改变10%的命运，就是要和母公司大众汽车集团去商量，是不是能在大众汽车集团的30%里给匀一些。再解释一下，40%大众集团，大众这边拿到30%，奥迪拿到10%，合起来是40%。这个一直没有变，当年公司定下来的规矩，一直还是这样。

记者：去年中国的豪华车市有疯狂的举动，宝马和奔驰除了拓展自己的产品线，还采取了大规模降价的方式抢占更多市场份额，奥迪怎么看？

施泰德：首先竞争对手的行为是激进的，其次很危险。从现在来看，如果产品使用大量降价手段来促销，实际上是对产品的伤害和损失。因为产品达到一定的技术和质量高度，背后有一个对价格或成本的最低要求。同样的降价竞争情况，在全球其他市场，也不是新鲜的事。特别好的例子，就是在美国发生的情况，也是奥迪对于降价的看法。为了保证长期稳定的发展，奥迪在美国市场就没有与竞争对手玩价格战。奥迪认为，给用户提供满意的产品，让产品得到相应价值的展现，而不是一味地做最便宜的汽车生产商。

记者：三年100万辆的目标和在中国豪华车市场保持销量第一，哪个目标更重要？中国有句话叫"棋错一步、满盘皆输"。

施泰德：150万辆的基础是奥迪对未来的目标，但不是唯一的目标。因为奥迪一直想做全球最有价值的豪华汽车品牌。一个简单销量说明不了最有价值，还有质量、用户服务、让用户愉悦等。

2010年10月在中国庆祝奥迪百万辆的时候，宣布了未来三年100万辆的销量目标。奥迪不可能放弃争第一名的位置，而只追求三年百万辆的目标。随着市场的变化和发展，如果100万辆不足以保证第一名，那么可以进行调整，可以卖比100万辆更多的汽车。以现在的实际经验来看，5年前谁能想到中国的市场一年能卖这么多车，奥迪的目标不是固定的，而是一直根据市场的变化进行微调和控制的。

记者：在新能源的路线上，奥迪如何侧重？

施泰德：时代到了一个传统技术变革的时期。对于汽车生产商来说，不得不去研发新技术。因为时代的要求在变化。同时，必须看到，除了新能源技术开发，必须有一个并行技术的发展，如车身的轻量化，还有对现在的汽油机、柴油机继续在更高效、节能、环保方面升级。

奥迪预测，未来的10～20年，主流还将是燃油发动机，作为整体车市的代表。另外，也可看到新的传统科技、混合动力，还有车身的电气化，存在一定的局限性。无论是所达到的总里程，还是电动科技未来趋向哪种方向，现在还没有一个定论，对消费者来说也不是一个成熟的技术。可以肯定的是，大城市在很大程度上要使用电动化车辆。

2012年：在华规划年产70万辆

施泰德显然希望"奥迪在中国成功的模式"能够复制到全球其他市场。2012年3月12日在奥迪总部英格尔斯塔特举行的年会上，在由"总结"和"展望"两部分组成的报告中，施泰德多次面对全球 360 名记者竖拇指夸赞中国市场：在奥迪 2012 年销售的 145.5 万辆汽车中，中国市场占据了 40 万辆。施泰德举例夸赞中国市场说："1995 年奥迪全球的销量也才 40 万辆。"年会结束后专门找中国记者再开"小灶"的施泰德，在专访中再度阐述了中国市场的重要性。

施泰德认为，在今后 10 年中，车载互联网会持续发展，奥迪重视未来，在这个过程中还有相应的产品推出，从中获得启发。另外，还有一些辅助的系统，如会有很大发展潜力的自动驾驶系统。为了应对未来，奥迪在全球尝试了奥迪城市数字展厅 Audi City 计划，Audi City 可以带动零售业和零售系统的一些创新。以伦敦为例，伦敦 Audi City 每周会迎来 1000 个访问者，销售的数量比一般经销商高出 3～4 倍。

中国是奥迪全球发展最快且最大的市场，奥迪在中国正在迅速扩大经销商网络。2013 年，平均每周就会有一家新的奥迪经销商在中国诞生。在中国居民超百万人口的城市中，还有约一半需要被纳入经销商网络中。奥迪希望 2017 年把经销商的数量增加到 500 家。

到 2015 年，中国工厂的产能总共将增加 35 万辆。奥迪与合资伙伴一汽 – 大众计划将年产量提高到 70 万辆。产量只是一方面，如果想继续保持增长，奥迪就必须不断预测未来用户对产品的期待。为此，奥迪在北京开设了奥迪研发中心，超过 300 名工程师在那里正努力将东方的理念和流行趋势纳入产品。

2014 年：全产品线引入中国

"欢迎来到英戈尔斯塔特"——2014 年 3 月 10 日，奥迪 2014 财年年会刚刚结束，身为奥迪董事会主席的施泰德快步来到中国记者面前说出了这样的问候。尽管多次来过奥迪总部，但是一席问候还是让乍暖还寒的天气温暖不少。心情不错的施泰德表示什么问题都可以问。他深知，这是来自奥迪第二故乡的媒体。例如，当年奥迪在中国单独一个月的销量已经比 2005 年全年还要多。

施泰德说，大约在两三年前，奥迪对中国经济的走势就有了类似的判断，中国市场发展速度一直保持着高速增长，同时中国市场慢慢走向成熟，趋于稳固。正是因为发展速度减慢，所以很难预测什么时候可以在一年内突破 100 万辆的销量，最重要的是要实现以质量为主的增长，其次才会是数量的增长。现在最重要的是通过采用多种创新技术，提高整体质量，从而提升中国消费者的生活质量。

时任奥迪中国总裁的冯德睿表示，早在 2010 年时，奥迪就和一汽联合制订了在中国实现高效、环保计划，决定向中国市场引入高效的 EA888 动力系统。此外，先后向中国引入轻量化车身设计、能量回收系统等众多创新科技，平均燃油消耗减少了20%，比政府的标准还低。

数字化趋势让135年的汽车工业焕发生机。施泰德坦诚地表示，汽车工业将来会面临历史中最大的变革，现在奥迪已经处在变革的过程中。随着全球化的发展趋势日益明显，速度不断加快，汽车工业未来的可预测性也会不断地减少。奥迪正面临着诸如二氧化碳排放和环境保护规定的挑战。因此，奥迪需要推出新的技术不断跟上时代的步伐，如插电式混合动力技术、电动车技术等。奥迪正深入思考自动驾驶、自动泊车及奥迪CT数字化经销商中心的解决方案。2014年，奥迪以第一个汽车制造商的身份参加上海CES。5年前，奥迪也是第一个参加拉斯维加斯CES的汽车制造商。

施泰德显然知道了当年中国高端汽车市场出现了10%左右的价格降幅，这给经销商带来了很大困难。奥迪承认，在过去的2~3年里，竞争加剧导致个别豪华车品牌选择了降价。不过，奥迪与经销商联合会保持了紧密的联系，经销商对奥迪的商业行为感到满意。确实有一段时间，个别的奥迪经销商遭受到了很大的压力，如果一味降价，并不能给消费者带来益处。

奥迪认为应对激烈竞争的方式，将全部产品线引入中国是一个办法。将来奥迪会向中国引入全部产品线，当然可能因为某些因素，不能把产品线中的所有车型带到中国去，如对燃油比较敏感的一些车型。同时，S和RS车型是非常激动人心的车型，能在感情诉求方面促进品牌的发展，而且从长期来看S和RS车型也促进了普通车型（如奥迪A3、A4、A6）的销售，所以，从长期发展来看，奥迪把所有的汽车产品带到中国去。

施泰德表示奥迪拥有非常明确的基于三大支柱的增长战略：第一大支柱是欧洲市场；第二大支柱是中国市场；第三大支柱是美国市场。2014年，奥迪做出的一个战略性决定是扩大奥迪在长春、佛山的生产基地。

2015年：温和增长与中国角色

习惯了过往多年两位数高速增长的奥迪正在接受慢下来的事实。施泰德3月3日在总部英格尔斯塔特举行的2015财年年会上表示，奥迪2016年的目标是在上一年度180.32万辆的基础上，实现同比6%左右的增长，并把2016年称为"将是温和增长的一年"。

不过，中国市场将扮演增长者的角色，主管营销的董事冯德睿明确表示，在与奔驰和宝马的竞争中，奥迪在中国市场必须捍卫和巩固豪华车市场"NO.1"的位置，以确保奥迪的全年全球目标达成。2015年奥迪全球实现新车销量180.32万辆，销售收入584

亿欧元，经营利润 48 亿欧元。

尽管无论销量还是销售额都实现了同比增长，但是施泰德坦诚过往的一年充满了挑战。例如，增速仅有 3.6%，"尾气造假"事件受到波及等。事实也是如此，往年把杜卡迪、兰博基尼和奥迪多款车型摆在总部门前的大场面没有了；多国记者用不同语言"奥迪是尾气排放的造假者还是受害者"的提问，让施泰德应接不暇。在奥迪 584 亿欧元的销售收入中，旗下品牌的兰博基尼和杜卡迪贡献了其中的 16 亿欧元，兰博基尼去年创纪录实现了超过 3000 辆的销量，杜卡迪销售超过 5.4 万辆。

施泰德在 30 分钟的报告中两度提到，在 584 亿欧元的收入中，并不包括与一汽－大众合资中大众集团和一汽的收入。在一汽－大众的合资股比中，母公司大众汽车和一汽集团是多数股比的持有者，奥迪在合资公司的股份中仅占 10% 的股比。言外之意，如果奥迪在一汽－大众的股比不是 10%，那么奥迪的营业收入将增幅更多。施泰德的两度提及既有抱怨也有无奈，堪称赚钱机器的奥迪，在中国赚着最多的钱，却分着最少的利润。

在当年 180 万辆销量的构成中，欧洲、中国和美国市场比重最大，欧洲 80 万辆、中国 57 万辆和美国 20 万辆，三大市场累计 157 万辆。尽管在未来车型和技术及全球新厂扩建上的投入增加，经营利润仍保持在上一年的高水平上。2015 年奥迪集团未计特殊项目影响前的经营利润达到了 48.36 亿欧元，而总经营利润为 51.34 亿欧元，相应的经营销售回报率为 8.8%。扣除特殊项目影响后，经营销售回报率也达到了 8.3%，符合保持在 8%～10% 的目标。

对奥迪柴油尾气排放造假事件表示遗憾的施泰德，在回应事情的最新进展时称，整个事件的实质性报告有望在 2016 年 4 月份由大众汽车集团新任总裁穆勒发布，目前大众汽车集团正与有关方面保持沟通。涉及奥迪方面，为了包括用于技术措施、法律风向和销售措施等方面的支出，奥迪准备了 2.28 亿欧元的风险金。

财务与人事董事史博科称，日趋激烈的市场竞争导致销售成本增加，以及为了未来的发展进行的战略性投资，让奥迪支出不小。销售成本增加近 10 亿欧元，战略性投资 30 亿欧元，与奔驰、宝马共同购买诺基亚地图业务 6.6 亿欧元。史博科解释道："奥迪正处于历史上最大的投资阶段。经营利润和明显的正现金流量印证了稳健的营运模式。" 2016 年，奥迪计划总共投资超过 30 亿欧元，重点放在技术创新、新车型以及在全球扩建生产厂上面。所有投资都将再次从所获得的现金流量中支付。

2016 年奥迪集团将继续保持全球增长态势，预计在稳定的框架条件下可适度提高交付量。除了提高产量，还将通过成本优化对公司的财务指标产生积极的影响。如用于前瞻性技术和产品品种的更新和扩展，众多已计划的产品启动和市场引入项目，以及生产网络的扩大等。诸如这些用于未来的高支出，对盈利可能会造成影响。尽管如此，奥迪集团 2016 业务年度的目标仍将是使经营销售回报率保持在 8% ~ 10% 的战略性目标利润率的区间内。

安世豪：曾不担心宝马能卖过奥迪

安世豪不是斯柯达全球市场与销售的董事和大众汽车集团北美公司总裁吗？是的，那是安世豪曾经的角色之一，安世豪最新的角色是奥迪中国总裁。

安世豪是一汽 – 大众奥迪销售事业部成立后的首任外方总经理。一汽 – 大众奥迪销售事业部的架构是外方任总经理，中方出任执行副总经理的搭配。从奥迪销售事业部成立至今，外方先后派驻了安世豪、唐迈、薄石、任思明和石柏涛 5 位总经理，与之对应的中方则是葛树文、荆青春和孙惠斌等副总经理。

在结束中国市场任期后，安世豪先是回到大众汽车集团出任大众品牌欧洲市场负责人，后又因市场实战经验丰富升任斯柯达全球负责市场与营销的董事，成为主导单独一个品牌的"封疆大吏"。

我和安世豪的交往始于一汽 – 大众奥迪任上，十几年来一直保持联系，并在多个场合有交集。斯柯达在中国达成 200 万辆里程碑的时刻，安世豪专程从斯柯达捷克总部布拉格飞到上海，亲手将钥匙交给第 200 万辆车主。在巴黎车展、法兰克福车展和日内瓦车展等场合，也时常能见到安世豪，老朋友相见格外亲。2017 年年底，安世豪从斯柯达营销董事再次升迁履新，成为大众汽车北美总裁。2020 年，安世豪再次回到熟悉的中国，出任奥迪中国总裁。

这次谈话是在北京东二环的保利大厦新楼，那时新保利大厦刚刚落成投入使用，奥迪车展是新保利大厦落成后首个商业活动。对话的时间是北京车展之前，背景是随着奔驰和宝马在中国市场的动作频繁，奥迪虽然还处在领先的位置，但是优势地位已经出现松动的迹象，而对话又是在安世豪即将离任的情况下进行的。在安世豪返回德国总部之前，显然会讲真言。

奥迪最大的优势就是有在中国 20 年的发展历程，这 20 年足以证明选择了一汽 – 大众作为合作伙伴是一个很棒的事情。在中国，奥迪是最受人喜爱、最为人所知的高档汽车品牌之一。在过去 20 年中，有将近 50 万的消费者选择了奥迪。当然，这样的成绩同样归功于强大的经销商网络，以及完善的售后服务和供货商体系。这种战略优势，奥迪将会长期保持下去。虽然有优势，但这并不意味着奥迪会轻视竞争对手，而是重视和尊重对手，包括对手发起的竞争。

安世豪说，近三年的中国市场工作之后，他可以骄傲地说，一汽－大众的奥迪团队非常成熟。他虽然就要返回德国总部了，但团队在，战略也在。

那年的北京车展上，奥迪 Q5 在中国市场惊艳亮相，是否有新车全球首发是衡量一家汽车公司是否重视中国市场的尺子。为此，安世豪特别强调奥迪 Q5 不仅仅针对中国首发，更是全球首发。这是奥迪首次在中国进行量产车的全球首发。包括后来加长的奥迪 Q5L，自此开启了中国市场豪华 SUV 的辉煌旅程。

谈到对继任者的忠告及对未来中国豪华车市场的走势，安世豪说："我不知道应该是按照什么条件对中国市场进行预测。让我预测的话，中国经济强劲的增长趋势首先要保持下去，这是豪华车保持增长的外部必要因素。而且我认为中国市场的增长会保持在 6%～8%。2020 年轿车市场的预测销量是 600 万辆。虽然未来中国的市场发展不断变化，我们的竞争对手也在调整自己的战略。如果在未来 1000 万辆保有量的基础上，奥迪能占有 2%，也是一个很大的销量。"

现在看来，安世豪的预言有失偏颇甚至过于自信，但奥迪在中国市场的领先优势不再明显成为事实，豪华车市场由奥迪、宝马、奔驰三分天下，变更为第一阵营外，雷克萨斯、凯迪拉克、捷豹路虎、沃尔沃群雄逐鹿奋起直追的格局。

薄石：德国企业里的好好法国先生

虽然效力于奥迪，但是薄石是一名地道的法国人。由于德法两国毗邻，奥迪又是国际化程度非常高的公司，因此，法国人在德国公司，或者德国人在法国公司工作，就像走亲戚一样便利与常见。薄石是一汽－大众奥迪销售事业部成立后，继安世豪、唐迈之后第三位外方总经理。

就任中国市场总经理两年的薄石或许不会想到，他的业务会实现从 2 万多辆到 40 多万辆的跨越。薄石从奥迪日本总经理任上到中国履新时，一汽－大众和媒体中不少人预测薄石是被总部调至中国市场的过渡性人物。言外之意是任职时间不会太长，猜测依据之一是奥迪在日本市场一年的销量只有可怜的 2 万辆，而奥迪在中国市场的销量已经是 40 万辆左右。

未曾想，薄石在一汽－大众奥迪销售事业部总经理任上一干就是一个任期的届满。被很多人看走眼的薄石在离开中国之后，升任奥迪德国市场总经理。薄石在中国市场任上，还接受过从40万辆到70万辆的挑战，虽然这一在2015年就应该实现的目标直到2017年也未能如愿，但是薄石守住了奥迪在中国市场作为绝对领先者的底线，薄石在任职期内也是奥迪在中国市场发展非常快速的几年。

薄石有很多标签，"40万辆先生"算一个。奥迪在中国三年100万辆目标正是薄石任上的事。2012年，100万辆目标有望提前完成。薄石的第一感受是，实现这个目标已经没有悬念了，他感到非常的骄傲，对于整个团队来说更加充满动力。不会因为提前实现目标就懈怠，相反，将会进一步升级奥迪的服务，进一步实现"领先者战略"，从而使奥迪在新的发展过程中继续保持并扩大在市场上的领先地位。

薄石说，奥迪品牌要想延续成功，和一个非常令人满意而愉悦的经销商网络是分不开的，要让经销商保持相当的利润率和盈利率至关重要。所以一汽－大众奥迪要做的就是结合经销商的投资，结合本地市场的特点及本地市场的潜力，一起实施经销商合作战略。奥迪在中国市场，一直根据不同城市的特性相应的调整经销商战略，整合两种需求，一个是客户的需求——客户希望获得良好的销售服务及便利的售后服务；另一个是经销商的需求——要保证他们获得相应的利润。针对两种需求，奥迪进行了综合而完整的评估，提出了7种不同类型的合作模式。同年，奥迪的4S店数量将从2012年的近300家扩展至450家。

薄石说自己任上幸好遇到葛树文等多个中方好搭档。尤其对与葛树文共同工作非常有信心，并通过良好的合作，继续为一汽－大众奥迪做出更大的贡献。

与前任唐迈相比，薄石任上中国豪华车市场竞争加剧，变化多端。从营销上，也与众不同，奥迪的不少营销都打上了深刻的薄石烙印，如赞助体育赛事。在营销理念及做法上的变化在于，以前的营销手段是统一的，而现在会针对不同地区的特点，量身打造一些营销推广活动。例如，广东是一个体育大省，在营销上会把体育作为一个重点；在"心动上海"活动中，为了满足艺术的需求，把活动主题放在了艺术上。通过这样具有地区针对性的营销活动，可以加强奥迪品牌和这些地区消费者之间的情感联系。中国是一个非常大的市场，同时在不断变化，通过这种具有地区特色的营销活动，来进一步巩固和提升奥迪品牌的市场地位，同时更好地让奥迪品牌根植在人们心中。

与前任唐迈相比，薄石这任不是特别好干，因为当初中国市场高速发展，竞争对手也没这么强，唐迈容易出业绩。我甚至担心过薄石任期内的目标能否完成？

汽车面孔：黄金一代汽车人

薄石套用央视焦点访谈的推广语"用事实说话"。我也对这个成功在市场上将会继续延续下去非常有信心。至于目标，毫无疑问"三年百万辆"是希望实现的销量目标，而在品牌建设方面，希望把一汽－大众奥迪打造成为在中国市场上最具进取魅力的高档车品牌。毫无疑问，一汽－大众奥迪正朝着这个方向坚实地迈出了步伐。

2014年冬天，临近12月的北京，寒气逼人。在北京工体东北角的大董烤鸭店，部分媒体和即将返回德国的薄石告别。被大家看作是奥迪派来的过渡性人物的薄石，在一汽－大众奥迪总经理的任上一干就是5年，一般外方派驻到中国的工作人员，任期最多5年。薄石是属于典型超期"服役"的老兵，销量也从22万辆翻番至46万多辆。

薄石刚刚履新和我初次见面是在一汽－大众所在城市长春的香格里拉，在为其举行的欢迎仪式上，初来乍到的薄石还有些拘谨。不过，临别中国时，他不仅很懂中国的人情世故，整个人还被本土化了。告别晚宴上，薄石开玩笑说，奥迪全价值链的本土化模式连他本人都被同化了。来中国时，他只身一人。返回德国时，还有他的中国太太。

薄石任上，奥迪在豪华车市场销量和品牌有了很大的提升。但随着豪华车市场的变化、新品牌的进入，奥迪在中国豪华车市场1/3的占比是否可以继续保持？当我们以拉家常的方式聊到此话题时，哪怕是即将告别中国市场，薄石依然充满信心。薄石说，随着奥迪不断推出并丰富产品组合，加上积极的本土化战略，也加上整个品牌的不断发展，他相信份额是保得住的，这也是奥迪的目标。同时，奥迪品牌一直遵循本土化战略，不断了解和尊重中国消费者的需求，并且以这种消费的需求为基础来开展所有的活动，所以他充满信心。

2010—2014年，奥迪在中国的年销量从22万辆攀升至46万辆，对于自己在中国工作的1800多天，薄石总结道，过去几年豪华车市场出现了两位数的增长，了不起的成绩背后有几个推动力。第一，中国消费者的需求在不断增加；第二，奥迪研发新产品的能力在不断扩展；第三，也是比较重要的，一汽－大众奥迪从不同级别的市场去考虑产品的生产能力拓展，也考虑消费者未来的需求。在过去的四五年中市场的结构发生了很多变化，一开始是以轿车为主，然后慢慢有了SUV、轿跑车、运动型车、高性能车等。另外，一个变化就是在过去的四五年中，中国消费者对汽车的了解程度，甚至可能超过了经销商的销售人员。

消费者对车本身的认知态度同样发生了很大变化，以前汽车是一个人身份的标志，但是现在越来越多的消费者把汽车作为个性的表现和生活体验。

任思明：中国经销商盈利高于欧美

拥有30多年汽车行业工作经验的任思明是一汽－大众奥迪销售事业部第四任总经理，负责过奥迪在全球的品牌运营，也负责过包括批发和OEM在内的市场工作。同时，在非洲、中东、亚洲、欧洲等多个国家和地区负责过销售。

中方搭档一汽－大众奥迪事业部执行副总经理葛树文，为这个德方搭档起了这个充满希冀的中文名字：任思明。希望他能"认真思考奥迪在中国的明天"。

2014年1月1日履新的任思明看上去性格温顺，却出口不俗："奥迪会确保市场份额在中国领先"。任思明的3位前任安世豪、唐迈和薄石，风格迥异、各有特点。当我在2018年第88届日内瓦车展开幕之前的"大众之夜"上，再次遇到任思明的时候，从中国市场衣锦还乡的他，新头衔是奥迪运动有限公司的总裁。

任思明的继任者石柏涛，成为一汽－大众奥迪销售事业部的第五位外方总经理。石柏涛还存在着理论上成为奥迪销售事业部"末代"总经理的可能，因为在这一年的日内瓦车展上，一汽集团和奥迪股份公司签署了成立一汽－奥迪销售公司的备忘录，奥迪销售事业部由一汽－大众的一个品牌"部"升级为完整的一汽奥迪销售公司，挂牌只是时间问题。如果石柏涛任期足够长，那么有成为奥迪销售事业部"末代"总经理和一汽奥迪销售公司首任总经理的可能。

对于任思明履新后的首次媒体见面会，我就抛出了"在任期结束时，您希望留下什么样的符号？"的狠问题。任思明说，他希望在中国市场实现能够让奥迪品牌真正进入到中国消费者心目中，能够对奥迪品牌有非常积极、良好的认知。而且，也希望经销商的满意度能够进一步提升。他的中方搭档葛树文有着多年的汽车行业经验，对中国市场非常了解，而他恰恰在国际市场有着丰富的经验，因此任思明希望他和葛树文俩人的合作及带领的整个团队能够实现中西合璧，进一步巩固奥迪在中国豪华车市场第一的位置。

在国外一些相对成熟的汽车市场，增长率是上下浮动的。中国市场依旧处于发展状态，我们最大的任务就是要保证市场份额的增长，并通过新产品的导入、更好的服务等举措，进一步巩固领先地位。任思明同时表示，确保实现这些目标，离不开奥迪悠久且以创新为导向的发展历史，有100年历史积淀的奥迪始终以创新为导向，取得了很多创新成果，包括铝质车身、quattro技术，以及矩阵式LED大灯等。同时，中国消费者对汽车互联技术非常关注，奥迪可以为用户带来包括人机交互在内的应用体验。

任思明说，奥迪对中国的经销商与国外的经销商进行过纵向横向的对比分析后发现，中国经销商的盈利能力和水平普遍高于欧美同行。占比 20% 的中国经销商的平均水平高于美国，以及包括德国在内的欧洲经销商。还有 30% 的中国经销商与欧美同行持平。两者相加，也就是有 50% 的中国奥迪经销商的盈利水平高于欧美市场，这体现了中国车市的繁荣程度。

奥迪使者葛树文

在出任一汽-大众奥迪销售事业部执行副总经理一年后的 2013 年，作为中方最大"官儿"的葛树文，还没有接受过一次专访，公关部几次的想法都被其婉言谢绝了。因此，很多人对葛树文的初印象都是碎片化串起来的。在一汽-大众奥迪 30 多年的历史中，把葛树文称为奥迪使者比较恰当。

不过，这个奥迪使者也有撂挑子的时候，从奥迪销售事业部执行副总经理任期结束后，葛树文被一汽集团安排至规划部。据说，葛树文到规划部的上班日，就是辞职日，他选择在上班第一天就递交了辞呈。在没有正式上过班的一汽集团规划辞职后，先是传出过无果而终去沃尔沃的消息，后来重操旧业成为一段时间的奥迪马来西亚公司总经理。2019 年 3 月，葛树文以代表法方，东风雷诺总裁的头衔再度回归主流汽车圈的视野。可惜的是，东风雷诺在 2020 年退出了中国市场。

尽管婉言谢绝了公关部安排的或媒体自身提出专访的要求，但是对于奥迪举办的各种活动，葛树文却总能身体力行。身边的工作人员说，葛总非常细致，不管活动大小，每次正式活动前的彩排都亲临现场，绝不找替身，就连活动上的讲话稿都逐字逐句推敲，并征求身边人的意见，以商量的口吻客气地说"这样是不是更合适？"这与不少车企的高管彩排走形式，或者替身彩排明显不同。奥迪 Q3 在深圳上市之前，葛树文一再叮嘱部下，南方雨多，伞备了没有，甚至连活动现场的座椅如何摆放都亲自过问。

"品牌是由无数细节决定的"这话在葛树文身上体现得淋漓尽致。有一年，一汽-大众奥迪在上海 F1 赛车场举行 RS 高性能战略发布，一袭红色赛服的葛树文亲自把赛车开到了舞台中央。例如，有一年年底在三里屯举行的奥迪业绩沟通会上，当奥迪创立者霍希的"不是你现在有多优秀，而是你想有多优秀"的品牌名言，从葛树文口中说出的时候，在场的每个人都能感受到他的真诚。

葛树文是在前两任的光环下履新的：付强在 6 年任内，帮助奥迪树立了在中国无可撼动的领先优势；与葛树文对调的另一位搭档执掌 7 年，把奥迪带到了年销售 30 多万辆的高度。因此，也有人把葛树文的上任称为高位接棒，甚至有人预言，伴随着宝马和奔驰的奋起直追，葛树文治下的奥迪异常艰辛。

葛树文是从一汽轿车销售总经理任上接棒奥迪的。一汽轿车的7年酸甜苦辣。销量最低的时候一年才6000辆，最高一年的销量也才13万辆。自主品牌最低年份一年的销量还不及奥迪一个月的销量。不过，对于这段经历，葛树文心存感激，并称自主品牌只要坚持还是有机会的。出任奥迪销售事业部执行副总经理的消息确定后，有一汽内部人士以"放到了合适的位置"来形容葛树文的奥迪之旅。

在任职半年后，葛树文对奥迪的思考日渐成熟，并非常独特。例如，奥迪从销售导向到用户导向的转变。葛树文认为，任何一个做营销的企业，市场占有率决定品牌的高低。把原来销售导向转到用户导向，是汽车工业发展规律在中国的具体体现。这种大的环境，汽车市场在中国的成熟，也一定按照成熟生产的规律来走，没有其他选择。

未来要在做好原来增长份额的基础上，把品牌做好，把用户体验做好。由于互联网大量的使用，市场营销的理论完全变了，网上看了一圈就剩下3台车了，最后打电话问身边的朋友，一句话就决定了他要买的车。葛树文任上几年，奥迪品牌的知名度和客户满意度在迅速提升，提到豪华车大多数人首先想起来的就是奥迪。"我觉得它的背后是巨大的科技创新和产品创新在支撑。奥迪这几代产品做得很漂亮。现在，从奥迪的动力性、操控性、电控，可以明显感觉到强大的产品力。"葛树文如是说道。

业界把奥迪在中国的成功称为"全价值链的本土化模式"。葛树文说：奥迪的成功在中国不可复制。站在全球视野上，人们对设计的动感、时尚、性能的看法一直在变化。内部代号为C5的那一代奥迪A6刚来的时候大家开玩笑说设计得这么"性感"，言外之意是不好卖。结果发现，包括个人用户、商务用户甚至在公务车市场都非常受欢迎，这实际上是顺应市场发展的一个自然过程。

现在的奥迪不是"去中国化"，反而在全球的奥迪更多地去增加一些中国元素。奥迪中国研发中心，不仅对中国市场去做一些产品本土化的工作，还在提取很多中国元素和中国用户需求的东西，将其用到全球的产品设计过程中。

2013年是奥迪在中国的第25年，也恰逢葛树文上任一周年，迎接这位奥迪使者的是奥迪在中国的第200万辆成功售出。俗话说："腊七腊八冻掉下巴。"在最寒冷的腊八当天夜里，德系三大豪华品牌最晚公布2014年销量的奥迪却给了外界一个最温暖的数字：2014年57.5万辆。这57万多辆意味着比上一年净增长8万辆，相当于某个豪华品牌一年的销量。甚至在这个以发布业绩为主的沟通会上，葛树文满脸真诚直面问题，用葛树文自己的话说："奥迪2014年所取得的成绩犹如诸位进入会场时所走过的楼梯，充满曲折"。

同样是在2014年年末，耕耘中国"官车"市场20年的奥迪，在葛树文任上首次提出从"官"到"商"到"家"转型三部曲的思考。改变率先来自奥迪A6L的颜色，产品设计上本身已经去除了过去比较沉稳、保守的风格。同时，在整车的内外饰上都是有非常丰富的颜色。奥迪彩色车销量的升高，源头还是来自市场的需求。那两年，从一汽－大众奥迪总部到区域，奥迪推广过一个"奥迪A6彩色车战略"，以彩色车巡游等活动，让更多用户知道奥迪A6L是一款色彩丰富的系列产品。

葛树文当时说，现在可能无法很准确地区分商和家之间的关系，很多家庭也在做生意。想要从"官"转向商业精英，就要考虑到商业精英的真正需求很大程度上也是家用，称为"公户车"。"公户"是指个人开公司，车牌上公司的名字，很多人现在也用个人的名字在做生意。进入家，更多的是想未来在奥迪品牌的忠诚度上做文章。奥迪浙江区域的用户，家里拥有两台奥迪的比例大约为16%。奥迪真正的"金山"是现在的280多万的真实客户。

葛树文还以欧洲市场举例说，奥迪的年轻化不是年龄化。年轻绝不是车辆用户的年龄低，而是品牌的年轻化。欧洲在财富没有迅速扩张时，一点一点积累，能买得起奥迪的人在40岁以上。中国比较特殊，最近几年财富急剧增长，用30年走了欧洲人三代人的财富积累，所有的豪车爆发式的增长，中国豪华车用户的平均年龄比欧美年轻10岁。年轻化是这代人买了之后，下代人也会喜欢这个品牌，是对未来购买人群的投资。年轻化也就是对一个品牌的感觉，即年轻人买了显得老气，就不是年轻化。有活力就是年轻，80岁的人开法拉利，就是时尚、年轻。葛树文说，年轻化的感觉是做出来的。

只是，在一汽－大众奥迪销售事业部执行副总经理任上第一个任期届满之后，2016年9月，荆青春接棒葛树文出任一汽－大众奥迪销售事业部执行副总经理。

荆青春：一汽奥迪三十而立正青春

犹如年末岁初时间上的新老交替，荆青春的问候是承上启下式的。三年前谈及刚刚结束的2017年，他言简意赅地说："开局不易，结果满意。"

而面对开启的全新2018年，他用幽默的东北话紧着"捞干的"说，2018年是奥迪在中国的三十而立，抓手是颇具中国哲学的传统老话——"天时、地利、人和"。身为中方"一把手"的一汽-大众奥迪销售事业部执行副总经理的荆青春和时任副总经理的胡绍航,专程来京划重点讲述奥迪2017年"表情"。跨年时间节点上,已经450万辆用户的奥迪,在中国累计实现第500万辆即将触手可及。

荆青春并没有回避年初"上汽奥迪事件"的问题,一汽-大众甚至把此次被媒体解读为"奥迪灰天鹅"事件转变为进行战略性调整的最佳时机和整装再出发的号角。

荆青春坦诚上半年的销量受到了挑战,却用时间换取了未来发展的空间。上汽奥迪事件的"坎"儿,让一汽-大众奥迪借此捋顺了包括一汽与奥迪股东双方、经销商在内的方方面面的关系。如一汽与奥迪签署了里程碑意义的新十年商业计划等。很显然,一汽-大众奥迪把所谓的危机转化为了危险中的"机会"。

事实也是如此,经过积极快速的调整,小半年没怎么卖车的奥迪经销商,5月之后整体销量打了鸡血般迅速增长,并在6—11月连续6个月夺得豪华车市场单月销量冠军,多次刷新豪华车市场单月销量纪录。当年前11个月,一汽-大众奥迪销量超过52.63万辆,全年实现60万辆左右的销量。而在多个细分市场的车型上,奥迪依然是领跑者,奥迪A3以绝对优势保持豪华A级轿车市场第一位置,奥迪A4L连续5个月月销过万辆,奥迪A6L 11个月时间销量超过12万辆,继续保持细分市场销量冠军;奥迪Q5在产品生命末期的情况下连续7个月单月销量过万辆。

荆青春把5月之后的强势反弹定义为"家和万事兴"的企业哲学,这似乎也是奥迪自下半年开始重回增长轨道的秘籍。中国传统文化中的"和"对于一汽-大众奥迪而言,是化挑战为机遇的解决之道,也是与股东、经销商、供应商、用户、员工等各家庭成员之间的相处之道。与股东间和睦、与经销商和顺、与供应商伙伴和谐、与用户和悦、与员工和爱,成为一汽-大众奥迪2017年强势触底反弹的五部曲。

荆青春举例说,一周前结束的一汽与奥迪股东大会决定,一汽-大众奥迪销售事业部和经销商,今后将全程参与到所有奥迪车型的前期开发流程中,并将针对造型、技术等各个方面,代表中国用户提出建议,把中国用户的市场需求融入奥迪的产品研发中,这被看作是一汽-大众奥迪全价值链本土化模式的战略升级。荆青春特别强调与经销商和顺相处模式的重要性,下半年一汽-大众奥迪能够迅猛反弹,除了快速的市场反应和针对性的产品投放策略,更受益于与经销商伙伴在过去多年不断磨合形成的"合力",一方面是奥迪提供营销支持和方法引导;另一方面经销商伙伴的信任和自身努力,给了一汽-大众奥迪和衷共济般最为强有力的支持。

如果说"家和万事兴"的企业哲学支撑了一汽-大众奥迪"开局不易,结果满意"的2017年,那么2018年一汽-大众奥迪将凭借"天时、地利、人和",迎接奥迪在中国三十而立。

犹如荆青春的名字,2018年奥迪在中国迎来"正青春"的三十而立之年。在一汽携手奥迪30年的时间轴下,奥迪开启全新品牌战略的元年,也展开16款新车型的产品大年。坐拥"天时、地利、人和"的奥迪将展现全新的面貌和强有力的竞争态势。

市场和消费者最为关注的产品层面,一汽-大众奥迪推出16款重磅车型,展开新一轮产品攻势。除了集AI人工智能科技的旗舰车型全新奥迪A8L,还引入全新6款车型,全新换代5款车型和5款年型车。这其中不乏奥迪Q2L、奥迪Q8、全新奥迪Q5L等重磅车型。同时,引入诸如全新奥迪RS 5 Coupé等更加丰富的个性化车型,RS家族、Avant家族更加壮大。从战略上,2020年前引入7款新能源产品,并实现新能源全网络授权。

沟通会不远处即是一汽-大众奥迪销售事业部搬迁北京后的新家。荆青春说,继市场营销部作为先行军之后,未来将有更多的部门和机构搬迁至北京。奥迪从长春到北京,搬的不是家,而是更接近市场的行动。在一汽集团自上而下的"全体起立 全员竞聘"的改革中,奥迪也完成了人员和架构的调整,并增设了专门的进口车和新能源部门、机构,全新的团队阵容为一汽-大众奥迪注入了新的活力。

2018年是奥迪大年,也是一汽与奥迪携手30年,是奥迪在中国保有量达成500万辆之年，是奥迪在中国第二个30年的启幕之年。中国人对豪华汽车品牌的认知启蒙于奥迪，奥迪见证并推动了中国汽车工业在过去30年的发展，开创了一条让其他品牌纷纷效仿的成功路径，率先实现国产、率先加长，率先突破100万辆、200万辆，直到450万辆规模……奥迪以行业引领者和标准制定者的身份，在中国市场创造了一个又一个里程碑。2018年恰逢中国改革开放40周年的大年，一汽-大众奥迪是工业改革开放的代表作。

在2019年年底，荆青春调任一汽集团未来新兴业务的移动出行事业部，继续激情燃烧的汽车人生。

孙惠斌：不日新者必日退

2019年年底，一纸调令将此前20年始终摸爬滚打在一汽-大众而和奥迪并无交集的孙惠斌，调任至一汽-大众奥迪销售事业部，出任执行副总经理。

履新一汽-大众奥迪销售事业部执行副总经理两个月的孙惠斌，已经全速进入奥迪时间。当我问及即将到来的2020年春节能否有时间休息时，他斩钉截铁地回答说："没有"。2020年1月举行的一汽-大众2020新闻年会，虽然不是他的专场，但是由于履新后首次和媒体见面，很多人对他充满期待。孙惠斌也借机发表了以创新为主调的一汽-大众奥迪施政纲领。

孙惠斌表示，在整体经济形势和汽车行业发展共同作用下，豪华车市场竞争基础从

增量市场，转向存量市场；竞争态势从"两级阵营"的相对分散市场，转向"强者愈强"的高寡占市场；竞争焦点从单一的产品竞争，转向体系能力、品牌认知优势的全方位竞争。基于对市场形势的精准研判，一汽－大众奥迪认为，在新一轮的豪华车品牌向上发展中，不应该仅从销量数据的增长来衡量，更要从品牌的认可度、用户的满意度、网络的健康度等全方位去审视。

对于深耕中国市场32年的奥迪品牌而言，有信心和勇气来应对挑战。信息和勇气来源于巨大的优势。有一汽－大众辐射全国五地六厂的生产制造体系，以及IQS新车质量排名第一的全球标准质保体系；有32年品牌积淀、强大的产品导入能力，以及多个细分市场领先的产品实力；有三、四线以上核心城市全覆盖、形式多种多样、成熟的渠道体系。

孙惠斌特别强调，最关键的是，一汽－大众奥迪拥有豪华车市场最大的用户基数，以及最高的用户认可。截至2019年，一汽－大众奥迪用户保有量超过590万辆，且满意度连续多年保持第一，这是巨大的财富。"稳中求进"的一汽－大众奥迪，在2019年从销售结构、品牌感知、网络管理、服务提升等几大维度，积极调整、主动求变，不仅实现了符合预期的市场表现，赢得了高质量增长，还为引领未来的可持续发展，打下了坚实基础。在立足当下高质量经营的基础上，一汽－大众奥迪有责任、有能力开创和引领豪华车市场的全新未来。

2020年的一汽－大众奥迪启动"守正创新"的全面布局，一方面，夯实产品、品牌、网络、用户、销售等基础体系，持续打造高质量经营的基础；另一方面，聚焦业务创新，深入推进新四化业务，布局未来增长轨道。所谓"守正"，并不是固守成规、一成不变，而是在精益求精的原则下，对既有元素进行创新组合，夯实基础体系，实现从"有"到"优"的体系进化，2020年，我们从产品布局、品牌建设、销售提升、渠道赋能、用户经营五大维度，夯实体系。

一汽－大众奥迪在2020年升级产品攻势，以23款重磅车型的强大规模，打造连续第三个产品大年，从而开启一汽－大众奥迪的产品新时代。以中国用户需求为导向，强化新产品导入的专属性。以全新奥迪Q7为例，大幅升级了这款重磅车型的装备水平，并从入门款车型起，就着重增加了矩阵式LED大灯、空气悬架、全息影像、香氛系统等中国用户尤为看重的科技和尊崇配置，进一步提升了全新奥迪Q7的王者实力。同时，缩短新产品在国内的上市时间，使之更贴近欧洲市场，提升及时性。以全新奥迪Q3 Sportback为例，自2019年秋季交付欧洲市场后，一汽－大众奥迪将在半年内完成本土化生产及上市，再次刷新奥迪全新产品国内上市时间记录，从而让年轻消费者以更快速度拥有这款充满个性魅力的产品。

在奥迪全球品牌模型的基础上，创新开发更契合中国用户价值认知、更具东方文化底蕴的全新品牌沟通策略，并创新打造四大集群式品牌提升专项战役，持续塑造"新奥迪"品牌形象。Brand campaign 首次集结奥迪 AI 家族全新 5 台概念车，并第一次把奥迪最顶尖的技术成果全部带到中国，从而塑造更具魅力的品牌形象；首创的 A8、Q8、R8 旗舰车型沟通平台——传奇"8"战役，将从车主私享会、顶级品牌跨界合作等手段出发，提升品牌豪华新高度；电动化战略沟通将在原有 e-troncampaign 基础上，实现集极限挑战试驾、电动赛事体验、核心城市商圈路演等全方位体验于一体的创新升级，最大化凸显奥迪电动车产品的核心优势；Winter sport 项目将在稳固三大顶级雪场、赞助 4 支冰雪运动国家队等资源的基础上，创新打造 5 座冰雪公园，实现品牌影响力面向 1.5 亿高端冰雪爱好人群的破圈覆盖。

在持续提升品牌形象的同时，聚力营销下沉，切实解决经销商伙伴面临的终端集客压力，通过战略聚焦 18 个城市，并制订"一城一策"的方案，以及线下五大用户体验平台的强势发力，助力全年集客量提升。

一汽 – 大众奥迪将在综合考虑市场形势、竞争状态、经销商盈利等多方因素的基础上，制定科学务实的销售目标、清晰合理的销售节奏，通过重点市场攻坚、供需精益管理、大用户升级等措施，全面提升销售质量。构建三角相依的新型营销产业关系，实现与经销商伙伴的共生、共创、共赢，并依托组织支持、管理支持、政策支持三大手段，确保经销商网络健康度。

2021 年 1 月，一汽 – 大众奥迪累计用户规模突破 660 万，成为中国豪华车市场首个、也是唯一一个达成这一目标的豪华品牌。依托豪华车市场规模最大的用户基盘，深入开展用户经营，激发用户活跃度，提升用户体验。2019 年，一汽 – 大众奥迪已成立保客营销重点项目组，2020 年一汽 – 大众奥迪依托深入洞察用户、保客政策整合、用户触达维系、终端能力提升等措施，助力实现增购、换购、转介绍增长目标。同时，围绕用户全旅程核心触点，依托全新品牌体验中心，打造以高转化率的 Audi Sport 圈层、高黏性的车主论坛及高质量的异业生态圈等为主体的优质体验平台，实现与用户的高频互动。

当前，汽车市场在新经济、新技术、新消费、新开放的大背景下，进入了"新时代"，基于中国消费者追求全渠道、场景式、社交化和个性化的趋势，汽车产业营销模式正在从以产品、品牌为中心，加速向以客户为中心转变。而数字化正是支撑营销模式变革的关键要素。

"不日新者必日退"。2020 年，一汽 – 大众奥迪紧密把握新技术、新趋势带来的产业链变革契机，全力推进数字化转型；同时，推动内部管理变革，激活组织效能，为引领未来智慧出行时代打下坚实基础。这一年，一汽 – 大众奥迪以超过 72 万辆的销量，在疫情之年圆满收官。

第八章　丰田人物

迄今为止,"车到山前必有路,有路必有丰田车"依然是丰田最脍炙人口的广告语。不过从1964年丰田皇冠出口到中国,到2004年威驰在一汽丰田国产,间隔了40年恍如隔世。

服部悦雄：丰田中国通

与丰田汽车在中国同时拥有广汽丰田和一汽丰田两家主体合资公司,以及丰田中国投资公司的主要结构不同,2000年的时候丰田在中国的机构还只是一个丰田中国事务所。

在丰田中国,与古谷俊男、吉贝、佐佐木及小林一弘等不同,丰田的"老干部"服部悦雄始终扮演着关键角色。即便是在退休之后和丰田在中国事业逐渐强大的时候,服部悦雄依然关注着中国市场。如今,年逾八旬的服部悦雄在退休之后的很长一段时间,依然担任着退而不休的丰田中国总顾问角色。

丰田向中国市场出口进口车的历史可以追溯到1964年。那是一批皇冠轿车,一度作为北京饭店等门面场所的出租车,这些特别的出租车在今天的东京和香港还能看到。在东京街头,我问过出租车司机,行驶四五十万公里无大修的皇冠随处可见,足见皇冠的耐久性很好。

中国人对丰田的认知多来自皇冠。

不过,丰田真正意义上开拓中国市场则是40年后2004年的事了。标志性的事件是一汽丰田的国产——威驰,威驰只是商品名称,在丰田内部威驰的名字叫T-1（T-ONE）,取TOYOYA在中国国产第一辆车之意。

与今天丰田商品企划透过丰田中国、一汽丰田和广汽丰田的多种沟通渠道不同,丰田在中国市场最初核心信息的出口都绕不过服部悦雄,曾是北京最高地标的京广中心是丰田中国的神经中枢，包括丰田与一汽集团、广汽集团的合资等里程碑意义的事件，都发生在京广中心。丰田中国公关团队的领导是"二杨"——杨春霞和杨红坚，杨春霞从丰田中国转会一汽丰田，遗憾的是杨红坚因病英年早逝。杨红坚在丰田中国负责公关传播多年，和汽车圈很多人都是好朋友。杨红坚的继任者先是刘鹏，后是牛煜，也包括徐一鸣、张扬、黄亮及后来跳槽至长安福特的孙托雅等。相对于其他人频繁跳槽，刘鹏、牛煜、徐一鸣等都是丰田的"老黄牛"，一待就是10年左右。工龄最短的丰田中国执行副总经理董长征从2011年加盟，至今也有10年。2019年年底，董长征在丰田再进一步，从丰田中国执行副总经理升任丰田汽车中国高级执行副总裁、丰田汽车研发中心中国执行副总经理。

迄今为止，"车到山前必有路，有路必有丰田车"依然是丰田最脍炙人口的广告语。不过从1964年丰田皇冠出口到中国，到2004年威驰在一汽丰田国产，间隔了40年恍如隔世。因此，在中国国产时间并不长的丰田，虽然是国际汽车行业的"大哥大"，但是在中国远远落后于德国大众、美国福特、美国通用等跨国汽车巨头。以至很长一段时间，人们提到丰田，总还是被扣上保守和慢半拍的帽子，尽管仅一汽丰田一家合资车企就实现了超过700万辆的保有量。

在中国加入WTO后的2002年前后，我多次与丰田汽车公司中国总代表服部悦雄进行过面对面的交流。与采访其他跨国公司高层不同，采访服部悦雄并不需要翻译，他在公开场合汉语都说得很流利，这在今天的跨国公司高管中也不多见。

丰田总部之所以派服部悦雄来中国，就是因为他更了解中国市场和中国国情。

丰田汽车2002年提供的数据显示，当时在中国的投资总额为43.27亿元，这并不包括此前已建立的零部件、发动机厂，也不包括合资企业中的中方资金。说丰田保守，但是丰田认准事情后却往往锲而不舍。2002年的一天，在京广中心25层的办公室里，服部悦雄向我谈起中国加入WTO一年来的变化，如数家珍：4月，丰田组织人员远赴河北丰宁植树；6月，丰田在中国的第一个轿车项目亮相北京国际车展；8月，丰田汽车完成与中国一汽集团的合作；9月，独家赞助中日歌会；10月，威驰轿车在天津下线；11月，消费者开上国产威驰……期间，丰田汽车公司名誉会长丰田章一郎来到中国，丰田汽车社长张富士夫在两个月的时间内两次访问中国。那一年，丰田给人的感觉是突然和中国热络起来。

与德国大众、法国PSA集团等诸多先在中国市场跑马圈地的跨国汽车公司相比，丰田从时间上显然晚了一步，自然也背上了保守的"嫌疑"。服部悦雄对此断然否认，反驳丰田在中国市场保守的还有张富士夫社长，他在天津工厂威驰轿车的下线仪式上接受采访时称，由于把主要精力放在中国，欧洲方面再建两个工厂的计划便暂时搁浅。

丰田在中国采取的模式和美国几乎一样。20世纪60年代，丰田开始进入美国市场，首先建立销售网点，然后建立零部件储藏中心，前期工作完成后，便开始了向美国持续25年出口汽车的历程。20世纪80年代后期，丰田开始在美国建立工厂。由于拥有25年对美国车市的了解，丰田十分清楚应该生产什么样的车型、达到什么样的生产规模。

张富士夫说，丰田在中国如此大手笔的根本原因是，中国加入WTO和2008年举办北京奥运会，保证了中国经济发展会有一个良好的大环境。这正是丰田将来计划占据中国车市10%的市场份额的目标所在。

面对加入WTO一年来中国汽车行业掀起的一轮又一轮的重组热，丰田汽车在中国会不会出现像德国大众那样，既和一汽合作又和上汽合作的情况呢？张富士夫明确表示，丰田当前的任务就是与一汽集团、天津汽车集团精诚团结，共同建设强有力的生产队伍。关于进口车和国产车的比例，张富士夫以美国市场为例说，在美国，丰田在当地生产的车大概占65%，进口车占35%。在中国，可以肯定本土化汽车的产量会不断增加，进口车会逐渐减少。

丰田与一汽合作的主要内容是，在天汽集团（原夏利公司）及天津丰田公司NBC平台的基础上进一步延展，除生产夏利2000和T-1（威驰内部代号）之外，还将生产更多、更新的产品；在由一汽管理的原天汽华利公司继续引进丰田所属大发公司的技术，生产SUV、MPV等产品；通过持有四川丰田中方股东四川旅行车制造厂80%的股权，与丰田合作生产越野车的产品；与丰田、天汽集团合作，在天津生产中高档轿车；在一汽红旗轿车平台上开展技术合作；在轻型车和动力系统方面进行合作。

服部悦雄说，43.27亿元只是丰田在中国的前期投资，今后丰田还会将其研发、环保、智能交通等方面的技术引入一汽，进一步扩大合作领域。根据当时双方签署的协议，一汽和丰田的目标是在2010年前，形成年产销量30万~40万辆轿车的能力。

丰田在中国的野心不仅是轿车，丰田还希望在中国的客车、SUV及微型车方面取得一席之地。通过4年的锤炼，四川丰田在客车领域也颇有建树。丰田和一汽加大对四川丰田的投入，通过受让原四川旅行厂80%的股权，一汽和川旅构成中方占四川丰田50%的股份，丰田占另一半。四川丰田生产轻型客车柯斯达和低档SUV。这种市场定位对于丰田的中国布局作用重要：从版图来看，位居西部的四川丰田扮演进军客车及SUV领域的排头兵。在成都之外，丰田和一汽在长春生产高档SUV，蚕食原来属于金杯通用、郑州日产、庆铃、北京吉普等厂商的市场份额。同时，对微型车兴趣浓厚的丰田，在天津华利汽车与丰田旗下的大发合资生产微型车。

丰田给中国市场带来的最大变化是，打破了以通用为代表的美国汽车和以雪铁龙为代表的欧洲轿车在中国市场称霸的局面。通用内部人士承认："丰田的介入将引发国内车市更加激烈的竞争。"

当时的丰田由于刚刚重视中国，对大众并没有构成威胁，丰田阶段性的战略目标是干掉法国PSA。凭借富康、爱丽舍在中国市场呼风唤雨的法国PSA集团，距离中国家轿第一集团的目标显然还有距离。东风、日产、雷诺合资生产轿车的计划仅仅是呼之欲出。

与一汽集团的合资表明，丰田一贯坚持的"背靠亚洲，面向欧美"的战略发生变化，正将越来越多的注意力投向中国。

内山田竹志：从混合动力之父到丰田社长

代表着当今电动车最高水平的外插式充电混合动力普锐斯，9年之前就专门运抵北京，接受小范围的媒体测评。尽管那时普锐斯已经在美国市场投放7年，并风靡全球。有"普锐斯之父"之称的内山田竹志随普锐斯一起到来，内山田竹志是丰田汽车主管技术的副社长，后来出任过丰田汽车的社长。

丰田把那次小范围媒体测试称为进入中国市场前的敲门砖。当时，丰田正在中国开展外插充电式混合动力车的验证行驶实验，并根据实验结果考察外插式混合动力普锐斯是不是符合中国消费者的需求。小范围的媒体在试驾完外插式充电普锐斯之后，每人都接受了一个调查问卷，其中涉及不少在丰田现在看来也是疑惑的问题。例如，对于外插式充电普锐斯能够接受涨价的范围为2万~6万元；购买外插式混合动力普锐斯所需的充电桩的预期心理价位、充电后的继续行驶里程预期等。

类似的测试也在一汽丰田的所在地天津展开。丰田以验证行驶实验的形式，试探中国市场对混动技术的反应。毕竟在当时，混合动力技术对刚启蒙汽油车的中国消费者来说距离太远了。

内山田竹志称，丰田普锐斯与其他电动汽车最大的不同在于，丰田是世界上所有汽车厂商中量产混合动力车时间最久的车企，在长期的过程中，培养出很多的工程师和技术人员。在全球范围内，丰田混合动力车的累计销量已经突破300万辆，正是丰田实现了规模效应，拥有绝对的成本优势。

内山田竹志谈到丰田普锐斯与通用沃兰达的不同时称，通用沃兰达和普锐斯在混合动力系统上有一部分相似的地方，但是设计开发理念有很多不同，丰田开发普锐斯外插式充电的理念，是以混合动力技术为基础，最小限度地增加电池的容量，同时增加外部充电的设备，从而实现电能最大化利用。沃兰达的设计理念是通过电能驱动车辆行驶，所以是优先电能的使用，只有在电能用完的情况下，才会用小型的发电机来驱动车辆行驶。相比普锐斯，沃兰达需要比较大的蓄电池才能够使车辆行驶。

外插式充电普锐斯与上一代普锐斯相比，有两点明显的不同。一是顾名思义的外插式，就是比上一代多了一个电源插口，快充的情况下100分钟充电后可续航20km；二是在新普锐斯上更换为锂电池。内山田竹志说，丰田在日本、美国、欧洲进行了很多的比较，丰田认为20km左右的距离能够实现非常好的燃油经济性，充分发挥EV模式下行驶的节油效果。另外，因为它的蓄电池的体积小，可以降低电池的制造成本，消费者更容易购买。

丰田章男：60分钟两次鞠躬三次道歉

尽管那是11年前的2010年事情了，但是也是丰田史无前例的一次诚信危机。丰田汽车公司社长丰田章男2010年3月1日晚在北京召开说明会，就丰田汽车包括中国在内全球范围实施的大规模召回，给中国消费者带来的担心和影响三次表示道歉。

丰田章男在出席美国国会听证会后，直接从美国飞到北京，由他本人通过新闻媒体，直接向中国消费者说明情况。丰田章男首先就汽车脚垫、油门踏板、制动系统在北美召回进行了说明。其中，油门踏板涉及中国的是合资生产的RAV4汽车，在中国实施了召回。其他问题没有涉及在中国生产销售的丰田汽车。

丰田章男提出将进一步强化安全、质量体系，尽早挽回消费者的损失，重新树立消费者对丰田的信心。丰田章男说，汽车厂家发生了问题，重要的是不隐瞒事实，要把顾客安全放在第一，遵照当地法律采取适当的市场对策。更重要的是深挖问题成因，防止再次发生。丰田章男认为，丰田汽车公司发生这些问题，与过去几年业务发展过快有一定关系，丰田的发展速度已经超出了自身的能力，使丰田一直以来最为重视的对于造车的苛求有所疏忽。

丰田章男提出采取3项措施加强质量管理：一是成立由社长直接管辖的"全球质量特别委员会"，从汽车的设计、制造、销售、售后服务等工序进行汇总并加以改善；二是加强对顾客车辆进行实地技术调查的体制,更直接、更迅速准确地把顾客的声音传达到公司的质量本部、开发本部;三是加强质量管理方面的人才培养。

位于北京CBD的JW万豪酒店在其开业的两年多时间内从没有见到过如此多的记者。从2010年3月1日下午5点开始,由于丰田章男的原因,这里云集了全国各地的报纸、网络、广播及海外通讯社、电视台等媒体记者。偌大的新闻发布会现场座无虚席,各类"长枪短炮"已经全部瞄准了前方的主桌。此外,仍有大量媒体因为没有证件而无法进入发布会现场,领取证件的现场一时排起了20多米的长队。

晚上6点2分,丰田章男带领着丰田中国投资公司、一汽丰田、广汽丰田的丰田在中国各大公司企业的高管入场,一时间发布会现场被闪光灯照得分外明亮。在主持人介绍完前来参加召回说明会的丰田高管后,丰田章男开始用日语进行陈述发言。期间,向因召回事件受到影响的中国消费者进行了鞠躬道歉,并对此次以美国为首发生的一系列有关产品质量问题的情况和丰田是如何应对的进行了说明。

晚上6点22分,发布会为记者留出的提问时间只有40分钟,其间最主要的问题集中在丰田是否在全球执行同样的安全标准,以及丰田如何做才能消除中国消费者的怀疑。

丰田章男在安全标准的回答中运用了一道中国菜——"麻婆豆腐"进行比喻,他表示丰田在全球的质量和安全标准是一样的,只不过在不同国家和地区同样的车型有不同的外形和配置,这是根据其当地的主要需求决定的。"这就好比麻婆豆腐一样,在中国、欧洲、美国吃到的麻婆豆腐口味可能会不同,但本质上还是相同的。"

丰田章男还表示希望不会因为召回而影响到中国市场的销售,并认为丰田2010年在中国销售80万辆的目标不会因召回改变。"中国市场上每辆车的身上都有我的名字,此前我曾经担任过中国本部的首任本部长,对中国有着深厚的感情,我为今后我们生产受中国消费者喜爱的汽车而继续努力。"

当晚7点2分,丰田章男在现场回答完记者最后一个问题。时长63分钟的说明会中,丰田章男共两次鞠躬、三次为丰田召回给消费者带来的不便道歉。

董长征:懂丰田

2019年年底,效力丰田中国9年的董长征再进一步,从丰田中国执行副总经理升任丰田汽车中国高级执行副总裁、丰田汽车研发中心中国执行副总经理。董长征是山东人,学的是汽车专业,2011年加盟丰田前是北汽集团高管。

董长征，懂丰田。有两层含义：第一，董长征懂丰田；第二，懂丰田是丰田在中国事业体的一个组合，"懂"是董长征，"丰"是时任广汽丰田执行副总经理冯兴亚的谐音，"田"则指的是一汽丰田的田聪明。董长征作为丰田中国协调一汽丰田和广汽丰田的神经中枢，这9年有两件大事广为人知：一是创造了汽车行业熟知的"亲，你们好吗"的称呼；二是把丰田中国改为中国丰田。当然，董长征的丰田9年，远远不止于此。

总是给人感觉与时代潮流格格不入的丰田汽车，在汽车进入互联网、智能化时代的今天，却抛出了TNGA的概念，并用"丰巢概念"的中国式表达。TNGA就是有思想的汽车，这个思想就是"改变"，就是"又好又便宜"。2017年11月，在广汽丰田导入的第八代全新凯美瑞是丰田TNAG架构下的第一款新车。时任丰田中国执行副总经理的董长征说，第八代全新凯美瑞是丰田导入中国市场的TNGA首款车型，紧随其后的是紧凑型SUV C-HR，2020年之前丰田在中国将实现七成车型TNGA化。

不同于大众汽车的TSI+DSG是一个黄金动力的组合，TNGA是一个包括动力在内的全面推倒重来的概念，TNGA是Toyota New Global Archiecture的英文缩写，中文被译为"丰田新的全球架构"，目的是制造更好的汽车，丰田社长丰田章男将此描述为制造让顾客说"WOW"的汽车。

按照被戏称为"懂丰田"的董长征加盟丰田多年的理解，缓慢和保守的标签只是外界看到丰田的表象，一旦"变"的时代来临，丰田一定会抓住潮流。TNGA"丰巢概念"推出的起因就是传统汽车遇到挑战后，丰田面向未来的对策。为此，准备5年之久的 TNGA 不是简单的平台概念，而是生产、研发等全产业价值链的重构，如车身设计和内饰看得见的地方凸显个性化，看不见的零部件将提高通用性与共享比例，做到两者兼顾。与大众 MQB（Modular Querbaukasten）平台的"baukasten"是积木的意思不同，丰田 TNGA 的"Archiecture"的英文源于日语中"思想"的意思。简言之，TNGA 概念下的丰田产品不会诞生类似于大众汽车的"套娃"现象。

TNGA 是丰田汽车精益生产方式的升级版，代表了汽车工业的未来趋势，是一种造车理念。当然，TNGA 也是传统汽车工业受到互联网、智能冲击普遍思辨情况下给出的丰田式答案，这个答案就是对丰田全球 100 款车型、800 款发动机的瘦身、减负、优化和重构四部曲，以寻求市场的"最大公约数"。如此众多的车型和发动机数量去其糟粕取其精华，并在此基础上推倒重来，进行重构。看似倔强的背后，是丰田曾经成功的案例，在丰田以普锐斯成为世界汽车行业第一个"吃混合动力螃蟹"的时候，汽车行业和非汽车行业的人和机构都曾表示过不解甚至惊讶，但在 2007—2017 年，已经有超过 1000 万辆混合动力丰田汽车行驶在全球各地。

以在广汽丰田国产的第八代凯美瑞为例，除了名字还叫凯美瑞，看过真车的人都说"很不凯美瑞"。言外之意，这完全是一款和过往人们固有印象凯美瑞不同的车。"凯八"的不同在于，作为首款完全基于 TNGA 架构开发的车型，几乎所有零部件从零重新开发、核心部件全部采用最新技术，包括全新 2.5L Dynamic Force Engine 发动机、全新 Direct Shift-8AT 变速箱、全新底盘及悬挂，同时在造型、设计、驾驶和安全等方面的变革前所未有。"凯八"的豪华版、运动版和混合动力版，各不相同又有异曲同工之处。颜值方面，豪华版采用巨幅的梯形横条格栅，营造宽厚且低稳的蹲姿，犹如橄榄球手蓄势待发；运动版采用少见的三层格栅前脸，视觉冲击犹如蝶泳运动员乘风破浪的身姿，尾部双侧四排气管的造型动人心魄；混合动力版车型在豪华版基础之上，通过浅蓝色的前、后灯凸显先进科技感。

丰田首次搭载的三屏互联同样在第八代凯美瑞上体现，10 英寸彩色抬头显示屏（HUD）、8 英寸中控触屏、7 英寸仪表盘液晶屏，三屏可实现信息联动，HUD 可在挡风玻璃前直接显示路况信息，驾驶者无须低头即可读取信息。在消费者关心的车身尺寸上，车长增加 35mm、宽度增加 15mm、轴距增加 50mm，内部空间更为宽裕舒适。一句话，第八代凯美瑞"很国际，很不丰田"。

第八代凯美瑞只是丰田 TNGA 架构下的"药引子"，广汽丰田和一汽丰田今后的新产品均 TNGA 架构化，一汽丰田还有望成为丰田首个 TNGA 工厂。对消费者而言，TNGA

就是"又好又便宜的新车"的代名词，佐证是丰田表示会把 TNGA 架构下所节约出来的成本优势，反哺到产品性能和配置上，也会体现在最终产品的价格上。对汽车行业而言，TNGA 就是丰田在精益生产方式升级后的架构重建，核心是重新制造每辆更好的汽车。而这，对于学习丰田精益生产方式的同行来说，TNGA 又够汽车行业"喝一壶"的。

胡绍航：少帅一汽丰田量产幸福

始于 2020 年年初的新冠肺炎疫情，让汽车行业成为和旅游业比惨的行业。标志性的北京车展不得不从 4 月延期至 9 月底，这是 2020 年全球唯一一个线下大型国际 A 类车展。此前，日内瓦、底特律、法兰克福等国际车展纷纷取消。在当时北京车展开幕前夕，胡绍航出任一汽丰田汽车销售有限公司党委书记、总经理成为重磅的人事新闻。

有媒体把此次胡绍航的变动称为少帅履新。其实，无论胡绍航到哪个岗位履新，都是少帅履新。出任一汽丰田汽车销售有限公司党委书记、总经理之前，胡绍航主持一汽集团品牌公关部工作将近一年，在集团工作的履历进一步丰富了其更开阔的视野。

只是，此次出任一汽丰田销售总经理让少帅履新更加名副其实罢了。与其他行业或同行业的其他企业相比，"70 后"独当一面在一汽集团体系仍然并不多见。

首次完整操盘一个独立的一汽丰田销售品牌时，胡绍航还不到 43 岁。这也是胡绍航首次离开一汽 – 大众体系，操刀日系品牌。在有过一汽集团品牌公关部的集团履历之前，胡绍航的大多履历和大众、奥迪的德系相关。拥有近 20 年汽车行业经验的胡绍航是一汽集团体系的中坚力量，其职业生涯分为一汽 – 大众奥迪、一汽 – 大众的大众品牌和一汽集团 3 段主要经历。

从 2001 年开始进入一汽－大众奥迪品牌，胡绍航作为销售计划负责人引入第一批 8000 台奥迪 A4，开启了奥迪进口车销售模式，直接与奥迪总部建立起关键性的业务联系。尤其是 2007 年担任奥迪品牌市场推广部部长期间，担任奥迪奥运项目负责人，奥运项目是奥迪品牌形象建设历程中一个重要的里程碑，奥迪奥运火炬登珠峰等一系列项目遇到前所未有的阻力与冲突，同时借助事件营销使品牌形象取得了大幅提升，知名度、美誉度由 No.2、No.3 快速提升为 No.1；尊贵度由 No.3 提升到 No.2，销量由 10 万辆提升到 15 万辆，为销量规模跨越到 30 万辆规模奠定了坚实的认知和形象基础。

全面负责奥迪品牌形象建设和区域市场管理工作的 2009 年，进一步清晰化品牌主张，成功策划了奥迪 A4L、奥迪 Q5、奥迪 A6L、奥迪 Q7、奥迪 A8L、奥迪 Q3、奥迪 A3 等车型上市，品牌知名度、尊贵度、美誉度 3 项主要形象指标连续 No.1，是有史以来奥迪全球取得的最好成绩。率先在业内建立了总部、区域、经销商三级营销管理模式，整合管理终端营销，保证同一奥迪、同一声音、同一品质，提供足够集客支持，助力销量从 15 万辆提升到 55 万辆。

在 2014 年开始担任奥迪北部区总经理期间，实现了终端价格的有效管理，开发经销商综合利润指标体系帮助经销商盈利。

在 2017 年重回奥迪担任销售事业部副总经理之前，胡绍航还有过在 2015 年担任一汽－大众的大众品牌华北区总经理的履历，其通过制定和实施抢、争、拼、调的销售策略和两市两省差异化地缘策略，使华北区在销量、份额、服务、金融等各项指标名列六大区前列，经销商跟随度很高，连续超额完成任务。

在 2017 担任一汽－大众奥迪销售事业部副总经理期间，全面负责产品和营销工作，并联合德方实施品牌提升计划，品牌形象在中德双方的联合调研指标（JIS）中止跌上扬，实现连续 3 年提升。出任一汽集团品牌公关部总经理，其通过实施品牌盛典、红旗嘉年华、"四新"系列主题活动等使红旗品牌势能进一步提升，品牌价值提升 13.5%。

大众、奥迪"双品牌"及在一汽集团的履历，以及在市场、公关、营销等岗位的丰富经验，有助于胡绍航尽快进入新的角色，打造一汽丰田 2022 年百万辆的销售体系。

有人说，胡绍航无疑也是福将，但是福将需要努力和幸运的眷顾。"年销百万辆，客户超千万，营收过千亿"是胡绍航出任总经理半年后，给一汽丰田汽车销售公司制定的清晰的战略目标。一汽丰田所有工作围绕"百千亿"的目标展开，一汽丰田二次创业征程只争朝夕。

第九章 现代起亚人物

留给李峰拯救东风悦达起亚的时间会不会有三年

车坛"老炮儿"李峰说，不能指望他短时间内就给积重难返的东风悦达起亚带来妙手回春的变化。如果非要给个时间表，李峰说"需要过三年苦日子"和"百般努力"，才有让东风悦达起亚重回赛道的可能。只是，留给李峰的时间窗口没有三年。

消失在汽车圈视野许久的李峰，在履新现代汽车集团（中国）副总裁、东风悦达起亚总经理一个半月后的2019年11月，再度回归主流汽车行业的视野。李峰履新的两个职务，其中的现代汽车集团（中国）副总裁更多的是象征性的待遇，而东风悦达起亚总经理才是"正事儿"。此前，李峰出任东风悦达起亚总经理被人们解读为"既懂中国，也懂韩国"。曾经出任北京现代常务副总经理中方"一把手"的经历，是李峰谋到东风悦达起亚总经理职务的优

势和印象分。

再度回归主流汽车行业视野，的确也名副其实。李峰的职业生涯起步于福田，干得热火朝天在奇瑞，巅峰在北京现代，流离在观致，期间还夹杂着北汽股份、北汽研究院等经历。据说，东风悦达起亚只是李峰离开观致后的选项之一，也还有其他车企向李峰"抛过橄榄枝"。

我对李峰的认知，在他离开福田刚刚加盟奇瑞，当时奇瑞在山东济南投放"东方之子"，刚到奇瑞的李峰很是低调，只是和媒体简单寒暄。李峰是一位勇于闯荡市场拼拼杀杀的干将，其在各地推出的"奇瑞汽车城"计划，在当时是非常管用的"招儿"，其中西安奇瑞汽车城和哈尔滨哈得力奇瑞汽车城，我曾跟着李峰去看过。因此，在李峰多家车企的履历中，在北京现代，尤其是奇瑞受到的尊重最大，离开奇瑞后和观致藕断丝连的关系，使得李峰每次回到奇瑞，都有种真正回家的感觉。同时，李峰是一个个性极强的人，他在2008年8月8日奥运会开幕当天选择从奇瑞辞职，至今看来也是标志性的招牌举措。随后，他加盟北汽集团，先是有出任北京现代常务副总经理5年的履历，然后出任北汽股份总裁5年。直到2018年去职效力北汽10年之久，出任宝能汽车常务副总裁。

与北京现代常务副总经理、宝能汽车常务副总裁相比，东风悦达起亚总经理的职务才是名副其实的"一把手"，尽管东风悦达起亚是个"病入膏肓"的企业。让李峰这个中国人出任此前都是韩国人担任的角色，对现代和李峰来说都是全新的。履新一个半月后，借助全新一代傲跑的试车活动，重回视野的李峰依然坦诚、快人快语，也似乎找回了久违了的忙碌感觉。由于当天还要参加"进博会"上的汽车论坛，虽然活动没结束就往机场赶，但飞机落地到珠海还是迟到了。他说没想到"一招呼"大家就都来了，可谓是"患难见真情"。

1963年出生的李峰毕业于合肥工业大学，干了一辈子汽车，以"还有两三年时间就退休，这把年纪还冲在合资公司一线不多了"自嘲的李峰，在谈及履新东风悦达起亚的感受时既开门见山又实话实说："确实难度大，90万辆产能，把一工厂转给华人运通后，还有75万辆产能，而今年的销量还不到30万辆，这其中还有3万辆出口……"

自嘲不像是总经理更像是总部长的李峰说，也在总结过去为什么会失败的原因。例如，既有车市总量收缩、驱动力不足等行业共性原因，也有东风悦达起亚这个品牌自身的脆弱性：二手车市场增长下滑到个位数，是对包括东风悦达起亚所在的"边缘化"品牌的巨大打击。李峰说，豪华品牌最近10年车价整体平均下降12万元、中级车价格下降1万元，以及自主品牌的集体向上，所形成的"踩踏效应"对东风悦达起亚的挑战巨大，而宏观经济的不确定性也似乎让类似于东风悦达起亚这样的品牌失去了增长的动能。

尽管李峰自称"东风悦达起亚还要过几年苦日子",但是参考李峰过往所积累的经验、教训,东风悦达起亚都将成为受益者。例如,李峰定下了"东风悦达起亚不能革命性调整"的原则,在此基础上,聚焦几个拳头产品,把营销节奏打好,不给经销商压库,用他自己的话说"不能把一手好牌给打烂了"。李峰用中国武术的精髓比喻道,把所有力量发到一个点上。特别看中产品力的李峰说,今年东风悦达起亚此前推出的"两个孩子都夭折了",在广州车展投放市场的全新一代傲跑也还不好说。他说,他比任何人都清楚东风悦达起亚从失败中走出来的重要性。

李峰对东风悦达起亚的前景也有几点担忧:第一,有人说李峰是韩国现代提升股比前的临时"守门员",最近韩国现代已经有提升四川现代股比的计划;第二,与李峰过去待过的任何一个企业不同,东风悦达起亚是一个东风、悦达和起亚组成的"中中外"三方合资企业,以中国国籍代表韩方,如何把三方力量拧成一股绳,应避免"老外不听,中方不信"的尴尬;第三,恐怕也是最重要的,起亚自认为是个全球车企,除了中国市场不行,其他市场都还在增长。

李峰上任后在珠海与媒体见面首秀时,咳嗽中声音带着沙哑,他说"哮喘的老毛病要犯了"。正当业界对李峰有抱负的准备施展拳脚大干一场"看好"的时候,李峰在2021年3月从东风悦达起亚总经理任上被去职,时间远远不到三年。

老朋友刘智丰

从北京现代常务副总经理任上升为北汽集团旗下鹏龙公司总经理"落停"之后,我给刘智丰发了一条祝福信息。北京现代作为中韩体量最大的招牌项目,以"现代速度"在行业著称,韩国多任总统在访华时,均会到京郊顺义的北京现代看一看。

合资11年,北京现代以累计900万辆的速度成为中国汽车行业不可忽视的力量。从徐和谊出任北京现代董事长开始,我与郭谦、李洪炉、李峰、刘智丰、陈桂祥、刘宇等中方领导,以及卢载万、崔成起、谭道宏等韩方领导都打过交道。

其中,与刘智丰认识时间最长。当时,刘智丰还是北京戴·克的销售经理,办公地点在亦庄,主管戴姆勒、克莱斯勒和三菱3个品牌的销售工作。刘智丰的定力在于,在一段不算短的时间内北汽年景不好,他身边的不少人离开了北汽,而刘智丰一直坚守。

到北京现代后,他从销售本部副部长、副总经理做起,直到代表中方"一把手"的

常务副总经理。其任上，连续4年把北京现代的销量维持在百万辆以上，使得北京现代凭借单一品牌，行业排名第四。北京现代的左邻右舍东风日产和长安福特一直为突破百万辆"百爪挠心"。为此，我在一篇专访中把其称为"百万辆先生"，对此他记忆犹新。

有些庆幸他调离北京现代，在于除了敏感的中韩关系，还有经过多年的高位运行和激烈的市场竞争，要想获得较大的突破难上加难。我们只是习惯了看到作为一个企业领导出动时的人前马后的风光场面，却很少看到背后的辛劳。北京现代早上8点上班，比别的企业至少早半个小时。我多次拜访刘智丰，多是约在早上。刘智丰的秘书和我还算热络。

现代是足球世界杯和欧洲杯的赞助商，2016年法国欧洲杯，因公不能前往的刘智丰在临行前特别发微信表示歉意，并委托副总经理吴周涛专程到首都机场为车主和媒体送行，细节中足见其细心、贴心。

见到全新职务的刘智丰是在其2013年升任北京现代常务副总经理一周后的7月12日。刘智丰专程从顺义的办公室来到霄云路的北京现代汽车大厦。当我按照约定的时间出现在他新办公室时，他早已等候在那里。这也是刘智丰升任常务副总经理后首次单独会见记者。

北汽集团7月4日对外公布了刘智丰接替李峰担任北京现代常务副总经理的任命，销售管理部部长吴周涛接替刘智丰担任北京现代销售本部副本部长，李峰升任北京汽车股份有限公司总裁。

汽车面孔：黄金一代汽车人

在霄云路的现代汽车大厦见到刘智丰时，他已经搬到了7楼的办公室，办公室的名牌上写有醒目的"常务副总经理"字样，毗邻的是时任北京现代总经理崔成起的办公室。北京现代架构上采取韩方正职，中方副职的安排。无疑，常务副总经理就是合资企业的中方"一把手"。7楼是北京现代汽车大厦的最高神经中枢。有趣的是，宝马还有过一段在现代汽车大厦办公的经历，后来才搬到了毗邻的佳程广场。当我问及如何分配时间时，刘智丰开门见山地说："两头跑。"在顺义工厂的时间多一些，一周时间四一分，四天时间在顺义工厂办公，一天时间在城里办公。"毕竟12000多人都在顺义，那里占用的时间自然多一些。"

刘智丰是北汽系统的"老人儿"，早在1993年就加盟了北汽，先后出任过北京奔驰的前身北京吉普销售市场副总经理，以及北京奔驰、戴·克、三菱销售市场部副总经理、总经理等职务，经历过多个岗位的历练。在其出任北京现代销售本部副本部长5年间，极大地提升了北京现代的销量。

"即便在北京吉普最困难的时候，面对其他车企抛来的橄榄枝，刘智丰也未曾想过离开，忠诚地选择留在了北汽。"北汽内部一位人士如此评价升任北京现代常务副总经理，以及后来调任北汽鹏龙的刘智丰。

第八代索纳塔是刘智丰市场营销的经典案例。刘智丰坦言"索八"做到月销万辆的背后充满十足的火药味儿。例如，为了让"索八"尽快上量，北京现代针对老客户推出3年内原值回购、3年以上增值回购的活动。活动推出两个月，"索八"的销量就超过7000辆。而其中，老车主换购比例57%。当我让刘智丰仔细描述这个被车企称为"经典营销"的点子时，他只是轻描淡写地说："我们觉得，老客户对北京现代有一种情结，他们的车子在用了三五年后，也希望换车，只是做了一些希望他们还换北京现代车子的工作而已。"北京现代2012年全年销售86万辆，同比增长15.7%，位居中国车企第四。而2013年的目标为销量100万辆、销售额1000亿元。

北京现代也是"韩流"文化的缩影。尤其是在车展及日常营销上，北京现代与明星的匹配度堪称一绝，从吴彦祖、王力宏、金秀贤，到广州车展上国民男神胡歌为领动代言，火候拿捏得非常好。而在代言上的火爆之外，北京现代的新产品在价格上也还算厚道，甚至有惊喜。面对有人提出的北京现代是一家明星代言公司的八卦说法。刘智丰戏称，北京现代在明星代言方面一直有特色，从王力宏、吴彦祖、金秀贤到胡歌，都是非常红、有实力的明星，而这些明星都是正在向上进取的阶段与北京现代走到一起的。

刘智丰说，中国不同地区的市场差异非常大，所以很多企业都采取多代同堂的模式。

但是，随着中国城镇化的加快，未来城镇之间差距越来越小，逐渐走低的新车价格留给老车的空间在缩小，这些都会对多代同堂模式造成影响。北京现代会适时调整多代同堂模式，悦动、朗动的双车战略在市场非常成功，朗动每月销量都在2万辆以上。

刘智丰任上，也试图为现代品牌注入新的品牌理念，并为此身体力行，北京现代以前给人的感觉是品质好、性价比高；现在强调活力、技术，这也是核心。从技术角度来讲，北京现代是不断进取的企业，不断进步，不断超越自己，这是品牌内涵；年轻与活力才是未来构成北京现代品牌内涵的核心。只是，在当时韩方不是很积极。

刘宇：十年归来，仍是"少年"

"70后"的刘宇2018年7月再次回归北京现代时，已经从当年的一个科长成长为北京现代常务副总经理的中方"一把手"。关于过去十年先后在北京现代、北汽自主和北汽股份的丰富履历，刘宇如数家珍。与之相对应，他用一组数字讲述北京现代十年的巨大变化：那时候是两个工厂，现在是5个工厂；那时的销量是30万辆，现在是百万辆规模，这种变化显然是巨大的……

对于他自己，外界看到的是头发的变白和体态的微胖。对于刘宇自己"也老了"的自嘲，外界感受到的是，十年再度归来的刘宇依然"少年"。无论对于过往十年在销售、生产、研发3个关键岗位上丰富的阅历，还是年龄，执掌北京现代的刘宇显然还是"少年"。

2018年8月7日，在代表着创新精神的阿里巴巴杭州云栖小镇，履新北京现代常务副总经理"满月"的刘宇，和就任北京现代总经理仅8天的尹梦铉，借助全新索纳塔插电混动新车发布，完成北京现代进入"尹刘"时间的对外首秀。全新索纳塔插电混动上市发布会与以往有很大不同，从开始到结束仅40分钟，高效而紧凑。双双履新的尹梦铉和刘宇低调至极，仅出现在价格发布后的合影环节。

谈到任上的小目标，刘宇强调了追求平衡的重要性。他继而阐述道，目标既要回到在商言商的商人本性，也要追求平衡、稳健，不能顾此失彼。例如，要利润，一年卖10万辆车，但是一辆车赚5万，有用吗？为了一年要卖120万辆车，又找人代工，一辆车亏个3万，这事也不干。为此，刘宇觉得应该是基于没有缺项的品牌提升。基于这样的目标，北京现代应该是一个螺旋递进式，销量能不能涨，涨了之后，利润情况能不能稳定，新技术的产品能不能再多一些？不能因为这个放弃那个，导致整个体系出现失衡。

刘宇说，北京现代这么大体量的企业强调体系力，销量多少有销售本部在做，不同岗位，各负其责。与当下销量多少相比，刘宇更多的是对北京现代未来布局大势的思考。

例如，自主品牌成长之后给北京现代带来什么冲击的思考。刘宇说，中国市场和全球市场的现在和过去截然不同，以前是全球市场有什么，中国市场就可以有，现在是中国市场带着走。结合目前中国市场的特性，北京现代面临的挑战就是怎样快速满足中国消费者的需求，响应的速度越快，成功的速度就越快。北京现代最好的历史水平是114万辆，去年稍微跌到了一个小低谷82万辆。现在北京现代思考的问题已经不是回到百万辆，而是中国市场究竟需要什么样的产品，如何让北京现代和现代汽车集团强大的研发体系释放出能量。所以，这时候北京现代要"革自己的命"。

刘宇坦诚，与互联网行业、IT行业相比，在响应速度上有差距，这不只是北京现代的问题，而是整个制造业面临的共性。汽车就是靠技术，造车只讲情怀、只讲造车理念是不行的，还是要技术落地。刘宇披露，随着中国市场日益成为影响全球汽车巨头格局走向的因素，现代汽车决策层对中国市场的重视程度发生积极变化。拥有1.2万名研发人员的韩国现代汽车集团南阳研究所，已经从过去的高度封闭转为日渐开放。刘宇披露，半个月前去韩国现代开会，发现现代汽车分管研发的副会长不仅在学中文，还参加汉语考试。由此可见，从集团层面对中国市场更加看重。北京现代将会不断完善以北京现代技术中心为主体，现代汽车南阳研究所和现代汽车烟台研发中心，三级协同合作的高效研发体系，强化本土化新能源技术的研发。现代汽车今后将推出只针对中国市场的"中国专属车型"。

全新索纳塔插电混合动力新车上市会上，现代汽车集团中国产品开发担当黄贞烈的观点，印证了刘宇对现代汽车在新能源技术和产品储备的认可。据了解，现代汽车新能源技术研发已经将近30年，先后推出了混合动力、电动、氢燃料等新能源车型。数据显示，现代汽车集团2017年在全球范围内销售新能源汽车24万辆，位居全球第二（位居韩国第一、欧洲第二、北美第三）。根据规划，现代汽车到2025年将推出涵盖EV、HEV、PHEV及FCEV四大新能源技术领域的38款新能源车型。除了新能源，现代汽车在未来智能驾驶等方面也有深厚的技术储备。2018年7月28日，现代汽车集团宣布收购了全球7家人工智能解决方案的企业。刘宇说，他很高兴看到现代汽车在这方面的转型。

刘宇说，基于目前中国市场的变化，他和新任总经理尹梦铉每天基本上有两次一对一的讨论。一是韩国现代强大的能量如何释放到中国市场；二是中国市场的需求如何把握住。两个核心问题正好是两人各自的强项。尹梦铉此前负责整个现代汽车集团的战略规划，刘宇则更了解中国市场需求。"哥俩"可在未来5～8年充分发挥自己优势。用刘宇自己的话说："一旦研发能力爆发出来，鹿死谁手还不知道。"

杜君保：希望北京现代明天就能重回辉煌

杜君保借助 2020 年 9 月第七代伊兰特在成都的上市，完成了其出任北京现代常任副总经理 3 个月后的首次对外亮相。面对外界什么时候能把北京现代带回再现辉煌时间表的期待，杜君保说："我希望是明天"。

第七代伊兰特上市恰好是杜君保接替刘宇，出任北京现代常务副总经理 3 个月的时间。由新及旧的顺序，在杜君保之前，刘宇、刘智丰、李峰、李烘炉、郭谦等出任过成立 19 年的北京现代中方主要负责人。

杜君保此次执掌北京现代，属于典型的"老人儿"回归，离开北京现代的 5 年间，杜君保干了很多并不为外界所知的大事儿。例如，BJ40、尤其 BJ90 是杜君保的杰作，"是我在北汽研究院任上把 BJ90 打造出来，才交给北京越野车王璋他们的"。迄今为止，杜君保依然兼任着 BJ90 项目组的党委书记。

参与北京现代初创的杜君保是造车的行家里手，作为一名老北汽人，北汽研究院和北京现代贯穿了杜君保在北汽集团的主要经历。"出生在鼓楼，长在高丽营农村"，自嘲的杜君保所说的高丽营的"梗"是北汽研究院和北京越野车的所在地，北京越野车"卖"给国产 EQC 的北京奔驰也是杜君保任上干的事情。

"复杂性，而不是复合型人才"是徐和谊对杜君保的评价。比复合型人才更高级的复杂性人才，指的既是造车行家，也是服务专家，还是文艺青年（京剧唱功了得，流行歌曲更不在话下）。知情者透露，对制车的熟悉程度与北京现代想打造的技术现代的想法不谋而合，使得杜君保出任北京现代常务副总经理成为可能。

杜君保给北京现代重回自我开出的"药方"是不忘初心。他把自己重回北京现代和重现北京现代辉煌，称为"找回一个男人的尊严。"杜君保说："今天活下来，是为了有朝一日再现北京现代百万辆规模。"

伊兰特刚进入中国的时候，整个汽车市场是一个成长期，伊兰特给了北京现代一个非常不错的符号，耐久、皮实、没毛病，很适合家庭，那时走到中国的各个地方都能够看到伊兰特的身影，也奠定了很多消费者对北京现代的认知，北京现代重做伊兰特，就是要重拾初心，重新把过去的辉煌给做回来。数据显示，历经 7 代的伊兰特全球销量 1400 万辆，中国市场的保有量超过 470 万辆。"我敢于回来也是一种责任，能不能把北京现代带回百万辆规模，也请媒体做一个监督"，性情中人的杜君保同时戏称，如果伊兰特一年卖不到 15 万辆，他和樊京涛就谁也别干了。

杜君保认为，第七代伊兰特是北京现代重回尊严的起步。北京现代正在进行全流程基础再造，这个基础是基础质量、基础营销、基础服务，甚至回归原点的基础"重新做人"，包括让经销商和供应商能够"同命运心连心"，也是为回归保驾护航。与其他车企高管相对管理宏观不同，杜君保的管理很微观。例如，他说要把真服务，当作盈利的方向。与其他企业高管每天报告销售数字不同，他还是从第十代索纳塔开始的管家帮的最高指挥官，每天报告消费者的满意度。"我们必须善待北京现代的1000多万辆车主，这是我们的宝贵财富"，杜君保如是告诉汽势 Auto-First。

2020年，北京现代的销量达到50.2万辆。杜君保说，他对北京现代今年的表现只是及格。没能更好的原因是，在车企普遍遇到的疫情面前，北京现代的市场跌幅比同行大。同时，疫情导致原本上市4款新车的计划只完成了2款，使得冲量后劲不足。

杜君保说，北京现代基本的管理、经营战略及未来"十四五"的规划，已经上报给北汽集团和韩国现代汽车，并得到了双方董事会的认可。透过第七代伊兰特、2021年上市的第五代途胜等产品，就能看到北京现代的信心和方向。

第十章　大众人物

雷思能歪批汽车产业新政

大腕就是大腕。强势的大众汽车当年在中国市场，用今天的话来说就是"太任性"。

在2003版新的汽车产业政策还没有正式出台的时候，大众汽车集团亚太区总裁雷思能就开始说三道四了，以至他的一句话闹得整个大众汽车在半个多月里忙着原本不该发生的公关危机。时任大众汽车（中国）投资有限公司总经理的张绥新将一封亲笔签名的公函发到我单位，声称大众汽车愿意随时接受媒体的采访。

大众汽车（中国）投资有限公司给媒体发函的背景是大众汽车集团亚太区总裁雷思能接受采访时批评了即将出台的新汽车产业政策。

2003年8月11日，美国道琼斯网站刊登文章称，雷思能说中国即将出台的"新的汽车产业政策的制定者目光短浅"，甚至用了"中国人笨"这样的狠话来批评新的汽车产政策。

当时出台的新汽车产业政策中有一条规定，大意是将来外国汽车公司与中国伙伴的合作需要转让技术，而不能简单地将车型拿到中国组装。身居高位的雷思能说产业政策显然不符合大众的利益。雷思能的观点在道琼斯网站发表后，引起轩然大波。先是新加坡的联合早报转载了这篇文章，然后被多家中国媒体引用。大众汽车（中国）投资有限公司为了消除影响，不得不向媒体发函"灭火"，对此事进行澄清，并阐明大众汽车的新版观点。

新版大众观点以自问自答的形式罗列了4个问题，为雷思能鲁莽的行为打圆场，并在开头写了"尊重并支持中国新的汽车产业政策"的客套话。

许多媒体在转载道琼斯网站记者采访雷思能批评中国新的汽车产业政策的文章，是否确有其事？

答：大众汽车集团亚太区总裁雷思能博士在8月11日接受过道琼斯记者就在中国的发展战略和即将出台的新的汽车产业政策的采访。令人遗憾的是，该文章没有真实地反映德国大众对中国汽车工业、中国政府制定的新的汽车产业政策的认识和看法，对谈话的内容进行了片面的报道，损害了大众汽车公司的形象，也对当前产业政策的讨论及我们与有关政府部门的关系造成不良影响。对此，我们感到十分遗憾。

大众汽车公司如何看待新的汽车产业政策？

答：迄今为止，大众汽车集团从未正式获得过"新的汽车产业政策"原文，只是通过一些新闻媒介获得一些消息。因此，我们也不可能就"新的汽车产业政策"正式发表意见。在接受采访时，雷思能曾反复强调这一点，并表示他完全相信中国政府主管部门能制定出积极面向未来的汽车产业政策。

从大众汽车集团来中国经营近20年走过的历程来看，我们一直认为，正是由于中国政府对汽车行业的积极支持和正确引导，中国汽车工业才会有今天的发展。大众汽车在中国所取得的令人瞩目的成绩，是遵照汽车产业政策规定的方向的成果，也是与中国历任领导人的亲切关怀、热情指导及各级政府的大力支持密不可分的。大众汽车集团不仅是过去、现在还是将来，都将会尊重中国政府的政策和规定。

该产业政策对德国大众在中国的经营业务有何影响？

答：因为大众汽车没有正式获得过这项政策的原文，也不可能就此对大众汽车集团在中国业务的影响发表任何看法。大众汽车集团对中国市场和中国汽车工业未来的发展十分乐观，也完全相信我们的合作伙伴和中国政府卓越的领导能力。所以，我们相信新的汽车产业政策将进一步促进大众汽车集团在中国的业务及整个汽车业的发展。

在欧洲，汽车产业的发展是否也受类似的国家产业政策的调控？

答：每个国家、每个地区都有其市场特色，差异很大，不具可比性。大众汽车集团在全球各地的经营都在不断地适应当地的环境和政策规定。大众汽车集团不仅过去尊重中国政府的政策，将来也会竭尽全力为中国汽车工业的发展和壮大贡献力量。

在大众汽车工作超过30年的雷思能，堪比大众汽车的"社会人"。出任大众汽车集团亚太区总裁前，在大众汽车担任过组织管理部经理助理、成本与生产率优化管理委员会成员、大众汽车萨拉热窝公司总经理、大众汽车墨西哥公司董事长、奥迪墨西哥公司总裁等职务。在加盟大众汽车之前，毕业于西柏林自由大学国民经济管理专业硕士学位的雷思能还有过在德国安联保险公司担任董事会助理的经历。

在中国媒体眼中，知道雷思能者，绝对是汽车圈的"老同志"，身材魁梧、满头银发的雷思能和意大利足球名帅里皮颇有几分相似之处，只是雷思能是"XL版"里皮罢了。常年往返中德两国之间，雷思能是汉莎航空绝对的"VIP"，雷思能离任中国时，汉莎航空公司送给他一个头等舱座椅作为礼物。

不该忘记倪凯铭

尽管2011年3月在日内瓦车展开幕之前的"大众之夜"上就见过面，但时隔一个月之后的4月，才是倪凯铭就任大众汽车中国总裁半年后首次亮相。

这是一个特别的亮相仪式：4月6日，大众汽车集团全球第一个电动车示范车队投入运行，从4月初至8月初，由多辆混合动力高尔夫、混合动力途锐组成的车队，在每天早上9点半到晚上5点为游客提供既定线路的免费交通服务。示范车队从国家博物馆东门出发，经过天安门城楼，穿过南北长街，途经故宫博物院北门、景山前街和中国国家美术馆正门，最后回到国家博物馆东门，全程12km。电动示范车队运营当天，倪凯铭亲自向两位游客介绍了高尔夫电动车的技术性能与驾驶方式，并为他们当司机，驾驶高尔夫电动车畅游国家博物馆沿线风景。

车队出发前，在位于三里屯附近的大众汽车中国总部，倪凯铭专门花时间描述了大众电动车在中国的未来。倪凯铭当时乐观表示，2018年大众汽车的电动车就会成为中国市场的领导者，且在2013—2014年，就生产两款电动车型。

倪凯铭表示，大众汽车知道中国政府到2020年要达到500万辆电动车产量的宏伟目标，这 500 万辆不是指 2020 年这一年的，是从现在开始逐步累积。大众希望届时大众电动车销量能够达到 50 万辆，高尔夫电动车是倪凯铭当时的优先选项之一。高尔夫电动车的电池在德国布伦瑞克生产，离德国大众的狼堡总部很近。大众计划在中国研发和生产电动车的电池，同时，电池本身是很重的零件，从物流角度来讲，在本地生产可能更加方便本地整车的生产。

大众汽车一直致力于为中国本土市场的研发，制定适合中国的电动车充电方式。电动高尔夫可以用中国 220V 常用电压充电，也为中国市场开发了中等速度和高速充电两种充电模式。其中，中等速度充电利用 380V 电压三相插头来进行充电，充电时间约 3.5 个小时，而高速充电是利用高于 380V 的直流电进行充电。

在倪凯铭主政中国市场时期，遴选了一些中国供应商，比亚迪也是其中一个。可惜因为技术不符合要求，比亚迪没能登上大众新能源战略的大雅之堂。

当年倪凯铭寻找战略合作伙伴，伴随着大众与江淮的合资告一段落。

令人费解的是，没能被倪凯铭看上的比亚迪在 2019 年，凭借技术实力成为丰田的座上宾，丰田和比亚迪还成立了电池合资公司。不知道当时是倪凯铭对比亚迪看走了眼，还是经过多年的积累，比亚迪掌握了核心技术。

"封疆大吏"海兹曼

经历过文德恩、穆勒和迪斯三任总裁的更迭，而自己纹丝不动，海兹曼在中国市场 6 年"封疆大吏"的经历，既可以说成大众汽车集团太动荡，也可以说成是自己太稳定。直到从大众汽车集团董事会成员任上退休，稳定背后是中国这个强大的市场。

当然，海兹曼任上的大众汽车在中国市场并非一帆风顺，有高光一刻，有鞠躬致歉，就像大众在中国市场的市场份额神一样的占有率。

狼堡观礼中国桑塔纳全球首发

上汽大众凭借着"师傅领进门，修行靠个人"的修行，2012 年研发了全新一代桑塔纳，桑塔纳最早是从大众引入到中国市场的，时隔多年之后，上汽大众还给了大众汽车集团一个全新的桑塔纳。

2012 年 10 月 29 日，上汽大众在大众汽车总部狼堡以盛大的全新桑塔纳全球首发典礼的形式反哺给大众汽车一个全新的桑塔纳。10 月底的德国寒意浓烈，盛典当天狼堡还下起了湿冷的雨。上海大众为每个人都配发了一条盖在腿上的毛毯御寒,让所有中国人的心是温暖的,我一直把上汽大众的这种做法称为褒奖的示威,除了名字叫桑塔纳,挂的 LOGO 是大众汽车,其他都是上汽大众独立开发的。时任上汽集团董事长的胡茂元和时任上汽大众总经理张海亮,铿锵有力的致辞响彻狼堡上空,照亮狼堡上空的除了五彩纷呈的焰火,还有上汽大众人的开发能力。

履新不久的海兹曼还很青涩。谈及全新桑塔纳的感受也不忘溢美之词流于言表:首先全新桑塔纳的外观造型时尚、现代,做工精良,品质出色。新桑塔纳体现了大众汽车的设计基因,具有非常强的生命力与持久力。与上一代相比,不论是内饰还是外观,都是一个非常完美的充满和谐的结合体。

"我看到过市场中有些产品为了吸引客户眼球,造型非常古怪。大家一开始可能觉得震撼,但是经不起时间推敲,而大众汽车的产品不是这样的。"海兹曼说,全新桑塔纳从内饰和外观都是具有持久吸引力的结合体。在技术角度上,与上一代车型相比,轴距加长了 55mm,乘客坐在后排会感觉空间非常大,480L 的后备厢容量也加大了很多。很多中国消费者周末和全家自驾游,全新桑塔纳就能够满足其需求。在发动机技术方面,EA211 发动机与以前相比,功率更大、油耗更低,百公里油耗约 5.9L。为了提高驾驶乐趣,全新桑塔纳采用电子液压助力的转向系统,在舒适和运动方面有一个很好地结合。

全新桑塔纳是桑塔纳在中国市场创造了 400 万辆销量之上的推陈出新,海兹曼对这个历久弥新的车型寄予更多厚望。家庭用户是全新桑塔纳的主打客户群。海兹曼知趣地夸赞上汽大众的研发能力,上汽大众汽车研发部门实力很强,所有先进设备都有,而且中方同事的技术专业知识都非常强。在海兹曼所知的大众汽车集团在全球的所有试车场中,没有一个试车场比上汽大众汽车的试车场繁忙。

董事身份为速腾事件道歉

面对最重要的中国汽车市场,履新后的海兹曼以最短的时间完成了中国多个工厂的考察。两个多月时间,跑了几乎所有能去的地方。

2012 年 7 月,大众汽车集团监事会做出在集团管理董事会层面设立了负责中国业务的集团董事的决定。从那时起,海兹曼就开始负责中国业务。海兹曼说,"从 7 月到现在,我经常在中德两国之间往来,看了在中国几乎所有的生产基地。"大众汽车在中国市场的发展非常成功,和中国的情况非常相像,发展非常快。第二名与领先者的大众汽车差距非常大。海兹曼说,大众未来在中国的发展他关注的不仅仅是销量,重要的是未来要更加关注品牌建设，把先进的节能环保技术引入中国，使消费者满意，同时要承担更多的社会责任。

为此，大众汽车在中国做出了新增 140 亿欧元投资的决定。当然，这些钱并非是从大众腰包里掏出的真金白银，增资来自合资公司在中国市场的利润。当时中国的节能减排目标是到 2015 年，第三阶段的油耗目标值达到 6.9L，大众汽车的产品将比国家标准油耗目标值还要低 1L 左右。

大众和海兹曼在中国并非都是一帆风顺。我一直认为，吃得了咸鱼也得耐得住渴。一汽 – 大众速腾因为质量问题引发大量客户投诉，并被央视 3·15 曝光。身为大众汽车董事会成员和中国"一把手"的海兹曼，代表大众为速腾事件道歉。海兹曼说，"在这里我也要就这些问题给客户带来的不便表示道歉。"这也是速腾事件后，来自大众汽车集团最高层的歉意。

海兹曼说，首先我要说的是对客户的尊重。我们非常尊重客户，客户的满意及我们自己的产品保持最高的品质是我们最关注的"重中之重"。同时，我们非常理解客户的担忧和担心，我们的任务就是尽自己的全力做好自己的工作以解决他们遇到的问题。整个大众汽车集团一直很支持、尊重中国政府的政策和决定、尊重中国的法律，也很关注和重视所有适用的反腐和反垄断的法律。一汽 – 大众和大众汽车集团一直与相关部门合作，也在不断加强和完善在中国的所有活动，包括对员工做了很多合规方面的培训和教育工作。

海兹曼坦诚，速腾的后悬挂新技术在国产时出现了问题，给消费者带来不安。大众汽车一定会采取各种措施，确保给客户提供高品质的产品。车辆安全性、客户满意度及汽车质量，都是大众汽车关注的重点。

速腾事件最后以召回收场。

危险的产能先生

加盟大众汽车集团后负责乘用车生产规划的履历，对于海兹曼来说"成也规划败也规划"。出任大众中国总裁之后，履新董事会成员之前，海兹曼玩命一样在中国市场实施产能扩张。与范安德奥林匹克计划明确的降低成本的"省钱"不同，海兹曼的产能扩张是"花钱"。短时间内，南北大众相继走出上海和长春，先后在大连、南京、长沙、宁波、新疆、成都、佛山、青岛、天津等地建立了整车工厂或供应商体系。

远离狼堡总部视线的海兹曼在一次采访中披露，在他执掌中国市场之前的 1993 年，就负责大众在中国大部分整车厂、发动机和动力总成等零部件厂的规划和建设。2012 年就任大众汽车集团（中国）总裁兼首席执行官后，海兹曼主导的第一个建设项目大众汽车天津零部件厂 2014 年 11 月建成投产。随后，上汽大众长沙工厂、一汽－大众青岛和天津两个新工厂如潮水般涌来。海兹曼的扩张几乎是疯狂的，一汽－大众和上汽大众至 2020 年的产能规划，已经达到 600 万辆，南北大众各 300 万辆。而事实上，以 2017 年的销售数据为例，南北大众的累计销量为 400 万辆。这意味着大众有 200 万辆的产能属于放空状态。

尽管大众汽车在中国市场拥有来得早、市场占有率高的先发优势，但是伴随着中国乘用车市场的增速正在放缓，大众汽车更大数量的产能放空将成为事实。一旦中国市场出现波动。此外，在汽车"新四化"的当下，大众汽车没能拿出一款像样的产品。海兹曼不止一次明确表示：到 2020 年，大众计划将在中国销售 20 万辆电动汽车；2025 年之前，目标为 150 万辆电动汽车。这样的目标是否会像产能一样放空，还真是一个问号。

"尾气造假"事件所导致的总部内斗，让海兹曼远离了事件的中心，中国市场也成了海兹曼的避风港。三年时间，文德恩、穆勒及迪斯三任集团总裁走马灯般地更迭，使得原本 2017 年就任期结束回国的海兹曼，续任至 2019 年 1 月。

从履新不久时的青涩，到离任时八面玲珑的老道。海兹曼离任时，并不能把他的放空的产能带走。

"大众之夜"再无文德恩

因尾气排放造假引咎辞职的大众汽车集团总裁文德恩（Winterkorn）给继任者穆勒留下了一个难以收拾的烂摊子。大众汽车集团新掌门人穆勒在 2016 年日内瓦车展开幕之前的"大众之夜"上，坦诚大众汽车犯了法律和道德上的双重错误，并立志带领大众汽车重新唤回消费者的信任。

与日内瓦机场毗邻的一个货运仓库内，奥迪董事会主席施泰德等大众汽车集团旗下十二大品牌的"一把手"轻车从简陆续抵达，有的甚至连随从都没有带，若不是那道虚掩着的门上写有"大众集团之夜"的铭牌，你很难想象这里就是大众汽车每年在日内瓦开幕之前举行的"大众之夜"的现场。没有了往昔会场外十二大品牌的"刀旗"，也不见了亮如白昼的探灯，陆续抵达现场的各品牌的车灯成了最亮的灯光。

很多事情怕相互比较，同样是大众汽车集团，也同样是"大众之夜"，却与过往相比天壤之别。进入穆勒时间的大众汽车集团一切都在改变，与文德恩时期的前呼后拥不同，在"大众之夜"的现场,满头银发还有些消瘦的穆勒犹如大众汽车集团的"店小二",站在会场入口稍微往里的地方,与每个人握手、寒暄。来者既有各大品牌的阁员,也有来自全球各地的媒体。穆勒尽可能地和每个人聊一会儿,生怕怠慢了谁。

大众汽车集团中国公关副总裁彭菲莉说,与往年1500人左右的大场面相比,今年"大众之夜"的人数严格限制在500人,能拿到"大众之夜"的入场券比《星球大战》的首映礼还难。例如,时任大众汽车亚太区首席营销官胡波因实在搞不到入场券被迫回到酒店,与胡波相同经历的还有斯柯达中国区的相关高管。主持人的开场白也佐证了"大众之夜"的变化:"今天只有交流,没有表演。"主持人特别用"少而精"形容日内瓦车展的"大众之夜",与会者只有全球400名记者和各大品牌的董事会成员。因为大众品牌旗舰车型辉昂Phideon将在上汽大众国产,上汽集团董事长陈虹、时任总裁陈志鑫,以及上汽大众总经理陈贤章、上汽大众销售与市场总经理贾鸣镝和上汽集团蔡宾成了"大众之夜"的座上宾。

穆勒的致辞是在道歉中开始的:"大众犯了法律和道德上的双重错误,应该吸取教训,重新唤回消费者的信任。"他在回应大众尾气造假事件的最新进展时呼吁外界保持耐心。事件还在调查之中,有些单独情况可能比较轰动,正在抓紧进行中的美国独立调查的情况还处于保密阶段,一旦事情有进展,大众汽车将即时公布。尽管穆勒没有披露有可能造成轰动的具体事件,但是他给出了预计本年度4月能拿到实质性报告的时间表。欧洲市场的召回也在进行之中,消除隐患的软件更新用时约1小时。

穆勒确信目前仍是大众历史上最困难的时期,不过他想以此次造假事件变"危"为机,打造一个新的大众汽车公司。把大众汽车转变为致力于为消费者提供更高效、更聪明、更安全和更舒适产品的移动出行供应商,并将电动车和自动驾驶明确为大众汽车未来的两大方向。电动车方面,围绕电动车型和混合动力车型,2020年前大众规划了20款车型,依靠全面覆盖的充电基础设施,大众电动车型的续航里程将达到500km,而快速充电的时间只需要"喝一杯咖啡的工夫"。而大众汽车的自动驾驶将围绕客源和货源两大类别展开。例如,在数字化方面大众汽车在美国的加州、亚洲和欧洲设立三大研发中心,从而让汽车从设计开发之初就与客户体验产生密切的关系。大众汽车自动驾驶的项目负责人说,一款车只有迷人的设计或出色的动力不是汽车的未来。

未来,大众汽车将在自动驾驶上进行大量投资。数字化革命将让汽车重新被发明,其意义如同将近130年前汽车取代马车一样伟大。时常往返于欧洲与美国硅谷的大众汽车数字出行负责人描绘2025年的汽车社会时说,现在拥挤不堪的停车场届时将没有车,而腾出的面积将被花园所替代。届时，自动驾驶的汽车在把人送到目的地后将自动行驶到郊区充电。车主用车时通过手机系统操作，车将自动地随叫随到。自动驾驶还将大大减少交通事故的发生，因为自动驾驶汽车不喝酒、不熬夜、不疲劳。数据显示，每个人一生约有 3 万个小时在车里面，把这些时间解放出来。同时，自动驾驶可以让残疾人等弱势群体的出行更加便捷。

大众汽车在当年 3 月的日内瓦车展上明确提出，把大众汽车从一个车企发展成移动出行的供应商的计划。发动机是传统汽车的心脏、驾驶者是汽车的大脑的角色将分别被自动驾驶是心脏、智能化是大脑的角色替换。尚没有度过尾气造假事件的大众汽车，画饼充饥的下一个未来，值得可信吗？

在被美国曝出尾气排放造假最高超标 40 倍，大众汽车面临罚款 180 亿美元（约合 1145 亿元人民币）的丑闻 5 天之后，大众汽车集团 CEO 马丁·文德恩（Martin Winterkorn）正式辞职。德国政府专门成立调查小组进驻大众汽车集团，对事件展开全面调查。德国总理默克尔对此感到震惊，要求这一事件"必须尽快做到百分之百透明"。

尽管最终以尾气造假悲情谢幕，但是文德恩依然是汽车工业的一代枭雄。大众汽车集团 CEO 文德恩时常以各种面孔出现在公众场合，出席北京、上海车展时，文德恩曾经拿着一把卷尺光顾过比亚迪、长城等展台，文德恩也可能是随便一逛，但对于正在成长中的中国汽车工业来说是一种荣誉，文德恩技术狂人的镜头也不时被媒体放大。

当然，文德恩有更多面。作为世界著名汽车公司"掌门人"的文德恩罕见地缺席了 2015 年 4 月的上海车展，文德恩无法抵达上海的原因是"后院失火"，当时文德恩与监事会主席皮耶希的争斗十分胶着，被称为大众高层两个男人之间的决斗。事情缘于大众教父皮耶希在接受德国《明镜周刊》采访时曾公开表示"我与文德恩保持距离"。此话一出，犹如给汽车界扔下一枚重磅炸弹。皮耶希与文德恩作为黄金搭档反目成仇。被皮耶希"呛声"后，除了大众集团工会主席 Bernd Osterloh、大众集团股东之一的保时捷家族沃尔夫冈·保时捷等表达了对文德恩的支持，德国下萨克森州州长 Stephan Weil 也对皮耶希的言论感到诧异。内斗的结果是皮耶希退出江湖，文德恩获得包括工会和第二大股东等多数人的支持。

俗话说，树大招风。作为欧洲乃至全球最大汽车公司的 CEO，文德恩的薪水之高同样令人瞠目结舌，早在 2012 年，德国媒体就报道过文德恩 1750 万欧元年薪的新闻。

以大众汽车集团 2012 年的年报为例，大众汽车集团当年在国际市场中获利 160 亿欧元，利润比上年增长了 60%，并创造了年产值 1590 亿欧元的历史纪录。销售额及利润增长为大众公司高管带来丰厚收入。文德恩的年收入即达 1750 万欧元，成为德国年薪最高的公司总裁。尽管每年的年薪数额不同，但是文德恩的年薪在德国 CEO 薪资排行榜上始终属于高位。例如，2010 年为 930 万欧元；2011 年薪酬为 1750 万欧元。

美国的尾气排放超标造假事件，将文德恩原本执掌到 2018 年的计划打乱。执掌大众汽车集团多年的文德恩被迫引咎辞职前已经 68 岁。由 20 名成员组成的监事会原本定于 9 月 25 日对延长文德恩合同进行投票表决，但不得不提前宣布解散。

文德恩在斯特加特大学冶金和金属物理专业毕业后，曾在博世、西门子有过短暂 4 年的工作经历，在大众汽车集团的生涯起步于奥迪。1981 年加入奥迪后，他从董事会成员助理做起，先后在测量技术实验室、质保部等部门工作，在奥迪质保部的经历为他 1993 年成为大众汽车品牌质保部门负责人提供了可能。随后，文德恩成为负责大众汽车技术开发的大众汽车品牌管委会成员、大众汽车董事会成员，并在 2003—2008 年成为奥迪汽车的董事会主席，在全面执掌大众汽车集团之前，西亚特和兰博基尼品牌也是文德恩的管辖品牌。

大众汽车造假事件，除了危及整个欧洲汽车界，恐怕更会刺痛德意志民族的自信，因为德国是一个和造假没有任何关联的国家纪录被大众打破了。

范安德拒任大众北美总裁内幕

范安德时代的斯柯达把 SUV 纳入 2025 战略，范安德拒绝履新大众北美总裁，一怒之下辞职离开效力 25 年的大众汽车集团，更多的是发展理念上的分道扬镳。

在 2016 年 12 月 1 日北京遭遇最严重雾霾的当晚，斯柯达新任总裁梅博纳（Mr. Bernhard Maier）派出时任斯柯达汽车全球公关传播负责人冯檀博（PeikvonBestenbostel）作为特使访问北京，约见部分媒体朋友。我戏称，冯檀博比张家口的风来得更早一些。从捷克首都布拉格不远万里飞抵北京的冯檀博，和时任斯柯达中国总裁韩麦安及上海大众斯柯达公关传播相关负责人苏亚克，在毗邻雍和宫的京兆尹幽静院落里，代表新任 CEO 梅博纳就斯柯达的未来发展方向进行坦诚沟通。我半开玩笑地说，当天晚上出席者都是斯柯达生死之交。当晚，北京雾霾可吸入颗粒物过千，近在咫尺的雍和宫被笼罩海市蜃楼般的雾霾之中。

冯檀博的问候是承上启下的，既带来了老朋友范安德的感谢，也带来了新任总裁的问候。"我们的新总裁梅博纳 2016 年 11 月 1 日履新后首次海外出差就选择了中国，他在两周之前刚刚访问了上海大众,并与其达成了一系列新的合作意向。中国市场始终是斯柯达最重要的市场,未来扮演着更加重要的角色。"冯檀博还用销售数据上的支撑表示,当年前10个月,斯柯达在全球市场已经实现88万辆的销量,预计全年结束时,又将成为再次超过100万辆的单一品牌。同期,上汽斯柯达实现销量23.6万辆,代表了斯柯达最高水平的旗舰车型全新速派也实现国产上市。95%的车型符合国家购置税减半的政策,让斯柯达受益良多。

2016年对拥有120年历史的斯柯达和上海大众都是里程碑意义的一年。那年,恰逢斯柯达加入大众汽车集团25周年。放眼世界汽车工业,斯柯达与大众的合作都是为数不多的经典成功案例。谈及大众给斯柯达带来的变化,冯檀博说:"大众汽车帮助斯柯达完备并做大做强了轿车。"对上海斯柯达而言,新总裁梅博纳两周之前与上汽大众签署了两个新项目的合作谅解备忘录:一是确定在上汽大众国产一款A+级斯柯达SUV车型;二是和上汽大众共同开发一款跨界CUV车型,尤其是共同开发的CUV车型上汽大众参与更多。

新总裁梅博纳先后在宝马、保时捷等品牌工作过。目前,斯柯达正在制定聚焦SUV、车联网和电动车的2025三大战略。其中,SUV战略扮演重要角色。在YETI之后,全新规划了三款SUV。过往斯柯达已经做大做强了轿车,未来SUV将帮助斯柯达成为具有全车系的百年品牌。当然,斯柯达同时非常关注电动车对传统内燃机,以及自动驾驶对汽车行业的影响。尤其是自动驾驶,斯柯达认为实现自动驾驶可能不是20年后才发生的事情,有可能未来5年左右就能实现,尤其是如Google等互联网企业给汽车行业的发展带来了新的希望。

对于曾任大众中国总裁的范安德,冯檀博也从一个身边人的角度首次向外界披露了其离开大众汽车集团的内幕:大众汽车美国尾气排放造假事件后,斯柯达总裁临危受命出任大众汽车北美总裁,范安德博士是一个管理人才,他甚至可以带领大众汽车复兴,而北美总裁职务在可以看见的未来两年,需要处理的后遗症多是法律、法务问题。范安德的太太也不同意由他去接受美国公众的质疑。在宣布成为大众汽车集团董事会成员当天,去意已决的范安德离开效力了25年的大众汽车集团。在离开斯柯达后的一段时间内,范安德还享受过一段时间的斯柯达总裁的"老干部待遇",一直寻求复出的范安德在离任大众多年后的2017年9月出现在吉利收购的马来西亚宝腾汽车的董事会顾问名单中,算是谋到了一个差事。

穆勒会把大众汽车带向哪里

穆勒（Matthias Muelle）坦诚，美国尾气排放造假事件让大众汽车处在历史上最艰难的时期，比可量化的 162 亿欧元赔偿准备金更可怕的是，这一事件给大众汽车及德国制造业带来的信誉损失无法量化。处理危机与把大众从传统汽车制造商转型为全新移动出行解决方案的提供者成为穆勒任上最重要的工作。

毫无疑问，占据大众汽车集团全球市场半壁江山的上汽大众和一汽－大众两家中国合资企业，以及两家企业旗下的大众、斯柯达和奥迪三大品牌，某种程度上决定着大众汽车"生死未卜"的未来……

当 2016 年 6 月中旬，穆勒亲口说这番话时，我能感受到他的迫切与真诚。在北京东三环长虹桥附近的康莱德酒店，掌控着全球 120 家企业、60 万人的工业巨头的穆勒一大早接受了几家媒体的专访。陪同者只有大众汽车集团中国总裁兼首席执行官海兹曼和翻译叶文。对于发生在美国的尾气排放门事件，连他自己在得知后也感到"异常震惊"。正是在那场被人们称为德国制造信誉扫地的事件之后，穆勒从引咎辞职的文德恩手中接过大众汽车集团董事长兼首席执行官的"帅印"，此前在大众汽车集团工作 40 年的穆勒，工龄长度与久负盛名的高尔夫的历史相同。

这是穆勒 2015 年 10 月"挂帅"后首次来到中国，却是我与他的第二次接触。第一次是在 2016 年 3 月瑞士日内瓦车展的"大众之夜"上。那时穆勒接任不久，大众也正处在舆论风暴的中心，满头银发的穆勒像个店小二般在入口迎接各个品牌的高管，丝毫没有大企业 CEO 的傲慢。

此次穆勒的中国之行是一次劳顿之旅。三天时间，马不停蹄地访问上海、北京和长春三地。在京逗留当天，上午接受我的专访，下午参加全球企业家峰会论坛。抵京之前，去上海拜会了上汽集团和上汽大众。离京之后，还飞往长春拜会一汽集团和一汽－大众。访问三天，十余场会谈会见，时间以分钟计算。由于头天北京下大雨，上海到北京的航班严重晚点，接受采访时穆勒只睡了 3 个小时。

穆勒的中国之行是一次道歉之旅。尽管中国有关方面禁止发展柴油轿车让大众因祸得福，但是在全球关注的尾气排放门事件上，穆勒依然透露了最新的进展。一方面，大众和欧盟及德国政府部门进行了深入广泛的交流，就如何维修车辆提出了切实可行的方案和措施；另一方面，大众和美国政府部门的谈判目前进展也很顺利。穆勒透露，大众将为柴油发动机排放所产生的，包括民事赔偿在内的所有后果准备了 162 亿欧元的费用，这不是一个小数字，至于这笔钱能否最终解决所有问题，还有待观察。

穆勒非常抱歉有这样的事件发生，大众将竭尽全力找到事件的真相。同时，将竭尽全力在组织上、工作流程上避免今后类似错误再次发生。为此，大众在集团董事会层面专门设立了一个负责法规和合规事务的集团董事。特意聘请了曾经是德国前联邦法院最高大法官之一的何丹博士担任此职，保证所有的工作都是在合规合法的状态下进行的，避免柴油发动机的排放再度发生类似的错误。

穆勒的那次中国之行也是一次投资之旅。穆勒说在上海与上汽大众进行了深入和建设性的交流，就"如何让上汽大众有着更加美好的未来"和合作伙伴达成了共识。他同样期待对长春的访问能富有成果。当然，共识和成果来自穆勒要车给车、要钱给钱的投资承诺，如在中国新增40亿欧元投资，用于未来几年新产品的开发。与此同时，北京成为与旧金山、柏林并行的大众汽车全球未来三大中心。对中国市场乐观的穆勒也感到巨大的竞争压力，这些压力不仅来自传统的国际竞争伙伴，还来自中国本土的汽车企业，如荣威等。

穆勒的中国之行更是一次转型之旅。他和大众集团董事会正在努力推进改组和改革的大众汽车2025战略，中国两家合资企业是大众汽车120家工厂、60万名员工的重要组成部分。大众汽车2025战略的一个重要的内容就是：旗下的12个品牌通过"去中心化"措施变得更加强大。同时，希望大众在区域和本土的管理层能有更多的决策权和自主权，以便更好地理解包括中国汽车市场在内的市场，理解客户。当然，"去中心化"绝不是在短时间内一蹴而就的事情。

穆勒说，汽车工业现在面临一个重要的转折，需要把大众从一个传统的汽车制造企业变成一个全新的移动出行解决方案的提供者，更加舒适、更加安全和更加环保。未来汽车产业的变化不仅只是电动车，还包括全新的服务模式，以及全新的互联网智能化。面对未来的趋势和变化，大众汽车希望和更多的、不同的合作伙伴合作。

迪斯：宝马培养出来的大众 CEO

迪斯（Dr. Herbert Diess）此次访华和此前的任何一次都明显不同，甚至距离他最近的一个月前的访华都有着天壤之别。2018年4月北京车展"大众媒体之夜"，当迪斯博士面对中国媒体侃侃而谈时，他的新头衔是新任大众汽车集团管理董事会主席、大众汽车集团CEO。

一个月前，专程来北京出席大众新一代旗舰 SUV 途锐首发式的迪斯博士，身份还只是大众汽车品牌的董事长。而在 3 月初的日内瓦车展上，迪斯的头衔也仅仅是大众汽车集团的董事。此前更多的时候，迪斯访华为陪同穆勒的角色居多。只是这一次，缺席者是穆勒，迪斯站到了大众汽车帝国舞台最中央的位置。2018 年开幕的北京车展，迪斯成为最受瞩目者。

很多人并不知情，在跳槽加盟大众汽车集团之前，迪斯曾是宝马集团董事，并在 2013 年以宝马研发董事的身份，出席过宝马在中国的很多活动。

在迪斯任上大众汽车集团 CEO 这件事上，宝马是有推动力的。迪斯离开宝马加盟大众的多种传闻中，可信度较高的一个版本是，在宝马董事长的竞选中，同为候选人的迪斯败给了科鲁格，直接导致了迪斯的出走。

加盟大众汽车集团后，迪斯迅速成为大众汽车的董事，并晋升为大众汽车品牌的董事长。在德国各大汽车公司中，董事级别的高管"串场"并不少见。萧绅博在出任宝马销售与市场董事之前，也曾是奥迪的销售与市场董事。

履新大众汽车集团 CEO 的迪斯显然雄心勃勃，迪斯在"大众汽车之夜"上表示，中国在大众汽车集团旗下所有品牌的业务中扮演着至关重要的角色。到 2021 年，大众至少将在中国的 6 家工厂启动电动汽车的本土化生产。未来 7～8 年，大众汽车集团将在中国市场推出 40 款新能源汽车。

第十一章　斯柯达的朋友们

诞生于 1895 年的斯柯达（SKODA）是全球汽车品牌中为数不多的百年老字号，1899 年是其制造汽车历史的开端，其生产摩托车的历史可以追溯到更早的 1895 年。斯柯达的历史如同穿越布拉格的母亲河——伏尔塔瓦河般绵延流长。斯柯达与鼹鼠、卡夫卡、昆德拉及好兵帅克被称为多元化捷克的代表作。

在斯柯达 125 年的历史长河中，1991 年被大众汽车集团收购及 2006 年在上汽大众实现国产，意义如同陈年茅台般厚重，被大众汽车集团收购的斯柯达穿上了如何体系化运作的护身符，而在上汽大众的国产则为斯柯达的腾飞插上了翅膀。在大众汽车集团旗下的 13 个品牌中，斯柯达是继大众、奥迪后第三个年度销量超过百万辆之巨的单一品牌。2021 年恰逢上汽大众国产 15 年，累计销量超过 300 万辆。

"很中国"的托马斯

我数次造访过位于布拉格北部姆拉达的斯柯达总部，并在多种场合与斯柯达荣海德、范安德、梅博纳等多任董事长有过交集。除了"一把手"，斯柯达不少高管也曾在中国市场工作过，斯柯达全球市场与销售董事安世豪曾是一汽 – 大众奥迪销售事业部首任总经理，生产董事宇杰曾是上汽大众的"高管"，采购董事也有着在上汽大众工作 8 年的履历。斯柯达 7 人组成的董事会中，一度 4 人有过在中国工作的履历，斯柯达也因此被我称为"最懂中国市场的董事会"。

斯柯达的不少相关负责人因工作而结下深厚友谊，2017 年 4 月升任大众品牌公关总监之前，冯檀博（Peik von Bestenbostel）长期担任斯柯达全球公关总监，Peik 的姓氏在欧洲属于贵族，欧洲贵族的"老冯"不仅在言语上把我称为老朋友，还时常以拥抱来"证明"。很多人并不知道，"老冯"最早是记者，与我同行。1984 年，上汽和大众在人民大会堂的合资签约仪式，作为记者的"老冯"就是见证者。

斯柯达中国公关负责人托马斯（Tomas）同样把我看作是他的亲密朋友。托马斯还是马拉松爱好者，我俩在西班牙马洛卡用脚步丈量过滨海大道。托马斯相对于我们显然是"老外"，但是一旦到了国外，他比我们更"中国"，当我们可以在出国时喝冰水时，这哥们却一个劲儿在酒店或餐厅要热水喝，并在我们面前戏称自己是中国人，喝开水、吃中餐、说中文的托马斯很"中国"。在他眼里，北京还有一种全球独有的"北京比基尼"人文景观，那是托马斯对夏天胡同里的"膀爷"的别称，他说自己看过世界不同的风土人情，却只有中国才有"北京比基尼"，喜欢中国文化的托马斯还给自己起了非常"中国"的名字：高泰然。托马斯对中国文化的热爱不仅体现在他自己身上，还影响着他的家庭，他为孩子们起了中文名字。

2017年，斯柯达全球公关总监冯檀博和斯柯达中国媒体关系传播负责人托马斯双双高升，冯檀博的办公地点从捷克布拉格升级为德国狼堡总部，他本人由斯柯达全球公关总监升官至大众品牌公关总监。而托马斯在中国市场做满了最长5年的任期之后，从北京返回捷克布拉格的斯柯达总部，其职位由中国媒体关系传播负责人荣升为斯柯达全球产品公关负责人。虽然两位老朋友的工作岗位发生变化，但是我们依然通过邮件、微信等形式保持着热络的联系。

斯柯达之于中国和捷克，远远超过了车的概念，他是联系中国和捷克乃至东欧的纽带。早在20世纪50年代，由于汽车技术及汽车工程师的缺乏，中国的汽车工业处于起步阶段。为了改善这种状况，中国曾向东欧国家求援，并且通过大使馆联系到世界上著名的汽车制造商之一——斯柯达汽车，希望可以得到帮助。

1956年，斯柯达汽车工程师不远万里来到中国提供援助。中国曾在斯柯达706RT车型的基础上推出黄河JN150车型，该车也被誉为"中国第一辆国产重型卡车"。1960年4月下线的第一辆黄河JN150，毛泽东主席亲自莅临视察并给予高度评价。虽然在1985年年底，动力更强大的JN162取代了JN150。但黄河JN150在中国留下了动力强大、性能可靠的口碑。在所有派驻中国的捷克专家中，汽车工程师奥尔德日赫·梅杜纳（Oldich Meduna）最为著名，毛泽东主席及朱德总司令所乘坐的斯柯达VOS豪华轿车就出自他之手。

梅杜纳于1958年年底来到中国后，到中国各地帮助多个工厂提高汽车生产技术，并在许多大学授课，北京大学就是其中之一。梅杜纳教授为中国汽车工业的发展做出过巨大贡献。在中国期间，经他重新设计的一款俄罗斯发动机性能大大提升，在参观了一家拖拉机厂后，还设计了一款拥有4m宽履带轨距的稻田拖拉机。除了具体的设计工作，他还对中国汽车产业的基础设施建设提出了具体意见和建议。当时，中国将卡车车型开发目标瞄准了4t重的轻型卡车，但梅杜纳教授认为重型卡车更适合中国国情。

毛泽东主席乘坐的斯柯达VOS豪华轿车在2016年捷克总统泽曼访华时，再续前缘。斯柯达工程师专门把当年的VOS轿车修葺一新。陪同泽曼总统访华的斯柯达总裁梅博纳曾邀请我前往捷克驻华大使馆做客。捷克驻华使馆院子很大，尽管看上去馆舍有些陈旧，但非常整洁，尤其是夏日时光，院子里的树木密如森林，浓荫蔽日，闹中取静。

3%先生荣海德

斯柯达是在荣海德（Reinhard Jung）任上时在上汽大众实现国产的。荣海德仅是斯柯达汽车诸多董事会主席的其中一任，尽管在其接任董事会主席之前就有了斯柯达在中国国产的动议，但其是斯柯达在上汽大众实现国产的推动者，把其称为斯柯达发展历史上的功臣并不为过。

执掌斯柯达前，荣海德当过大众汽车墨西哥总裁，出任斯柯达董事会主席之前，是大众汽车集团的生产和物流董事。荣海德人高马大，身体健硕，且留有中国人熟悉的标志性板寸，荣海德的扮相始终给人一种满身功夫的感觉。

专程参加2008年北京车展的荣海德在接受我专访时说，斯柯达会把符合中国市场的所有车型拿到中国市场国产。那时的斯柯达，产品阵容远不及今天强大，在上汽大众只实现Octavia明锐一款车型国产的情况下，荣海德说Fabia晶锐和Superb昊锐都敲定了已经国产的计划。当时专访的愿景，在今天都成为现实。

斯柯达当时制定了一个2010年100万辆的产销目标，中国市场的销量直接决定能否完成100万辆的大计。曾任大众中国进口车公司总经理的施瑞德，作为上汽大众斯柯达首任品牌总监，与中方的付强"搭班子"。时过境迁，付强已经转战爱驰新能源车，施瑞德也离开了斯柯达。陪同荣海德专访的施瑞德说，基于目前在中国的生产线，斯柯达在中国市场占有率的中长期目标是3%。斯柯达将每年在中国市场推出一款新车型。2007年上市了Octavia明锐，2008年Fabia晶锐实现国产，2009年Superb速派（一度更名昊锐）将来到中国。斯柯达在中国的产品布局将覆盖从中小排量到较大排量的多个等级的车型，产品布局初步完善。当时，仅明锐一款车型，斯柯达的市场占有率就超过1%。斯柯达在中国只引进最新的产品，不引进过时技术。正是基于这样的理念，

Octavia 明锐成为中国市场首款搭载 1.8TSI 先进发动机的车型。

尽管斯柯达在欧洲名望不小，但是中国消费者更熟知大众品牌。Octavia 明锐国产之初，有人觉得应该借用上汽大众的大众品牌的销售网络"草船借箭"。对于这个建议，荣海德显然有自己的想法：斯柯达有自己的独特品牌形象，拥有独立的经销网络非常重要。2007 年年底，斯柯达在中国已有 100 多家经销网点，这一数字将在一年内翻倍。

荣海德有一个原则，只要符合中国市场需求的产品，都要在上汽大众实现国产。为此，荣海德列出过清晰的国产化清单：Octavia 明锐系列是斯柯达全球最畅销的车型，在欧洲市场备受用户欢迎，尤其 Octavia Scout 是一款非常适合家庭的车；斯柯达明年在欧洲推出的 SUV 车型 Yeti，也有引入中国的计划。在中国的 4 年之内，需要尽快把斯柯达在欧洲的最新款车型引入到中国，如 Fabia 晶锐、New Superb 速派等。

范安德：流淌着绿色斯柯达血液

荣海德的继任者范安德（Prof. Dr.h.c. Winfried Vahland）因执掌过大众中国，其推出的一箭双雕的"奥林匹克计划"，使得大众在中国市场完成由大变强的华丽转身，大众汽车的"奥林匹克计划"有两层深刻意义：一是大众汽车成为 2008 年北京奥运会的赞助商；二是降低企业成本的计划。强势的范安德是中国汽车界的大人物，在出任斯柯达汽车 CEO 后，范安德与中国媒体打交道的次数，并没有因为他离开中国市场而减少。在斯柯达重要的时间节点上，庞大的市场体量总会让中国媒体成为座上宾。

2014 年 10 月的巴黎车展恰逢中国国庆节长假，斯柯达全新法比亚 Fabia 晶锐全球首发仪式邀请了部分媒体共同见证。范安德开门见山地说，非常高兴大家不远万里来到巴黎，共同庆祝全新法比亚 Fabia 晶锐的全球首发仪式。巴黎不仅仅是一个非常美丽的城市，更是一个时尚的都市。所以，斯柯达特意把全新法比亚 Fabia 晶锐在巴黎车展上进行全球首发。

斯柯达是仅次于奔驰、标致的世界上历史第三悠久的汽车制造厂商。2014 年是斯柯达从事汽车生产的第 119 年，同时销量首次达到一年 100 万辆的规模。

那时，斯柯达进入中国市场只有短暂的 7 年时间。2015 年，斯柯达将进行两个重要的庆典：一个是庆祝斯柯达汽车成立 120 周年；另一个是庆祝斯柯达汽车在中国销量达到的记录。在那年斯柯达全球达成的 100 万辆销量中，中国市场扮演了决定性的角色。在欧洲，斯柯达是发展速度最快的欧洲汽车制造商。范安德显然希望把斯柯达在欧洲发展最快的速度，能够尽可能移植到中国。为此，范安德邀请中国记者前往斯柯达总部姆拉达·博莱斯拉夫，增加中国对斯柯达进一步的了解，了解斯柯达的传统及历史。

目前，中国市场上拥有非常多的汽车品牌，既有本地的，也有国外的。所以，对于在中国市场上很年轻的斯柯达品牌，想要巩固自己的地位，并不是一件容易的事情。斯柯达面临的任务是在中国建立品牌形象，吸引更多的年轻人，赢得年轻用户的方法肯定有别于赢得年纪更成熟的用户。

在中国市场工作过的经验，是任何人无法和范安德相比的。范安德显然也非常希望运用在中国市场工作过的丰富经验，帮助斯柯品牌实现在华高速增长，如2018年销量50万辆的目标。范安德称，未来斯柯达将进一步加强与上海大众的合作。

斯柯达将从车辆大小和设计语言两个方面，进一步与上海大众进行合作，双方有着频繁的人员交流，斯柯达汽车总部的设计师到上海大众去，上海大众的设计师到总部来。同时，斯柯达着眼于更年轻、更有活力、更清新的品牌形象。范安德认为，斯柯达汽车的用户应该是采取积极生活方式的年轻人，用户群不是那些比较被动的，整天坐在电视前面，没有动力的人，而是那些掌握自己的命运，有主动性的人。

拥有百年老字号的悠久历史是斯柯达独特的价值，今后斯柯达应该主动地传播这方面的内容，因为在中国，历史总是扮演着非常重要的角色。范安德甚至设想过，从产品开发的角度，在上海进行产品的开发，而这个产品可以拿到欧洲市场销售。这才是合资合作的未来趋势。

范安德并不担心斯柯达在中国市场不及大众深入人心的形象。斯柯达有自己的品牌形象、有自己的设计、有自己的产品、有自己的途径与用户沟通。同样的技术，斯柯达的价格比大众更便宜。在很多情况下，斯柯达的产品可以为用户提供更宽敞的空间。同时，这种主动的生活方式可以吸引更多的年轻人成为斯柯达的用户。在中国，大众在技术方面处于领先地位，而斯柯达和大众一样优秀。时任斯柯达中国总裁的韩麦安（Mr. Andreas Hafemann）称，在中国市场至少拥有6款本土化产品，斯柯达正强化在中国的品牌形象。

敞开心扉的范安德说，从技术的角度来说，大众能够做到的，斯柯达也能够做到。凡是高尔夫和奥迪A3能够做到的，斯柯达明锐也能够做到；凡是帕萨特能够做到的，未来的速派也同样能够做到。

斯柯达在欧洲市场的成功因素在于有一个为品牌奋斗的团队，他们着眼于开发新的产品，并且总是要做得比原来更好。另外，还有两个其他的因素。同时，斯柯达在欧洲市场上推出的车辆，比竞争对手具有更大的空间优势。同样的价格，消费者可以买到空间更大的车。最重要的是，团队的激情，团队成员的血不是红的，而是斯柯达绿的。

范安德并不认同斯柯达在中国市场重产品轻品牌的说法。在他看来，两者都非常重要。专于智慧于行"Simply Clever"的品牌核心是精于制造 Clever Engineering 和源于理解 Human Touch 的统一体。斯柯达品牌，不应该是一个冷冰冰的牌子，而应该是一个看得见、摸得着的东西。例如，进入斯柯达的车内之后，消费者永远知道手机应该放在哪里，它有一个固定的位置。在后备厢里，永远都有固定物品的装置，有储物网、有挂钩，不会让行李在后备厢里滑动，这才应该是工业界的基准点。例如，在速派的车门里，有放置雨伞的空间，只有劳斯莱斯车里才有这样的设置。范安德举例说，福特在欧洲的品牌定位就完全不同于在中国，福特在欧洲的形象是非常保守的，而在中国却是十分运动的。所以，不一定要在全球到处都有同样的产品定位。

在那次采访中，范安德甚至透露了计划与上汽大众成立独立销售公司的可能，他认为"只要时机成熟，非常有必要"。范安德把时机设定在"斯柯达在中国年销量 50 万辆"的时候，可惜的是，直到 2019 年，上汽斯柯达的销量不增反降，始终徘徊在 30 万辆左右。

梅博纳：斯柯达 2025 战略的中国份量

范安德因拒绝出任因"尾气门"造假履新大众汽车北美总裁一职，一怒之下辞任离开了效力 25 年的大众汽车集团。范安德认为，发生在美国的"尾气门"造假事件在成为既定事实的情况下，应该由法务方面的专家赴任，而不该是像他这样的

汽车专业管理者出任。

范安德的继任者是此前任职保时捷销售"老总"的梅博纳,他的搭档是接替引咎辞职文德恩的穆勒。在保时捷,穆勒是CEO,梅博纳是销售"老总",美国市场的"尾气排放"造假事件,让这两位保时捷的搭档成为受益者。穆勒在大众汽车13个品牌管理者中脱颖而出,成为大众汽车集团的总裁,梅博纳则接棒范安德,成为斯柯达总裁兼CEO,梅博纳把家也从保时捷的德国斯图加特搬到了捷克布拉格。

梅博纳出任斯柯达总裁不到两年时间,我和他的见面频繁,从布拉格到日内瓦,从上海到爱沙尼亚塔林,再到北京等,每年都能见到三五次。

印象最深的还是2017年4月在爱沙尼亚首都塔林郊区的维胡拉,斯柯达邀请了来自全球的8名记者事先探秘将当年9月才投放欧洲市场的柯迪亚克的兄弟车型KAROQ,当时KAROQ还没有定名为柯洛克。

在浓荫蔽日的维胡拉森林深处,开着还在外观内饰皆伪装中的KAROQ,与梅博纳同车边开边聊。当我拉家常般问他从哪里来时,他风趣地说:"让我想想,布拉格?上海?狼堡?西班牙?"他的所谓的风趣来自于不停地舟车劳顿,让人能感受到操持一个品牌的不易。他说,从哪里来并不重要,重要的是知道要去哪里,如接下来重要的出差是5月18日,瑞典斯德哥尔摩,KAROQ全球首发。梅博纳执掌斯柯达后并不长的时间里,有幸和其一同见证了斯柯达几款重要车型的大事件,概念车阶段的VISION S、柯迪亚克、VISION E及未来也会在上汽大众国产的KAROQ等车型。2017年5月12日在中国召开的"一带一路"高峰论坛期间,陪同捷克总统泽曼访华的梅博纳邀请我去捷克驻华使馆做客,并在爱沙尼亚吃"塔林烤鸭"的时候约定,访问北京时一起品尝他认为全世界最好吃的北京烤鸭。

在与梅博纳的多次交往中,2016年3月在日内瓦车展上的首次见面同样印象深刻,那是他接任斯柯达总裁后首次与媒体见面。为此,还专门派时任斯柯达公关总监的"特使"冯檀博飞到北京,发出正式的邀请。在这届日内瓦车展上,斯柯达用全新SUV VISION S开启未来模式。在那次首次履新的采访中,梅博纳说,中国市场在斯柯达面向未来的2025战略中的重要性"事关成败"。

走过91年历史的2016年日内瓦车展无疑是老的,但是那年的斯柯达展台却是全新的:全新的SUV车型首发、全新的总裁首次对外界亮相,甚至连充满波希米亚风格的展台也焕然一新。更新的是,在那年的日内瓦车展上,斯柯达与上汽大众达成了2025年年产销60万辆的目标。

梅博纳的开场白把中国市场的重要性放在了比自我介绍更重要的位置，尽管其职业生涯履历颇丰。梅博纳说："中国市场是斯柯达最重要的3个市场之一，斯柯达在中国市场有庞大的计划，经销商渠道将在现有基础上实现数量翻番，到2025年年产销60万辆的目标。"自称汽车技工出身的梅博纳，在大学学习的是企业管理，毕业后两段主要的工作经历均效力在豪华品牌，在宝马工作14年，在保时捷工作超过15年。接任斯柯达汽车CEO之前，与穆勒"搭班子"的梅博纳的头衔是保时捷主管市场与销售的董事会成员。在介绍夫人时，梅博纳风趣地把夫人称为"领导小型家庭企业"的领导者，他们一家拥有5个孩子。

斯柯达2025战略聚焦12个大的方向，包括产品扩容、品牌定位等，在延续国际化的战略中，中国市场是重点。主管生产的董事宇杰告诉我，日内瓦车展亮相的SUV将在9月的巴黎车展量产上市，约半年后在上汽大众实现量产。VISION S只是斯柯达在SUV领域展开凌厉攻势的开始，斯柯达至少规划了3款尺寸不一的SUV，且充满力量和线条的VISION S将成为斯柯达SUV今后的设计语言。

梅博纳就任后考虑最多的是在整个汽车产业革命化、数字化、电动化的进程中，如何强化斯柯达，也是其面临的最大挑战。斯柯达面向未来的2025战略核心是到2025年实现年产销150万辆的规模。

机智的梅博纳在接受中国媒体访问时，也向中国记者征求对斯柯达发展的看法，当有同行提出斯柯达在中国要想实现成功"必须依靠中国人，依靠上汽大众"等建设性意见时，梅博纳当即表态，会把这些利于斯柯达发展的观点和建议写入斯柯达2025战略中。梅博纳坦言，斯柯达在中国市场预期目标没有达成，很大程度上在于产品定位出了问题，具体来说，是吃亏在SUV的缺失上。整个斯柯达董事会都知道中国市场的重要性。在斯柯达7人组成的董事会中，大部分是"中国通"，主管生产的董事宇杰曾在上海大众工作过5年，主管采购的董事先后在上汽大众工作过8年，主管市场与销售的董事安世豪曾是一汽－大众奥迪销售事业部的首任总经理。

梅博纳说，只有面向中国，斯柯达才能面向未来。这种面向中国、面向未来，其实更是一种传承，早在20世纪80年代，中国和捷克进行的易货贸易中，就有斯柯达汽车。最初，长安街上的公共汽车就是斯柯达品牌的。更值得关注的是，65年前，斯柯达就给毛泽东主席赠送过一辆斯柯达VOS贵宾车。作为传承，被军事博物馆收藏的那辆斯柯达VOS在斯柯达的帮助下进行了修复，并在2017年5月召开的"一带一路"高峰论坛期间在捷克驻华使馆进行了修护后的展示。

任期满 5 年的梅博纳，在 2020 年 8 月把斯柯达董事会主席的权力交接给继任者 Tnomas Scnafer。与范安德、梅博纳等前任来自大众汽车集团不同，Tnomas Scnafer 的汽车职业生涯是起步于戴姆勒，直到 2012 年才加入大众汽车集团，接任斯柯达董事会主席之前，他是大众汽车集团南非公司的董事长兼总经理。

第十二章　法国哥们

法国是政治大国，但不是汽车强国，至少在中国是这样。从当年标致败走广州，到和东风的合资合作，法国车在中国的存在感越来越低。

PSA 总裁把"非典"置之度外

法国是政治大国，安理会常任理事国，以及欧洲唯一一个有核国家。尤其是戴高乐任上推动的中法两国建交，使得法国成为第一个和中国建交的西方大国。我利用出差法国的机会，还专门参观过戴高乐的巴黎故居。提起"中国人民的老朋友"戴高乐算一位，在最近二十几年的中法两国关系中，曾任法国总理的拉法兰也算一位。

2003年，中国"非典"期间，让·皮埃尔·拉法兰总理任上正值"非典"肆虐时期，他仍坚持4月25～26日如期访华，表达了法国对中国抗击"非典"肺炎斗争的真诚支持。为推动中法关系保持健康发展，拉法兰卸任后数次访华，他称得上是中国人民的朋友。

法国在世界汽车产业中也占有一席之地，标致、雪铁龙、雷诺及轮胎巨头米其林等如雷贯耳的品牌都出自法国，中国还是法国最大的旅游目的地。只是在中国，法国汽车做得一般，远不及LV、香奈儿包包和化妆品等奢侈品。不过，法国人还是挺"哥们"的，在"非典"期间，时任雪铁龙总裁的萨蒂内曾作为法国企业家的代表，陪同拉法兰访华，把"非典"置之度外。

2003年"非典"期间恰逢上海国际车展，在诸多跨国汽车公司的巨头纷纷取消参加上海车展的开幕式后，身为法国雪铁龙总裁的萨帝内准时出现在了东风雪铁龙展台。作为那次上海车展身份级别最高的外国汽车老总，萨帝内对记者开玩笑说，"我知道中国正在流行非典型肺炎，与巨大的中国市场相比，我的命要放在第二位。尽管我也曾经准备放弃中国之行，但是中国对雪铁龙来说太有诱惑力了，在上海的日程虽然由计划中的近一个星期缩短到了3天，可我还是来了。"

萨帝内在接受我采访时透露，从1992年雪铁龙公司与东风公司成立合资公司到2002年，在中国市场售出了35万辆雪铁龙汽车。中国是法国标致雪铁龙在欧洲以外的全球第二大市场，60%的增长率使得中国成为雪铁龙在全球增速最快的国家。尽管雪铁龙在中国推出的富康两厢车，直到最近两年才被中国的消费者接受，但是萨帝内对雪铁龙品牌在中国市场的表现相当满意。如果中国消费者早两年接受以富康为代表的两厢车的话，神龙公司所属品牌的汽车的销量达到50万辆应该不成问题。这一点从神龙公司当时推出的车型就能得到佐证。以富康为代表的两厢车目前完全是神龙公司的入门级产品，后续在市场上推出的车型，无论是爱丽舍还是赛纳，都悄悄地"长"出了尾巴。

那年上海车展雪铁龙军团阵容强大，除了有在市场销售的富康、毕加索、爱丽舍、赛纳和进口车C5，还有专门从法国运来的C3、C3PIURIEL、C5和C8等车型。不过，当时售价40多万元的C5在中国市场销量不大。萨帝内称，雪铁龙正在和东风商讨C3在中国生产的可能性。C3是一款外观动感的三厢轿车，是那个时候风靡欧洲市场的畅销车型，其销量已经突破100万辆。雪铁龙的目标不会只停留在家庭轿车层面上，长远目标是在中国开发所有的产品，不仅仅是轿车。

除富康是非常中国化的名字之外，雪铁龙在中国推出的车型都有一个如法国般浪漫的名字，寓意塞纳河的赛纳，取爱丽舍宫之意的爱丽舍，以及久负盛名的毕加索等，只是在中国市场，法国车始终温水煮青蛙般"温吞水"，如技术比捷达、桑塔纳先进一代的富康，虽然并称为"桑捷富"是车市"老三样"，可就是没卖过桑塔纳和捷达。雪铁龙后续推出过不少车型，但都是昙花一现。

朗博文：标致508在华未达预期

比清晰明确的目标感到欣慰的是，东风标致终于有了"抓手"，不再是"巧妇难为无米之炊"。在2010年9月举行的巴黎车展上，标致总裁朗博文对我说，508销量的1/3在中国，这款在巴黎车展上全球首发车型2012年的销售目标是20万辆，分给中国的指标是6.5万辆，也难怪标致总裁用"重中之重"来形容中国市场的重要性。

巴黎车展是标致名副其实的主场，有多款即将国产的新车悄然亮相，雪铁龙的新世嘉、铃木的新雨燕、奥迪A1等。不过，最值得关注也是本次车展上被中国媒体提及最多的还是即将在东风标致国产的标致508和在一汽-大众国产的迈腾B7。标致508的意义在于让人首次看到了标致在中国终于有了可以与大众相抗衡的车型。在欧洲，标致508和迈腾B7旗鼓相当，只是在国内，标致的品牌与在中国耕耘了将近30年的大众相比逊色不少。

　　朗博文在谈到大众时坦言，大众是标致值得尊敬的对手，大众汽车进入中国的时间比标致早，且规模大。标致要做追赶者，之所以出现这种连标致自己都不愿意看见的状况，主要是因为标致没有和大众同样车型的产品线。标致508是一款带有标致印记的可以与大众抗衡的车型。当然相对于其他竞争对手来说，标致是在赶超他们，但也不可能在两三年内就超过对手，标致的目标是通过一段时间把市场份额做大。

　　朗博文说，标致在推出508的时候，也考虑到了欧洲对于标致品牌特征的需求，标致508作为一款B级车，在设计、静态和动态等多方面都得到了欧洲消费者的肯定和喜爱。

　　时任东风标致总经理的齐默尔曼那时的中方搭档是曾任东风英菲尼迪执行副总经理的雷新，雷新时任东风标致副总经理。齐默尔曼说，标致508国产时会特别考虑中国人的需求，中国人要求的是款式现代、性能高、油耗低。中国市场对自动变速箱需求更大，对车的设计要大，内饰要舒适，同时要有豪华感。

　　可惜的是，在欧洲市场与迈腾B7不相上下的标致508，在国产之后未能达到销量预期，更别说与迈腾B7抗衡了，就连朗博文制定的6.5万辆销量目标也没有完成。

第十三章　英伦掌门

挪威峡湾对话捷豹路虎魔法师潘庆

　　潘庆的开场白是在一组引人注目的数字中开始的：2017 年捷豹路虎 6 月在华销量超过 1.2 万辆，同比增长 65%。这不仅是捷豹路虎连续第 18 个月的销量同比增长，更创

汽车面孔：黄金一代汽车人

下了历史上最佳6月销量纪录；上半年，捷豹路虎中国市场累计销量6.7万辆，同比增长26%，创历史最佳上半年纪录。与之相对应的是，捷豹路虎2010年刚进入中国市场时，年销量只有2万辆，而2009年则达到了12万辆。一连串数字犹如挪威境内5万多个岛屿之间各不相同的风景线，在并不算好的市场画下一道不断向上的弧线。

这是一次特殊的对话，既不是在办公室，也不是在新闻发布会的专访间，而是在试驾路虎全新车型星脉（Range Rover Velar）的车上，在挪威各岛屿相连的峡湾之间，两天一夜，每天驱车数百公里。对话人是在汽车界屈指可数身居董事要职的华人面孔——潘庆，除了捷豹路虎全球董事的头衔，他同时还是捷豹路虎中国总裁及奇瑞捷豹路虎的董事。这也是潘庆执掌捷豹路虎中国业务半年后，首次向外界阐述捷豹路虎在中国市场的施政纲领。

潘庆说，稳住阵脚是企业的压舱石，正如他把前7个月所取得的高于行业平均增幅的销量归功于团队齐心协力的结果。我能感受到他说的团队就是体系，这正是此前捷豹路虎所缺失的。潘庆多次说到稳住阵脚的重要性，他的解释是首先要有能力把销售做好，依靠团队和体系，而非太依赖于人，其他的事情才会有顺利推动的可能性。稳定之下的捷豹路虎及奇瑞捷豹路虎正在展开渐进式调整。以研发团队为例，现在确定电动汽车等几大板块是未来一定要做的，根据这些已有的战略，再建立相应的组织架构。例如，捷豹路虎现在有两个研发团队在中国，第一是捷豹路虎中国，团队是60个人，他们会非常有针对性地组建团队，主要专注于所有要给全球的输入的产品。第二是奇瑞捷豹路虎，所有的技术解决方案是面对国产车的，针对中国消费者的需求进行量身定制的研发。

联合市场销售与服务机构（IMSS）的调整已经进行，在魏傅然（Frank Wittemann）和胡俊之下，在已有的3个一级经理岗位上，再增加期待让团队更加专业化的网络管理和产品管理两个职能岗位。潘庆举例说，要把网络管理从销售拿出来成为独立职能，网络管理不光是指整体网络发展，更重要的是经销商的沟通、投资人的沟通、经销商满意度的沟通，这是企业的核心支柱。始于2017年8月起的陆续调整，涵盖包括诸如财务、战略、政府公关、产品管理、联合机构（IMSS）等在内的部分核心部门。

全球董事的头衔也使得潘庆得以站在全球而不是单一市场的角度，看待中国市场的发展。捷豹路虎不仅仅把中国当作一个市场，而是N个基地。支撑潘庆想法的背景是：第一，中国市场是全球最大汽车市场之一，超过美国成为全球最大的豪华车市场。第二，中国现在毫无疑问已经是全球最大供应商基地。在这样的支撑下，潘庆认为可以把捷豹路虎在中国打造成为一个包括生产、研发、创新、采购、人员培养的全方位基地。潘庆说，他不是看中其中的哪一个基地，而是想把在中国的发展打造成一个综合体。为此，捷豹路虎已经在迅速付诸行动，首个海外发动机工厂2017年7月在常熟落成，意味着在合资工厂投产的短短32个月后，就把先进的发动机技术带到中国生产，这是其他所有竞争对手都做不到的。合资工厂投产18个月后有三款车型实现国产化、28个月后已有10万台国产车型下线，32个月后实现了发动机的国产，都是捷豹路虎重视中国市场的具体体现。

有朝气、有战斗力和有灵活度是英国汽车公司与其他公司的不同之处。潘庆说："我一直在关注着中国市场，一直在思考。我们必须明确合资双方的利益点是什么，并且还需要每个人踏实努力地工作。我一直觉得一帆风顺也许不是一件好事情，没有挫折的东西，有的时候往往也是不可持续的。"先后在戴姆勒奔驰、大众、奥迪和德国MAN等不同公司、不同岗位工作过的履历，让潘庆对合资企业的运作有非常深入的了解。其丰富的履历让捷豹路虎成为最大的受益者，调整也是潘庆针对捷豹路虎现状开出的"药方"。

新能源车在中国市场一定是趋势，但是新能源车不能总想着各种补贴等政策，也不要想和传统车的区别。只有价格和客户体验贴近市场需求，才会有生命力。对话中，谈及对新能源车的看法，潘庆金句频出。

中国在新能源车方面进入高速发展阶段，车企必须集中精力围绕中国市场调整战略。捷豹路虎在中国市场也储备了丰富的新能源阵容。潘庆说，最近几次测试了在2018年登陆中国市场的量产捷豹路虎首款纯电动跑车型SUV捷豹I-PACE，百公里加速时间约为4秒，驾驶过程让人喜爱。目前，捷豹路虎正通过Formula E（国际汽联电动方程式锦标赛）等赛事的参与，推动量产新能源车辆的发展。除了捷豹I-PACE，捷豹路虎还有其他插电式混合动力车型。在现有的产品组合中，已有混合动力车型。至2020年，捷豹路虎将有约一半车型搭载新能源技术。不过，厂商在内燃机、混合动力、电动之间如何取舍的问题上，捷豹路虎会选择平衡发展，内燃机、混合动力、电动车都有各自存在的必要性。一切尊重客户的需求。

在潘庆看来，捷豹路虎在中国市场正在实施两步走战略，第一个阶段性目标是以过去半年为例的销量保持增长，且是贯穿全年的动态目标。第二个阶段性目标是聚焦做好包括品牌、产品在内的7件事情，做好这7件事情的一个核心目的就是把捷豹路虎和奇瑞捷豹路虎打造成一家健康、可持续发展的车企。与第一个阶段性目标有明确的时间表不同，第二个阶段性目标的完成是一个长期的过程，没有明确的时间表。

第一，品牌。捷豹路虎拥有双品牌，而且两个品牌基础很不一样，在中国消费者心目中的认知也有差距。塑造既有特点又有个性、有创新的品牌，无疑是第一要一直坚持下去的事情；第二，体验。将优化所有线上线下的消费者触点，不局限于4S店或网站；第三，产品。无论是新能源车还是其他车型，都是由市场需求来决定的；第四，创新。中国已经涌现了大量的孵化器，各大高校也具备研发能力，而这一部分的创新能力包含着很多中国元素的东西；第五，团队。捷豹路虎有着非常年轻的团队。

不过，潘庆也约法五章吏治。

第一，公司员工必须有积极性，不能懒散；第二，公司一定要干净，任何腐败的事情是最不想听到的；第三，一定要有一个体制，每个人在每个岗位上都应该知道干什么；第四，优化采购体系，充分利用中国市场采购产业规模和供应商布局，以中国的优势更好地配置全球；第五，利润率，利润一定要大家共享，做事情一定要依靠包括供应商、经销商等合作伙伴，面向的是同一个目标。通过与供应商的深度合作，可以实现产品上的优化。

时任捷豹路虎全球CEO施韦德教授对"董事级"同事潘庆给予高度评价。在接受我的专访时施韦德说："潘庆先生在短时间内给捷豹路虎在中国市场带来了令人惊讶的全方位变化"。这种变化既包括全新产品层面的，更包括战略上的。首次在华举办"捷豹路虎之夜""双引擎 双创新"的未来出行战略，以及把中国市场培养成捷豹路虎全方位的战略中心，都是潘庆的杰作。潘庆一年前向我提及把中国市场打造成捷豹路虎全方位的创新中心的愿景，正在逐步变为现实。只是没想到，从跃然纸上的战略规划，到眼前的事实，会这么快。因此，我更习惯把潘庆称作是捷豹路虎的魔法师。

2018年北京车展前夕，捷豹路虎在朝阳区规划馆首次举行的"捷豹路虎之夜"更像是捷豹路虎面向未来的规划之旅。犹如品牌之夜"未来之路 捷足先登"的主题，透过品牌之夜让外界看到了捷豹路虎清晰的未来。当晚，潘庆为捷豹路虎印上了"双引擎 双创新"未来出行战略的标签，通过中英双引擎模式并驾齐驱，协同布局发展；同时在创新领域实现自身与合作伙伴的由内到外、开放协作的全方位双创新生态。作为捷豹路虎未来战略布局在华的首个重大举措，捷豹路虎宣布与中国联通、百度、阿里巴巴集团、博泰集团及宁德时代分别签署战略谅解备忘录或合作意向书。未来5年里，捷豹路虎将与本土合作伙伴一同，结合现有技术与生态系统的互补优势资源，深入探讨包括车联网、5G/V2X数据通信、人工智能、大数据及电动化发展等方面的核心技术。

仔细研究不难发现，此次捷豹路虎与诸多巨头签署的战略合作协议，含金量十足。例如，与中国联通就5G和V2X通信技术在车内的应用进行研发协作；捷豹路虎将基于百度在人工智能、云计算等领域的技术，在未来智能互联驾驶领域进行全方位的合作，让中国消费者的未来出行更智能、更便捷；通过与阿里巴巴集团的共同研发，捷豹I-PACE已搭载新能源车载导航系统，实现根据实时电量显示行车范围及续航里程，并查找附近充电桩等功能，解决新能源车型用户里程担忧；同时与博泰集团探索适用于中国消费者需求的车载应用体验；捷豹路虎也将与宁德时代在未来汽车电池技术领域的方向进行深度探讨。潘庆坦言，与国内顶尖合作伙伴的合作，将助力捷豹路虎构建更具未来感的智能用车体验。

如果说，与阿里巴巴集团、中国联通等巨头的合作意向是布局未来，当下最热闹的新能源车市场，捷豹和路虎两个品牌各拿出了标志性的成果。正在举行的北京车展上，捷豹品牌首款豪华纯电轿跑SUV I-PACE，成为青睐豪华品牌电动汽车消费者的选择。除捷豹纯电轿跑SUV I-PACE之外，路虎新款揽胜运动版插电式混合动力车型P400e也已成为消费者心中值得拥有的新能源豪华SUV车型首选之一。为积极践行中国倡导的新能源车战略，自2020年起，捷豹路虎所有新推出车型都将提供电动车型选择。

这些在北京车展捷豹路虎展台就能让人们感受到明显的变化，在一年多以前还只是愿景。潘庆在北京车展接受我的专访时表示："捷豹路虎始终以广阔的胸怀，开放的精神将最先进的技术和产品引入中国。未来，还将让创新源于中国，发展于中国，与未来出行合作伙伴一同引领中国创造的新风尚，让中国成为一个涵盖产品、创新、采购、品牌体验及人员培养的全方位战略中心,真正把'中国制造'升级为'中国创造'!"

潘庆认为,把中国市场打造成捷豹路虎的全方位创新基地,而不是简单的单一市场,是他考虑最多的。中国在大数据、新能源方面是全球领先的地位,不仅有助于提升捷豹路虎在华产品的用户体验,更可以反哺到捷豹路虎全球的其他市场。外界之所以在短时间内能感受到明显的变化,在于"没有大企业病"的捷豹路虎主动拥抱这些变化。决策快、行动快、见效也快,在潘庆看来也是捷豹路虎最近两年的特点。别看捷豹路虎体量不大,但是在创新上已经走在了很多同行的前面。潘庆举例说,在英国总部研发中心,大楼是敞开式的共享办公环境,研发人员的座位并不固定,取决于每天到单位的时间和提前预约的情况。

2020年是捷豹路虎进入中国市场国产化的10年,也是路虎品牌72年。国产10年,国产捷豹路虎销量达成100万辆。我更愿意把2020年看作是捷豹路虎10年的新起点,这些前瞻性的未来出行的布局不仅将给捷豹路虎插上智能、新能源的翅膀,也将为捷豹路虎在全球市场的表现贡献中国方案、中国智慧。

施韦德:举双手反对英国脱欧

施韦德的3天中国之行是令人兴奋的。用他自己的话说"像回家",而说到即将返回的伦敦,时任捷豹路虎全球首席执行官的施韦德则回应称:"我双手反对英国脱欧,捷豹路虎倡导开放的市场环境。"说完,施韦德摊开双手,并耸了耸肩。尽管英国脱欧在鲍里斯首相任上已成为不可更改的事实。

这样的对话桥段发生在2018年4月的北京车展期间。施韦德坦诚,英国脱欧和中国汽车关税的降低是一种挑战。英国脱欧后,由于捷豹路虎的供应商多在英国以外的欧盟其他国家,这意味着将使得捷豹路虎的生产成本有明显上升。不过,即便英国脱欧,如果英国还留在欧盟"关贸"体系内,对捷豹路虎的生产成本来说压力就好很多。施韦德透露,好在还有些时间窗口。英国正在和欧盟谈判是否留在"关贸"体系内。最坏的结果是,如果脱欧,又不留在欧盟"关贸"体系内,生产成本的上升将导致捷豹路虎的市场竞争力有所下降,捷豹路虎正在对此进行评估。"我也是两个孩子的父亲,从一个家长的角度来说,我也反对英国脱欧,世界和平比什么都重要。"施韦德表示。

相对于英国脱欧给捷豹路虎带来的"闹心",中国汽车关税的降低倒是"小巫见大巫"。施韦德称,中国汽车关税的降低是个循序渐进的过程,开放的市场环境比其他问题更重要。

关税降低需要一个过程,而且是全汽车行业的。对捷豹路虎的进口车而言,可能因价格波动使得利润受到影响,不过这同时是捷豹路虎提高在华市场占有率的机会。

施韦德的此次北京车展之行像是上紧了发条一样紧张而有序。负责企业传播和公关事务的捷豹路虎中国执行副总裁王燕称,施韦德在华3天时间几乎以分钟计算,他希望多看看这个令人着迷的市场。虽然施韦德没能出席2018年4月23日的"捷豹路虎之夜",但是现场有身为捷豹路虎全球董事的捷豹路虎中国总裁坐镇。

施韦德在2018年4月24日来到中国宋庆龄基金会,拜会宋庆龄基金会主席王家瑞,并出席了捷豹路虎中国青少年梦想基金第二阶段的启动仪式。启动仪式上,捷豹路虎中国增资3000万元,用于践行捷豹路虎中国在华企业的社会责任。2018年4月25日车展媒体日当天,施韦德接受了多家主流媒体的专访,在出席北京车展新闻发布会时,施韦德说:"来到北京,就像回家一样,因为我们和中国有着共同的价值取向。"2018年4月25日当天晚上,施韦德作为跨国公司代表参加了央视对话节目的录制,和奇瑞汽车集团董事长尹同跃、长安汽车集团总经理朱华荣及长城汽车集团董事长魏建军同台畅谈中国汽车工业发展的历程,以及在更加开放的新时代、新趋势之下汽车人的使命和责任。

伯明翰市长麦克:以为 MG 英国复兴再无可能

汽车面孔：黄金一代汽车人

伦敦分为六区，越往里越繁华。一区的过路费为 5 英镑，2000 年时是 8 英镑，2005 年涨到 10 英镑。市区停车费每小时 120 元人民币，伦敦人年平均收入两三万英镑。往往越高的公寓越是穷人。英国汽油每升约 15 元人民币。汽车在街道上是靠左行驶，高速路是不收费的。

不管英国加入欧盟还是脱欧，街道和欧洲其他国家城市相差无几。伯明翰的市中心，和德国斯图加特的形式、构造本无差别，只是两个国家罢了。都有点类似于北京的王府井步行街的味道。当然，斯图加特的名牌和品牌要胜过伯明翰的。

伯明翰是仅次于首都伦敦之外的英国第二大城市，拥有曼城和曼联的曼彻斯特是英国的第三大城市。我们此行还去了利兹、格拉斯哥、爱丁堡。在曼彻斯特想起孙继海和董方卓，他们两个效力于英超俱乐部的城市。英超冠盖全球，此次英国之行也免不了"俗"，也从足球开始，这让我想起了和孙继海合影的经历，那是华晨汽车请他参与的一场活动。

英国长桥是伯明翰的一个镇，别看是镇，却如雷贯耳，是 MG 和罗孚的核心基地所在地。伯明翰市长麦克•惠特告诉我，2005 年 MG 宣布破产的时候他也在场，他以为 MG 在英国已经没有复兴的可能了，是中国的企业让长桥这个伯明翰的核心制造基地重获新生。

MG 那个八角的标志性的办公楼还在，只是主人已经易"中"，门口飘扬的五星红旗标志着这里的主人来自中国。华人在英国的强大令人体会深刻，在街头巷尾，从饭馆到麦当劳，从服装市场到豪华商店，都有华人的身影，据说目前在英国的华人超过 100 万人。

我不否认英国的发达，但是英国也有不及中国的地方。如宾馆设施、热水、电视等。在伯明翰，床窄得也就能刚刚躺下，连翻身的余地都没有。从英格兰到苏格兰，跨越两者的城市是伯明翰和格拉斯哥。中间经过曼联和曼城两支伟大的足球俱乐部。格拉斯哥也有一支球队，这座城市如同球队所叫"流浪者"的名字一般，是一座令英国警察感到头疼的城市，到处都是酒鬼。

如果说一百多年前很多历史上的重大事件发生在以英国为主的西方国家，那么下一个百年甚至几百年将是以中国为主的。从伯明翰到曼彻斯特，给人的感觉是英国的确没落了，而不是"日不落帝国"了。尤其是曾经以纺织著名的曼彻斯特，当局虽然从保护文物的角度出发并没有拆除那些看上去破烂不堪的工厂，但是多为咖啡色的建筑、旧的印痕和随处可见的破碎玻璃，说明这个国家和城市正在走下坡路。英镑依然坚挺，但是支撑英国经济的则是第三产业，金融、保险还在支撑英国的脸面，第三产业占到了英国 GDP 的 60% 以上。

湖区被称为是英国最美丽的地方，乘船水上，也确有"人在水中行、人在画中游"的美感，但是与国内的千岛湖，或与日本的香根相比，还是逊色不少。值得中国学习的恐怕是生态环境的保护，植被、动物比较协调，不是简单地看绿不绿，而是具备生态的多样性。

或许是纬度高的缘故，在英国行走始终有种在北欧旅行的感觉，晚上10点都不黑，早上5点不到却已大亮。同行的胡玮炜那时还没有创立摩拜，是新京报的记者，首次出国的胡玮炜开玩笑说，这样的天气和时间，那得几点睡觉啊。殊不知，英国的这种环境，倒是成就了英国人按时间与规律，而不是看条件做事的习惯。

英伦一周，行车两千公里。一路走马观花，除了北爱尔兰，几乎遍布了英国的主要城市，如利兹卡尔、约克还有剑桥大学等。英国的城市普遍不大，人口百万以上的大城市只有4个。来到英国，难免入乡随俗，在全英发行量最大的《太阳报》，三版女郎尤为著名，大家争相观看，其他英文报纸看过不少，总体感觉版式清秀，图片运用恰如其分。每日出版的数量在56版左右，多以小报的形态出现，可能是英文使然，无论是标题还是稿件自身，英国的报纸破栏、行文均"眉目清秀"。

剑桥大学不愧为世界最高学府，环境优美宜人。中国人熟知的"再别康桥"，被英国人称为叹息桥，剑桥大学培养了查尔斯王储在内的16位国王。当然，牛津大学的数量更胜一筹，培养了60多位国王。两个学校以伦敦为界，一东一西，在逐步放弃工业之后，教育产业成为英国最为重要的产业，每年吸引数十万世界各地的学生前来就读，仅中国留学生就有近万人。

可是英国打着帮助发展中国家的旗号，把污染和重工业移至海外，把高精尖的技术留在本土，如塑料、化工，煤加工的技术依然掌握在自己手中。

第十四章　我所认识的上汽大众那些官儿

陈志鑫：会说德语的中国总经理

人生没有多少十年。

在升任上汽集团总裁之前，陈志鑫是上海大众总经理。由于大众汽车获得了2008年北京奥运会的汽车赞助商资格，作为大众重要支撑的上海大众也在进行一场汽车的奥运会，那是和陈志鑫打交道相对频繁的一段时间，时任公关总监的曾家麟也是不少媒体同行的好朋友。

奥运会正赛前，为了检验赛事保障能力，国际上通行的做法是进行赛事的测试，北京奥运会的测试赛是"好运北京"。"好运北京"系列赛事的支持者正是北京2008年奥运会汽车合作伙伴的上海大众，从中国自行车队到帆船帆板国家队，都是上海大众赞助的项目和队伍。有意思的是，上海大众的内部奥运会也和"好运北京"系列赛事同步进行。

那次对陈志鑫的采访从北京奥运会破题，无所不聊。2008年奥运会上，上海

大众和一汽－大众一共赞助约 5000 辆的奥运会用车。上海大众、德国大众和一汽－大众三家企业是赞助的主体，主要包括大众、奥迪、斯柯达 3 个品牌。中国大众汽车集团为北京奥运会提供的赞助费是 1.02 亿美元，其中价值 2000 万美元的车辆赞助，由上海大众和一汽－大众提供。由于车价不同，车辆数目会有差异。上海大众提供帕萨特领驭、途安和斯柯达明锐为主要用车。赛事用车也要配备驾驶员和服务保障人员，上海大众为此在内部招兵买马，组成了几百人的保障团队。有 3000 辆左右的上海大众的产品穿梭在奥运会的赛场。

现在人们熟知的新能源车，当初在北京奥运会上就崭露头角。新能源是国家的重点战略，上海大众用当时最能代表世界水平的帕萨特领驭燃料车服务奥运会上的 VIP，以践行北京奥运会的绿色奥运理念。帕萨特领驭燃料电池车由上海大众、上汽集团、德国大众和同济大学多方联合开发。

上海大众和一汽－大众同为北京奥运会的主赞助商，但是在市场上的竞争中，两者也都是硬碰硬。一汽－大众生产的迈腾是帕萨特 B6，上海大众生产的领驭是帕萨特 B5。既然奥运会是赞助商，上海大众显然希望赞助奥运会的荣誉能提升市场销量，并为此推出领驭奥运计划，尤其是价格有大幅度的松动，这被外界看作是上海大众对迈腾的阻击战，迈腾当时刚刚投放市场。陈志鑫说，领驭奥运计划不是一个纯粹的降价，是上海大众一揽子奥运计划营销当中的一部分，领驭价格调整不是针对迈腾，帕萨特和迈腾两者是竞争错位互补关系。迈腾并不是领驭的升级换代产品，领驭已经在原 B5 上脱胎换骨，包括前后桥、空间、外形、配置全部是新的。帕萨特领驭和迈腾是同门兄弟，两者之间不会内斗，帕萨特领驭和迈腾的竞争对手是广汽丰田的凯美瑞和广汽本田的雅阁。

陈志鑫说，在帕萨特领驭之外，上海大众决定和德国大众联合开发全新一代的 B 级车，也包括其他的新车型。今后五年上海大众的产品战略很清楚，要实现从 A0 级、A 级到 B 级车的全覆盖。董事会已经批准上海大众五年战略规划，十几款新车型上海大众引进一部分，自己开发一部分。

作为中国最早合资车企的上海大众，强大的学习能力具备了独立开发整车的能力，在上海大众内部有个不成文的规定，整车开发只做不说。朗逸就是最好的例子。

陈志鑫在汽车行业浸染二十多年，从底层工程师做起，做到上海大众总经理。陈志鑫说，上海大众在开发上是认真的，在硬件、软件上，前前后后花费了 30 多亿元。上海大众引进桑塔纳时，国产化率仅 2.7%，只有轮胎、收音机、蓄电池和天线 4 个零件能够国产，其余全部进口，上海大众用时 10 年，在严格采用德国大众技术标准上，把桑塔纳的国产化率做到 80% 以上，铸造了中国零部件体系的基础。

上海大众和德国大众、巴西大众联合开发桑塔纳 2000，和德国大众联合开发帕萨特 B5。德国原装 B5 车身很短，中国的 B5 很长，为什么？当初上海大众把 B5 定位为商务用车，所以要把车加长，从 B 柱往后加长 100mm 以上，整个后门、整体车顶都要换掉，下面的排气管、后桥、底板、包括中轴全部改掉，从工程上说等于开发半辆新车。上海大众从桑塔纳 2000、帕萨特 B5 项目上学到很多东西。桑塔纳 3000，帕萨特领驭全部是上海大众自行开发的，包括 POLO 劲情、POLO 劲取和"哪吒"概念车。

少帅张海亮：实干创未来

做过上海大众销售与市场执行经理，也做过上海大众总经理和上汽集团最年轻的副总裁。喜欢创新和不安分的性格，也让张海亮成为较早从传统车企勇敢走出去的高管，成为乐视汽车的创始人之一，更创造了造车新势力天际汽车。

从规划、研发、市场等多层面历练出来的张海亮，不仅打造了一个富有活力和创新精神的上海大众新形象，而且关注企业与产业、社会的和谐发展，带领上海大众取得了社会效益和经济效益的双丰收，巩固了上海大众在行业的龙头地位。作为国内成立最早的汽车合资企业之一，经过近 30 年的发展，上海大众不论是产销量还是市场占有率都名列前茅。

即便是在 2013 年第八届"中国最佳商业领袖"颁奖典礼上，获得"年度企业公民奖"的张海亮，获奖感言也依旧低调务实："愿以上海大众近 30 年来在技术研发、市场推广、产业推进、中德交流、社会公益、和谐生活等多方面贡献绵薄之力，在未来，为汽车社会的和谐发展多做一份贡献，多担一份责任"。授予张海亮这一殊荣的中欧国际工商学院副院长张维炯在颁奖词中如此评价张海亮：他是一个稳健型的实干家，处事沉稳大气，为人低调务实。

张海亮还被推举为上海市第十四届人大代表，凭借实干精神与战略眼光，带领上海大众跃上一个新的台阶。

在张海亮的带领下，近年来上海大众取得了社会效益和经济效益的双丰收，巩固了上海大众在行业的龙头地位。2013 年数据显示，上半年上海大众累计销量达到 78.4 万辆，同比增幅 23.2%，在国内乘用车市场排名第一。POLO、朗逸、帕萨特、途观等车型在细分市场占有率保持第一。

2013 年 7 月 9 日，随着一辆斯柯达昕锐缓缓驶下上海大众汽车仪征分公司的总装生产线，进入中国市场 6 年的上海大众斯柯达品牌迎来了第 100 万辆轿车的下线。而未来几年，上海大众斯柯达将以更加稳健的姿态稳步发展，以每年推出 2～3 款新车的速度进一步完善和优化产品线，以产品的全面升级持续提升品牌竞争力，继续与大众品牌保持比翼齐飞的双品牌战略格局。

张海亮还在 2013 年带领上海大众完成了一件具有里程碑意义的大事：累计第 1000 万辆汽车的下线。2012 年大众品牌销量破 100 万辆，2013 年斯柯达品牌累计产量破 100 万辆及上海大众迎来 1000 万辆汽车下线，使得作为"中国最优秀合资企业"之一的上海大众更加名副其实。张海亮把年产销 200 万辆目标当作上海大众的新起点。

30 年的峥嵘岁月，上海大众把昔日偏于一隅的安亭小镇建成了现代化的"汽车城"。从南京、仪征工厂产能规模的形成，到宁波生产基地开工建设，再到新疆项目、湖南长沙项目签约奠基，上海大众把生产基地延伸到了长江三角洲，并辐射到大西北。上海大众所凸显的已不是一个单纯的车企形象，而是一个产业集群的概念。张海亮说，上海大众已经从国产化向自主创新转变，这是一个历史的转折。上海大众已经走向成熟，进入了合资企业的收获期。这样的业绩既是上海大众发展的轨迹，也代表了中国轿车产业成长的历史。

科班出身的张海亮学的是汽车，1994 年从同济大学汽车工程系毕业后就一直在上海大众工作，曾担任供应、规划、计划物流、产品工程等重要部门的要职。在就任上海大众总经理之前，张海亮先后担任过上海大众人事与行政执行副总经理和销售与市场执行副总经理。因此，在外界看来他不仅是一个产品专家，在市场营销等方面也拥有无可置疑的话语权，他对产品烂熟于心，精于汽车技术和制造，底气十足。

尽管如此，他为人谦和、敬业，同时也深知消费者所关心和需求的是什么。他认为，上海大众是以产品质量说话的车企，让每个消费者在体验产品魅力的同时，也能分享到品牌溢价所带来的超值惊喜。在他看来，服务和品质是延续品牌美誉度、提升品牌信赖度不可或缺的因素。张海亮的这种坚持不仅赢得了市场的口碑，还形成了员工和经销商的自觉，创建了具有上海大众特色的服务文化。

作为深谙汽车业上下游的多面手，张海亮可以称得上是对国内汽车产业最熟悉的内行之一，是获得"体系竞争"真经的人。

在中外同行眼中，张海亮是个善于从战略角度思考问题的人。最典型的就是朗逸，作为后合资时代的代表之作，这是个非常有预见性的决策。当时不少人并不看好朗逸，外界对合资自主也颇多争议。现在看来，这不仅顺应了市场的需求，而且也得到了市场和业界的广泛认同与接受。良好的市场业绩证明，"合资自主"的方向符合中国国情，也是合资企业进入后合资时代的标志。其次是全新一代桑塔纳,当它出现在狼堡德国大众总部时,就连外方都认为这是一款体现中国人设计智慧的力作。用专业人士的话说,这是一款代表产业转型的标志性车型。从技术性能上讲,它在同类车中将无竞争对手,代表了轿车技术攀升到一个新的台阶。而从战略层面上看,这将会全面提升家庭轿车准入的门槛,开启一个全新的汽车消费时代。

一个胸怀"百千万计划"却低调务实的掌门人、一个熟知产业上下游的多面手、一个站在未来决策当下,带领上海大众立足上海辐射全国的实干家,这就是张海亮,一个企业舵手的眼界和一个企业家的胸怀与目标。

即便张海亮离开上海大众、上汽集团,他也与时俱进,即使在乐视的时间短暂,他也当作一种历练。离开乐视后,单干的天际汽车已经在造车新势力中初露端倪。

贾鸣镝:200万辆先生专注上汽奥迪

1975年出生的贾鸣镝于同济大学毕业后,在上汽大众留下一串密实的脚印,自1998年加入上汽大众汽车有限公司转眼22年时间,在经销商业务管理科经理、西北销售服务中心总经理、网络发展与管理部经理、大众品牌营销事业部执行副总监兼销售总监等职位上都留下了足迹。

自2010年9月出任上汽大众销售与市场执行经理兼上海上汽大众汽车销售有限公司总经理,一晃10年。任上实现了上汽大众连续多年产销200万辆规模的传奇业绩。面对大众品牌和斯柯达双品牌,贾鸣镝说,手心手背都是肉。

地处海南万宁的石梅湾艾美酒店,却因冯小刚的贺岁电影《非诚勿扰2》名声大噪。年关将至的2011年11月18日,电影中葛优坐着轮椅和笑笑开派对的镜头,被切换成了全新帕萨特3.0 V6,与全新帕萨特旗舰车型一同亮相的还有代言人

姜文。

贾鸣镝把这一年称为上海大众历史上最好的一年。这年，上海大众提前一个月完成标志性的百万辆大计。上善若水的海南也是上海大众的福地。2009年前，第一代的帕萨特旗舰车型也是从海南上市出发的。那年，中国车市整体增速约9.4%，上海大众以13.6%的增速跑赢大盘。原本计划的年底100万辆目标在11月就达成了，这意味着上海大众当年销量轻松超过110万辆。

"帕萨特不仅是B级车市场销量的冠军，上海大众也想通过全新帕萨特3.0 V6所积累的经验向更高端市场练兵。"贾鸣镝同时自豪地表示，上市第三个月起帕萨特单月销量便迈过万辆的门槛，第四个月即荣登B级车市场的月度销量冠军，上市5个月的销量超过竞争对手前9个月的累计销量，帕萨特成为B级车名副其实的王者。截至2011年10月，全新帕萨特累计销售接近5.8万辆，其市场占有率比预期更高。数据同时显示，帕萨特品牌进入中国12年，累计销量达到120万辆，成为B级车市场保有量最多的车型。贾鸣镝把帕萨特品牌的成功归结为上海大众一直以来与时俱进地通过改进产品设计，加快产品更新，不断满足市场需求的坚持。

除了全新帕萨特，上海大众的产品线全线飘红：途观销量近11万辆，同比增长93%。全新POLO月均销量同比增长154%。新途安1个月3000辆的水平，在其细分市场占有绝对优势。

相对于大众品牌的独领风骚，斯柯达品牌在2020年迎来国产的13年，在斯柯达国产的5年、10年的节点上，上海大众都举行过形式不同的庆祝活动，尤其是在2012年斯柯达国产5周年的时候，贾鸣镝专门讲述过斯柯达国产5周年的故事，并以此表明每个时间段对斯柯达的重要性。

上海大众2007年第350万辆车下线的车型正是第一辆量产斯柯达明锐。在上海大众当时累计第800万辆中，斯柯达贡献不小，作为上汽大众双品牌的重要支撑。当时上海大众斯柯达已经占到斯柯达全球销量的25%，斯柯达品牌一度在上海大众的占比超过20%。斯柯达国产5周年，靠三大车型的多款产品在市场上站稳脚跟的预期基本实现。

再要突破需要靠品牌。在那次采访中，斯柯达发布了"睿智感悟恒久魅力"的全新品牌理念，这不代表原来的理念不好，而是完成了阶段性的历史使命。从生产线、设计开发、质量、品质要求，包括销售、营销流程，斯柯达和大众是不相上下的，大众品牌和斯柯达品牌不能仅靠价格去区分，而是靠定位。贾鸣镝形象地用"大众品牌是西装，斯柯达是休闲装"来比喻两个品牌的不同。

参加沟通会要穿西装，戴领带，领带的实用性、功能性就是个形象，这就是大众品牌。斯柯达品牌是什么？可能是周末出去玩的时候需要很舒服，穿T恤衫、小马甲，再戴个帽子，这样活动很方便，但也可能很贵。也就是说不同的时候需求不一样。并不一定说周末要穿得便宜，或者平时穿得贵，只是针对客户不同需求，不同场合、不同定位上的区别。

对家人的责任心、爱护，最真实生活状态的反映，可能更是斯柯达品牌的核心价值观。斯柯达进入中国市场后，第一年2.7万辆，只有一个产品，2006年22万辆，是第一年的8倍，增长了715%。斯柯达品牌的无提示知名度从9%提升到了41%，美誉度从17%上升到了35%。斯柯达品牌一系列的成绩为做大、做强提供了一个基础。

范安德在斯柯达CEO任上有个说法，在欧洲的定位基于欧洲市场的实际情况，不代表产品品质不如别人，只是斯柯达品牌在大众汽车集团里的定位不同。中国市场比欧洲市场丰富很多、大很多。范安德曾告诉贾鸣镝，斯柯达对中国市场的重视要胜于欧洲、优于欧洲，会针对中国的需求进行开发和实验，然后影响欧洲的决策。例如，在中国推出的Yeti，上汽大众提出来前脸造型需要改，两个圆灯中国人不太喜欢，就因为上汽大众的需求改了造型。

贾鸣镝说，品牌开始的推广期，对后期的持续提升非常重要。很多品牌驾驶乐趣，包括技术、科技，普遍如此定位。上海大众也在反思，品牌属于客户，产品特性属于产品。品牌怎么定位不仅仅是企业说了算，而且也是客户说了算。如果一味地去说多么高科技，多么技术领先，客户可能会认可，但品牌是什么形象，符合客户什么样的需求，还是要听客户的。所以品牌理念的更新是基于客户的定位，也就是说"休闲装"卖给谁，卖给谁做什么用。首先要找到这部分客户需求，然后再研究这部分客户还会提出什么样的要求。谈到对斯柯达产品设计如何更适合于家庭，支撑它的一定是产品，需要做的就是产品支持，重点放在符合家庭需求的产品开发上。产品好了之后，再配合品牌支持定位。

2019年年底的广州车展上，贾鸣镝再次阐述过他对斯柯达品牌的新思考。斯柯达在全球和中国市场的情况有着天壤之别。在欧洲市场和在其他一些国家，斯柯达的增长或高于大众品牌，在中国恰好相反。贾鸣镝认为，这样的局面和市场环境相关。首先，对比大众的产品，在欧洲的斯柯达车型尺寸更大；其次，在捷克生产有人力成本低的优势；最后，欧洲人了解斯柯达是一个百年品牌，但这三点在中国都不成立。第一，进入到中国市场的大众产品都有所加长，斯柯达产品空间优势不在；第二，整个体系从采购、原材料、生产、研发、销售，和大众品牌一致，失去成本优势；第三，在中国了解斯柯达是欧洲百年品牌的不多，甚至误解斯柯达是上汽大众的自主品牌。

不过，上汽大众也制订了一个斯柯达的复兴计划。第一，回到营销的终极问题，斯柯达的品牌定位和目标人群到底是谁。近期围绕购买斯柯达和拒绝斯柯达的调研显示，部分购买原因同样也成为一些人的拒绝原因。例如，有30%客户因造型而购买，同样有20%的客户因为造型问题而拒绝。第二，购买者有购买的原因，而拒绝者却没有拒绝的原因，这应是斯柯达的特色，要研究如何将特色放大。第三，购买原因比例很小，但是拒绝原因比例很高的内容，这是短板。

为此，上汽大众建立专门团队，对斯柯达整体的产品构成进行研究。首先，从研发到制造环节，品质要坚持，但是要否定与大众品牌做相同的成本控制。贾鸣镝透露，多年以前，曾有人建议一汽-大众做捷达品牌，上汽大众做桑塔纳品牌，上汽大众没把桑塔纳做成捷达一样独立品牌的原因就是考虑到斯柯达在上汽大众的序列和定位中，将承担大众品牌以下的一些市场和需求。与此同时，斯柯达的产品在定义阶段，需同大众品牌有明显的区别，希望大家谈起斯柯达除了比大众更便宜，还有自己的产品特色。

贾鸣镝说，斯柯达未来不可能成为大众品牌，不可能做到100万辆的年销量。目前斯柯达年销量在30万辆左右，可能在5年之后，维持在50万辆，并拥有一群特定的忠诚客户，是斯柯达所需承担的使命。

2021年4月，执掌上汽大众销售200万辆的贾鸣镝，开始专注上汽奥迪。

在执掌上汽大众的11年间，上汽大众实现了跨越式的发展，旗下大众及斯柯达两大品牌实现年销量突破200万辆，总销量达到2000万辆的骄人业绩。而上汽大众从1985年成立至今的总销量为2400万辆，也就是说，在贾鸣镝任职的11年间，销量占到了上汽大众36年历史以来总销量的75%，同时也成为上汽集团的"利润奶牛"，足以证明贾鸣镝在市场和营销方面具备出色的能力和丰富的经验。

而作为上汽未来核心业务的上汽奥迪，贾鸣镝从5年前的2016年之初就参与、主导上汽奥迪项目的谈判，并领导项目小组的工作。历时五年的艰难谈判，上汽、一汽、奥迪三方终于达成共识，上汽奥迪产品将通过现有奥迪投资人网络布局销售与服务相关业务，同时将构建创新的销售模式。目前上汽奥迪即将走上正轨，而全程领导组建工作的贾鸣镝，当仁不让地成为上汽奥迪的中方责任人。

根据奥迪中国下一个"黄金十年"的规划，上汽奥迪将成为奥迪在中国的重要增量支撑，更多的车型包括新能源车型都将陆续导入上汽奥迪。而对于上汽集团来说，上汽奥迪将弥补上汽集团在豪华品牌上的短板，不仅肩负着品牌向上的重任，也将是上汽集团未来的发展方向之一。

第十五章　福特人物

沈英铨留给长安福特的忠告

年满 60 岁的沈英铨在 2010 年 12 月 31 日卸任长安福特马自达总裁。继任者 Burela 此前为福特澳大利亚及新西兰总裁兼首席执行官。主政长安福特马自达四年的沈英铨谢幕之际感慨颇多,他不否认年销量从接手时的不足 14 万辆提升至 42 万辆的业绩。不过,与直观的数字相比,沈英铨的临别赠言更像是忠告:任何一个品牌只要在中国市场没有取得一席之地的话,那它就真的失败了。

我始终相信,沈英铨的临别赠言是心里话,无论对长安福特马自达,还是对整个汽车行业来说都是这样的,更何况他主政长安福特马自达的四年也是这么走过来的。

出任总裁不久,就赶上了金融危机。现在回过头来看,金融危机对中国的影响远比对全球其他国家小,但在当时包括长安福特在内的整个汽车行业都非常担心。沈英铨回忆说,当时他亲自带着销售老总和市场总监到全国六大地区跟经销商坐下来商讨对策。那次和经销商面对面的交谈非常有用,就是让公司的决策部门清楚经销商、投资人和经营者担心什么事。在后来的全国经销商大会上,沈英铨把收集上来的 200 多个意见转换成新的商务政策,譬如经销商普遍担心的金融危机可能会造成大量库存,长安福特就做出了卖不出去车不收任何利息的决定。类似于这样的诸多决定让经销商吃了定心丸,结果当年的销量实现了同比 55% 的增长,这个增幅也是超越业界平均水平的。

无论销量还是品牌,长安福特马自达在国内都不领先。当通用、丰田纷纷将最新的车型拿来国产后,从时间上进入中国市场已晚的福特,由于投产的首款车型嘉年华来自印度而遭到质疑。意识到产品才是硬道理的沈英铨即刻申请诸如把福克斯、麦克斯、全新嘉年华等福特全球最新、最好的产品引进中国市场。

这一系列的改善背后,源于中国市场的与众不同。沈英铨说,虽然汽车是外国发明的,但是对于中国市场没有多少经验可以借鉴。例如,中国汽车市场过去几年的规律和其他国家截然不同,2003年前后,北京、上海的老百姓人均收入超过5000美元后开始买车了,2009年到现在市场又是高峰,包括一些二线城市,甚至有一些比较富有的三线城市上来了。几乎同时,农村市场开始启动了,大量的汽车供不应求。中国的经济跟西方完全不一样,是一波一波的。日本、欧洲、北美,没有这么好几波,也没有是差别这么大的。西方人不清楚13亿人口的市场会怎么样,因为美国不到3亿人。他们也没有经验,中国的发展是先一线(北京、上海、广州),二线再跟上,三线又来了,最后农村又跟着上。

沈英铨认为要想在中国成功最重要的是充分了解中国市场的特性。所谓中国市场的特性,简单讲就一句话,中国消费者到底要什么。中国消费者有13亿,有北京、上海的,有重庆、成都的,有绵阳的等,这些消费者要的是不一样的。农村消费者就是需要一部车子,可以把家里种的蔬菜运到集市去,还可以载全家人,而中国的商务人士购买的汽车要求后座空间要大,要豪华,内饰要好,甚至认为车子的座椅得和家里的沙发一样,对于中国市场的需求多元化很多企业做得并不好。

或许正是中国市场的特殊性,沈英铨常说他不太相信市场调研报告,因为市场调研报告是有定量、有定性的,交给调研公司,把消费者找来,然后就跟他们对谈,经过一些润色的调研不是真正消费者的需求。

沈英铨曾任福特在台湾省的合资企业福特六和的总裁,5年之内将福特六和从亏损扭转为台湾省市场份额和销量第二大的汽车公司。沈英铨主政四年,长安福特马自达的车型从4款增至8款,在产能上从15万辆增至45万辆,经销商网络从150家4S店增至340家,2007年投产的马自达的4S店也从52家增长至150家。沈英铨坦言,进入中国市场晚是福特没有跟上其他美国厂商或日本厂商在中国步伐的原因之一,福特迎头赶上的办法就是快速的增长。在谈及自己这些年在汽车业的感受时,沈英铨说感觉还不错,没有丢我们中国人的面子。沈英铨是福特汽车历史上为数不多的华人高层之一,能够出任最重要市场的总裁,在福特汽车十分鲜见。

卸任的沈英铨用四年经历,摸索出来的对中国市场的认识,不仅是留给长安福特的,恐怕对有心的中国汽车人都是有所启发的。

听长安福特陈旭吹"牛"

陈旭说，他个人更喜欢金牛座的后排座椅的按摩功能，以及科技感十足的旋钮式的换挡，因为这是在非常高端的车里才有的装备。金牛座后排的气囊式安全带也是陈旭多次提及的，他说孩子的安全最重要……

谈起当年四季度投放市场的福特旗舰车型金牛座，还未从长安福特转到一汽红旗的长安福特销售常务副总陈旭满脸信心。上市前小半年在京举行金牛座品鉴，也足见长安福特给予的厚望。陈旭把越级配置和宜家宜商的商务座驾称为"大牛"，并将其作为区别其他竞品的利器。

掌握长安福特销售大权的陈旭此时变成了首席产品讲解员：金牛座动力上采用2.7L EcoBoost GTDi 双涡轮单涡管增压V6发动机，百公里油耗9.1L，燃油排放不仅是经济性，二氧化碳的排放也得到了很大的优化。产品有很多同级领先配置，比如说倒梯形的进气格栅，用足了五个镀铬饰条，前后两个LED大灯，前脸看起来大气，配备19寸合金的轮毂，略微上调的腰线和以往的车身不一样。内饰方面，旋钮式换挡器是同级中独有的。后排的气囊式安全带，可以很好保护后排乘客的安全，"大牛"的安全带对人体颈部和头部的安全保护措施属于一流。

与此同时，超长的轴距让车身长度接近5m，轴距2.9m多，车长和轴距能提供宽敞舒适豪华的商务空间。另外，有大概超过25个智能的储物空间。坐在金牛座里，让驾乘者感觉到宽敞、舒适、豪华，令其眼界开阔。

对于金牛座作为长安福特的旗舰车型，其竞品是君威、君悦还有凯美瑞和皇冠。陈旭不太想过多谈论竞争对手，只想传递长安福特对产品、品牌的自信。为了避免新蒙迪欧和金牛座之间的"内斗"，陈旭说新蒙迪欧是科技品位闪耀人生，更偏向于家用、私用，金牛座定位于科技商务座驾，偏向于商用、私用，金牛座从1.5T到2.0T，到2.7T，也是满足于这些消费者不同的需求。因为D级车，或者高端的商务用车，有不同的消费者，长安福特会针对D级高端商务车的定位，通过不同配置来满足客户需求。

高端商务轿车对长安福特来讲，是一个全新的领域，陈旭的自信来自福特全球的资源，既有110年历史的品牌积淀，也有在全球普遍成功的先例。长安福特自信能为这个细分市场提供商务精英，包括家庭、个人需要的车型。陈旭也承认，这一细分市场的挑战非常大，但有信心把"金牛座"塑造成标杆车型。

可惜的是，金牛座在中国市场连昙花一现都算不上，长安福特在接近100万辆的高光一刻后，销量急转直下，已经与主流品牌渐行渐远，尤其是始于 2017 年的持续动荡，高层也相继更换了一茬又一茬，元气大伤的长安福特在 2019 年的销量还不足 30 万辆。

幸运的是，从长安福特转战一汽集团的陈旭成为红旗的福将，连续几年带领红旗披荆斩棘，并在 2020 年史无前例地完成了 20 万辆销量。

毛京波的林肯之旅

加盟林肯中国是毛京波送给自己 2018 年最好的"六一"儿童节礼物。2018 年 6 月 2 日，没有现身当天的深港澳车展成为毛京波辞别奔驰的信号。从此，奔驰重臣毛京波在林肯开启一段美式豪华之旅。

伴随着北京奔驰销售服务公司的官宣，毛京波提出的辞呈获批。此举意味着，一个效力奔驰 10 年的老将转身离开。毛京波此前是北京奔驰销售服务有限公司负责 smart/AMG/V 级车及 Vito 销售运营的执行副总裁。

记者出身的毛京波拥有效力奔驰不同岗位历练超过 10 年的丰富履历，2007 年加入梅赛德斯-奔驰，负责奔驰在华市场营销工作，2013 年北京梅赛德斯-奔驰销售服务有限公司成立，担任北区总经理。2016 年 5 月 1 日出任北京梅赛德斯-奔驰销售服务有限公司 Smart&AMG 销售运营负责人。奔驰 10 年，毛京波荣辱不惊，堪称重臣。加盟奔驰之前，毛京波曾在罗德公关担任高级副总裁兼北京公司总经理，这段独特的经历展示了其优秀的才华，当时罗德的客户包括奥迪、BP、米其林等著名企业，毛京波营销上的"点子"深受客户认可。此前，毛京波在中国最具权威的英文报纸《中国日报》担任高级记者兼首席古典音乐评论员。

操刀过奔驰、奔驰AMG和smart，以及服务过奥迪品牌的经历，让人们对毛京波治下的林肯品牌在华抱有很高的期待，"美式豪华"成为毛京波给林肯开出的"药方"。2019年4月上海车展前举行的福特战略发布会上，一身干练的毛京波完成了她就任林肯亚太及中国区总裁后的对外首秀。

在"美式豪华"确立之前，毛京波给林肯短暂用过"豪华品牌新锐力量"的调性。我的理解，新锐力量指的是除奥迪、奔驰、宝马之外，豪华品牌的新选择。毛京波虽没直说，言外之意就是"ABB之外就选林肯"。豪华品牌里的ABB，毛京波干过其中的两个，奔驰是其亲自操刀过的品牌，奥迪是其服务过的豪华品牌，始终处在豪华品牌一线是毛京波无人能及的独特之处。

这也是毛京波出任林肯亚太及中国区总裁近一年后才发声的原因所在。按对毛京波性格的理解，她是属于那种一旦想清楚了，就会甩开膀子干的人。毛京波在福特战略发布会上的演讲似乎也是一种佐证："市场总会面临挑战，但林肯这个品牌是坚韧的，林肯在中国的基础是坚实的，林肯对中国市场与客户的承诺是坚定的。"为此，林肯制定了"中国第一、客户为先"的战略，其核心是把中国作为林肯全球的战略高点，从产品规划到设计，充分考虑中国客户的诉求，同时，真正做到中国速度。在升级客户体验方面，通过本土化创新，打造林肯全球新标杆。在竞争激烈的豪华汽车细分市场中脱颖而出，成长为一支新锐力量。

毛京波把2019年称作是林肯苦练内功的破局之年，以品牌、客户体验、产品与团队的"四个本土化"破市场之局。品牌本土化方面，用中国客户最熟悉的语言讲述林肯故事。林肯2018年推出了全新品牌理念"静谧之旅"，并从中国文化的角度对它进行了本土化的解读。2019年林肯继续通过创新性的整合营销，线上线下的全方位互动，向客户传递品牌主张，并全力推动品牌年轻化。与"静谧之旅"相辅相成的，是林肯品牌进入中国市场之初，便为中国客户量身打造的客户服务理念"林肯之道"。

2019年3月落户上海的林肯品牌全球首家旗舰店，以及5月在北京亮相的第二家旗舰店，形成南北呼应，成为向客户提供更为温暖、人性化和个性化品牌专属体验的力作。毛京波说，下一步，林肯将探索客户体验与数字化的结合，把林肯在中国的客户体验，打造成融合科技创新、现代豪华与人文关怀的本土典范。

人才本土化方面，林肯中国在最短的时间内，已经建立起了一支高效的、具有丰富经验的、充满激情的本土团队，为建立林肯品牌提供了无限可能。难怪人们时常看到上海浦东新区世纪大道 211 号信息大楼 29 层的灯时常亮着，只不过人们不知道这里是林肯中国总部罢了。

毛京波的干劲儿还来自林肯是一个有故事的品牌。亨利·福特之子，也是林肯的首任董事长埃德赛尔·福特在品牌成立之初曾说过，"父亲造出了最受欢迎的汽车，而我，则要造出流芳百世的经典。"1939 年，现代三厢车的鼻祖，林肯大陆 Continental 开始投产，被誉为"世界上最美丽的汽车"，完美诠释了林肯品牌的初心。伴随着一款款经典车型的问世，"林肯大陆"曾陪伴美国多位总统与无数好莱坞明星登上历史舞台，见证了世界格局的风云变幻。知名影星伊丽莎白·泰勒惊艳世界，她用自己最迷人的双眼为"林肯大陆"染上了独一无二的颜色；阿姆斯特朗在月球上迈出人类的一大步后，"林肯大陆"陪伴他接受了来自全世界的欢呼与掌声；摇滚巨星猫王也是"林肯大陆"的忠实粉丝，收藏了多代林肯大陆车型，万众瞩目的身影定格成了永恒。

让毛京波开启"美式豪华"的抓手是林肯飞行家的产品。2019 年 9 月移师新馆的成都车展上，人们把目光聚焦在并不大的林肯展台。公布完价格不到一个小时，"林肯飞行家"在成都车展展台就收到了 3 个有效订单的好消息，且都是最高配全驱高性能插电式混动版。站在二楼透过镜子般的窗户，毛京波欣喜地看到，整体并不景气的成都车展上，林肯展台却有些里三层外三层摩肩接踵的阵势。这样的消息和场景距离毛京波所期望的让"林肯飞行家"成为爆款的"小目标"又近了一步。全新飞行家对林肯来说，是一款能够重写林肯在中国的品牌和产品轨迹的车型，将开启林肯的新时代。

2019 年成都车展专访前一个小时的发布会上，当毛京波公布完飞行家三款车型 62.89 万元至 82.38 万元价格的时候，每公布完一款价格，台下就响起一次掌声，偶尔还有尖叫声。媒体向来是吝啬掌声的，飞行家是个例外的背后，是大家普遍认为"6"字开头的价格比媒体的预期少了"三五万"。毛京波说，飞行家的定价是林肯产品中最难的一次，毕竟是进口车，协调的因素很多，前后研究了两三个月，直到最后一刻才确定下来。最终的定价就是希望成为大型豪华 SUV 里感到物超所值的爆款车型。同时，由于是新产品，不但受产能爬坡的影响，而且在美国市场也供不应求。当然，毛京波虽然没说，但是中美贸易摩擦的情况下，飞行家能争取到这样的价格已经实属不易。

价格之外，飞行家更让毛京波有了诠释"林肯品牌是什么"的抓手。林肯有很多故事可讲，这是挑战，也是机会。"把林肯故事讲好，让大家认识这个品牌，品牌还是需要产品来依托的。飞行家则是完美阐释'静谧之旅'的抓手"。毛京波同时说，有了飞行家，林肯品牌不再是无米之炊。毛京波一直在努力回答"林肯品牌是什么？"的问题，在成都车展有了清晰的思考和"打法"：汽车永远是谈动力，为什么只有林肯说"静"？看到飞行家就会了解"静谧之旅"的4个维度：天成之美的设计、翱翔之翼的动力、人性之本的科技和内在之境的质感与体验。例如，体现翱翔之翼的动力，飞行家441马力的输出功率和813N·m的峰值扭矩，驾驶起来会非常澎湃、平顺。林肯对动力的理解，跟超跑和其他车讲的动力不一样。一下子就加速上去，这不是林肯。林肯讲的是更加平顺、舒适，像滑翔机一样，没有压力、没有重力感，让你觉得很自由、很轻松。

有了飞行家作为产品抓手，就为林肯品牌赋能带来无限可能。飞行家持续半年的8个核心城市的路演，通过360度沉浸式展厅布置：交响乐提示音演示、智能手机钥匙、躬迎上宾等产品点，以互动游戏方式与客户互动，进一步增加了曝光度和客户的亲密度。这样的想法，既有飞行家自身推广的需要，灵感也来自林肯6个城市的全系"体验之旅"。毛京波说，林肯全系"体验之旅"效果出乎意料的好，车主对林肯品牌的热爱是她此前的职场经历中所没看到过的。林肯全系"体验之旅"试乘试驾活动并不是急功近利的销售，而是树立品牌形象。毛京波认为，车主才是品牌最好的代言人。林肯始终在做的，是兑现选择林肯客户的关爱，通过车主的真实感受，让每个人成为林肯的品牌大使。

飞行家的预售也让以营销擅长的毛京波在营销上又创新了一把。成都车展开幕当天，"我是飞行家"小程序正式上线。进入小程序，所有飞行家的资讯都在上面，如果客户想下单也可以在上面进行操作。用一个很简单的方式，把尽可能多的客户触点打通，把感兴趣的消费者引到小程序自有平台，这样可以多触点地与客户进行多频次的沟通，避免一次性广告投放的时效局限，增加更多的获客机会。毛京波说，她在林肯之前的经验宝贵而丰富，但是并不一定适用于林肯品牌。"不做大预算、大曝光、大流量，但是一定要做大创意"成为林肯品牌营销的策略。不久前，林肯和时尚芭莎做了一个亚洲首款MKC的1∶1乐高模型，用了120万块乐高、耗时3200小时打造，吸引客户在上海兴业太古汇打卡。两天时间，一下就上了热搜。与此同时，前不久航海家有一个产品宣传，微信朋友圈广告位第一次推360度车内模拟体验。全景其实很简单，但是别人没有想到。

毛京波说，鱼和熊掌虽然不可兼得，但是一手做好品牌一手做好销量并不矛盾。林肯绝不会以降价获取销量、市场份额，也不会以压库的形式来获得经销商的销量。获得销量可持续提升的关键，在于把握好品牌、打磨好产品及与客户做到走心的沟通。在品牌层面，林肯品牌有自己特殊的属性。鲜明的个性，是豪华品牌中的一个不一样的选择，她的目标是把林肯打造成为豪华品牌阵营中独树一帜的美式豪华品牌，提升品牌的溢价。而在产品层面，林肯提出的"静谧之旅"产品理念，通过"天成之美""翱翔之翼""人性之本""内在之境"4个维度表达产品的设计、动力、安全及舒适，打造出拥有卓越实力的越级产品。未来，林肯会丰富产品家族，加快产品更新，为中国市场潜在客户提供更好的选择。

尤其是在销售管理上，毛京波认为给经销商赋能比压库更重要。在毛京波看来，让经销商强大起来，有更多的能力，把赋能做好，销量是一个水到渠成的结果。林肯不急于扩张网络数量，而是要把每位客户都宾至如归的"林肯之道"做好。一项调查显示，36%的客户是因为"林肯之道"选择了林肯。"林肯之道"和其他品牌最大的区别是走心的服务。例如，当客户来到林肯中心的时候，应该是有两个人给客人开门，"林肯之道"的要求是双开门，不是自动门而是手拉的双开门，就是要把客户请进林肯世界。一进门是一面水墙，让客户的心先静下来，就像一个五星级酒店，这时候会走过林肯的历史墙，讲清楚林肯是谁，然后来到茶歇区。如果客户到店里看飞行家车型，又是不同的接待流程。例如，会穿着机长的服装，有流程上的仪式感。让人印象深刻与众不同的细节是，6种饮料、4种小吃和手磨咖啡而不是速溶咖啡，才是"林肯之道"。

客户坐在中间，车辆展示在两边，看车更清楚，然后根据客户的特点、需求，对产品进行静态的介绍、试乘试驾。客户离店的时候，经销商工作人员亲手递上矿泉水，而不是客户自取，都是"林肯之道"的标准。毛京波说，林肯一直强调的服务细节，不是所有品牌都能做到的。如果经销商走心对待每位客户，销量并不令人发愁。这也是林肯一直强调"林肯之道"在经销商严格执行的重要性。

让"美式豪华"成为中国消费者的新选择，成为毛京波治下的林肯的追求。"客户做出购车决定的因素很多，但品牌肯定是其中一个。"对豪华品牌塑造拿捏自如的毛京波深有体会地说，客户购车时比较在意的因素有：一是外观，车的颜值要高；二是品牌；三是服务或是车内空间的需求。另外一个主要的因素是林肯纯"美式豪华"的定位。"美式豪华"的大，是特别大气，从外观到内饰，不会显得特别局促。这是"美式豪华"的特点之一。

毛京波的"美式豪华"很快得到了林肯美国总部的认可。2019年11月广州车展前夜，花20多个小时专程从美国总部底特律飞抵珠海的林肯全球总裁樊兆怡（Joy Falotico），既是为全新一代林肯飞行家的中国上市展台助威，更是对林肯中国团队过去一年多的工作点赞。这位优雅的女强人同时带来了"中国是林肯必须长期投入的战略性市场"的好声音。她甚至对一场发布会吸引900万人的在线观看流量表示了惊讶。

全新一代林肯飞行家的上市，恰逢毛京波出任林肯中国总裁一年半。樊兆怡说，从以毛京波为代表的人才本土化开始，着力计划在中国市场长期战略投入的林肯，正在把产品、市场、调研及研发等更多关键岗位，设置在中国。这位林肯全球总裁同时说，林肯已经把起源于中国市场的客户体验品牌"林肯之道"带回美国，带到林肯全球，成为林肯服务客户的一种标准。与很多汽车品牌的服务理念"进口"到中国不同，把源自中国的"林肯之道"服务理念"出口"到全球，林肯是"独一份"。

毛京波说，林肯是豪华车市场的后来者，也赶上了豪华汽车市场蓬勃发展的末班车，尤其是从2019年开始的豪华汽车市场完全从增量市场转为存量市场竞争的情况下，做出林肯独有的品牌调性和产品竞争力一直是她的思考。作为豪华品牌的晚到者，进入中国市场仅仅5年的林肯面临着豪华品牌70%被主流奔驰、宝马、奥迪三大品牌占据，需要追赶的挑战。毛京波说，林肯的挑战或者说困难，大到总感觉时间不够用。例如，对自有品牌的重新梳理，追赶的同时还要创新，不能说先补课再创新，时间又来不及了。要在很短的时间内，让客户联想到林肯品牌。也就是"进入客户的购买预期"，当客户有购车需求的时候，应该会想到几个品牌，想到的这几个品牌之一应该有林肯。林肯要做的就是从品牌到产品再到客户体验，全方位的与众不同，这种不同的抓手就是"美式豪华"。

即使在困难的情况下，也还是要坚持做品牌。对毛京波而言，讲好林肯品牌"美式豪华"的中国故事，林肯在中国就"有戏"。2021年，毛京波的林肯中国的成功经验被林肯在全球推广。

第四部分
筚路蓝缕

与筚路蓝缕相比,时间已是白驹过隙,大浪淘沙中,有的人在汽车行业殚精竭虑、有所成就,也有很多人很多事成为过眼烟云。不过,他们都曾为中国汽车工业奋斗过、拼搏过。

第十六章　人来人往

朱福寿：未能完成的 300 万辆夙愿

雄心壮志的朱福寿，创造了东风汽车总经理任上最短的纪录，在东风汽车总经理空缺很久之后，51 岁的朱福寿过五关斩六将，在 2013 年接任东风汽车总经理，能够执掌东风汽车这样的央企，对于汽车专业毕业的朱福寿来说自然"门当户对"。朱福寿履新东风汽车总经理后，一度提出打造东风大协同自主的概念，并列出了 5 年内实现东风自主 300 万辆的宏伟目标。只可惜，朱福寿任上没能完成这样的愿望。

让朱福寿的仕途戛然而止的原因是其自身的腐败，2015 年 11 月 2 日，据中央纪委监察部网站消息，东风汽车公司党委副书记、董事、总经理朱福寿涉嫌严重违纪，接受组织调查。在被接受调查 3 个月后的 2016 年 1 月，朱福寿受到开除党籍、行政撤职处分，由东风汽车公司按部门副职以下（不含部门副职）非领导职务安排工作。

朱福寿落马前的 2014 年 12 月 19 日，东风汽车公司总经理助理、东风汽车有限公司副总裁、党委常委任勇涉嫌严重违纪违法，接受组织调查。而任勇正是朱福寿的得力助手。

朱福寿就任东风总经理后的首次亮相就是大手笔：未来 5 年东风自主品牌达到 300 万辆规模成为其掷地有声的承诺，甚至为完成这个目标准备了一揽子方案。共同见证这个承诺的除了东风公司旗下各个自主品牌的负责人，时任湖北省省长及国资委相关负责人也在 12 月 10 日为东风的"大自主战略"发布捧场。在一汽、长安和东风三大国企汽车巨头中，东风是首个表态做大做强自主的央企。同时，作为东风年内第 100 万辆自主品牌的风神 A60 下线。时任东风公司副总经理童东城、欧阳洁、刘卫东，以及总经理助理任勇，携东风汽车各子公司高管集体参加，其中有东风商用车公司总经理黄刚、东风汽车股份有限公司总经理卢锋、东风乘用车公司党委书记、副总经理李春荣、东风裕隆汽车有限公司执行副总经理陈力、东风公司技术中心主任方驰、东风柳州汽车有限公司总经理程道然和郑州日产汽车有限公司总经理郭振甫等。

东风2012—2016年自主品牌的中期事业计划也称为东风自主品牌"乾"D300计划，该计划取名汉字"乾"，寓意深刻。东风自主品牌"乾"D300计划的总体目标是：到2016年，东风总体自主品牌销量达到300万辆。其中，东风品牌商用车100万辆，东风品牌乘用车100万辆，其他自主品牌（包括商用车、乘用车）100万辆。东风商用车做到国内第一、世界前三；东风自主品牌乘用车稳居国内自主品牌乘用车第一阵营。

东风自主品牌乘用车事业从三条战线推进：第一条战线，是东风品牌自主乘用车，形成"2+2"的布局，第一个"2"代表东风乘用车公司、东风小康汽车公司，第二个"2"代表郑州日产汽车公司、东风柳州汽车公司；第二条战线，是以东风裕隆为主体，发展大中华品牌乘用车；第三条战线，是各合资公司的自主品牌乘用车。

为支撑自主品牌销量实现300万辆，朱福寿准备了300亿元的投资保驾护航，并将继续加大研发投入，使公司科技研发投入占公司销售收入的3%以上。在东风品牌商用车领域，开发和投放14个整车平台，同时形成发动机、变速箱等四大关键总成能力；在东风品牌乘用车领域，开发和投放18款狭义乘用车和3个系列微型车产品阵容，同时具备三大系列发动机、四大系列变速器能力；在其他自主品牌领域，开发和投放20款乘用车及1个系列微型车阵容。

为了获得与事业发展需求相匹配的人才队伍，将创造17000个工作岗位。同时，海外事业成为东风自主事业的重要内容，加快推进实施"四个统一"（统一规划出口产品、统一谋划海外市场、统一树立海外形象、统一安排海外业务），力争到2016年出口量占自主品牌销量的10%左右。朱福寿说，海外市场占比10%的目标，基于多个方面的因素考虑：第一，应该看到在全球经济一体化的背景下，国际和国内两个市场融合到一起。就乘用车而言，国内市场国际化，商用车未来几年有可能会出现国际市场国内化的趋势；第二，东风要走向国际，成为在全球汽车集团里面有影响的企业，走向国际也是东风的价值所在；第三，基于中国20多家卡车企业的现状，未来激烈的卡车竞争必然会带动大家从国内走向国际，尤其是东风卡车，具备了走向国际的竞争能力和实力。第四，东风在全行业里出口排名第五的位置与实力不符。

在武汉东风汽车公司技术中心举行的东风自主品牌年度百万辆下线暨东风自主品牌中期事业计划的发布仪式上，朱福寿纵论"后合资时代的中国自主品牌怎么走"。东风公司最开始是加大国产化,消化和吸收跨国公司的一些技术。在此基础上开始自主品牌的研发,同时在合资公司逐步形成"合资自主"的品牌,这是东风汽车的一种模式。朱福寿阐释,在合资公司做东风双飞燕自主品牌的模式值得提倡。东风围绕这个模式和一些合作伙伴已经取得了实质性的进展,在某些实业板块,双方已经做了战略性的决策。

人才引入本身非常符合东风的历史。十堰是一个移民城市,全国的人才汇聚在十堰市,形成了十堰市独特的城市文化,也形成了开放、包容的东风文化。东风公司来自全国各地的优秀人才走过了 42 年,引进跨国的高端人才,既是对历史传承的继续,也是保证实现公司价值、公司事业计划的体现,同时也是三个东风的具体实践。

可惜的是,朱福寿的宏伟规划伴随着严重违纪就此止步,东风汽车公司虽然形成了以东风风神为主,东风日产启辰、东风裕隆等多个板块的大自主架构,但销量上直到 2020 年也没能完成预期指标。

蔡建军是怎么找到"北"的

把北汽销售公司党委书记、执行董事、总经理"三合一"的重任交给蔡建军,足见徐和谊对人才的求贤若渴,也足见对蔡建军的重视。据说,老东家在是否"放人"上也虚怀若谷。时任长安汽车董事长的徐留平之所以放行,是因为除了蔡建军属于升迁,值得祝贺,更主要的是,蔡建军接任的是自主品牌。尽管北汽和长安在有些业务上有交集,甚至难免有竞争,但是徐和谊和徐留平"二徐"都希望做好自主品牌。尽管从长安转会北汽,但是两家企业的掌门人都是一笔也写不出两个"徐"姓。

北汽股份在发布的 2020 战略"π 计划"中,明确提出了 2020 年力争中国品牌乘用车市场前三名的目标。蔡建军问时任北汽股份总裁的李峰,谁是对手。李峰回答,北汽自主品牌现在排名第八,前七个都有可能是对手。这样的桥段发生在蔡建军履新北汽销售公司党委书记、执行董事、总经理后向李峰的一次汇报中,李峰睿智的回答让蔡建军终生难忘。

离任写信,上任也始于写信。在社交媒体泛滥的今天,写信不仅另类,而且似乎成为蔡建军区别其他营销老总的招牌举措。熟悉的人知道,这不是作秀,而是一种真性情的流露。

"军座,我要去一线战斗"这是蔡建军在致北汽营销"战士"的一封信发出去之后 48 小时内收到的回馈。回信的员工还给北汽自主未来的发展写了 48 字的建言。尽管加盟北汽仅有1个月，但是整个销售公司都动了起来。由于名字中有一个"军"字，蔡建军很热络地与员工打成一片，大伙儿都习惯地称蔡总为"军座"。在长安的时候，也有人叫他军座，但军座的称呼短时间内在北汽营销系统盛行速度之快令人不及。

这不是蔡建军的第一封信。在他告别长安标致雪铁龙返回母公司长安汽车之际，蔡建军也曾写过一封著名的信。在那封中英文对照的告别信中，蔡建军真情流露的写道：我把这样的调整看作一种CAPSA管理团队对过去四年多时间中我们共同为DS品牌在中国市场上所取得的成功的一种认可。在PSA全球的业务中，中国是一个具有战略意义的关键市场。而且我们共同从无到有建立起来的DS新时代豪华品牌已经成功进入豪华品牌前十名，这是所有CAPSA人、DS人以及销售公司团队和经销商一起共同努力的结果——已经得到了双方母公司高层的密切关注和肯定。

"当我接到这样的调整，我也有不少的伤感，因为我就要离开那些一起为这一全新品牌打拼的DS经销商和营销团队了。这四年一起见证和发展了一个全新品牌在中国的成长，一起见证和分享了从进口到国产的艰辛历程，一起见证和经历了一年三款全新车型的成功上市，一起见证和应对大数据时代和移动互联的来临客户需求的变化。我为曾经拥有和这样共事的团队而骄傲……"

与当初那封告别信的伤感不同，在加盟北汽后，在致北京汽车营销"战士"的一封信中，蔡建军则意气风发："我怀着忐忑而又激动的心情来到了北京汽车这个年轻且充满活力和挑战的世界500强企业。在此，要感谢我的前任梁国锋副总裁、党委书记、执行董事；感谢刘宇总经理及其团队付出的努力，为北京汽车营销连锁体系打下了一个坚实的基础。以前的工作经验告诉我：当一个厂家、一个团队、一个经销商真正紧密团结在一起，朝着共同的目标和互惠的利益建立起一个强大的、共同的事业时，所能产生的强大力量。就像我一直喜欢讲的一句话'厂商联合如一家，试问天下谁能敌'……"

蔡建军说，写信的方式能说出心里话。写给老东家的告别信用时30分钟，写给北汽营销"战士"的信用了41分钟。

2016年1月6日上任那天，我打着伞在雪中走了8000多步，与其他人认为的"踏雪上任"的好兆头相比，他更希望锻炼身体，因此每天坚持14800步成为蔡建军雷打不动的目标。天气好时，快走；下雨或下雪时，就快跑，甚至可以在家里走。持续100天，累计走了1900多公里。蔡建军说，快走给他带来的变化不仅是身体上的，他的体重在坚持半年之后减掉了将近10kg，而这一切给他带来的是精力的充沛。蔡建军走路不是为了赶潮流，与简单的锻炼身体的目的相比，习惯快走的蔡建军更看重通过每天的走路来释放压力、清空自己。

任命还没有下来时，蔡建军就进入了高速运转的调研角色。河北易县成为蔡建军走访的第一个经销店，北汽自主品牌在一个县城月销量过百辆，远超"两长"（长城汽车、长安汽车）。蔡建军把易县的走访戏称为自己履新后的"先易后难"，但同时也提醒自己，燕赵大地也是"风萧萧兮易水寒，壮士一去兮不复还"的出处所在。

有人把蔡建军称作福将，受益于购置税减半等政策的利好，北汽自主品牌在其履新1个月后即出现了环比、同比的双增长。如果说这个是运气，那么北汽股份总裁李峰在带领他看过未来至少6款产品之后，蔡建军信心满满。蔡建军说，未来的不少产品都具备与合资品牌抗衡的竞争力。那年在广州车展上宣布预售价格的A0级SUV X2，一度被称为自主SUV的一枚"深水炸弹"。

如果不是蔡建军在长安标致雪铁龙的"拳打脚踢"，DS在中国的认知就不是今天这个样子的。因为过往的丰富履历，所以蔡建军执掌下的北汽自主品牌的未来更加值得期待。

蔡建军在北汽职务可谓三合一，与过往的梁国锋作为北汽股份副总裁，刘宇作为总经理的相对分工不同，蔡建军身兼三职，北京汽车销售有限公司党委书记、执行董事、总经理，主导北汽自主乘用车品牌的销售业务。北汽之所以给其重任，是因为看重的也是其过往的丰富履历。

蔡建军在大学毕业后就加盟长安汽车，任职17年，先后负责过长安微车、自主轿车、合资品牌及豪华品牌。蔡建军表示，根据企业的战略规划，在未来五年时间内，北京汽车将全面完成企业的改革转型、产品升级转型以及互联网汽车升级转型。

加盟1个月后，蔡建军带给北汽的变化逐渐显现。例如，他倡导推出的"员工午餐会"，通过每周与员工吃午饭的制度来听取意见。蔡建军说，营销还是靠人、靠团队，他的营销名言是"人在一起叫聚会，心在一起才叫团队"。

而对于北汽集团来说，先超越长安，跻身于中国四大汽车集团行列，一直是徐和谊所看重的。徐和谊在圈内有一句至理名言"给我点时间，还你一个不一样的北汽"。重用蔡建军，"老徐"正是看重蔡建军"生命在于运动，销售在于活动"的营销理念。

只是在2017年的时候，绅宝因为产品落后市场一代等诸多原因，蔡建军纵然用了"洪荒之力"也未能挽回北汽自主品牌销量的下滑。只有补足产品力的短板，才不会让蔡建军"巧妇难为无米之炊"，好不容易找到"北"的蔡建军，又得南下。先是折中去了被宝能收购的观致汽车，后来投奔付强，在造车新势力爱驰也待过一段时间。新冠肺炎疫情给人带来更多思考，蔡建军在2020年"五一"前后，选择了暂时隐退、陪伴家人后，加盟吉利开启下一段的汽车人生。

汽车追梦者付强

十几年前，随一汽－大众奥迪参加在德国总部英格斯塔特举行的新闻年会，见到熟络的德国翻译的付强总会多聊几句，巧的是这个德国翻译的中文名字也叫付强。当我和同行一汽－大众奥迪销售事业部副总经理胡绍航说起见到付强时，时任一汽－大众奥迪公关经理的胡绍航满脸惊讶道"付总在哪里？"胡绍航的惊讶在于，当时付强已经离开一汽－大众，出任上汽大众斯柯达品牌总监。胡绍航曾是付强的老部下，我理解他的惊讶，不仅有他国遇故知的惊喜，更多的是对付强的尊重。尽管此前早已认识付强，但是第一次感受到老同事对已经离任领导发自内心的尊敬。

付强是大家熟知的豪华品牌操盘手。奥迪、斯柯达、奔驰、沃尔沃等多个汽车品牌，尤其是豪华品牌皆留下了"付氏烙印"。在实现了多个品牌操盘手的梦想之后，不安分的付强离开风生水起的沃尔沃汽车销售（中国）有限公司总裁兼首席执行官职务，创立新能源汽车品牌爱驰汽车。在体制内的国企干过，也作为职业经理人操持过很多品牌，但是付强想做点自己想做的事。在最近一轮的互联网＋资本造车的浪潮中，经历过太多的付强三言两语就把自己创业的汽车说得异常清楚：爱驰的互联网造车是市场需求的进化而非颠覆。这句话一语道破天机说清楚了创业的概念，新进入汽车行业的互联网造车大多打着颠覆者的旗号。

付强出生在骨子里就流淌着汽车血液的长春，那里是中国汽车工业的摇篮，尽管后来因效力品牌原因，在上海、北京多地工作，但是不管在哪里工作，付强浓重的乡音始终没改，或多或少地带有东北味儿。我也见证了付强从还算浓密的头发到贵人无重发的蜕变和淬炼，黑框金丝眼镜后面是一双睿智的眼睛，如同其曾经工作过的上海大众斯柯达一度"睿智感悟、恒久魅力"的品牌口号，似乎说的不是车，而是付强这个人。

虽然说付强是奥迪在中国的"营销之父"言过其实，但是把付强称作是奥迪在中国的品牌"拓疆先锋"并不为过。早在14年之前，付强就出任主管奥迪的一汽－大众销售副总经理，并把一张白纸的奥迪品牌，树立为家喻户晓的中国豪华汽车品牌。

付强是个能讲故事的人，在2006—2011年出任上海大众斯柯达事业部部长期间，曾在大众汽车集团的内部刊物上写过一篇《飞翔的箭》的文章，阐述他对斯柯达的理解。文章从斯柯达LOGO的标识娓娓道来，有人说斯柯达的品牌LOGO是印第安人的羽毛，也有人说是一把飞翔的箭。付强对斯柯达的深刻理解，使得在上海大众国产的斯柯达迅速成为中国最具成长性的汽车品牌之一。斯柯达国产10年，在华累计突破200万辆，而在斯柯达国产的14年中，付强效力6年。

付强的经验本身就是一种品牌。他先后操持过奥迪、斯柯达、奔驰、沃尔沃的营销。用业内人的话说，即便不算斯柯达品牌，奥迪、奔驰、宝马、沃尔沃四大豪华汽车品牌，付强操持过除宝马之外的全部。人生或是一个轮回，拥有丰富经验的付强把最年富力强的时间段留给了沃尔沃。在沃尔沃汽车销售（中国）有限公司总裁兼首席执行官任上，付强曾说，奥迪、奔驰虽然也是豪华品牌，但是是外资品牌，沃尔沃是中国人唯一拥有的豪华汽车品牌，做这样的品牌，尽管挑战性远远大于奥迪和奔驰，但值得挑战。尽管后来是职业经理人的身份，但是在"大是大非"面前，付强始终头脑清醒，尤其是对沃尔沃品牌的表述。

很多时候，付强又是低调的。记得2013年7月在履新沃尔沃中国之后，时任沃尔沃公共事务副总裁的宁述勇，在北京通州月亮河度假村举行小范围媒体沟通会。让媒体惊讶的是，人们只闻付强其声，未见其人。人在上海的付强以电话连线的形式完成了与媒体的沟通，付强对沃尔沃品牌有着独到的理解，"我们需要对品牌重新进行诠释，需要一种崭新的姿态跟消费者沟通。"付强说，在品牌之外，产品也需要进行重新布局和规划。鉴于当时的市场现状，付强给经销商网络渠道建设开出了"让成本再低一点，让品质再高一点，让规模再合理一点"的沃尔沃专属药方。他希望通过合理规划追求更高的店面质量，迅速扩大沃尔沃品牌的市场覆盖率。"通过四个月的学习，总体感觉是沃尔沃从营销的角度，有着迎接未来成功的良好基础。"付强表示。

时过境迁，在吉利并购沃尔沃7年之后的2017年，吉利和沃尔沃没有"七年之痒"，沃尔沃在华实现销量10万辆，在所有豪华品牌中仅次于奥迪、奔驰、宝马，和雷克萨斯、凯迪拉克、捷豹路虎旗鼓相当。

2016年对付强来说是个重要的年份，五十知天命的付强告别沃尔沃，开始自己的汽车追梦之旅，与以往加盟哪个品牌不同，这次付强选择了自行创业。在创业一年之后，2017年9月付强在接受《中国企业家》记者马吉英的采访中，首次向外界阐述了正在进行中的创业历程。"我们在汽车行业时间久了，有敬畏，我们必须要消除这种敬畏。爱驰的使命不是颠覆，而是进化。"

"创业对我个人来说，是人生一次升华。通过创业，经历了很多过去从没有经历过的事情、想了过去没有想过的问题、处理了很多过去你根本不需要或不太能够处理的问题。"

在付强看来，所谓的互联网造车可大致分为三类：互联网资本造车、互联网人造车、具有互联网思维的人造车。付强把爱驰团队归为第三类。与其他新造车公司中扮演颠覆角色、标新立异的互联网高管相比，爱驰亿维的管理层希望呈现出的气质是进化的，而不是颠覆的。

作为一家刚满3岁的创业公司，爱驰的融资思路也与众不同。在和付强吃过一顿饭之后，时任上汽集团高管的谷峰加盟爱驰。谷峰介绍，爱驰的投资人全是产业投资方，没有财务投资方。同样3年时间，爱驰在江西上饶建立了对标德国工业4.0的智慧工厂，首车U5在2019年年底正式投放市场，靠谱的新能源车成为爱驰和其他新能源最大的区别。

虽然将爱驰定义为互联网造车的第三种力量，但是从付强的个人经历来看，他也曾是互联网资本造车团队的重要参与者。公开资料显示，2015年7月，主营豪华车销售的汽车经销商集团和谐汽车、富士康、腾讯出资成立和谐富腾，并布局了两个造车项目：爱车和FMC。其中，爱车公司拥有浙江绿野汽车87.57%的股权，目标是以绿野为基础，打造全新的经济型电动汽车平台及品牌。

从沃尔沃离职的付强，出任爱车公司CEO。付强称，通过创业，经历了很多过去没有经历过的事，但从2016年上半年开始，绿野汽车的负面消息不断传出，有公开报道称，绿野汽车拖欠数百家供应商货款，"绿野汽车已成空壳"。2016年年底，媒体报道称，付强已经是上海爱驰科技有限公司的法人代表和CEO。

在这次采访中，付强称爱驰和爱车已无关系。"我们在爱车晚期的时候，曾经试图按照股东意愿构造一个公司，名字叫爱驰亿维科技，但这个公司也解散了。现在公司叫爱驰，股东构架已经跟一年前不一样了。"付强说，爱驰成立日期为2017年2月16日，付强为法定代表人、董事长，四家出资方分别为宁波梅山保税港区凯玖投资管理有限公司、上海百好连企业发展有限公司、湖州奥驰投资合伙企业和共青城凯维投资管理合伙企业。其中，在宁波梅山保税港区凯玖投资管理有限公司中，付强为大股东，持股50.49%，谷峰持股19.11%，其他爱驰团队成员也持有股份。付强还是共青城凯维投资管理合伙企业的股东之一。

谷峰认为"时间窗口还在"，"汽车行业跟互联网思维有本质区别。互联网思维是花钱买时间，因为互联网产品的门槛不高，搞个APP出来马上可以推向市场。汽车行业也有时间窗口，但产品早一年晚一年出来，没有本质区别。如果一年前出来的产品是很烂的，你也就结束了。如果一年后出来的产品很好，那就成功了。""只要推出一款消费者需要的产品,即使在市场上晚个一年半载也不是致命的。"

2019年,法兰克福车展之前加盟爱驰的德国人Roland Gumpert,是奥迪quattro四驱系统创始人,也是Gumpert品牌创始人。爱驰未来几年的产品规划分两大类:一类是德国公司负责的Gumpert品牌,产品为高性能超跑,预计以进口车形式交付中国市场;另一类是MAS平台的家用产品。和其他造车新势力不同的是,爱驰选择了大众市场作为切入点。在付强看来,品牌对产品的影响,往往是越高端影响越大。"如果是四五十万元的产品,进入了奔驰、宝马的竞争区间,你需要给消费者一个理由,为什么要买你的车?"相比之下,大众市场的风险更低。相应地,爱驰对科技的态度不是盲目追求酷炫,而是选择那些消费者触手可及、affordable的新科技。

但这不意味着零风险。"你要找到一块蓝海,一点红色都没有,不太可能。我们干的事情是充满风险和竞争的。"付强同时说,2017年3月开工建设的爱驰江西上饶工厂,项目一期年产15万辆新能源整车,两期项目建成后可实现30万辆的产能规模。

"现在为什么大家愿意去造车?一方面是因为新能源汽车的复杂程度降低了,另一方面是汽车工业的整个供应链已经非常完善了。这也是我们为什么有底气参与这个行业的原因。"谷峰说这也是他和付强的共识……

付强的团队都是一帮志同道合的人,出任公关副总裁的金新,是付强在奥迪时的部下,并有着在北汽新能源任总经理助理的履历,对于新能源车的认知和品牌塑造也积累了经验。

如果按照"成者为王,败者为寇"的传统思维,没有如果只有结果的市场处处充满挑战,在不能确定结果之前,过程也是人生的一种结果,更何况在新能源汽车成为汽车行业拐点的机会还在的情况下,爱驰还存在着成功的可能。

事实上,一些已经实现交付的造车新势力由于缺乏造车经验,在发展过程中都出现了质量、一致性等问题,最终为"造车"狠狠补了一课;爱驰汽车自诞生之初,就秉承德系基因、德系研发、德系制造的豪华阵容,德国工业4.0标准的智慧工厂确保爱驰U5德系品质;爱驰U5的品质和服务考虑到2020年新能源汽车补贴彻底退坡以后……

爱驰汽车旗下首款A+级中高端纯电动SUV——爱驰U5,2019年12月19日在海南万宁的上市是针对中国的,也是针对全球范围的。新车共推出4款车型,补贴后售价为19.79万~29.21万元。同时,爱驰汽车还针对PRO版车型推出电池租赁方案,并推出了3年5折回购6折换新的残值保障方案。

爱驰U5是爱驰汽车历经三年打造的首款产品,从设计、研发到制造,再到工艺标准全部是标德系高水准。而爱驰汽车高管团队，无论是谷峰、付强、蔡建军，还是传奇工程师"奥迪 quattro 之父"、爱驰汽车首席产品官 Roland Gumpert，都是传统汽车出来的资深汽车人，这为爱驰注入了严谨的造车基因，也是爱驰区别于目前已经实现交付的蔚来、小鹏等互联网造车新势力的最大特征。爱驰汽车联合创始人兼总裁付强，在接受汽势 Auto-First 专访时表示："我们的强项是造车，我们了解百年造车的规律、造车产业链的复杂，因此严谨造车是爱驰汽车始终坚持的理念。"

爱驰汽车拥有扎实的造车实力，付强表示，爱驰汽车自诞生之初，就秉承德系基因，拥有德系研发、制造的豪华阵容，建造了德国工业 4.0 标准的智慧工厂，在全球一流合作伙伴的协同下，全方位打造爱驰 U5 德系品质。智慧工厂源于德系，优于德系，不仅采用了德系整套标准体系，在一些领域的创新甚至可以达到世界领先水平。例如，爱驰汽车的人工智能视觉引导装配系统业内首创、世界领先；国内首创双轨双驱激光雷达测量系统，测量效率已经达到了国际领先水平。强大的造车背景，为爱驰汽车打造高品质汽车奠定了坚实的基础，也是实现其未来发展的保障。

此外，在付强看来，在新能源汽车补贴 2020 年彻底退坡后，除了品质是第一要务，服务也是制胜法宝。为此，爱驰打造了一整套基于互联网思维的售后服务体系。

付强介绍，爱驰通过大数据平台和线下渠道打造了"1-1-4-0"智能化新运营体系，利用 1 个系统、1 个 APP 交易平台、4 个数字化运营中心，实现与用户的 0 距离沟通。在线下渠道上，爱驰也没有模糊，推出了"7921 用户伙伴计划"，其包括：爱驰 7 号（生活）馆则主要作为汽车商圈，起到产品互动和交付地点的作用；爱驰 9 号（养护）馆位于城郊，功能是车辆养护、建立区域电池安全站、智能服务体验和技术中心；爱驰 2 号（综合）馆则主要承担品牌宣传、三方销售生成及交付等职能，这类店面基本布局在消费者仍然习惯于集中消费的城市；爱驰 1 号店可以理解为旗舰店，目前规划在上饶、上海各开一家。

按照规划，爱驰汽车将在全国布局包含以上所有店铺在内的 100 多家店。"我们把原来客户的应用场景全部打碎了，从空间分离、降低门槛、提升功能等方面，实现销售服务形式多样化，让过去的'人找店'，变成'店找人'。"

而爱驰汽车区别于其他汽车新品牌的特征还在于其品牌诞生之初就制订的全球化计划。付强透露，目前爱驰 U5 已经在瑞士圣加伦、德国慕尼黑、因戈尔施塔特等城市完成了上牌。现阶段，在欧洲市场，能够跟 U5 真正形成竞争关系的车型是没有的，在一段时间内也不会出现，会给 U5 足够的空间来获取市场。欧洲对新能源车的需求比较强劲，爱驰汽车通过去年日内瓦车展到今年法兰克福车展的参展，到 U5 完成亚欧穿越挑战之后，很多欧洲消费者特别感兴趣。在欧洲的订单量目前看起来是非常不错的,仅私人订单就已经超过 400 份。

面对资本寒冬,造车新势力的发展前景,付强很坦诚:"我们也缺钱,缺钱是普遍的,我认为这个与发展环境是有关的,补贴退坡之后,大家看到销量在减少,增长率在下降,大家认为电动车就是靠补贴来驱动的,后补贴时代对新能源车未来怎么样看不清楚,我认为在这个行业里的人完全看清楚很难,这个是大家认知的过程。整体来讲,初创企业在这个过程中有很大挑战,所以对我们来讲首先得活着,活着能够迎来政策的春天。"

从过程和阅历本身来讲,付强这个汽车追梦者,已经赢了。

对话郭谦问答观致

多年之后,我依然忘不了那次对郭谦的独家对话,在 2016 年 4 月 21 日北京车展媒体日后的第二天,毗邻顺义新国展的首都机场希尔顿酒店,接连参加了 N 场活动的观致汽车董事长兼总经理郭谦,按约定的时间准时出现在我面前。陪同的时任公关总监梁虹说,《北京晨报》是郭总整个北京车展期间唯一一个独家专访的媒体。尽管专访从 18:30 到 20:00 的时间段是在车展之前就约好的,但是专访的地点始终敲定不下来,先是从车展展馆外的欧陆广场变更为观致的展台,继而又从展台变为城里的凯宾斯基,又从凯宾斯基到最终的首都机场希尔顿酒店。

当我问及郭谦这几天时间的安排是否紧张时,有些疲劳的郭谦实话实说回应道:"有些辛苦"。在等候郭谦的时候,梁虹说:"昨晚郭总一口气参加了 3 个车展宴会,哪一个都没吃饱,吃着吃着都快睡着了。"梁虹问服务员有没有蒸南瓜,一天没吃饭的郭谦患有糖尿病,更吃不了甜的。尽管郭谦最终吃到了蒸南瓜,但是他不知道,这个蒸南瓜是梁虹用"争吵"换来的。因为,希尔顿的餐厅实在太"高大上"了,并没有蒸南瓜。梁虹一脸严肃地质问服务员,蒸个南瓜就那么困难吗?

对话郭谦的必要性在于:第一,当时观致已经成立了 7 年,首款车型观致 3 自 2015 年 11 月广州车展上市后销量只有可怜的 32 辆,尽管后来陆续增长至 100 辆、350 辆,还是叫好不叫座,这种现象引发了业界的普遍关注;第二,业内几乎没人否认观致造了一款好车,但是没卖好的事实让观致背负了很大的压力,在市场竞争如此激烈的环境中,市场是否还会给观致机会……

在专访过程中,除了能感受到郭谦因为车展忙碌的身体疲劳,更能觉察到他心里的疲惫。不否认，对观致的未来他可以充满信心，但观致的现状也令他心存忧虑。当然，观致存在的问题不只是观致的，还是当下整个自主品牌艰难的缩影。

本着实事求是的原则，当时的专访以问答的形式体现，真实记录了我与郭谦的对话，还原一下当时的观致。

记者：北京车展开幕前，我在一汽-大众遇到了您的老部下，他们都称赞您是有才华的工程师。从一汽-大众到北京现代，再到大众中国，又到奇瑞，这么多年一路走来能不能说说您的心路历程？

郭谦：很少有人问这样的问题，感慨很多，避谈细节。这么多年下来，现在的职业理想是做出一款具有国际水平的车，而这个车是其他企业无法替代的。就目前效力的观致而言，产品已经达到具有国际水平的高度。观致也是把一个国际化的团队凝聚在一起，并形成了国际化企业文化。

记者：从奇瑞公司一成立我就参与报道奇瑞，十几年来尤其是最近几年来，所倡导的工程师造车理念，在观致产品上体现得更明显。问题是，您曾几度是奇瑞总经理的人选，但是直到今天也还不是，您怎么看？

郭谦：一度是奇瑞总经理的人选，几度是传言。

关于工程师造车，我们合理探讨，观致和奇瑞都是大奇瑞概念下的产品。关于观致和奇瑞这两个品牌，我们内部经常探讨，对外两个名牌定位不同。

记者：当时把观致放在安徽以外的江苏常熟原因有很多，其中一个就是想做品牌。尹同跃尹总曾举例说，开奇瑞和开宝马都能从芜湖到合肥，都能到达目的地，但是做宝马的感觉就是不一样。把观致放在上海和常熟可谓用心良苦，但是我们的记者刚刚从常熟回来，那是一个没有产业工人做基础的地方，有些工人甚至没干过汽车行业，观致靠什么支撑所谓高端的品牌？

郭谦：中国的汽车工厂过去20年大多是这样的。除了一汽-大众当年还有一批有经验的员工，北京现代当时也没有产业工人基础。好在常熟周边有部分汽车零部件厂。常熟工厂有5年左右经验的产业工人占相当的比例。有些关键岗位的工作经验平均在20年左右，比如厂长是原华晨宝马的老厂长。

不过，新工厂确实有个过程，初期为了保证质量必须放慢产能节拍。目前，观致也正在对产业工人进行技能培训，迄今为止有1369名员工获得了不同的岗位技能认证，尤其是年轻人的职业素养还是不错的。生产不是当前观致最主要的问题。

记者：观致是通过参加日内瓦车展被外界所知道的，并且反响强烈，而一回到国内的车展（诸如北京车展），给人的感觉既没有新车，动静也不大。观致今后参加国际国内车展的顺序会不会出现变化？

郭谦：观致当初选择参加日内瓦这样的国际车展的初衷，是为了用国外来影响国内。迄今为止，国外对观致的评价是公正、客观的。今后，观致还要继续参加欧洲的车展，而且不光是日内瓦，可能要参加日内瓦以外的欧洲其他车展，扩大参展范围。当然，参加日内瓦以外的车展，目的性和以往会有很大不同，不再仅仅是展览了，而是要到欧洲区销售，今后的参展取决于在哪里卖车。

记者：业内从来没有人怀疑过观致的产品力，所获得的欧洲五星安全测试成绩和德国"红点"设计大奖都是至高无上的荣誉，但是也有人认为那是观致聘请的高管们回欧洲老家展示成就去了，甚至有人说这些荣誉和中国人无关。也有人说您在日内瓦把石清仁（Volker Steinwascher）推上前台，自己从不登台是在打退堂鼓，有为万一将来观致不行了留后路的难言之隐？

郭谦：从德国大众跳槽到现代汽车的彼得·希瑞尔并不是韩国人。韩国现代如果没有彼得·希瑞尔的加盟，就不会有今天。

观致作为一家源于中国的国际企业，有很多人为企业创造价值。衡量价值的关键点是能不能在由制造转向创造的过程中，不管他是哪里人，价值会不会留在企业，他们为观致带来了具有国际水平的开发能力。

至于我自己，没有难言之隐。

记者：您有过在多家汽车公司工作过的履历，汽车往往按国别来划分，比如德国车、日本车、韩国车，可是观致不愿意承认是中国车，您如何描述观致是什么样的车？

郭谦：观致是一家源自中国的国际水平的车。

记者：观致销量从32辆到100辆再到350辆，这个销量这么下去得忍多久？观致现在的运营状态如何？

郭谦：观致竖立品牌的策略和奥迪的逐步提高大不相同，观致选择的是一步到位的品牌理念。现在的市场竞争越激烈越成熟，竖立一个品牌就越难。观致如果选择逐步提高，市场空间、份额可能会实现；不过，观致选择的是一步到位，这意味着定位高、投入大、风险也高。观致现在的问题是选择了一步到位就不能摇摆，一旦摇摆就吃大亏，甚至前功尽弃。观致在产品投放前有相当长时间的空当期，不仅用户看不到产品，和媒体的沟通也都是非常困难的。

坦白讲，观致也只能这么试验，包括参加日内瓦车展，因为参展之前欧洲人不太能想象源自中国的企业会制造出有国际水平的产品。参加日内瓦车展和产品去年正式上市之前，观致几乎没什么营销上的投入，应该说观致的前期策略达到了预想的效果。

选择一步到位的品牌理念跨度大，且在观致之前没有可参考的样本。通过首批用户的推荐来提升观致销量是很难的，让消费者选择一个没有品牌认知的产品更是难上加难。有一个客户被观致的外观打动了，这个客户做出购买观致决定的办法是，找了个20年车龄的老司机，通过体验才购买的。要想通过这样的办法、这样的客户来提升观致的销量，是非常困难的。目前观致也只能靠用户积累口碑，好在首批交付的车主的反馈还不错。

记者：业界从来没有怀疑过观致的产品，但是产品的销量反映了营销上的失败，怎么改变？

郭谦：靠用户支撑、积累品牌。当然用户量太小了，积累需要过程。观致的营销战略方向是对的，如果得不到业界的认可，我们连继续下去的勇气都没了。观致的营销需要保持一致性、体系化，在构建和维护一个品牌上一直在坚持。观致的营销需要坚持比大众化产品高端一些的品牌定位；优雅、有档次的产品；愉悦的驾驶性能，8寸大屏幕的互联科技。在国内车企中，大家认为上海通用的营销不错。我的看法是，产品好不好要从技术价值和感官功能两部分来评判。感官上让消费者喜欢，即便故障多一些也能接受。既有驾驶特性又能满足感官需求，正是宝马、奔驰、奥迪的成功所在。

记者：观致力求打造一个相对高端的品牌，但是经销商渠道一来没集中在北京这样的一线城市，经销商的数量也支撑不了上量，一些投资商对加盟观致没有信心，这个问题怎么解决？

郭谦：现在观致在积极推进经销商的渠道建设。从数量上看，一般新品牌起步阶段有50至100家经销商就可以了。观致渠道建设是一次规划，给外界造成的二三线市场的数量感觉多一些，是因为二三线市场的建店速度快一些，江苏15家，上海4家，河北10家，山东9家。观致根据市场不同，把经销商的标准设为6个级别，店面可大可小，可以是标准的4S店，也可以是城市展厅。

北京的渠道建设的确遇到过问题，就连尹总都着急问我建店的速度怎么慢了。不过年底前，观致还是在按照全国开设100家经销商的目标推进。北京市场很快将开始经销商的建设，这是一家曾经维修奥迪的企业。

记者：今年观致的销量目标是1000辆、2000辆还是5000辆？到底是多少？

郭谦：我们内部每月都有量化的考核指标，不适合对外公布。我无法告诉你年内可以预期的具体销量。观致这个新品牌像孩子长个头一样，有的可能是一个月长1厘米，有的可能是几个月长1厘米,只要状态是健康的,方向没问题就行。

记者:什么时候才能看到观致的未来?随着市场的竞争日趋激烈,留给观致的时间并不多了,假如三五年后真的没机会了,您会承担什么责任?

郭谦:与销量遇到的困难相比,我更愿意看到未来的希望。像观致这样有特点的产品在激烈的市场竞争中抗风险能力也强。观致的成长肯定是一个相当复杂的过程,现在无法测算成功的长度。

以色列的投资商这次也来了北京车展,他对我们做出的产品还是挺满意的,对产品认可的状态比两年前好很多,有一次我开着观致从上海到常熟的路上,在两辆大卡车之间,一加油速度很快提升到100多公里,投资商还是看好的。

一个有价值的事业遇到困难后应该总能想到办法。

丁磊:从区长加盟乐视到华人运通志在改变出行

曾官至上海浦东新区副区长的丁磊最终还是回到了汽车行业。

只是,两次选择都不是传统汽车行业。一次是短暂的乐视汽车,一次是创立自己的品牌华人运通。

当时,副区长的丁磊加盟乐视汽车在行业引起的动静不小。丁磊和贾跃亭合影"在一起"的照片成为汽车界和互联网界的焦点。庆幸的是,在乐视汽车迟迟难产的情况下,丁磊选择了从乐视急流勇退,退得无影无踪。这个和网易CEO同名的丁磊是汽车行业的大咖。在出任上海浦东新区副区长之前,已是上汽集团副总裁,官至局级。在出任上海浦东新区副区长和上海通用总经理之间,丁磊还有出任上海张江高科董事长的经历。

丁磊在汽车行业有 20 多年从业经验，在战略、研发、制造、采购、营销、新能源、国际合作及跨国并购等关键产业链环节有深厚的产业积淀和运营管理经验。丁磊先后在上海大众、上海通用、上汽集团工作。1995 年年底参加上海通用的创建；2004 年年底到 2011 年年初，执掌上海通用六年，先后四次获得全国产销量冠军。从单一品牌到多品牌拓展，从年产 22 万台到 103 万台（销售额 1400 亿元，利润 210 亿元），丁磊率领当时的上海通用成为中国首家乘用车年产销过百万辆的公司。

丁磊曾主导三个全球主力车型平台的开发和全球采购，整合国际一流创新资源，在上海通用最早引入 Telematics、汽车金融，以及混合动力氢能源技术，倡导绿动未来、创变求新的企业文化。他曾娴熟驾驭国际团队，执掌大规模国际运作，洞悉国际商业环境和文化环境，在国际国内拥有广泛的行业人脉和影响。

继汽车行业之后，丁磊在高科技产业园区和政府部门先后担任重要职务。丁磊在张江集团期间，担任张江高科上市公司董事长及张江集团旗下二十余家科技与投资企业的董事长。熟悉科技园区的开发与投融资业务。在浦东新区分管国资委、经信委和科委的经历，使他能够从产业政策、信息革命、科技驱动和跨界创新的角度，看待汽车产业所面临的深刻挑战和历史性机遇。

尽管丁磊是从上海浦东副区长任上辞职后回归汽车行业的，但是他始终认为自己是个汽车人。只是这次选择乐视汽车让人颇感意外。此前，丁磊的去向始终在苹果、特斯拉之间，甚至没有传言提到过乐视。丁磊在社交媒体上坦言，自己也是在 8 月才最终确定加盟乐视的。不过，可以发现，丁磊重回的是新的汽车行业，无论乐视、苹果，还是特斯拉，都是有创新性的崭新的汽车行业，而不是传统的汽车制造业。这对丁磊来说，是迈出了一大步。虽然都是汽车圈的范畴，但是乐视的造车理念与传统汽车公司完全不同，新兴的想在汽车行业有所建树的互联网企业都想把传统汽车制造业颠覆掉，或者至少做出改变。

丁磊在乐视的身份是乐视超级汽车联合创始人，他将携投资、团队和项目加盟乐视，出任乐视超级汽车全球副董事长、执行董事，中国及亚太区副董事长、CEO 兼总裁等职，并同时兼任乐视控股高级副总裁。

丁磊认为，核心技术的产业化、互联网重塑的新型社会关系、商业关系，可以使从业者以更开阔的视野来构建未来的出行生活、构建品牌与消费者的关系。出任乐视超级汽车联合创始人等一系列职务，负责乐视汽车的全球战略及实施，对于丁磊来说，是企业家角色的回归，更是创业者角色的开始。他说：如果说上一代的企业家留给我们一种安全、便捷和高效的出行方式，那么我们有责任，也有义务，把一种更加绿色、智能、社会化、万物互联的汽车生活，留给我们的后代；把一个源于中国的世界级品牌，留给我们的后代。

尽管对造车新势力推动汽车行业的进步给予充分肯定，但是丁磊并不愿意把华人运通称作是造车新势力，他更习惯人们把华人运通称为"代表了一种新的力量"。如此在意称呼的不同背后，是华人运通与造车新势力有着根本的不同："我不想去重复现在路上有的车，要做就做能够在未来的路和城行驶的车。"丁磊说，他和华人运通想真正的从战略上，从内在的创新上来推动未来的出行改变。这种想法是华人运通创立三年后丁磊的新想法。

执掌过上汽通用，仕途官至浦东新区副区长，也曾出任过乐视超级汽车联合创始人的丁磊，是汽车行业的传奇人物，这些丰富的履历前后，还有着上汽大众、上汽集团、上海张江高科等光鲜履历交织。"还是看哪个的社会价值更大"，丁磊如此告诉我他最终回归汽车行业的理由。

华人运通是"升维"做面向未来的产品。电子架构能够适应未来智能交通，整个机械部分能够通过备份冗余，在任何的原始道路上行驶，就像硕士毕业，做小学生题目肯定没有问题。但在智能化道路上行驶，他的优势就会非常明显地体现出来。"我不想去重复现在路上有的车，要做就做能够在未来的路和城行驶的车。智能主要体现在车的电子架构和整个电子管控系统，还有高精度的传感器。我们可以一次开发，比如2021年有这样的功能，我们添加上去，如果没有这部分的功能要求，我们可以节省成本，不放这些东西。但是开发是一次完成的，但我们的架构，无论是物理架构，还是电子架构，都可以开放式的演进。另外，整个国家现在对智能物联、车路协同，包括智能道路的建设是将来的一个发展重点，这个比人们想象得要快，到那个时候有一大批传统的、机械式的，或者只有量变不能产生质变的产品，这些产品就会遇到很大的麻烦，就像冷兵器无法适应现代战争一样。"丁磊说。

在华人运通的很多业务中，其本身很多是2B的商业模式，是能够为整个城市交通效益做提升的，因此已经有销售收入。与此同时，在这些方面开发应用的技术，能用于整车开发，反过来又能运用于2B业务上，相辅相成。很多智慧园区商业化的交通工具，也可以应用华人运通的技术。所以说在过去的单个垂直业务链上，确实很多企业做得很艰难，因为它只有一个业务链，并且也不具备对未来的扩展性，一个平台就是一个平台，生命周期只有四五年。华人运通的平台完全开放，可以一代一代往下做，电子架构在未来十年也能够继续扩展，机械架构也可以扩展到不同的平台。

丁磊说，华人运通的志向是改变未来出行的。华人运通不会去造城，也不会去造路，华人运通的智慧城市、智捷交通是用技术来对这个事业做贡献的。例如，在上海临港，华人运通帮助智能网联园区的技术升级，具体落实到项目，如自动驾驶车辆穿过隧道怎么办，帮他解决这样的问题。在盐城也不是造路，是路建完以后，帮助改建智能传感系统，这个投资不是很大。这个是 2B 的商业模式，本来就会形成收入。在改建智路，或者路升级过程中，产生大量的技术，又反哺到智能车的开发。这是非常好的商业逻辑，城也是这样。刚才说了一个典型的案例，不同来源的异构数据，重构好以后它们才能沟通，沟通才会有作用，否则数据是无用的。华人运通的概念比较新，是技术的领先者，标准的参与者，是这些设施、建设的参与者。华人运通是以改变人类未来出行为志向的公司，落实到用技术打通车、路、城。落实到车，用 H- 整车开发、U- 车路协同、A- 互联共享，H.U.A（华）三个维度开发车。

丁磊说，从商业逻辑来看，华人运通与现在行业里的很多企业做法有重大差别，重大差别在于系统性和前瞻性，那么再加上执行的功力，团队至少在垂直链上，都有非常丰富的积累。

华人运通有原始的创始资本，也有战略的投资资本，也有国有资本，包括政府支持的资本，但是这些资本都不是公开募集的。这些资本是最根本的保证。整个资金的储备完全可以支持华人运通健康、从容的发展。有人说现在新能源、新造车，智能物联是一个很大的风口，这个风口可能比房地产还要大。华人运通接待过不少战略投资者的来访，他们认为华人运通是风口中的雄鹰，风停了，雄鹰还会继续飞。

造车与做别的事业一样，不只是需要钱，还需要管理：员工积极性怎么调动，研发资金怎么分配，现金节奏、质量、销售渠道、服务、品牌等是非常复杂的系统管理，不会管理的话，再多的资本也经不起"烧"。华人运通的团队是管理了许多年大企业的团队，做过 CEO 的就有三位，这些是华人运通得天独厚的优势。当然也和互联网的整个创新的精神非常的融合，包括在高层管理团队里，有互联网背景的比比皆是。

造车是全世界除造飞机之外，最复杂的行业，而且飞机是 2B 的，每年卖掉几十架就可以了，车要卖掉几百万辆，上海通用曾经一年卖出 100 多万辆车，相当于每天要卖三四千辆，三四千辆车什么概念，停车场停得一望无际的车都必须要卖掉。

丁磊说，从合资企业、国有企业、政府部门再到创业的华人运通，他不想每段都去评价，但这些经历对今天做的事情，是一种内在的必然，都是有原因的。要做城市、做交通，如果没有在政府机关管理过一个城市，很难想象。要做车，一个CEO必须做出判断，出钱的人如果不懂车，还是有点麻烦的。"我在上海大众8年、上海通用16年，参与创建，从质量部长做到CEO，年轻工程师不可能再重复这样的经历。我们打造的平台可以提供给年轻的工程师来形成跨越，形成这样一股真正的中国力量，能够在世界的行业舞台上有一席之地——这好像是我的使命。"

任剑琼始终欠我一个道歉

这也是发生在16年前的2005年的老黄历了。或许，任剑琼贵人多忘事，早已把这件事忘得烟消云散了，可是这个事儿始终在我心里。不管任剑琼现在是个多牛或多么不牛的人，那件发生在她担任上海通用公关总监时的事情，她应该给我一个道歉。

事情源于我的一篇"大周说车"专栏评论，题目叫《有多少别克是亲生的》。我在文章中写道：如果今后不把正宗的产品拿到中国，一个被称为"泛亚"的汽车技术中心，恐怕会成为通用汽车在中国发展的绊脚石，许多并非真正通用的车型经过"泛亚"的改造，堂而皇之地挂上别克商标后迅速投放到中国市场的做法，目前虽然换取了通用还算满意的市场份额，但是通用乱贴标的行为也开始引起消费者的反感。

挂有雪佛兰商标的新赛欧一个星期前在北京车市的出现，更加重了车主王先生的心理负担。他说，两年前之所以购买赛欧，看中的就是别克品牌，谁知道车刚开了一年，还是那辆车，品牌却变成了雪佛兰。虽然厂家给他说了诸如"叫什么名字没关系，服务一样有保障"的话，但爱车如子的王先生还是打心眼里觉得委屈："你能说孩子出生时取名张三，说改就改名叫李四吗？"

也的确，掰着手指头算，通用在中国生产的车型没有几个是真正的别克品牌。例如，赛欧既不是别克品牌也并非是雪佛兰品牌，而是来自欧宝可赛；GL8来源于庞迪亚克；在马来西亚、新加坡等地挂雪佛兰品牌的凯越则在中国市场堂而皇之地挂上了别克品牌；还有旨在中国中高档车市场有所作为的荣御，其品牌来自澳大利亚的霍顿。

"泛亚"是通用汽车设在上海的一个汽车研究中心，为通用中国立下汗马功劳。在通用收购韩国大宇后诸如景程、凯越，还有一度和奇瑞QQ打官司的SPARK，这些原本属于大宇的车型，经过"泛亚"改造后均被挂上了别克或雪佛兰的品牌。给人的感觉是，通用在中国扮演的是大宇的角色。

当然令人佩服的地方在于，上海通用居然把原本不同的品牌在中国撮合成统一的别克品牌后，短短几年时间形成了30万辆以上的规模。更高明的是，把别克这个在美国非主流的品牌在中国打造成了一流品牌。

不容忽视的是，上海通用汽车在中国的某些车型已经出现疲态之势。缘于韩国大宇的凯越在中国后劲不如北京现代伊兰特的原因在于，北京现代真实地告诉了消费者伊兰特的韩国血统，同样来自韩国的凯越愣是把LOGO换上了通用的别克。更令人担忧的是，当通用在中国的车型达到一定保有量的时候，通用的危机就会显露无遗。佐证是，当年第一批开赛欧的消费者，在今天更换车子的时候并没有再次选择通用的品牌，对于靠口碑相传的汽车行业来讲，难道还有比这个更重要的吗？

通用是全球汽车的巨人。有时候，巨人也有不完美的时候，至少通用汽车在中国是这样的。作为汽车企业，赚钱无可厚非，隐瞒消费者的品牌知情权算不算一种侵权呢？

通用在中国的做法和它在中国的合作伙伴上海通用没有什么关系。作为合资企业的上海通用只是一个执行者，拒绝又是不现实的，为什么？自身没有造车能力。

我的这篇文章，或许是说到消费者心坎儿里却也是说到上海通用痛处的真话、实话，导致任剑琼在电话里一顿狂吼。她在电话中质问我："是不是广告给你们投少了？""你的文章到底是什么意思？"等劈头盖脸而来。作为《信报》汽车周刊主编，我非常明确地在电话里告诉任剑琼，我不负责广告，这只是一篇客观报道。如果关于广告的事情，我可以推荐到相关部门，如果认为文章有问题，可以探讨。

这篇文章当时在媒体圈引起不小的反响，不少人也在关注事态的进展。甚至有人关心，遇到向来客观报道的"大周说车"上海通用会怎么处理。

任剑琼显然也想要耍自己的威风。当时，上海通用刚刚推出的高端车型别克君威在北京试车，任剑琼带着时任公关经理的郭凤兰提前一天来京，到报社拜访，并明确表达了第二天的试车另派记者参加的想法。事与愿违的是，领导说"解铃还须系铃人，试车还得让他参加。"

由于五环还没有完全贯通，试车的路线在大半个五环间进行。从京通高速的高碑店领卡进入东北五环，然后从北五环行驶至西五环的石景山游乐园后，掉头往回开，经八达岭高速至沙河以西的华彬庄园。后来，双方在不同场合也见过几面，却始终充满隔阂，就连打招呼也只是礼节性的。

汽车作为媒体报道的一个行业，或者媒体关注的重要方向，在那时就在媒体高层留下了不好的印象。君威试车期间，恰逢国家新闻出版广电总局对媒体从业人员进行持证上岗的资格培训，作为培训老师的北京日报总编辑刘宗明在谈到汽车行业的现象时称，他最近关注到上海通用君威的试车，从他观察来看，媒体都是给上海通用唱赞歌的，多个媒体各种形式的都在夸君威多么的好，似乎没有一个人说君威的不是。刘宗明说得很严厉。

关于上海通用，我还写过一篇名为"国产版真假别克"的评论，发表在2005年4月6日《信报》"大周说车"专栏上：如果你是消费者，是愿意购买一款在中国生产的原汁原味的车型，还是愿意购买一款经过本土化改造的车型呢？具体说，在进口凯迪拉克和国产凯迪拉克之间，你会怎么选择？

可能你的答案是原汁原味的车型和进口凯迪拉克，相信多数消费者也会这么理解。

可是想颠覆这种说法的上海通用别克总监正在给人灌输这样一种理念：经过本土化改造的车型也不错，并且以"别人想改能改得了吗？"为荣。

"别人想改能改得了吗？"这句话是任剑琼在电话里向我刻意强调的。任剑琼刻意强调的话语来自我的一篇名叫《有多少车型是别克"亲生"的》的言论。言外之意，只有上海通用能够做到本土化，别的公司都没有这个能力。的确，放眼中国汽车行业，能够有本土化改造能力的也只有上海通用，比如欧宝可赛经过上海通用改造成了赛欧，不仅名字变了，品牌也变了。可能还是感到不满足，上个月又把赛欧的品牌由别克改成雪佛兰了。上海通用的这种做法让我想到更多的是赵本山和宋丹丹表演的《钟点工》的小品，赛欧就是典型的不停穿上或脱去马甲的钟点工，即便穿上雪佛兰的马甲，照样还是赛欧，别以为就没人认识你了。

是啊！大众和丰田在中国也都有合资伙伴，他们不是不具备在中国实行本土化改造的能力，而是外方没有给予这种权限。以丰田的合作伙伴天津一汽为例，威姿的天窗想由手动改成电动，报告打了几次都没有得到丰田的同意。这样做的结果，体现的是丰田的严谨态度和打造全球统一品质车型的理念。如果上海通用也能这样做，中国是不会出现像赛欧、凯越、景程这种"畸形"车型的。

尽管上海通用每次推出新车的广告片的最后，都会出现"某某车，来自上海通用汽车"的字样，这似乎预示着某车经过上海通用本土化的车型后，就万事大吉了。本土化并不意味着自主化，造再多的车也是"寄生"在别克品牌下，更何况不是真正的别克品牌呢！

作为消费者，是愿意买原汁原味的汽车品牌还是愿意买本土化的品牌呢？真的假不了，假的真不了。

我当时的预言，后来成为上海通用发展过程中遇到的一个绕不过去的坎儿，有第三方的调查机构发布的调查结果显示，有相当比例的当时购买上海通用汽车产品的消费者，在再度换购汽车时不再选择上海通用的汽车，没有品牌忠诚度体现得尤为典型，这是其一。

其二，在缝缝补补、修修改改、东拼西凑之后，有竞争力的车型后续乏力，并直接导致了三大品牌之一的雪佛兰品牌成了蹩脚的"金领结"。其三，在资讯全球化、同步化的今天，把别克、雪佛兰、凯迪拉克三个品牌拔高的做法，越来越没人信了。毕竟，这三个品牌的人群定位在美国与中国相去甚远。其四，直到今天，我依然认为所谓的"泛亚"研发中心，就是中国最大的改装中心。

那个时候的操作就为今天的上汽通用埋了雷，伴随着消费者的全球信息一体化的到来，简单蒙骗消费者的招数已经不灵了。

印象唐腾

我无法预测唐腾会在什么时候复出，又会以什么样的头衔复出？但是，唐腾在即将履职的岗位上依然会是一个模范先生。这是我在2009年5月确切知道唐腾离开东风标致消息后的第一感受，也是唐腾主政东风标致多年给外界的普遍印象。

离开东风标致后唐腾的头衔一度是神龙公司战略规划部部长兼营销总监。在10天前，他还是东风标致的中方最高负责人、东风标致的副总经理。弹指一挥间，今后不得不称呼唐腾为东风标致原副总经理。屈指算来，唐腾主政东风标致已经6年，作为记者，我与其相识10年有余，那时唐腾还是东风雪铁龙北京商务代表处的首席代表。

6年时间太长，一届政府只有四五年时间；6年时间又太短，第二届才刚刚开始。神龙公司在2009年5月25日对外发布了唐腾继任者的消息。在之前不到10天的5月17日，"老黄牛"唐腾还以东风标致副总经理的身份出现在日坛公园举行的北京科技周的现场。这是一个看上去有些微不足道的活动，作为北京科技周的一部分，在汽车方面需要有科技汽车的展示。东风标致不仅用图文并茂的形式展现汽车100多年来的发展过程，还在日坛公园的门口摆了几辆东风标致的车型。如果是换了别的企业参与这个活动，我相信现场不会比东风标致差，但我同样不相信会有总经理亲自参加。这种小儿科的活动，如果放在别的企业，能来个市场部长或公关总监出席就已经谢天谢地了。

在此之前通过不同渠道已经得知了唐腾要离开东风标致的消息，对于一周后将奔赴新的岗位的唐腾依然出现在北京科技周的现场，是出人意料的。坦率地说，提前对唐腾要调回总部有所耳闻的我，在现场并没有和他打招呼，不知道说什么，也不知道他会如何回应。

唐腾在东风标致是幸运的。从2003年标致品牌再度来华并首次导入神龙，到2009年5月25日，在东风标致一干就是6年，神龙旗下的另一个品牌东风雪铁龙，中方副总经理魏文清及前任袁刚,其任上都没有超过两年。6年时间始终在一个岗位上,无论对于神龙,还是对于当时的任何一家车企来说并不算短了。

正是相对稳定的6年的时间,使得儒雅的唐腾为东风标致的发展做出了各种可能:东风标致从零起步,到拥有30多万用户,在全国建立了200多家"蓝盒子"营销服务网点,并通过持续的品牌营销和蓝色承诺服务,使得东风标致在中国市场拥有良好的口碑和品牌形象,销量逐年攀升。特别是307和207两款车型的月销量稳定在9000辆左右,发展势头良好。

看见的仅仅是数字,看不见的数字背后才是唐腾下功夫最多的地方。唐腾主政东风标致6年,使得东风标致这家成立较晚的合资企业,跻身中国汽车市场最主流的汽车品牌,而品牌的塑造是靠一个个经典案例积累起来的。有一年,汽车价格战打得热火朝天,东风标致在业界推出了史无前例的"降价补偿"的营销手段,一招就让消费者吃了定心丸。也就是从那时起,东风标致在外界建立了一个诚信企业的形象,也成了标致在中国致力于打造一个可以信赖的狮子形象的重要组成部分。时隔多年,东风标致的"降价补偿"依然是汽车营销的经典案例。

在引入神龙之前,标致有过一段"败走广州"的经历,并最终以一块钱的价格把工厂转让给了今天的广汽本田。当然,"广标"时,也是标致在车型上最难过的一段时间。面对曾经的历史包袱,在品牌塑造上,东风标致格外认真。标致在欧洲是个百年汽车品牌,在中国的品牌历史还不足10年,唐腾主政东风标致的6年,用最大的努力告诉中国消费者,标致是有文化内涵的汽车品牌,并为此不断奔走相告。例如,当207这个档次的车型大多打拼价格的时候,唐腾把207的试车放在了山东蓬莱的酒庄进行,始终传达着小车也应该有品牌、有文化的内涵。

唐腾在不同场合多次强调:"东风标致一直立志成为中国市场最具影响力的主流品牌"。东风标致的产品除汽车本身的基本性能、特性之外,相对竞争对手,更多地承载着文化和艺术方面的特性,在服务和品牌方面的工作尤为重要,汽车消费对文化、价值观等附加值的依赖和联系更值得深究。

我认识的企业老总数不胜数,而能够成为朋友的唐腾是为数不多的一个。他没有像其他老总那样趾高气扬,更没有教育的口吻,而始终是一种沟通的方式和你交流。作为企业老总,他身上的商味不浓,充其量是个儒商……

唐腾的多位继任者雷新、李海港等,也是我认识多年的朋友。如果说唐腾把标致品牌做到了极致,那么继任者的任务就是把一个健康品牌的量提升到一个极致。李海港把东风标致带到过年销40万辆的规模。从此以后,再无超越。

第十七章　汽车之子

魏建军：车坛不敢小长城

从北京西四环出发，路过卢沟桥沿京港澳（原京石）高速一个半小时的车程，就是京畿重地保定。保定有三宝：长城、"驴火"和玉兰。保定"驴火"当然有名，但是保定历史之厚重远非一个"驴火"能承受的，其历史可以追溯到 3000 年前的春秋时期。保定府的 LOGO 成为 WEY 品牌的灵感起源，出乎很多人的意料。

我和长城汽车的交往始于哈弗品牌之前的赛弗、赛影和皮卡，那是长城汽车起家的雏形，甚至在当时的保定，"中兴汽车"的名望大过"长城"，也见证过长城生产过客车。他们当中的很多人，因为采访工作与我成为私人朋友。魏建军几十年习惯性地保持低调，似乎只有打乒乓球的时候才是更真实的自己，魏建军和央视体育主持人张猛是球友，并切磋过球技。

汽车面孔：黄金一代汽车人

长城汽车"每天进步一点点"的企业哲学在那个时候就有了。高层也与众不同，总经理王凤英是中国车企中少有的女中豪杰，这不仅仅在于她是车企中为数不多的女性，更重要的是低调的她每次总能交出漂亮的成绩单，在销售以数据为重要指标的情况下，王凤英给人润物细无声的感觉，甚至和销售必须有的感觉格格不入。身为全国人大代表的王凤英似乎只有每年的"两会"时节才会在媒体面前亮相。

我在长城汽车有一帮因采访结缘的朋友，主管对外传播的商玉贵，官至副总经理，多少年来没有一丁点儿架子。当过兵，爱抽烟。不过，造汽车的老商却晕车，而他的工作又需要时常出差，可见他遭了多少罪，别说去上海、广州了，就是从保定到北京的百十公里距离，每次都把老商折腾得够呛。几次聚会，我都发现，刚到北京的老商得靠抽烟缓解晕车的难受劲儿。长城汽车副总经理徐骋志是媒体出身，曾是《经济参考报》的汽车记者，沉稳的他从长城汽车总经理助理做起，是朴实的汉子，虽然长城在京设有办公机构，但是徐骋志属于较早的"双城记"达人，时常驾车往返于北京和保定，对于这种体力活，徐骋志总是轻描淡写地说："习惯了"。

长城汽车不仅自己做得风生水起，也成为汽车行业的黄埔军校。奇瑞汽车销售总经理贾亚权、汉腾汽车销售总经理于晓东，以及祁素彬等就是从长城走出来的代表。

魏建军说，长城汽车2020年要实现的两个"小目标"是：单一车型上，哈弗H6将超越本田CRV、丰田RAV-4，做到全球SUV单品销量冠军；单一品牌上，哈弗销量突破200万辆，在规模上超过Jeep、路虎，成为全球最大的专业SUV品牌。魏建军在2016年哈弗100万辆庆典仪式上立下的小目标都如期实现，哈弗品牌更是在2019年达成500万辆。当时魏建军甚至表态说，SUV不做到全球第一，长城汽车不考虑推出汽车产品。

2016年长城汽车销量突破百万辆，其中哈弗SUV贡献近九成，这是长城汽车发展过程中一个重要的里程碑。作为一个中国品牌，哈弗SUV从零起步，历经十年时间就做到了年销百万辆的规模，这是中国汽车行业的一个奇迹。哈弗的成功，源于十年如一日对SUV的坚持。当别人都在产品品类上"做加法"的时候，长城一直在"做减法"。十多年来，长城汽车坚持只做SUV，做最专业的SUV。结果是：哈弗连续14年蝉联中国SUV销量冠军，而且在各个细分市场都做到了第一。2016年，哈弗H6年销58万辆，排名全球SUV单品销量第四。聚焦始终是哈弗的核心战略，SUV不做到全球第一，不考虑推出汽车产品。WEY品牌推出之后，不仅每年销售10万辆以上，还带动了哈弗进一步上量，成为绝对领导者。为此，到2020年，长城汽车计划投入300亿元，打造全球化的研发体系，在主被动安全技术、智能互联、自动驾驶等方面，形成领先优势；同时，拓展新能源产品线，以插电混动和电动为主，向消费者提供真正安全的新能源 SUV 产品。

面对各个车企都在推出 SUV 的现象，魏建军认为，SUV 绝对不是那些简单地把轿车或 MPV 加高底盘，进行衍生的产品，而是要有更高的专业性和技术性门槛。特别是对于 SUV 的安全性能，哈弗已经投入了更多研发资源，在同类 SUV 产品中建立了安全性能方面绝对的领先优势。在产品研发阶段，长城汽车采用全球最严苛的技术标准和安全碰撞评价体系。例如，特有的 3DP 车身，高强度钢使用率，都超过部分豪华品牌；结构耐撞性，达到了美国最新的安全评价标准。魏建军认为，自动驾驶将是交通安全的一次革命，自动驾驶系统将取代人类，成为车辆的主要控制者。为此，长城汽车采用北美、印度、中国三地协同开发的模式，开发了被命名为"i-pilot"的哈弗自动驾驶系统。已经达到美国高速公路安全管理局第三级别性能标准的系统目前正在进行路试，有望在 2020 年后投产。

长城汽车总裁王凤英是魏建军的好帮手，也是汽车行业的女中豪杰。尽管自称仅仅是长城职业经理人而已，王凤英却总能引起人们的关注。靠皮卡起家，却不甘心一心做皮卡。轿车、客车，甚至连哈弗都做过加长加大林肯版的礼宾车。尽管客车和轿车业务，逐渐被哈弗和后来更高端的 WEY 品牌取代，但是在长城汽车的各个发展阶段，王凤英都立下了汗马功劳。

长城汽车当时"染指"轿车时，王凤英也曾掷地有声投资百亿元，打造技术长城，对标本田的经历，这种经历也是长城汽车不断成长的一部分。时间回溯到长城汽车轿车项目启动之初，经销商对长城轿车项目态度非常积极，长城汽车不得不从 500 家竞标的经销商中选择 200 多家。200 多家经销商中有 80 多家在开会前就签了合作合同，其他有意向的经销商也已经陆续签约。按照规划，长城汽车会按照新的店面标准首批 170 多家进行第一次验收。当时，长城汽车经销商的标准并不低，投资一家旗舰店的资金不少于 800 万元，4S 店资金不得少于 500 万元，这样的标准在当时虽比合资企业的经销商略低，但也相差无几。

虽然有些产品没能和消费者见面，但是长城在轿车项目上的规划有板有眼，甚至有些冒进。王凤英说，仅 2010 年一年，长城汽车就有 20 款新车推向市场，涉及皮卡、SUV、轿车、MPV 四大平台。MPV 以嘉誉领衔，SUV 产品以哈弗为主密集布局，皮卡除风骏之外也有多款产品投产。其余全是轿车，2007 年和 2008 年投放市场的大都是以两厢车为主的 A 级车，2009 年开始才有 B 级车和三厢车。

由于战略调整的需要，长城汽车后来把精力聚焦在 SUV 车型上，很多轿车规划暂时搁浅，但必须强调是暂时的搁浅。很多人并不知情，在中国车企中，有一个算一个，最早"染指"轿车的就是魏建军，在长城汽车早期的工厂内，很多车都一度放在魏建军的偌大车库里。现在看来，聚焦 SUV 战略没有什么不好，2017 年 9 月，魏建军带领长城高端品牌 WEY 惊艳亮相第 67 届法兰克福车展，并在当时传出了有意竞购待售的 Jeep 的传言。长城汽车依靠"每天进步一点点"的企业理念，正成为世界级汽车品牌，车坛不敢小看长城，天下不敢小看长城。

  2019 年年底，长城汽车与宝马集团合资的 MINI 国产项目光束汽车，如期在张家港奠基，俄罗斯图拉工厂在同一年投产。2020 年开年，在参加法兰克福车展之后，长城汽车在印度豪气"包馆"参加印度德里车展，并收购了通用汽车印度工厂。半个月之后，长城汽车再度收购了通用汽车泰国罗勇工厂。在中国汽车产业的版图上形成了"南吉利，北长城"的格局，巧合的是长城和吉利都是民营车企。

  "每天进步一点点"是长城汽车的企业理念，但是在哈弗品牌成为当之无愧的中国第一 SUV 品牌后，足不止步的魏建军又以自己的姓氏创立了全新的 WEY 品牌，尽管如奔驰、保时捷、标致、法拉利、福特等著名汽车品牌的名字，最早都起源于个人的名字，但是在中国，魏建军是第一个"吃螃蟹"的人，敢于启用自己的名字作为一个汽车品牌，WEY 的品牌以魏建军的"魏"打头，LOGO 采用保定府城标的旗杆。不止一人问过我"长城为什么需要 WEY"？很简单，百万辆规模之上的长城，要想打造百年老店，需要品牌支撑，也需要文化积淀，WEY 品牌采用保定府城标的旗杆就是不错的文化植入。WEY 被看作是新长城汽车的金字招牌。WEY 品牌本身也给魏建军带来不小的变化，在 WEY 品牌推出之后，魏建军出席活动的次数多了，衣着打扮也根据场合因需而变，在法兰克福车展西装革履，在阿拉善沙漠越野大会则是牛仔装扮，甚至为了 WEY 品牌调性的需要，魏建军还"以身试法"亲自出境拍摄了 WEY 品牌的广告片。除了 WEY 品牌广告片的视频，我更欣赏广告片的旁白：

  这一次，
  让自己站在台前，
  坚定地，走在前面。
  不为名声，
  只 WEY 与前行者，
  一起创造 WEY 来！

  WEY 品牌创始人魏建军先生质朴又真实的自我诉说，讲述着作为前行者从无到有的历史性突破。

以自己的姓，命名一部车。

不是为了名声，

WEY 让更多的人，

能把豪华握在手里。

让一个习惯了拿捏分寸的人，

自满也难，

因为对自己，

我永远都觉得还有余地。

别人说是谦虚，

其实是一种自我保护。

这一次，

决定让自己站在前台，

不留退路，

赌上一些不该赌的珍惜。

人，也变得更加严厉，

不通人情，

有人觉得我太偏执，

沉迷于这样那样的细节，

但我知道，

要做好一件事，

必须身体力行。

WEY，不只是一部车，

更是一个开创者，

从 WEY 开始，

豪华不再是那些浮夸的炫耀。

从 WEY 开始，

安全成为一切豪华的前提。

从 WEY 开始，

更多的人能把豪华握在手里。

把要说的话，

都放进车里，

坚定地，走在前面。

致——

走在前面的人。

王传福：比亚迪为什么收购秦川福莱尔

人们对王传福最初的认识，大多停留在他是电池大王的层面上，就连汽车界人士也一度对他收购西安秦川福莱尔不屑一顾。其实 2.7 亿元收购秦川福莱尔，王传福是意在构筑汽车电池产业的平台，这也是王传福早在 17 年前就布下的局。

比亚迪进入汽车行业只有 17 年时间。2004 年的北京车展成为比亚迪进军汽车行业的拐点，那年还在三元桥静安庄"老国展"举行的北京车展上，王传福一口气拿出 6 款新车技惊四座。"我下半辈子就干汽车了！"当时的王传福，已经从最初用借来的 250 万元资金创业，发展成拥有 110 亿元资产的比亚迪汽车公司。直到今天，造汽车的王传福也没有放弃电池业务，为手机配件代工起家的比亚迪依然是苹果手机等诸多企业的供应商。

王传福在 2004 年接受采访时一语惊人："我下半辈子就干汽车了！"然而，很多人不看好比亚迪进入汽车业，连美国通用都放弃的电动汽车，比亚迪凭什么？志在必得的王传福认为，电动汽车的关键是电池技术，随着锂电技术的日臻成熟，电动汽车市场的能量将很快彰显出来。同时，比亚迪的主营电池业务还有两三年的持续增长期，其电动汽车锂电池技术正当其时。2.7 亿元收购秦川，意在构筑汽车电池产业化的平台，同时抢占电动汽车市场的先机。在电动汽车的制造上，王传福当时就敏锐地嗅到中国会走在前头，中国有大的电池生产基地，有发展的条件。

当被问及把电动汽车作为第二主业是否明智时，难怪王传福总是按捺不住自己的情绪。自从 2003 年 1 月 22 日做出收购秦川汽车的决定后，从未尝过失败滋味的王传福却遭遇了太多的不理解。基金经理们的苦口婆心，各路媒体的普遍质疑都没有让王传福改变决定，反而是铁了心。2003 年 1 月 22 日，全无汽车生产经验的比亚迪宣布以 2.7 亿元收购与电池毫无关系的秦川汽车 77% 的股权，而收购的目的正是为打造中国的电动汽车做准备。消息宣布后，比亚迪的股价连跌 3 天，由 18 港元跌至 12 港元。"当时，我们在香港的上市公司股价急剧下挫，连持有我们股票 60% 的美国基金公司也打来电话，问能否改变这一决定，不改变则大量卖出股票。这给我们制造了很大的压力。"

王传福说，有几条非常清晰的理由促成了收购。一是 2004 年 1 月国家新的汽车产业政策出台后，会对汽车目录进行严格管理，这种稀缺资源不可多得。二是中国的汽车市场非常大，中国有几千万摩托车用户，有 4 亿自行车用户。5～10 年后，这些人可能就是汽车用户，汽车的潜在市场太大，比亚迪应该分一杯羹。三是今后汽车发展的方向是节能、清洁，而比亚迪一直有生产电动汽车的打算，因此这也是生产电池的比亚迪的一种产品延伸，为比亚迪将来的增长提供后备力量。

初出茅庐的比亚迪汽车虽然在中国汽车行业名不见经传，但在电池领域却是一言九鼎的"龙头老大"。在 2003 年的时候，其锂离子电池和镍氢电池已能与三洋、索尼和松下等国际巨头齐名。"中国任何一家电池生产商的最高产量也仅及比亚迪的 10%"。在镍镉电池领域，比亚迪全球排名第二，年产 3.5 亿只镍镉电池，与全球排名第一的三洋仅有 20% 的产量差距，而且这一差距正在逐渐缩小……

但王传福已感到自己安身立命的电池行业已经开始"不好玩"了。电池这个行业全世界市场容量只有 30 亿～50 亿美元，电子产品的降价，将是无可逃遁的趋势——比亚迪的大客户是手机厂商等电子产品制造商，产品价格的不断下跌，势必对比亚迪的利润构成压力。事实上，近几年来，充电电池每年的价格均有 10% 的下调幅度。此外，在电池制造领域的 100 多个厂家已使市场非常拥挤，还有很多厂家正摩拳擦掌准备加入。"再有两三年，我们恐怕就要捅破天花板了。比亚迪需要找一个有更大空间的行业去做，但是我们又希望那是一个和电池相关的行业。"因此，王传福看中了电动汽车。

汽车业是比亚迪能够抓到的最后一块"肥肉"。手机肯定不能做了——不能和下游企业竞争；家电更不能做了——竞争太激烈；房地产也不能做了——门槛很低。王传福的逻辑很简单：要找一个玩家少一点的、门槛高一点的、竞争程度相对低一点的行业进入。"想来想去，只有汽车。现在是进入的最佳时机。"

造电动汽车是比亚迪进入汽车业的终极目标。但是，业界对于电动汽车的前景似乎并不是一片叫好。虽然电动汽车在节能、污染上占有优势，但是由于存在技术不过关、成本太高、设施难配套等问题，使得很多企业放弃了继续探索，就连美国通用也黯然退出投入巨大的电动汽车研究项目。即便如此，王传福依然对自己的锂离子电池推动的电动汽车信心十足。比亚迪的电动轿车在经过 2004 年完成对秦川的收购后，迅速进入批量生产阶段，并在 2005 年投放市场。

不过，王传福在当时也清醒地认识到：至少在最近 5 年内，由于市场、成本、使用环境等因素的影响，电动汽车不会给比亚迪带来任何利润。比亚迪作为上市公司，只能选择将重心放在常规汽车的制造业上。"我们有两万多员工，又是上市公司，买股票的是美国基金，他们要看你的增长，对我们来说是一种责任。我们有义务把这个企业变成每年增长的企业"，王传福说。对于没有市场差异的常规汽车，王传福同样有底气。他认为：他可以在汽车制造上套用电池领域积累的能节省大量费用的新生产模式。同是制造业，经验是可以复制的。

成为比亚迪资产的秦川汽车迅速引进了德国DURR公司设计制造的涂装生产线、西班牙FAGOR公司的全数控冲压生产线、日本狄原公司设计制造的车身冲压模具和焊装生产线及日本万随汽车公司的汽车整车检验线在内的整车厂所必备的"四大工艺"，宣称拥有国际先进工艺水平、年产5万辆轿车的综合生产能力。但按王传福的标准来看，这简直是浪费。"一天做几百辆车还用机器人！这种设备应该做奔驰、宝马"。王传福的逻辑是，如果按照同样的方式打造汽车，成本将是最大的优势，特别是将汽车定位为百姓买得起的经济型轿车。

王传福对进军汽车业的决定虽然信心十足，但是比亚迪的汽车之路并非一帆风顺。其在京郊通州次渠的模具中心，干得最牛的事不只是为路虎代工白车身，还模仿丰田的花冠，制造了比亚迪的F3。F3把丰田花冠模仿得惟妙惟肖，并凭借绝对的价格优势短时间内迅速占领市场。我曾在比亚迪大兴区的一家经销商，也看到过购买F3和F0排队购车的大场面，F0是一款小巧玲珑的A0级小车，夏治冰和孙旭时任比亚迪销售公司的总经理。

不过，为了在汽车行业迅速占有一席之地，比亚迪也遭遇过一些危机。2012年底特律车展，网易汽车组织美国汽车工会的华裔汽车专家开过一次座谈会，目的是向华人华侨介绍国内汽车工业的发展现状。在座谈会中，对国内汽车工业多有关注的华人专家对比亚迪有耳闻，甚至有的非常了解。一位工程师的看法令人印象深刻。他说比亚迪原本在电池上拥有领先的优势，但是一段时间内由于把精力放在了模仿造车上，使得在这个时间段内，全球涌现了很多在技术水平上和比亚迪电池相当的公司。言外之意，制造传统轿车让比亚迪丢失了在电池上再度领先的时间窗口。

对于比亚迪电池技术的褒贬，始终伴随着比亚迪的发展。尽管比亚迪后来陆续推出了以中国朝代命名的不少电动车型，但是其市场占有率并非独占鳌头，国际的和国内的很多公司都推出了与比亚迪电池寿命相近的新能源汽车。唐、宋、明等以中国朝代命名的比亚迪新能源车倒是也能在街头巷尾看见，从这一点上看，还算与比亚迪新能源车的身份匹配。比亚迪和戴姆勒推出的合资电动汽车品牌腾势，经过升级后续航里程达到

400km，美其名曰腾势 400。而销量不尽人意的腾势 X，借道北京奔驰销售公司的渠道销售，反倒是比亚迪的纯电动大巴在海外风生水起，成为比亚迪的名片，美国、英国和欧洲不少城市把其看作是节能环保的典范。

2019 年年底，比亚迪成为丰田汽车的座上宾，比亚迪和丰田成立动力电池的合资公司，这是中国汽车行业的标志性事件。

严凯泰：裕隆的未来在大陆

"如果不积极参与大陆市场的业务，裕隆汽车将没有什么前景可言"。2010 年 5 月 18 日，裕隆集团执行长严凯泰在台北新店总部，对来访的媒体所说的这句话在迄今记忆犹新。

为了表示对大陆媒体的尊重，裕隆集团副董事长陈国荣、裕隆集团总经理胡开昌、东南汽车罗德润，以及东风裕隆的吴新发等。胡开昌曾在大陆出任"福特沃尔沃捷豹路虎"时期的高管。除高管集体参加之外，严凯泰还特意携夫人出席，并在总部设家宴款待，家宴既有台湾当地特色菜，也有正宗的红烧肉。严凯泰先生认为，台湾和大陆是不可能分离的。而对裕隆来说，裕隆的未来在大陆。两个月后，由东风汽车与裕隆集团合资成立的东风裕隆的首款车型——纳智捷，从杭州的全新工厂驶下生产线。

汽车面孔：黄金一代汽车人

严凯泰实话实说的背后首先是一组数字对比：2010 年我国台湾岛内全年的汽车销量为 30 万辆，裕隆尽管排名第二，但销量仅为 10 万辆；而大陆市场的销量为 1800 万辆，上海大众、上海通用等单一企业的销量都超过了 100 万辆，一家企业的年销量与整个岛内累计三年的总量几乎等同。

作为岛内的第一个汽车品牌，裕隆汽车的发展史几乎就是整个台湾地区汽车工业的缩影。1953 年原籍上海的实业家严庆龄、吴舜文成立裕隆汽车，开创了台湾岛内汽车工业。和吴舜文是亲兄妹的吴阶平是严凯泰的舅舅。1981 年，梦想着为中国人装上自己轮子的吴舜文女士成立工程中心建立研发基地。当接力棒传到严凯泰手中时，打造华系车的想法变得越来越强烈。

身为裕隆的掌门人，2010 年 45 岁的严凯泰是我国台湾地区的少壮派企业家。裕隆和大陆颇有渊源。早在 1995 年，裕隆旗下的合资公司中华汽车参股东南汽车项目，占股 50%。2000 年，裕隆集团和东风成立风神汽车，占股 40%，由于后来东风与日产的合作，裕隆被迫退出。当下，裕隆依然持有福建戴姆勒 13% 的股份。在大陆拓展市场的同时，裕隆还积极把大陆的汽车引入台湾岛内，吉利的熊猫就是借助与裕隆的合作顺利打入台湾岛内市场的。

严凯泰说，早在 2000 年前后苗圩主政东风汽车时，双方就曾酝酿打造一个两岸的自主品牌。2009 年 9 月，东风汽车与裕隆集团合资的东风裕隆正式成立。东风裕隆总经理吴新发说，引入大陆市场的首款车型纳智捷，就是纳天下华人之智慧的寓意，这也是东风裕隆定位为华系车的原因所在。

在大陆推出的首款车型纳智捷是款 SUV，融合了 IT+AUTO+ET 的技术，无论外观还是配置颇具卖相。它与一汽丰田 RAV4、东风本田 CR-V、广汽丰田汉兰达、东风悦达起亚狮跑、东风日产逍客为竞品。纳智捷 2009 年中期在台湾地区正式销售后，当年销量就超过了 CR-V 和 RAV4。有别于大陆市场的经销商 4S 店，纳智捷无关于展示中心或修理厂这些名词，纳智捷只有汽车生活馆：在每家纳智捷汽车生活馆中都设立了一个体验剧场专区，一部展示用车被一块环形屏幕所包围，当环形屏幕拉上后，坐在体验车中就如同身处真实的用车环境之中，在虚拟的试驾环境中体验车辆各方面的功能和特性，配合身旁顾问的解说，车辆的性能一目了然。当在体验了纳智捷车型的各方面特性，决定购买的时候，销售顾问会把客户带到交互式智能触控系统前。在那里，不仅可以通过图片、视频等途径进一步了解所购买的车型，还能够通过 3D 模拟亲手订制自己的新车，达到真正的所见即所得。此外，客户对车辆配置的选项会自动生成为包括车价的详细清单。

时任东风裕隆营销部总部长的单志东说，东风裕隆在大陆完整移植台湾纳智捷汽车体验馆，覆盖大陆 143 个片区。在汽车技术逐渐趋同的时代，汽车最后拼的就是差异化。东风裕隆的纳智捷生活馆的营销模式或许将为大陆的汽车营销带来革命性的变化。

只可惜，裕隆少当家严凯泰因患食道癌，在 2018 年 12 月正值壮年之时早逝，可谓英雄壮年雄心未已。

蒋大龙：散落四处的萨博 SAAB

没想到，久违了的萨博（SAAB）会以这样一种方式再度进入人们的视线：为支持可持续未来的企业愿景，以及以纯电动车为基础的绿色出行服务，Nevs 宣布在 2017 年下线的 9-3 纯电动车及其他系列产品上，启用企业自身品牌——Nevs。萨博品牌拥有者之一的蒋大龙在京郊顺义温榆河畔，一栋颇具北欧风情的木质结构的建筑内告诉我的时候，我满脸惊讶。这栋木屋的北欧风格似乎是唯一能和萨博产生关系的物件。好在三年之后，蒋大龙把这个烫手山芋出售给了志在造车的恒大。

萨博和被吉利收购的沃尔沃同样来自瑞典哥德堡。吉利收了沃尔沃，姜大龙收了萨博。蒋大龙将萨博更名为 Nevs 的决定，几乎等于是放弃家喻户晓的萨博品牌，而在全力打造一个新品牌。成立于 2012 年的 Nevs 是前萨博汽车的主要收购方。当时公司股东为国家现代能源控股（NMEH）、天津滨海高新区（THT）、国研科技（SRIT），以及中国 IT 综合

服务商华胜天成（Teamsun）。

　　总部在瑞典特罗尔海坦市的Nevs，配备完善的制造生产及研发设施。全球第二个生产基地及研发中心设在天津，同时还在福建拥有生产基地。尽管前景未卜，蒋大龙却决心已定。全球环境挑战、交通堵塞等社会问题使汽车产业正在经历前所未有的转变。Nevs在其绿色征途中已经做好了准备，致力站在产业变革的最前沿。Nevs副董事长Stefan Tilk说，使用新品牌标识，一方面基于对历史与传承的敬重，同时也希望忠于企业成立之初的愿景，即以自身品牌为基石，强调环保责任，提倡可持续出行。

　　根据商业计划，中国将成为Nevs中短期内的首要立足市场，随后逐步以中国为核心、开展全球业务；同时，企业将继续拓宽与前沿领域的伙伴合作，共同打创未来的出行解决方案。Nevs与多方合作伙伴签署了一系列框架协议，其中包括了熊猫新能源15万辆纯电动乘用车及10万辆纯电动商用车的订单。Nevs也与世界最大电力公司——国家电网，开展战略合作。

　　在日新月异的新能源领域，Nevs占据其独特的竞争优势：既拥有多年高品质汽车的研发能力和制造工艺，又兼备初创公司的灵活性和发展潜能。企业将结合中国股东及中国战略伙伴的地理优势，在汽车共享和充电基础设施等专业领域开展积极合作，把握中国新能源汽车发展的重大机遇。"在全球多个关键市场，我们已能看出新能源汽车产品的爆发点。Nevs将与国家电网、熊猫新能源等战略伙伴共同携手，在中国引入多元化的新能源汽车产品及商务模式，满足中国消费者的特殊需求。"Nevs副董事长Stefan Tilk补充说道。

　　企业对Nevs的商标标识进行了全新设计。在字体、品牌主题色、图像风格等方面均体现了包容、透明、简约的北欧风格，寓意企业对真诚沟通、以人为本的高度重视，也映衬"众善，自如"的品牌宣言。

　　谈到为什么不用中国人更为熟知的萨博，而另起炉灶启用Nevs作为新标识。蒋大龙说，在收购萨博核心资产的时候已经考虑到要使用新品牌的问题了，这并不是现在或不久之前的临时决定。新能源汽车的竞争会越来越激烈，这是发展趋势——不仅是汽车行业，现在非汽车行业的企业也想"染指"。新能源行业如果不做到领军位置，只想跟着其他人跑，是很难做成的。如果想作为领军者就需要有独立的品牌，如果要与非造车者共享一个品牌，这对消费者是不负责任的。同时，纯电动汽车品牌的敏感度和传统汽车品牌的敏感度不同。特斯拉不是一个百年的老品牌，但是一定要有一个雄厚的历史文化支撑，有一个深厚的技术管理团队来开发。对于Nevs来说，不需要做太多的解释。现在消费者需要的是一个安全、美观、实惠、经久耐用的纯电动汽车产品。

新能源产品在未来是与每个人都息息相关的，但萨博既有军品又有民品，对于 Nevs 来说，如果品牌概念产生混淆或误解，就很难去定位企业与产品。所以在 2012 年收购萨博核心资产的时候，Nevs 与资产管理人就品牌问题进行过探讨——如果要换体系，必须要换品牌。

谈及 Nevs 在采购、研发和销售方面与东风的合作，又与国家电网的合作，蒋大龙说与东风合作是一个比较自然的关系，东风作为中国汽车行业的龙头企业之一，在产品研发、生产制造、销售渠道各方面都有很强的优势。Nevs 与东风很早就展开了合作，东风在 Nevs 瑞典总部特罗尔海坦市拥有一家做汽车服务的全资子公司，也是 Nevs 在瑞典的主要合作伙伴。在国内合作方面，之前探讨过股权合作，但基于双方在定位与发展方向上的不同，最后双方决定将对方作为行业合作伙伴。

而国家电网作为国家电力的基础设施建设、运营企业，也是全球最成功的企业、最大的服务公司。Nevs 与国网新能源汽车服务有限公司签署了全面战略合作协议，其中涵盖了在平台建设、市场拓展、资源共享、信息共享等方面的合作。

在毗邻首都机场空港区，蒋大龙盖了一座北欧风格的办公楼。根据国家规定 Nevs 完全能够达到电动汽车准入的相关的硬性条件，天津的研发中心也开始进行运营，Nevs 有信心成为全球最成功的纯电动汽车的生产企业，是基于过去长期以来的巨额投资。在收购萨博核心资产以后，通过资产重组并没有继承过去巨额的负债，现在留给 Nevs 的是丰富与成熟的技术。Nevs 在萨博投入不少，有很好的基础。为此，蒋大龙和福建汽车服务公司签署了收购 50% 股权的合同，成为新龙马公司最大股东，生产纯电动车。福建和天津滨海高新区成为 Nevs 在中国的两大生产基地。

Nevs 与北汽、青年的萨博 IP 问题备受公众关注。基于事实，Nevs 特别说明：Nevs 于 2012 年 8 月 31 日从萨博汽车破产资产管理委员会处收购原萨博汽车，其中包括 9-3 知识产权及凤凰平台知识产权。9-3 知识产权由原萨博汽车公司与美国通用公司于 2010 年 2 月 23 日签署的汽车技术许可协议中下属 "Legacy GTO Technology agreement"（Legacy GTO 技术许可协议）法律管辖。根据协议，原萨博汽车公司被授予 9-3 相关 "已付清的、免版税的、除朝鲜外全球范围的、可再许可的、可转让的、永久的、不可撤销的" 知识产权。用非法律条文语言来解释即为：Nevs 无须支付 9-3 知识产权任何费用，通用公司也无权收回，Nevs 可在除朝鲜以外的全球范围内使用。

原萨博汽车公司、北汽及北汽香港曾于 2009 年 12 月 5 日签署知识产权转让及交叉许可协议。该协议给予北汽及原萨博汽车公司如下权益：①两公司共享萨博9-3 2002年车型及9-3 2005年车型的相同知识产权，即对收购了原萨博汽车公司的Nevs而言，在使用9-3的知识产权上不受任何限制。②北汽拥有100%萨博9-5轿车及旅行车的知识产权（柴油车除外）。Nevs无权使用此知识产权。③2005—2009年间新产生的9-3知识产权100%由通用授予原萨博汽车公司的GTO协议管辖。上述①②中提及的知识产权部分除外。④Nevs拥有原萨博汽车公司2009年后产生的所有新知识产权。⑤Nevs拥有2012年9月后所有自主开发的知识产权。

Nevs与北汽共同拥有2005年车型之前的9-3知识产权，Nevs在对其使用上不受任何限制。北汽无权使用2004年12月31日之后的9-3知识产权，也无权使用萨博品牌。凤凰平台知识产权是当年原萨博汽车公司为做好脱离通用的准备而自主开发的平台。原萨博汽车公司在2011年重组期间，将20%的技术的知识产权通过非排他性许可，许可给了青年汽车。青年汽车对这20%的部分有充分使用权，但不拥有剩余的80%，也不拥有2011年后原萨博汽车公司和Nevs开发产生的任何知识产权。

鲍文光：知豆十年微行梦昙花一现

未来城市微行的出行理念，鲍文光赌上了全部家当。而知豆一波三折的发展历程，像极了鲍文光曾经是海军炮手的经历。鲍文光嗜酒，"走一个"的温州话几乎是其招牌动作，这样的声音每每在公众场合响起的时候，尤其是与其合作最多的意大利人也学得惟妙惟肖。

十年熬成婆的俗话见证着知豆艰难前行的微行梦。不过，看着每天日渐增多的销量订单，鲍文光坚信，十年前押下的城市微行梦一定行得通。不过，收获过短暂喜悦的知豆，还是没能熬过来。知豆十年，生于艰难，偶见曙光，昙花一现，令人叹惋。

人称"老鲍"的鲍文光，当过兵、下过海，做电动车之前是摩托车领域的领军人物，这个李书福的同乡对汽车也有着格外的敏感。D2S是知豆D2的升级大改款。用"老鲍"自己的话说，从H1、D1到D2，再到D2S，知豆经历了从起步阶段到满意阶段再到消费者感到惊喜阶段。与D2相比，D2S的升级大改款几乎是脱胎换骨一般，更新后的外观的前脸格栅采用运动感的虎啸式设计，大灯采用了LED的光带日行灯和前雾灯。升级后的内饰新增骑士黑和莫卡通两种内饰，骑士黑采用的是黑和红的搭配，显得运动，摩卡通是米色和棕色主体交织，颇有文艺范儿。由意大利设计师全新打造的座椅遵从人体工程学，舒适感增强。D2S 的挡位也由怀挡升级为旋钮式，使车主在换挡的时候，更加便捷，保证行车安全。升级后的知豆 D2S 甚至开创了汽车界首个免触控车机微信系统，为了解决车主在车内使用微信流量的后顾之忧，每个月的免费流量从 500MB 扩容为 1GB。

"麻雀虽小，五脏俱全"的知豆 D2S 作为纯电动新能源车，在减去各种补贴后，售价仅有五六万元。更具有传统汽油车无可比拟的使用成本优势，每百公里耗电 8 度，意味着每百公里的使用成本不到五元钱。180km 的续航能力基本满足人们日常出行的需求。尽管国内缺乏认知，但是凭借纯电动零环保和小巧灵动的特质，知豆在欧洲市场攻城拔寨，成为和奔驰 Smart 齐名的汽车品牌。尤其在米兰、佛罗伦萨，知豆的分时租赁业务及使用率排名欧洲第一。

"智是智者，豆是灵动、小巧，希望这颗集合全球智慧的小豆子，能够播撒在广阔的世界。"鲍文光如是说，从 2006 年知豆城市微行纯电动车投产后，到 2016 年恰逢 10 年。10 年下来，鲍文光和他的知豆始终聚焦微行概念，用小而美的这种出行理念，去解决城市最后一公里的出行需求，微行是城市大交通与小交通的有机结合，微行也可以让短途出行变得灵活、环保、节能、智能、安全舒适，从而给城市交通生态注入新活力。微行，体现在微空间占用，微使用成本和微出行的高效方式，知豆品牌"微行风尚灵动生活"的 Slogan，就是力求推广微行理念，成为城市出行的一种潮流和时尚，对公共出行空间的占用这方面和用户使用成本及高效出行方式的升级，引领变革。

2019 年 9 月上市的 D2S 是鲍文光过往十年的总结。而新十年，知豆的新车战略将明显提速，每年至少一款新车。由吉利、新大洋及金沙江资本构成的知豆汽车，拥有甘肃兰州、山东沂南和浙江宁海三大生产基地，年产汽车 30 万辆。

鲍文光说，知豆会坚守城市微行的梦想，努力成为微行纯电动车的引导品牌，做城市微行纯电动车的倡导者和推广者。可惜的是，由于未能拿到应有的新能源车补贴及在山东和兰州铺的摊子太大，知豆错过了辛苦培育的市场，在新能源汽车市场昙花一现。

龚大兴：最胆小的"龚大胆"

汽车圈都管龚大兴叫龚大胆，敢说敢干，胆子大。不仅仅是大胆、敢想，而且想得靠谱。2018 年的中超联赛，龚大兴又干了一件大胆的事情，把重庆力帆足球队冠名为重庆斯威，征战中超。要了解 SWM 斯威汽车，得从了解龚大兴开始。与其说是采访，倒不如说是倾听SWM斯威汽车董事长龚大兴讲述励志的创业故事更准确。

龚大兴说，斯威20年创业之路的成长历程，有过两次刻骨铭心的刺激。一直都是追随者，从来没做过领跑者，没做过老大。和很多人的经历差不多，龚大兴1991年参加高考。因为家在农村，考大学很难，十个人才能考上一个。考上大学的消息令全家人都骄傲自豪。

龚大兴自嘲，自己是村里新中国成立以来的第二个大学生。考上大学那天，拿到录取通知书的父亲一激动，杀了一头猪。那猪本来是要在春节的时候才杀的。村里来了一百多人，把猪吃得干干净净。家庭、亲戚，都把龚大兴看作是可以改变他们命运的人。从重庆第二师范学院毕业后，龚大兴被分到重庆老家一个镇中学当老师。

突然受刺激的龚大兴1997年决定创业。每次谈到创业，龚大兴心里面就有点激动。当时教书的时候，龚大兴发现镇里面的解放鞋卖三块钱一双。周末跑到城里边同学家去玩，学校门口就有生产胶鞋的工厂，售价一块五一双。这不就是机会嘛。周末跑回家向爸爸要了300块钱。300块钱，一块五一双胶鞋，加上运费很低，坐个大巴就拉回来了，最后还能挣点钱。龚大兴对爸爸说，能不能给我300块钱，我能挣点钱回来。没想到爸爸狠狠地刺激了一下龚大兴，因为还有一个弟弟和一个妹妹。他说，全家人省吃俭用让你考个大学，大学毕业当个老师，指望以后能把弟弟妹妹都带出去，你也有正常工资收入了，家都得靠你，现在怎么还回来拿钱？

其实爸爸那个时候是担心龚大兴拿钱去和朋友喝酒。因为爸爸一直知道他从小就喜欢交朋友，请别人吃饭。后来龚大兴想通了一个道理，他发现，继续教书最好的结果就是当上校长，那个时候校长也就挣500块钱。弟弟在读高中，妹妹基本没读书了，在外面打工。靠教书完全改变不了家里的状况，这条路肯定不能这么走。等教完那届学生参加完中考以后，龚大兴直接到重庆，在同学家住下。这是第一个刺激，让他走出了大山。

第二个刺激是在重庆打工的时候。教师打什么工？打不了，也只有干老本行，要想生存，还是教书。先去了一个私立学校，那所学校也有高中，有电大、大专。年仅24岁的龚大兴热血澎湃，想法多得不得了，朋友也很多。经常跟他们在一起讲理想。龚大兴当时教了一门市场营销的课。那个时候市场营销没有正规的教材，都是白皮书。自己也准备了一些内容，经常讲百事可乐、可口可乐的案例。加上从小就喜欢说话，爱开玩笑，同学们特别喜欢听龚老师讲话。但是后来被一个学生深深地刺激了，龚大兴清晰记得是1995年五六月份的时候，班上有个学生，长得挺帅，也很高。他原来是韩国三星在广东一家公司的销售人员，高中毕业的他来重庆拿文凭，拿了文凭回广东就可以升职。他说龚老师课上得挺好，但要真出去卖东西的话不行，这是两码事。他的年龄比龚大兴大，说得又很认真，给了龚大兴很大刺激。

龚大兴后来到了一家摩托车公司做事。第一年搞销售，第二年搞采购。第一年搞销售的时候有半年卖摩托车，有半年卖发动机。卖发动机的经历让龚大兴印象特别深，1996年12月前后，龚大兴被吉利邀请过去参加吉利的摩托车经销商、供应商大会。大会上，第一次听到李书福讲话。李书福从吉利那个三角形的LOGO讲起，LOGO上面有5个"翅膀"，每个"翅膀"代表一个五年计划，李书福号称100万辆。台下的供应商和经销商大概有1000多人，坐在靠后边一点的龚大兴就和旁边两个经销商聊天，都觉得目标有点不靠谱，不接地气，那时候吉利摩托车也就每年十几万辆。龚大兴觉得，摩托车还可以这么做？可以从十几万辆到几十万辆，再到100万辆？未来的规划怎么样？全球的规划怎么样？李书福英语也不会讲，普通话也说得不好，那个时候大家都觉得这个理想太大。

不过，这丝毫不影响龚大兴对李书福的认知，甚至崇拜。他觉得李书福身上有一股强大的力量，好像没有李书福解决不了的问题。李书福的大梦想同样刺激了自认为有文化的龚大兴。

第二年做采购的龚大兴发现，大家都在吃回扣。有个福建老板利用龚大兴去洗手间的机会往抽屉了放了2000块钱，那个时候工资才1000块钱。龚大兴就给福建商人打电话，说坚决不能要，如果你不收回去，采购订单就不给你了。福建商人死缠烂打了很久，龚大兴最后说，你一定拿回去，如果有一天需要你帮忙的时候，请支持我一把。

1997年8月龚大兴靠手上仅有的7000元钱积蓄开始创业。他拿记在本上的通讯录给供应商打电话，说要做摩托车了，把配件送过来，两个星期付款。电话一打，仓库里面全是零部件，价值一百多万元的零部件。同时，龚大兴又给经销商打电话，说要做摩托车了，能不能打钱过来，一个星期发货。没想到一次有四五个单位，云南、贵州等地原来关系比较好的，就真把钱打过来了，其中还有两批是龚大兴自己坐车过去把钱带回来的。龚大兴跟很多年轻人分享那段经历，告诉他们创业就两个方面：第一，是能力。别人搞不定的东西，自己能搞定。第二，就是诚信、人品。永远不要去做那些伤天害理，影响未来透支人品的事情，不能去做。

1999年龚大兴把目光转向海外，做摩托车出口，越南是其中一个市场。一个星期，发了10000台套的CKD散件。第一个五年，从1997年创业到2002年的第一个五年，龚大兴完成了资源的整合、资金的筹备。

汽车面孔：黄金一代汽车人

2002年开始做鑫源摩托车让龚大兴有了更深刻的体会。摩托车是一个高度集中、竞争非常激烈的行业，不是靠社会资源、政府资源，完全接地气。摩托车销售就两句话"白天销售到田头，晚上服务到炕头"。那个时候，李书福的摩托车和龚大兴一样，前面都是嘉陵、建设、轻骑等国企大佬，还有雅马哈、本田等一个个民营企业，需要把他们一个一个打翻。那段经历，对后来做汽车是一段绝对宝贵的财富。李书福在造车之初，很多都是沿用了摩托车时期的经验。龚大兴觉得那是无数次从"死人堆"爬出来以后总结出来的经验。

时间到了2007年，龚大兴认为摩托车一定会被汽车替代。因为摩托车的用户纷纷都买汽车了，企业转型一定得跟着市场的需求转。没有资质做汽车的龚大兴去找一汽，前前后后见了38个领导。一汽当时让龚大兴把厂搬到云南，但云南已经要出车了，汽车下乡的补贴政策就出自那个年代。后来，竺延风调走后，徐建一上任这件事情就黄了。理由是一汽要和通用合资，通用和五菱在合资，有排他性，所以面包车不由龚大兴做。龚大兴回忆说，那个时候跳楼的念头都出现过好几次，前期投入了不少钱，包括先买一个设计公司，开发了一个设计平台，钱已经砸进去了。

后来找到华晨，华晨绵阳基地有厂房有设备，而龚大兴有产品没资质没厂房，互补让双方走到了一起。2011年重庆发展汽车行业，时任市长黄奇帆调研时称，摩托车转型做汽车是对的，国有企业指望长安，就像过去摩托车指望嘉陵、建设一样，嘉陵、建设都被做垮了，民营企业倒是全部做了起来。隆鑫、力帆、鑫源、小康是摩托车的"四小龙"，"四小龙"里有"三小龙"在做汽车。龚大兴觉得人生的轨迹和做企业的轨迹是一样的，当做得最不好的时候，人生的低谷，往往是成功的开始；当做得好的时候，实际上往往是失败的开始。

龚大兴说，当时黄奇帆表示能不能投资更大一点，政府支持一下。让龚大兴在涪陵区建厂，给了1700亩地，建了30万台的基地，45万平方米的厂房面积。同时，赶上工业和信息化部的资质管理要放开，龚大兴就自己划出鑫源，拿了一个独立的汽车资质。原来的资质是华晨金杯分公司的商用车资质。

涪陵工厂建成后，拿到资质的龚大兴觉得做乘用车的机会来了。拿到资质后叫什么品牌，龚大兴说公司和家里都讨论过，言下之意用鑫源，要绝对自信，做了20年的品牌也响当当。问题是原来做摩托车的，总感觉品牌影响不好。同时，名字起得太土豪，"鑫源"中的"鑫"字三个金，一听老板就是"50后"。在用什么品牌做汽车上龚大兴想了很久。2015年，龚大兴在意大利收购了宝马的摩托车厂，除了品牌没给，其他都给了鑫源。被龚大兴收购的意大利摩托车厂是当年世界三大越野摩托车品牌——SWM（斯威）。有人说，能不能拿斯威做汽车品牌？这一提议得到了龚大兴的认同，因为做摩托车其中有一个很重要的历史，就是龚大兴做摩托车的时候进入得最晚，但是做的时候就找差异化，走休闲运动产品的路线。喜欢越野摩托车的龚大兴特别兴奋说斯威是自己骨子里边的初心、基因，因为有越野的运动元素，且还有意大利元素。斯威要的不是它的历史，是基因。

斯威汽车绝对是汽车行业的新兵，从2016年7月品牌发布迄今也不过4年时间。龚大兴的汽车体会是"没有特别糟糕"也"没有特别好"，甚至冥冥中觉得这就是自己的命。"没有太好"的意思是，首款车型好比生的第一个"小孩"不能太好。太好了以后，就会骄傲了，就觉得自己啥都能干。"没有特别糟糕"有两个指标：第一个指标是2450家一级经销商，只有大概不到20%的经销商属于略亏状态，80%是属于挣钱或不亏损状态。第二个指标，每个月核算下来斯威品牌还略微有一点钱挣。只要工厂不亏损，经销商不亏损，机会就有。

姜君：一汽丰田来了个"外派男"

一汽丰田希望能用"无国界的产品力"抵消中日关系紧张带来的销量上的些许阴影。畅销全球154个国家和地区的卡罗拉凭借着累计4000万辆的保有量，成为单一车型吉尼斯世界纪录的保持者。在中国，卡罗拉也有超过200万辆的保有量。一汽丰田和丰田中国都希冀第11代卡罗拉，成为缩短与德国大众、美国通用等主要竞争对手在中国市场差距的开启者。

自1982年从吉林工业大学毕业后就进入一汽体系工作的姜君，堪称是一汽的"外派男"，除了有过短暂在长春总部所在地一汽通用任职的经历，姜君的工作地点大多在长春以外，从最基层的焊接工人做起，先后在吉林市的一汽吉轻，在沈阳市的一汽金杯，在哈尔滨的一汽哈轻，在云南的一汽红塔。进京履新一汽丰田销售总经理，是姜君32年汽车生涯所经历的长春总部之外的第五个城市。在一汽体系，类似像姜君这样常年外派、到处外派的人并不多。

第11代卡罗拉成为姜君履新最好的"道具"。既与全球同步又有明显的中国属性，是全新卡罗拉与一汽-大众速腾、东风日产轩逸等竞品的优势所在：外观上，造型犀利的卡罗拉已经摒弃原来丰田中规中矩的思维方式，跟上了未来造型设计上的潮流。空间上，卡罗拉48年历史上首次把轴距由2.6m拉长到2.7m，加长后的轴距使得后排座椅空间明显加大，由于在前桥和前转向做了很多巧妙的设计，轴距的加长完全没有影响转弯半径。在动力上，8 速 S-CVT 变速箱为中国市场专属，且油耗降低 10% 以上。从所公布的 10.78 万元至 15.98 万元的预售价看，已经接近中级车标准的全新卡罗拉亮出的 A 级车价的撒手锏，可见一汽丰田的势在必得。可以证实的是，一汽丰田不玩三代卡罗拉同堂销售的游戏，全新卡罗拉上市后，第 10 代立即停产。

履新总经理和第 11 代全新卡罗拉推出，只是时间上的巧合。作为新任总经理，姜君思考更多的是如何为一汽丰田布道。例如，丰田在全球排名第一的位置与在中国市场的表现并不匹配，愈加意识到中国市场重要性的丰田也在反思并改变。丰田已经规划了 2015 年在华实现 200 万辆的目标，一汽丰田、广汽丰田和雷克萨斯将在 2015 年前引入中国市场 15 款车型。丰田在中国的目标是：直接对标德国大众和美国通用，做日系车第一。姜君表示，一方面，大众"2018 战略"的目标是在全球超越丰田；另一方面，大众在中国的销量超过丰田一倍以上。在中国市场，大众值得丰田学习，如一汽 – 大众实施的一个车多品牌战略，捷达、速腾在中国当作两个车卖。强调科技、品质的大众在中国被神话了，强调性价比的韩国现代进步神速。丰田的优势恐怕还是在服务，如一汽丰田要学习海尔进家庭"穿鞋套、不喝水"的细节服务。

一汽丰田今后将围绕市场做出更多改变。在坚守好普拉多、兰德酷路泽、皇冠等"高大上"车型销量的同时，一汽丰田也正在进行"产品小型化，营销年轻化"的战略转型，今后更加注重威驰、花冠、卡罗拉、RAV4 这样相对小的车型，未来丰田将向中国引进新的小排量动力组合及多款小型车，更加"接地气"地适应消费群体的变化。

当然，"攘外必须安内"。同为丰田中国事业体的一汽丰田和广汽丰田，那段时间围绕"真假卡罗拉"打得不可开交。同年，广汽丰田投放原型车北美版卡罗拉的雷凌，一汽丰田推出的是第 11 代全新卡罗拉。姜君不否认卡罗拉和雷凌为同一个级别车型，两者为全方位的竞争关系。

年满 60 岁的姜君在 2017 年 10 月结束了在一汽丰田销售公司总经理的任期，圆满退休。与很多人的退而不休相比，姜君退得彻底，也异常低调。2017 年 10 月 30 日，姜君通过朋友圈发表告别短言：四十四月时光如梭，岁六十载人生如戏。感谢经销商的你，你的力量促进了一汽丰田的成长；感谢同事的你，你的智慧支撑了一汽丰田的销量；感谢媒体的你，你的关爱造就了一汽丰田的口碑；感谢每位关心我的你，至此别过，江湖依旧，爱也依旧。

姜君从此和汽车圈别过，过上了隐居生活。时任一汽丰田公关总监的兰兆彬说，姜总回家抱孙子，享受天伦之乐去了。

一汽丰田销售总经理的职务由田青久接任。田青久早年曾在一汽集团秘书处工作，接棒姜君前为一汽马自达销售执行副总经理，和日本人打交道"有一套"。田青久也由此成为继王法长、田聪明、姜君之后，一汽丰田第四任中方"一把手"。田青久主政的一汽丰田连续三年年销量突破 70 万辆，并面向未来规划了 100 万辆的时间表。

尹明善：成于摩托，败于汽车

当众多企业一年至少一个新车型成为"惯性"，甚至都觉得不过瘾的时候，尹明善显然是"众人皆醉我独醒"的另类。2009 年的一次专访中，把摩托车做成全国老大的尹明善说，力帆在汽车行业上不求独大，"发展战略学本田，企业制度学福特"成为力帆在汽车上的新战略。他甚至表示，被内资外资兼并重组也可以接受，前提是必须保持力帆的品牌。

进入汽车行业 4 年是力帆造车的时间坐标，71 岁的尹明善是汽车行业乃至全国企业中年龄最大的"掌门人"。而当他用略带四川方言的口音把自己称为汽车行业的"小不点"的时候，我知道这里面多少有谦虚的成分，这个在摩托车行业呼风唤雨的人物提及汽车，谦虚得像个小学生。而力帆的战略转变不仅对力帆，对于那些看上去比力帆强大的车企同样具有借鉴意义。

尹明善举例说，力帆在 2007 年重组股份时成功吸引身为世界 500 强的 AIG 成为力帆第二大股东，并从 AIG 获得了 7.5 亿元，金融危机的时候力帆不但没拿钱出去，反而赚了 7.5 亿元。

尹明善谈到金融危机对汽车行业冲击的例子。他说，2008 年丰田好不容易做成了老大，但是迎接丰田的是刚当上世界老大就亏损。丰田如此强大的车企都难逃金融危机的冲击，何况力帆。又如，2007 年保时捷年产仅 10 万辆车，却赚 30 多亿欧元，大众年产 600 万辆车，只能赚 20 多亿欧元，所以保时捷不断买下大众股份，现在成了大众第一大股东。在日本的本田放眼全球，其排名也不过是世界第八，甚至都比不上日产，但是本田却是赚钱的。这也是力帆决定走"中国本田之路"的理由。

尹明善说，力帆和本田有着很多的巧合。力帆干了 14 年后开始做汽车，本田公司也是干了 14 年摩托车后开始做汽车，本田干汽车的时候，日本的人均 GDP 为 2000 美元，力帆开始干汽车的时候中国人均 GDP 也是 2000 美元左右。汽车厂商里面，单车的利润本田最高，丰田、大众都赶不上。本田在中国只有屈指可数的几款车，但业绩很好，以至于国内所有企业都把本田当对手。

靠摩托车起家的力帆显然比造汽车的同行更了解本田。尹明善说，日本虽然是资本主义国家，但是计划经济非常强，本田从摩托车转行到汽车，日本政府不支持，什么好处都没给。但是本田就是把产品做好，把汽车做好。率直的尹明善毫不避讳说自己不仅坐的是本田雅阁，而且要把力帆做成中国的本田。

尹明善披露，原来力帆也计划一年搞两三款车，这个钱还是有的，如力帆账上造车的资金一度有45亿元。现在改为一年一款，甚至五年4款都可以，关键是把车子造好。新战略下的力帆目标是剑指50万辆，其中轿车和卡车各15万辆，微车20万辆。当然，让力帆放慢发展速度的另外一个重要原因是，1997年之前的市场是供不应求的市场，1997年以后的市场是过剩的市场，包括汽车在内的市场现在明显过剩，而过剩的顶峰则还没有到来。

"发展战略学本田，企业制度学福特"是力帆的新战略。尹明善说，力帆的将来的股权结构借鉴福特汽车。福特公司里福特家族只有8%的股份，福特家族无论股份多少，只拥有49%的表决权，而49%的股权不能做决定，要小股东同意才能通过，所以福特公司才能打造成百年老店。尹明善的想法是，把自己的股权变少，可以吸引包括国企在内的社会资金加入。

与同行不希望被兼并重组不同，尹明善有着良好的心态，他的原话是：任何合作可以谈，如果有人要兼并重组，我不反对，只有一个条件，力帆品牌绝不能动。他感慨地说，美国《商务周刊》的品牌评选中前50名从来没出现过中国品牌，这是民族企业的悲哀。

尹明善知道力帆的品牌还很弱，他甚至幽默地说"力帆工厂的女工和章子怡相比，95%都是一样的，所差的5%就是气质差。"力帆汽车今后的重点就是把新产品的数量降下来，把新产品的"气质"做上去。

尹明善试图给汽车行业带来改变，只是事与愿违罢了，号称车价可以论斤卖的尹明善，在2006年1月19日上市的力帆520上兑现了承诺，520轿车的总价格为77777元，平均每斤的价格为25.5元。这个价格比尹明善事先所说的20元一斤的价格贵了5.5元。与此同时，尹明善还制定了"打得赢就打，打不赢就跑"的游击战销售策略。

完全自主开发、自主品牌的力帆，推出的第一款车力帆520，上市就是高品质家庭轿车的形象。力帆520采用了与宝马MINI相同的TRITECH发动机，排量1.6L，最大功率高达85kW，0~100km加速时10.5s；60km/h时速平均油耗4.3L。该车配备了倒车雷达、车载DVD、电子健康装置等，这在国内同级别车中尚属首次，加上电动窗、真皮座椅、电动调节后视镜等配置，力帆520在性价比方面为经济型轿车确立了新标杆。在安全性方面，力帆520除了常规的安全气囊、ABS/EBD等装置，同时，整体式侧围、笼式安全车身、四门防撞梁、前保险杠加强梁、全车0.8～1.2mm的车用钢板等，使力帆520具备了超乎寻常的安全性。外观时尚、动力卓越、配置丰富是力帆520三个突出特点，"大眼睛"及流线造型让力帆520自成风格。力帆520综合品质实力和性价比明显要高于千里马、捷达、爱丽舍等竞争对手，时速可达200km/h，这在同级车中是唯一的。

凭着卖摩托车的声誉，力帆造汽车的消息一传出，在全国就先后有600多家汽车销售商申请做销售代理，力帆第一批选中了40家销售商。尹明善说，力帆的销售模式不搞4S店，而是销售和售后服务2S的架构，这样销售商投入压力小，灵活性大。

上市发布会上，中国和来自沙特阿拉伯、越南、俄罗斯、埃及、阿根廷等国家的力帆经销商同台亮相，宣布在全球13个国家同步上市，显示力帆将出口与内销视为同等重要。凭借力帆海外营销网络，10天时间，第一批力帆520就通过重庆港口出关，不到一个月时间，有10多个国家和地区与力帆签下了销售订单。力帆520海外售价为1.4万～1.8万美元，当年出口目标3000辆，预计收入2000多万美元。

全球同步上市，除力帆有着海外销售网点的优势之外，尹明善"人不出门身不贵，岂有大厂不跨国"的思想指导。力帆在全球108个国家和地区拥有健全的海外营销渠道。十几年前，力帆出口2.6亿美元，在当时的汽车企业中，还没有一家出口上亿美元的企业。

多年之后，尹明善"任何合作可以谈，如果有人要兼并重组，我不反对，只有一个条件，力帆品牌不能动"的预言成为现实。因为竞争激烈，力帆先是把壳资源卖给了造车新势力李想，后来破产重组的力帆成为吉利的囊中之物。